utb 5728

Eine Arbeitsgemeinschaft der Verlage

Brill | Schöningh – Fink · Paderborn
Brill | Vandenhoeck & Ruprecht · Göttingen – Böhlau Verlag · Wien · Köln
Verlag Barbara Budrich · Opladen · Toronto
facultas · Wien
Haupt Verlag · Bern
Verlag Julius Klinkhardt · Bad Heilbrunn
Mohr Siebeck · Tübingen
Narr Francke Attempto Verlag – expert verlag · Tübingen
Ernst Reinhardt Verlag · München
transcript Verlag · Bielefeld
Verlag Eugen Ulmer · Stuttgart
UVK Verlag · München
Waxmann · Münster · New York
wbv Publikation · Bielefeld
Wochenschau Verlag · Frankfurt am Main

Christine Gundermann / Juliane Brauer /
Filippo Carlà-Uhink / Judith Keilbach / Georg Koch /
Thorsten Logge / Daniel Morat / Arnika Peselmann /
Stefanie Samida / Astrid Schwabe / Miriam Sénécheau

Schlüsselbegriffe der Public History

Vandenhoeck & Ruprecht

Dr. Christine Gundermann ist Juniorprofessorin für Public History an der Universität Köln.

Online-Angebote oder elektronische Ausgaben sind erhältlich unter **www.utb-shop.de**

Bibliografische Information der Deutschen Nationalbibliothek:
Die Deutsche Nationalbibliothek verzeichnet diese Publikation in der Deutschen Nationalbibliografie; detaillierte bibliografische Daten sind im Internet über https://dnb.de abrufbar.

Korrektorat: Ulf Heidel, Berlin
Umschlaggestaltung: Atelier Reichert, Stuttgart
Satz: le-tex publishing services, Leipzig
Druck und Bindung: GrafikMediaProduktionsmanagement GmbH, Köln
Printed in the EU

Vandenhoeck & Ruprecht Verlage | www.vandenhoeck-ruprecht-verlage.com

UTB-Band-Nr. 5728
ISBN 978-3-8252-5728-6

Inhalt

Vorwort

Dieses Buch ist ein Ergebnis der Arbeit des *Netzwerks Public History*, welches dank großzügiger Unterstützung durch die Deutsche Forschungsgemeinschaft von 2017 bis 2021 unter dem Titel „Public History – Theorie und Methodik einer neuen geschichtswissenschaftlichen Teildisziplin“ zusammenarbeiten konnte. Unser Team besteht aus Vertreter_innen der Archäologie, der Alten sowie der Neueren und Neuesten Geschichte, der Geschichtsdidaktik, der Public History, der Europäischen Ethnologie/Empirischen Kulturwissenschaft sowie der Film- und Medienwissenschaft. Für die Veröffentlichung unserer Arbeit haben wir uns für die Form der Kollektivmonografie entschieden, weil dies unseren Arbeitsprozess am besten widerspiegelt. Der vorliegende Text ist also gemeinsam verfasst, es gibt jedoch zu jedem Kapitel hauptverantwortliche Autor_innen; diese sind im Anhang des Buches ausgewiesen.

Unser Anliegen war es, die Public History nicht nur als ein Anwendungsfeld von Geschichtswissenschaft zu begreifen, sondern ihr Potenzial als wissenschaftliche Teil- und Transdisziplin sichtbar zu machen. Als solche greift sie schon heute vielfältige Fragen zu multimodalen und -medialen sowie performativen Formen öffentlicher Geschichte auf, die bis jetzt in anderen Teildisziplinen der Geschichtswissenschaft so nicht bearbeitet worden sind. Dabei sind die Zugänge zur Public History äußerst heterogen und viele Diskurse haben sich entlang von Leitbegriffen, die den verschiedenen Forschungsfeldern eigen sind, autark entwickelt oder haben sich vor allem im englischsprachigen Raum stark an Best-Practice-Analysen orientiert. Obwohl die Public History unter diesem Begriff bereits seit mehr als 40 Jahren diskutiert wird, hat sie als Teildisziplin der Geschichtswissenschaft bisher nur ansatzweise Gestalt angenommen. Hier setzen wir an. Dabei geht es uns nicht etwa um eine ‚große vereinheitlichende Theorie‘, die alle aktuellen Ansätze zur Theoretisierung und Methodologie der öffentlichen Repräsentationen von Geschichte auffängt. Vielmehr möchten wir durch die Berücksichtigung bisheriger Ansätze und Perspektiven eine Kommunikationsgrundlage für die verschiedenen Disziplinen schaffen, die sich alle im Kern mit Formen von Geschichte im öffentlichen Raum befassen. Wir erheben keinen Anspruch auf Deutungshoheit mit einem neuen Modell, sondern wollen einen der Grundmechanismen der Wissenschaft: den wissenschaftlichen – kooperativen – Diskurs stärken.

Wir danken der Deutschen Forschungsgemeinschaft für das Vertrauen in unsere Arbeit, der Universität zu Köln für die administrative Unterstützung unseres Netzwerkes, dem Max-Planck-Institut für Bildungsforschung Berlin, der Freien Universität Berlin, der Universität Hamburg und der Pädagogischen Hochschule Freiburg für die Ermöglichung unserer Workshops sowie den Studentischen Hilfskräften Janina Raeder, Katharina Wonnemann, Karl Dargel, Marlen Schulze, Michael Schuhmacher und Laura Kern für ihre Unterstützung bei diesen. Wir danken ebenso dem Verlag Vandenhoeck & Ruprecht und hierbei insbesondere unserem Ansprechpartner Kai Pätzke für die Aufnahme ins Verlagsprogramm und die Weitervermittlung an die UTB wie auch dem Lektor Ulf Heidel, der uns im Endspurt tatkräftig unterstützt hat.

1 Einführung

Public History ist ein neues und boomendes Feld in deutschsprachigen Ländern. Vor allem in den historischen Instituten und Seminaren der Universitäten sind in den letzten 15 Jahren Studiengänge, Studienrichtungen und andere Lehrangebote zu ‚Public History', ‚Angewandter Geschichte', ‚Geschichte in der Öffentlichkeit' oder ‚Öffentlicher Geschichtsvermittlung' entstanden; kaum eine Konferenz oder ein Forschungsschwerpunkt kommt heute noch ohne einen Verweis auf Public History als die öffentliche oder öffentlich sichtbare Repräsentation von Geschichte aus. Dabei zeigt sich sehr schnell, dass der Begriff Public History höchst unterschiedlich verstanden und eingesetzt wird. Hier – wie auch in den USA, wo die Public History als außeruniversitäres Arbeitsfeld und universitäres Studiengebiet geformt wurde – gibt es daher eine Vielzahl von Definitionen, die Klarheit bringen sollen. Diese haben sich im Laufe der Zeit verändert, weil sich der Blick auf und die Fragen an Repräsentationen von Geschichte geändert haben. In den 1970er Jahren ging es vor allem darum, das Phänomen des ‚Geschichte-Machens' außerhalb von Forschungseinrichtungen ins Blickfeld zu rücken, wie dies Robert Kelley 1978 formulierte.[1] Während Kelley noch die Arbeit professioneller Historiker_innen außerhalb der Universitäten und Schulen beschrieb, bezog der US-amerikanische National Council on Public History (NCPH) als erste und heute größte Interessenvertretung von Public Historians Anfang der 1990er Jahre dezidiert auch Lai_innen mit der markanten Formel ein, Public History sei „history for the public, about the public, and by the public".[2] ‚Public history' sollte daher zunächst als Gegensatz zur *academic history*

1 „In its simplest meaning, Public History refers to the employment of historians and the historical method outside of academia: in government, private corporations, the media, historical societies and museums, even in private practice. Public Historians are at work whenever, in their professional capacity, they are part of the public process. An issue needs to be resolved, a policy must be formed, the use of a resource or the direction of an activity must be more effectively planned – and an historian is called upon to bring in the dimension of time: this is Public History." Robert Kelley: Public History: Its Origins, Nature, and Prospects, in: The Public Historian 1/1 (1978), S. 16–28, hier S. 16.

2 Charles C. Cole, Jr.: Public History's Influence on Historical Scholarship. Public History: What Difference Has it Made?, in: The Public Historian 16/4 (1994), S. 9–35, hier S. 11.

verstanden werden. Seitdem geht es vor allem darum, Praktiken und damit verbundene Ziele der Public History zu fokussieren. So versteht die Archäologin Faye Sayer unter Public Historians Menschen, die sich „in the practice of communicating the past to the public" engagieren.[3] Auch die Zeithistorikerin Irmgard Zündorf betont, dass Public History jegliche Form öffentlicher Geschichtsdarstellung umfasst, „die außerhalb von Schulen und wissenschaftlichen Institutionen stattfindet". Und über Public Historians schreibt sie weiter:

> Neben der professionellen Beherrschung geschichtswissenschaftlicher Methoden benötigen sie die Kompetenz, wissenschaftlich komplexe Ergebnisse für ein nicht historisch vorgebildetes Publikum auf einfache, interessante und den benutzten Vermittlungsträgern gut angepasste Weise zugänglich zu machen.[4]

In historischer Perspektive zeigt sich, dass zu oft bei der Definitionsfrage stehen geblieben wurde. Gerade die Einführungspublikationen der letzten Jahre machen dies deutlich.[5] Die dort präsentierten Definitionen erlauben zwar eine Orientierung in der jeweiligen Gliederung der Bücher, nicht jedoch die Verortung der Public History im wissenschaftlichen Feld selbst. Public History erscheint daher oftmals als Sammelbecken für Geschichte in unterschiedlichen Medien und Institutionen und vor allem als Best-Practice-Beschreibung. Eine Ausnahme ist hier der Entwurf von Marko Demantowsky, der Public History einerseits als „Kofferwort" für bereits etablierte Konzepte wie Geschichtskultur und Gedächtnis vorgestellt, andererseits erstmals den Begriff soziologisch grundiert als Identitätsdiskurs ausformuliert hat.[6]

Wir gehen mit dem vorliegenden Buch einen anderen Weg. Unser Ziel ist es, den Leser_innen anhand prägender Leitbegriffe eine Orientierung in den aus unterschiedlichen (Teil-)Disziplinen stammenden theoretischen Fundierungen der Public History zu bieten, diese zusammenzuführen und auf diese Weise die Beschäftigung mit der Public History als Teildisziplin der Geschichtswissenschaft zu stärken. Wir gehen dabei von der ganz grundlegenden Beobachtung aus, dass Public History als Anglizismus in deutschsprachigen Ländern eingeführt wurde, weil sich der Begriff nicht ohne Weiteres übersetzen lässt. ‚Öffentliche Geschichte' als Terminus technicus stößt schnell an seine Grenzen, denn der Begriff der

3 Faye Sayer: Public History. A Practical Guide, London 2015, S. 2.

4 Irmgard Zündorf: Zeitgeschichte und Public History (Version: 2.0), in: Docupedia-Zeitgeschichte, 6.9.2016, DOI: https://doi.org/10.14765/zzf.dok.2.699.v2.

5 Zum Beispiel Thomas Cauvin: Public History. A Textbook of practice, New York 2016; Sayer: Public History; Cherstin Lyon u. a.: Introduction to Public History. Interpreting the Past, Engaging Audiences, Lanham (MD) 2017; David Dean (Hg.): A Companion to Public History, Hoboken (NJ) 2018. Irmgard Zündorf und Martin Lücke stellen mit der ersten deutschsprachigen Einführung zumindest zwei Leitkonzepte (Geschichts- und Erinnerungskultur) vor, ohne diese Auswahl jedoch näher zu begründen, Martin Lücke/Irmgard Zündorf: Einführung in die Public History, Göttingen 2018.

6 Marko Demantowsky: What is Public History, in: ders. (Hg.): Public History and School. International Perspectives, Berlin/Boston 2018, S. 3–37, hier S. 26.

Öffentlichkeit ist gerade in geschichtswissenschaftlicher Perspektive in deutschsprachigen Ländern belegt – etwa durch das Spannungsverhältnis öffentlich/privat. ‚Öffentliche Geschichtsvermittlung' greift als Bezeichnung zu kurz, da der Begriff der ‚Vermittlung' einen Top-down-Prozess impliziert, der verschiedene Formen der Wissensaneignung in der Public History zu wenig berücksichtigt. Auch ‚angewandte Geschichte' lässt sich nicht als unmittelbare Übersetzung der US-amerikanischen *applied history* auffassen.[7] Vielmehr wird damit ein spezifisches Feld der praktizierten Public History bezeichnet, nämlich das der Firmen- oder Unternehmensgeschichte. Darüber hinaus ist der Begriff vorbelastet durch seine Verwendung während des Nationalsozialismus. Hier sollte ‚angewandte Geschichte' vor allem für die NS-Ideologie nützliche (pseudo-)historische Argumente liefern, um die Eroberungs- und Vernichtungspolitik des nationalsozialistischen Deutschlands zu stützen.[8]

Zudem zeigt sich schon bei einem oberflächlichen Blick auf die unterschiedlichen Teildisziplinen der Geschichtswissenschaft, dass Repräsentationen von Geschichte bereits unter spezifischen Bedingungen erforscht werden. So thematisiert die Alte Geschichte unter dem Begriff der Rezeption Modi der kulturellen Wiederaufnahme und Transformation von Personen und Phänomenen aus der Antike. Die Geschichtsdidaktik hat mit dem Begriff der Geschichtskultur geradezu paradigmatisch ihr Forschungsinteresse formuliert. Und vor allem die Neuere und die Zeitgeschichte haben die Begriffe des kollektiven Gedächtnisses und der Erinnerungskultur als innovative Modelle in die eigenen Forschungspraxen integriert. Aber auch jenseits der Geschichtswissenschaft wird sich mit Formen des ‚Geschichte-Machens' befasst: So stehen insbesondere Heritage/Kulturerbe oder auch Tradition im Fokus analytischer Betrachtung. Viele Diskurse sind über Jahrzehnte hinweg weitgehend isoliert voneinander geführt worden, obwohl die an ihnen beteiligten Wissenschaftler_innen ähnliche, ja gleiche Phänomene untersuchten. Der zentrale Gegenstand unseres Buches ist also einer, der in vielfältigsten Begriffen und von unterschiedlichen Disziplinen bereits erfasst, theoretisiert und modelliert wurde. Über ihn fachübergreifend zu sprechen und ihn transdisziplinär zu erforschen, setzt eine Auseinandersetzung mit diesen Begriffen voraus. Wir betrachten daher genau diese Termini als Schlüsselbegriffe der Public History und damit als theoretische Grundlage einer Wissenschaft von der Public History.

Wir verstehen die Public History in diesem Zusammenhang als Feld, in dem es um die Wissenschaft von der Kommunikation von Geschichte geht. Diese Minimaldefinition soll vor allem dazu dienen, die Praktiken und Performanzen und damit die multimodale Kommunikation von Geschichte als Forschungsobjekt sichtbar zu machen. Als Wissenschaft soll sie daher in Anlehnung an ein äußerst erfolgreiches Modell der Geschichtsdidaktik in die Bereiche Theorie, Empirie, Pragmatik

7 Siehe hierzu: Simone Rauthe: Public History in den USA und der Bundesrepublik Deutschland, Essen 2001, S. 88 f.

8 Vgl. Juliane Tomann/Jacqueline Nießer: Public and Applied History in Germany – Just another Brick in the Wall of the Academic Ivory Tower?, in: The Public Historian, 41/4 (2018), S. 11–27, hier S. 18.

und Norm der Public History unterteilt werden.[9] Die theoretische Dimension der Public History bildet den Ort der Konzeptionalisierung ihrer Untersuchungsobjekte und ermöglicht eine intensive Diskussion weiterer Kernbegriffe, wie in diesem Buch exemplarisch gezeigt wird. Die empirische Dimension gibt im weitesten Sinne der Wirkungsforschung einen Ort, fragt nach Geschichtspraktiken, -vorstellungen und -narrativen von Individuen und gesellschaftlichen Gruppen und untersucht verschiedenste Medien und Institutionen der Public History. Die pragmatische und normative Dimension der Public History kann ein Ort sein, an dem nicht nur über gesellschaftliche und immer auch ethische Ziele der Kommunikation von Geschichte diskutiert wird, sondern darüber hinaus wertvolle Impulssetzungen erfolgen, um über potenzielle Prinzipien oder allgemeine Qualitätsmerkmale von Produkten und Praktiken der Public History zu diskutieren.[10]

Dabei folgen wir einigen Grundannahmen, die die Koordinaten der Teildisziplin Public History bestimmen und die wir hier kurz skizzieren: In den vergangenen Jahren ist viel darüber diskutiert worden, wo die Public History als Forschungsgegenstand verortet werden soll – ist sie der Neueren Geschichte zuzuordnen oder der Geschichtsdidaktik? Ist sie eher als Untersuchungsfeld der historischen Kulturwissenschaft zu verstehen, weil sie so viele transdisziplinäre Elemente vereint? Wir sehen die Geschichtswissenschaft in ihrer Gänze als zentrale Bezugsdisziplin der Public History, denn es geht letztlich immer um spezifische Geschichte(n) in ihren unterschiedlichen Performanzen und Formen. Die Geschichtswissenschaft ist jedoch nicht die einzige Bezugsdisziplin, denn die Erforschung der Kommunikation von Geschichte ist ohne Impulse etwa aus den Medien- und Theaterwissenschaften, der Europäischen Ethnologie/Kulturanthropologie oder Archäologie nicht durchführbar. Wir betonen daher den transdisziplinären Charakter der Public History. Aus diesem Grund finden sich in unserem Buch vor allem Begriffe, die in den geschichtswissenschaftlichen Fächern Verwendung finden, um Repräsentationen von Geschichte zu erforschen. So stellen wir gleichsam eine Brücke für benachbarte Disziplinen her.

Public History ist weder an bestimmte Themen noch Epochen oder Räume gebunden. Sie kann sich in ihren vielfältigen Formen auf jeden Gegenstand, jede Epoche, jede Region und jede andere Schwerpunktsetzung innerhalb der Geschichtswissenschaft beziehen, weshalb sie keiner ihrer traditionellen Teildisziplinen zuzuordnen ist, sondern vielmehr ein übergreifendes und offenes Feld darstellt. Obwohl die Public History gerade in Deutschland viele ihrer wissenschaftlichen Impulse

9 Einführend: Bernd Schönemann: Geschichtsdidaktik, Geschichtskultur, Geschichtswissenschaft, in: Hilke Günther-Arndt (Hg.): Geschichts-Didaktik. Praxishandbuch für die Sekundarstufe I und II, 5. Aufl., Berlin 2011, S. 11–22; Jörn Rüsen: Auf dem Weg zu einer Pragmatik der Geschichtskultur, in: Ulrich Baumgärtner/Waltraud Schreiber (Hg.): Geschichts-Erzählung und Geschichts-Kultur. Zwei geschichtsdidaktische Leitbegriffe in der Diskussion, München 2001, S. 81–97, hier S. 89 f.

10 Einführend: Christine Gundermann: Public History. Vier Umkreisungen eines widerspenstigen Gegenstandes, in: dies. u. a. (Hg.): Geschichte in der Öffentlichkeit. Konzepte – Analysen – Dialoge, Berlin 2019, S. 87–114, hier S. 105 ff.

der Geschichtsdidaktik verdankt, ist sie auch kein genuines Element dieses Fachs. Sie geht zum einen über die zentralen Paradigmen des Geschichtsbewusstseins und der Geschichtskultur hinaus, indem sie systematisch nach der Bedeutung und dem Potenzial anderer theoretischer Konzeptionen fragt und diese nutzt. Zum anderen befördert sie zwar auch das Historische Denken, räumt diesem Aspekt aber keinen Primat ein, wie dies die Geschichtsdidaktik tut. Public History steht damit neben den traditionellen Teildisziplinen der Geschichtswissenschaft, ist aber gleichzeitig immer auch Teil von diesen – insofern als ein Spezialwissen aus diesen Teildisziplinen immer auch notwendig für die Erforschung der Kommunikation von Geschichte(n) ist.

Wir verstehen die Public History als wissenschaftliches Fach daher auch nicht im Widerspruch zu akademischen Geschichtsproduktionen. Diese begriffliche Frontstellung war gerade in der Entstehungsphase der Public History als Phänomenbeschreibung und vor allem als Wertzuschreibung außerakademischer Geschichtsproduktion wichtig. Auch heute wird diese Unterscheidung vor allem als Wirkungsfeldbestimmung bemüht.[11] Wir wenden uns jedoch aus zwei Gründen gegen die Exklusion von Wissenschafts- und Lehrinstitutionen aus dem Feld der Public History: Als Wissenschaft verstanden erforscht die Public History die Kommunikation von Geschichte in allen Räumen; das schließt Orte wie Universitäten, Akademien und Schulen insofern ein, als auch sie Teil des öffentlichen Diskurses von Geschichte sind. Die Kommunikation von Geschichte umfasst viele Akteur_innen in unterschiedlichsten Institutionen und mit unterschiedlichen Motiven und Zielen, die sich gegenseitig beeinflussen. Wir stellen damit nicht den Wert von nach wissenschaftlichen Kriterien erarbeiteter Geschichte in Frage, sondern wollen diese als Teil des Machens und Erlebens von Geschichte in den Diskurs einbeziehen, weil auch dies in der Gesellschaft stattfindet. Insofern hat die Public History als Disziplin auch das Potenzial, eine Reflexionsinstanz für andere Teildisziplinen der Geschichtswissenschaft zu werden, ohne sich dabei auf das Eruieren der Tauglichkeit geschichtswissenschaftlicher Fragestellungen zur Gegenwartsorientierung zu beschränken oder beschränkt zu werden.

Dieser Band versammelt zehn Schlüsselbegriffe der Public History und ist damit ein Baustein für ihre Theoretisierung. Zentral sind dabei die Begriffe, die zunächst unseren Forschungsgegenstand genauer zu fassen suchen. Gedächtnis, Geschichtskultur, Rezeption und Heritage bzw. Kulturerbe waren für uns obligatorische Schlüssel- oder auch Basisbegriffe. Sie greifen jeweils grundlegende Modi Operandi aus der Geschichtsdidaktik, der Neueren Geschichte, der Altertumswissenschaften und dem größeren Feld der Kulturwissenschaften auf.

11 Wie in der bereits vorgestellten Definition von Irmgard Zündorf ersichtlich oder etwa bei Habbo Knoch: Wem gehört die Geschichte? Aufgaben der „Public History" als wissenschaftlicher Disziplin, in: Wolfgang Hasberg/Holger Thünemann (Hg.): Geschichtsdidaktik in der Diskussion. Grundlagen und Perspektiven, Frankfurt a.M. 2016, S. 303–346, hier S. 304.

Der Begriff der Performativität liegt quer zu diesen Modellen, denn überall spielt das Machen als *doing history* eine zentrale Rolle. Der Fokus auf dieses Machen greift dabei zum einen reflexiv ein zentrales Element der frühen Public-History-Bewegungen auf und betont zum anderen die soziale Dimension des Praktizierens von Geschichte, die in jedem der Basisbegriffe (Geschichtskultur, Gedächtnis, Rezeption und Heritage) mehr oder minder ausgeprägt ist, aber in jüngster Zeit immer stärker betont wird.

Mit dem Begriff der Authentizität und dem Begriffspaar Erfahrung/Erlebnis fokussieren wir deduktiv die zwei größten Werbeversprechen gegenwärtiger Repräsentationen von Geschichte: kein Museum, kein Dokumentarfilm, kein Spiel, das heute nicht auf das Erlebnis Geschichte rekurriert und die Authentizität des eigenen Produktes bewirbt. Hier sollen die Begriffe gut verständlich erläutert und auf ihre analytische Schärfe hin befragt werden. So werden aus den Werbeversprechen Analysekategorien.

Die Begriffe Emotion und Imagination haben wir aufgenommen, weil sie – ähnlich wie Performativität – immer wieder Überschneidungen zu allen anderen Begriffsfeldern aufweisen. Authentizität kann nicht ohne den Bezug auf Emotionen und Imaginationen verstanden werden. Rezeption lässt sich ohne Imagination nicht beschreiben, Erinnerung nicht ohne Emotion denken. Beides sind Konzepte, die historischer Sinnbildung genauso wie historischer Vermittlung zugrunde liegen. Gerade die Emotionen werden in den letzten Jahren in Hinblick auf Attraktivität und Nachhaltigkeit historischer Erlebnisse immer präsenter und zugleich auch durch einen gewandelten geschichtswissenschaftlichen Diskurs gerahmt. Ohne sie lässt sich wiederum eines der zentralsten Felder dieses Buches nicht erklären: das Historische Denken.

Wir haben uns nach reiflicher Überlegung entschieden, hier nicht den Begriff der Vermittlung als Schlüsselbegriff der Public History zu präsentieren – wohl wissend, dass dieser Terminus außerhalb von Forschungsinstitutionen ein zentrales Arbeitsfeld von Public Historians bezeichnet und als solches beworben wird. Stattdessen stellen wir mit dem Historischen Denken einen Begriff in den Mittelpunkt, der unserer Meinung nach aktuell am besten erfasst, wie sich Menschen eigentlich systematisch Geschichte aneignen oder sich mit Geschichte auseinandersetzen. Dieser Begriff ist nicht nur hierarchiefreier als der Vermittlungsbegriff und verzichtet damit auf eine implizite Top-down-Perspektive, sondern er ist auch domänenspezifisch. Wir stellen hier also zentrale Theoreme und Prinzipien aus der Geschichtsdidaktik vor, weil wir der Überzeugung sind, dass sich so am besten Bildungsangebote qualitativ untersuchen und weiterführend gestalten lassen – und zwar dezidiert für den Bereich der Public History.

Uns ist bewusst, dass diese Auswahl keinen Anspruch auf Vollständigkeit erhebt und von anderen anders getroffen worden wäre, dass sie also nur das sein kann – ein exemplarischer und fokussierter Blick auf ein weites Themenspektrum. Viele zentrale Begriffe eröffnen ein Feld, das nicht ohne den Bezug zu oder eine Abgrenzung von anderen Begriffen auskommt. Wir haben uns in solchen Fällen für die Verwendung von Informationsboxen entschieden. Diese sind grau gekennzeichnet und fassen kurz und prägnant unser Verständnis dieser Begriffe und ihre Bezüge zu den von uns vorgestellten Schlüsselbegriffen zusammen. In jedem Artikel wird ein kurzer historiografischer Blick auf den jeweiligen Begriff und dahinterliegende Konzepte geworfen. Im Fokus steht aber die aktuelle Ausformung der Schlüsselbegriffe, die zunächst in ihrer theoretischen Tiefe und dann im Hinblick auf ihre spezifische Operationalisierung für die Public History systematisch befragt werden. Dabei präsentieren wir keine (vermeintlich) neutrale Beschreibung aller Ansätze, sondern wählen gezielt und deutend die Ansätze aus, die unserer Meinung nach entscheidend für eine gelingende transdisziplinäre Kommunikation im Feld der Public History sind. Unsere Beiträge verstehen sich daher immer auch als Teil eines aktuellen Forschungsdiskurses.

Dieses Buch ist als Einführung gedacht. Masterstudierende, für die in deutschsprachigen Ländern hauptsächlich Public-History-Studien angeboten werden, können sich so kompakt und über die eigene geschichtswissenschaftliche Teildisziplin hinaus schnell und sicher im Feld orientieren. Lehrende der Public History können dieses Buch ebenfalls nutzen, um gezielt einzelne, gegebenenfalls fachfremde Schlüsselbegriffe aufzugreifen und so über (teil-)disziplinäre Grenzen hinweg Denkmodelle transdisziplinär zu verorten und die facheigenen theoretischen Konzeptionen auf ihre Stärken, Leerstellen oder potenziellen Erweiterungen hin zu überprüfen. Wir haben in unserer Lehre die Erfahrung gemacht, dass sich auf diese Weise gerade transdisziplinäre Lehrveranstaltungen wesentlich besser planen und durchführen lassen, und hoffen, dass unser Buch auch hier einen positiven Beitrag für andere Lehrende innerhalb und außerhalb historischer Institute leisten kann. Die Beiträge zu den einzelnen Schlüsselbegriffen können also jeweils für sich gelesen werden. Sie sind in alphabetischer Reihenfolge gelistet und bedienen damit keine implizite Logik. Wo nötig, werden Bezüge zu den anderen Schlüsselbegriffen oder zu Informationsboxen an anderen Stellen hergestellt. Insofern kann ein Nachschlagen im Sach- und Personenregister hilfreich sein; prinzipiell sind alle Artikel jedoch auch so verständlich. Drei bis fünf Literaturtipps zum Ein- bzw. Weiterlesen schließen die jeweiligen Artikel zu den Schlüsselbegriffen ab, eine Gesamtbibliografie findet sich am Ende des Buches.

Unser Buch soll Interessierten unabhängig von der eigenen Hausdisziplin oder Expertise eine Einführung in grundlegende Denkmodelle und theoretische Ansätze der Public History geben und damit vor allem eines gewährleisten: eine kooperative und reflexive Kommunikation über Fachgrenzen hinweg, die eine gemeinsame Erforschung von *Geschichte in der Öffentlichkeit* fördert, die Public History als wissenschaftliche Disziplin stärkt und letztlich auch vielfältige positive Einflüsse auf Praxisfelder der Public History ermöglicht.

2 Authentizität

2.1 Einleitung

Nachdem im Frühjahr 2019 die Kathedrale Notre-Dame de Paris durch einen Brand in großen Teilen stark zerstört wurde, schien eines der Wahrzeichen der französischen Hauptstadt für unbestimmte Zeit verloren. Es war der Spieleanbieter Ubisoft, der in dieser Situation mit einer bis dahin beispiellosen Marketing-Strategie in die Öffentlichkeit trat und die Kathedrale interessierten Menschen zugänglich machen wollte: digital und in Form des Spiels *Assassin's Creed Unity*. Das Spiel war 2014 auf den Markt gebracht worden, es ist der achte Teil der erfolgreichen *Assassin's-Creed*-Reihe und ist im Paris der Französischen Revolution angesiedelt. Als Spieler_in bewegt und kämpft man sich durch die Stadt und versucht eine Verschwörung aufzudecken. Dabei wohnt der Avatar verschiedenen historischen Ereignissen wie dem Sturm auf die Bastille bei und begegnet auch historischen Persönlichkeiten. In diesem Spiel ist auch eine detaillierte Darstellung von Notre-Dame enthalten. Mit einem kostenlosen Download wollte Ubisoft nun für kurze Zeit „allen Spielern die Chance geben, die Schönheit der Kathedrale in *Assassin's Creed Unity* auf dem PC zu erleben".[1] Damit betonte der Spieleanbieter erneut das besondere Spielerlebnis aufgrund der detailgetreuen digitalen Nachbauten von historischer Architektur.

Der *Focus*[2] spekulierte in diesem Zusammenhang, dass die für die digitale Rekonstruktion im Spiel gesammelten Daten sogar beim

1 Zit. n.: Nach Notre-Dame-Brand: Ubisoft verschenkt „Assassin's Creed Unity", in: Hannoversche Allgemeine Zeitung, 18.4.2019, https://www.haz.de/Nachrichten/Digital/Paris-Nach-Notre-Dame-Brand-Ubisoft-verschenkt-Assassin-s-Creed-Unity, letzter Zugriff: 20.10.2019.

2 Genaueste Nachbildung: Beim Wiederaufbau von Notre-Dame könnte "Assassin's Creed" helfen, in: FOCUS Online (bereitgestellt von Teleschau, 17.04.2019, URL: https://www.focus.de/digital/internet/kuenstlerin-verbrachte-zwei-jahre-in-

Wiederaufbau der Kirche eine entscheidende Rolle spielen könnten – es sei die genaueste Rekonstruktion, die aktuell verfügbar sei. Es erschien dabei selbstverständlich, dass die in der Spielreihe dargestellte Architektur zentrale Merkmale einer historisch authentischen Darstellung von Geschichte erfüllte. Die Behauptung des Spieleanbieters wurde selbst nicht in Frage gestellt und erschien evident. Hier zeigen sich nicht nur die Effizienz einer langjährigen Marketingstrategie und die Potenziale einer Digital Public History; das Beispiel zwingt uns auch, über Authentizität als Garant und Kernmerkmal ‚echter Geschichte' nachzudenken.

Historische Themen faszinieren die Menschen, insbesondere wenn ihre Darstellungen mit dem Label der Authentizität etikettiert werden. Popularisierte Geschichte in Form von Melodramen, Theaterstücken, TV-Dokumentationen, Computerspielen oder etwa Comic-Historiografien bedient diese Faszination und perpetuiert damit das, was allgemeiner auch als Geschichtsboom bezeichnet wird. Das Versprechen von Geschichten als ‚wahre Geschichte' fungiert dabei auch als Werbefaktor, wodurch Authentizität zum Element von Branding wird.[3]

Als ökonomische Strategie hat sich dieses Phänomen längst etabliert[4] und wurde bereits kritisch untersucht.[5] Fast immer geht es dabei um Fragen des Produktdesigns: Einem ‚authentischen' Produkt sieht man seine Kommerzialisierung nicht an und es suggeriert gleichzeitig eine genaue Einpassung in den Lebensstil und Selbstentwurf der anvisierten Konsument_innen. Im Versprechen der Authentizität findet eine Verknüpfung von Objekt und Subjekt statt, wobei die Erzeugung von Nostalgie (vgl. Infobox) hierbei eine zentrale Rolle spielt, wie nicht zuletzt das Beispiel von *Assassin's Creed Unity* zeigt.

Im Bereich der Public History ist oftmals unklar, was genau mit dem Verweis auf die ‚echte Geschichte' gemeint ist. Im weitesten Sinne geht es um einen referenziellen Bezug zur Vergangenheit, der anzeigt, dass die Darstellung authentisch ist. Gleichzeitig wird aber auch ein authentisches Erlebnis beim Konsumieren von Geschichte beworben. Das Versprechen von Authentizität bezieht sich also sowohl auf Darstellungen (z. B. im Museum oder Film) als auch auf

gebaeude-wiederaufbau-von-notre-dame-mithilfe-von-assassins-creed_id_10602684.html (letzter Zugriff am 20.06.2021).

3 Vgl. Susanne Knaller: Original, Kopie, Fälschung. Authentizität als Paradoxie der Moderne, in: Martin Sabrow/Achim Saupe (Hg.): Historische Authentizität, Göttingen 2016, S. 44–61, hier S. 44.

4 Vgl. James H. Gilmore/B. Joseph Pine: Authenticity. What Consumers Really Want, Boston 2007.

5 Vgl. Sarah Banet-Weiser: Authentic TM, New York 2012.

die Wahrnehmung und Gefühle der Besucher_innen bzw. Teilnehmer_innen, wobei ein Zusammenhang zwischen beiden Aspekten besteht, auf den wir unten nochmals zurückkommen werden. In der Public History erscheint Authentizität insofern allgegenwärtig und bezieht sich auf ein semantisches Feld, in dem auch Qualitäten wie ‚glaubwürdig', ‚zuverlässig', unmittelbar' und eben ‚echt' angesiedelt sind.

Vielfältige Bedeutungen

Der Begriff Authentizität ist in mehreren Wissenschaftsfeldern, darunter in der Geschichtswissenschaft, der Kulturwissenschaft, den Critical Heritage Studies und der Medienwissenschaft, von zentraler Bedeutung. Ohne ihn lassen sich öffentliche Repräsentationen von Geschichte nicht analysieren. Dabei gibt es bis heute keine umfassende und eindeutige Definition von Authentizität, die die mannigfaltigen Bedeutungen in historischer und aktueller Perspektive einzufangen vermag.[6] Lange wurde der Begriff in der Geschichtswissenschaft im Kontext von Quellenkritik verwendet oder galt anderen Disziplinen wie der frühen Volkskunde, die sich der Suche und Bewahrung des Authentischen verschrieben hatten, als Ausgangspunkt für ihre fachliche Formierung.[7] Inzwischen ruft er in wissenschaftlichen und außerwissenschaftlichen Verhandlungen von Geschichte Diskurse auf, die sich um Original, Kopie und Fälschung sowie Echtheit und Triftigkeit drehen, aber auch um Ursprünglichkeit im Sinne einer Unmittelbarkeit im Erfahren und Erleben einer Person.

Im Folgenden veranschaulichen wir das Bedeutungsspektrum von Authentizität, denn für die Interpretation von Angeboten öffentlicher Geschichte ist es unseres Erachtens hilfreich, Authentizität als Analysekategorie zu nutzen, jedoch zugleich auch nötig, den Begriff als Quellenbegriff zu verstehen. Darüber hinaus weisen wir auf spezifische Fragen an Authentizität bzw. ‚authentische' Repräsentationen von Geschichte hin, die in verschiedenen wissenschaftlichen Disziplinen gestellt werden. Ferner zeigen wir, dass Authentizität einerseits eine Konstruktion ist und sich andererseits auf die Qualität einer Relation zwischen Menschen und historischen Objekten bezieht. In der Public History ist der Begriff von Widersprüchen gekennzeichnet, denn er changiert zwischen der Beglaubigung von Echtheit einerseits sowie deren Simulation andererseits und ist zudem zwischen historischem Ereignis, repräsentiertem Objekt und Wahrnehmung

6 Vgl. Susanne Knaller/Harro Müller: Authentisch/Authentizität, in: Karlheinz Barck u. a. (Hg.): Ästhetischen Grundbegriffe, Bd. 7: Register und Supplemente, Stuttgart/Weimar 2010, S. 40–65, hier S. 40.

7 Regina Bendix: In Search of Authenticity. The Formation of Folklore Studies, Madison (WI) 1997.

des Objektes angesiedelt. Zugleich weist er eine paradoxale Struktur auf, insofern Authentizität immer medial vermittelt und damit auch medial hergestellt ist: Was als authentisch gilt, muss zunächst als solches ausgewiesen werden, sodass Authentizität immer eine Zuschreibung von außen ist.[8] Zunächst werden wir Authentizität begriffsgeschichtlich verorten und dann auf gegenwärtige Verwendungsweisen eingehen, die wir schließlich exemplarisch an vier praxisnahen Fallbeispielen aus der Public History operationalisieren.

Nostalgie

Nostalgie bezeichnet eine besonders emotionale Form der Zugewandtheit zur Vergangenheit. Der Begriff stammt aus dem Griechischen (*nóstos*: Rückkehr, Heimkehr; *álgos*: Schmerz) und wurde vom 17. Jahrhundert bis weit ins 20. Jahrhundert hinein synonym zum neueren Begriff des Heimwehs gebraucht. Heimweh/Nostalgie ist durch eine zeitliche und eine örtliche Dimension gekennzeichnet. Heimweh ist das Sehnen nach einem Ort, der erst aus der zeitlichen Distanz, im Prozess der Entfernung, als Heimat und damit Ort der Zugehörigkeit erkannt wird. Nostalgie und Heimweh bezeichneten bis Ende des 19. Jahrhunderts eine Nervenkrankheit, an der insbesondere Soldaten teils schwer, in manchen Fällen sogar tödlich erkrankten. In der ersten Hälfte des 20. Jahrhunderts, im Zuge zunehmender sozialer und örtlicher Mobilität, wurde Heimweh/Nostalgie pädagogisiert. Das rückwärtsgewandte Sehnen nach einem verlassenen Ort war nun unreifen Kindern und Heranwachsenden vorbehalten, die erst lernen mussten, die Trennung von Eltern und Zuhause zu erdulden. Erst in den 1970er Jahren erfolgte in der Bundesrepublik eine Ausdifferenzierung des Heimwehbegriffes entlang der Raum- und Zeitdimension. Unter Nostalgie verstand man nun zunehmend die sehnsüchtige Zuwendung zur Vergangenheit, die zumeist als besonders harmonische Zeit erinnert wurde. Heimweh hingegen bezeichnete das sehnende Verlangen nach einem verlassenen Ort. Die 1970er Jahre gelten gar als nostalgisches Jahrzehnt. Als Reaktion auf die Erfahrung des beschleunigten sozialen, wirtschaftlichen und politischen Wandels und auf die Strukturumbrüche, die den Übergang zur Postmoderne markierten, wurde die Zukunftszuversicht der Moderne abgelöst von der

8 Jonathan Culler hat am Beispiel des Tourismus auf diese paradoxale Struktur hingewiesen, Jonathan Culler: Semiotics of Tourism, in: American Journal of Semiotics 1/1–2 (1981), S. 127–140, hier S. 139.

Sehnsucht nach der vorgeblichen Stabilität vergangener Zeiten. Der Nostalgie-Boom manifestierte sich in einer Wiederentdeckung von Vergangenheit, vor allem in Formen des Konsums, die Geschichte als wenig konfliktreich und identitätsfördernd für eine Mehrheitsgesellschaft präsentierte. Später wurden Gedächtnis und Erinnerung (vgl. Kap. 4) dann zu neuen Leitbegriffen einer verstärkt kulturgeschichtlich orientierten Geschichtswissenschaft. Mit der Temporalisierung des Nostalgiebegriffs erfolgte auch zunehmend seine Entpathologisierung. Nostalgie ist kein Leiden mehr, sondern bezeichnet die Fähigkeit der emotionalen Selbstregulation. Heute stehen technologische Retrotrends und Vintage-Designs für einen identitätsstabilisierenden Umgang mit Geschichte. Nostalgisch zu sein verweist auf das Bedürfnis nach besonderer Nähe zu einer als positiv erinnerten Vergangenheit und zugleich auf die Einsicht in deren mediale Vermitteltheit.

Leseempfehlung
Becker, Tobias: Rückkehr der Geschichte? Die „Nostalgie-Welle" in den 1970er und 1980er Jahren, in: Fernando Esposito (Hg.): Zeitenwandel. Transformationen geschichtlicher Zeitlichkeit nach dem Boom, Göttingen 2017, S. 93–117; Schrey, Dominik: Analoge Nostalgie in der digitalen Medienkultur, Berlin 2017.

2.2 Begriffsgeschichte

Der Begriff der Authentizität speist sich aus verschiedenen Quellen und ist mit den Bereichen des Rechts, der Theologie, der Philosophie und der Künste verbunden; in der Geschichtswissenschaft spielt er erst seit wenigen Dekaden eine tragende Rolle. In einem Lexikoneintrag der *Ästhetischen Grundbegriffe* geben die Literatur- und Kulturwissenschaftlerin Susanne Knaller und der Germanist Harro Müller einen detaillierten Überblick über die verschiedenen Verwendungen und Veränderungen des Begriffs, der aus dem Griechischen stammt.[9]

Glaubwürdigkeit vs. Original

Wurde das Wort authentikós (echt, zuverlässig, richtig) zur Bezeichnung der Glaubwürdigkeit von Schriften in Bezug auf eine_n Urheber_in verwendet, beinhaltete das lateinische Wort *authenticus*

9 Vgl. Knaller/Müller: Authentisch/Authentizität.

darüber hinaus auch die Bedeutung ‚beglaubigt'.[10] Hier zeigt sich ein Zusammenhang von Authentizität, Autor_in und Autorität, der in verschiedenen Sprachen zu finden ist.[11] Der lateinische Begriff bezeichnete außerdem auch ein ‚Original', das sich von einer Kopie unterscheidet.[12] Einerseits geht es also um den Inhalt von Schriftstücken und andererseits um ein ganz bestimmtes Exemplar. Ähnlich lässt sich auch die Bedeutung des Begriffs in seiner weiteren Verwendung unterscheiden: Bezeichnete das Adjektiv ‚authentisch' im Mittelalter die *Glaubwürdigkeit* eines Textes,[13] so wird es im 20. Jahrhundert im Sinne von *original* und *echt* verwendet.[14] Im 18. und 19. Jahrhundert findet sich der Begriff hingegen nur selten, auch wenn in verschiedenen Bereichen Konzepte anzutreffen sind, die unser heutiges Verständnis von Authentizität vorbereitet haben.[15]

Kunst und Literatur

In seiner Schrift über die Nachahmung griechischer Kunstwerke (1755) konstatierte Johann Joachim Winckelmann, dass nur die „Nachahmung der Alten" es möglich mache, in der Kunst Größe zu erlangen.[16] Hiermit legte er den Grundstein für eine Theorie der Originalität und Echtheit, die später auch in die Geschichtswissenschaft hineinwirkte und deren Authentizitätsverständnis im 20. Jahrhundert mitbestimmte. Zugleich vollzog sich in der Literatur des 18. Jahrhunderts eine Hinwendung zur Empfindung und Sinnlichkeit, die – wie sich am Beispiel von Briefliteratur und Autobiografien zeigen lässt – auf einer Rhetorik der subjektiven Ausdruckssprache beruhte.[17] Susanne Knaller verweist in diesem Zusammenhang auf die paradoxale Struktur, die sich später auch im Authentizitätsbegriff wiederfindet, denn die Unmittelbarkeit und Wahrhaftigkeit der dargestellten Gefühle war Effekt einer literarischen Konstruktion.[18] Die Empfindsamkeit, die in der Literatur zum Ausdruck gebracht wurde, bezog sich dabei sowohl auf die Gefühle der Autor_innen als auch

10 Tino Mager: Schillernde Unschärfe. Der Begriff der Authentizität im architektonischen Erbe, Berlin 2016, S. 20.

11 Vgl. hierzu auch Helmut Lethen: Versionen des Authentischen. Sechs Gemeinplätze, in: Hartmut Böhme/Klaus R. Scherpe (Hg.): Literatur und Kulturwissenschaften. Positionen, Theorien, Modelle, Reinbek bei Hamburg 1996, S. 205–231.

12 Mager: Schillernde Unschärfe, S. 21.

13 Knaller/Müller: Authentisch/Authentizität, S. 41.

14 Ebd., S. 44.

15 Vgl. hierzu Knaller/Müller: Authentisch/Authentizität.

16 Johann Joachim Winckelmann: Gedanken über die Nachahmung der griechischen Werke in der Malerey und Bildhauerkunst, 2. Aufl., Dresden/Leipzig 1756, https://digi.ub.uni-heidelberg.de/diglit/winckelmann1756/0001, letzter Zugriff: 1.12.2020, S. 3.

17 Knaller/Müller: Authentisch/Authentizität, S. 48.

18 Ebd., S. 47 f.

auf die (Selbst-)Wahrnehmung der Leser_innen. Damit steht das Literaturverständnis im Zusammenhang mit moralphilosophischen Überlegungen, die sich mit dem Verhältnis des Menschen zu sich und zu anderen beschäftigen, wie diese beispielsweise bei Jean-Jacques Rousseau zu finden sind, der das Selbstverhältnis als Treue des Menschen zu seiner inneren Natur konzipiert.[19] Mit dem Interesse für einerseits die Kunst ‚der Alten' und andererseits die Empfindungen von Autor_innen und Leser_innen deutet sich im 18. Jahrhundert eine Unterscheidung an, die heute begrifflich als Objekt- und Subjektauthentizität gefasst wird, d. h., Authentizität kann sich auf die Eigenschaft eines Objekts beziehen oder auf das Selbstverständnis von Personen bzw. den Selbstentwurf von Subjekten.

Realismus und Objektivität

Mit der Etablierung naturwissenschaftlicher Erklärungsmodelle im 19. Jahrhundert veränderte sich auch der Wirklichkeitsbegriff, der zunehmend mit dem Postulat des Objektiven einherging. In der Literatur des Realismus wurde die Welt dokumentierend beobachtet, wobei der Wahrheitsgehalt der Darstellung sowohl durch den Einsatz rhetorischer Mittel als auch durch die authentisierende Instanz der Künstler_innen garantiert wurde, deren Empfindungen jetzt nicht mehr von Interesse waren. Das Aufkommen der Fotografie ging dann mit der Vorstellung einer unmittelbaren Abbildung der Wirklichkeit einher, da fotografische Aufnahmen vermeintlich automatisch und ohne „schöpferische Vermittlung des Menschen" zustande kommen.[20] Auch wenn sich weder für literarische Werke noch für fotografische Abbildungen in der zeitgenössischen Diskussion der Begriff ‚Authentizität' finden lässt, tragen die Vorstellungen von Realismus und Objektivität zu unserer heutigen Konzeption von ‚Authentizität' bei.

Das authentische Kunstwerk

Erst Mitte des 20. Jahrhunderts hat Theodor W. Adorno ‚Authentizität' als ästhetiktheoretischen Begriff eingeführt. Gemeinsam mit Max Horkheimer diagnostiziert er in der *Dialektik der Aufklärung* (1947), dass es „mit fortschreitender Aufklärung [...] nur die authentischen Kunstwerke vermocht [haben], der bloßen Imitation dessen, was ohnehin schon ist, sich zu entziehen".[21] In seinen späteren Schriften definiert er Authentizität als „Zauberwort", das den Charakter von Werken bezeichnet, „der ihnen ein objektiv Verpflichtendes, über die Zufälligkeit des bloß subjektiven Ausdrucks Hinausreichendens,

19 Dieter Sturma: Jean-Jacques Rousseau, München 2001, S. 183.

20 Vgl. André Bazin: Ontologie des photographischen Bildes (frz. Orig. 1945), in: ders.: Was ist Film?, Berlin 2004, S. 33–42, hier S. 37.

21 Max Horkheimer/Theodor W. Adorno: Dialektik der Aufklärung. Philosophische Fragmente, Frankfurt a.M. 1988, S. 24.

zugleich auch gesellschaftlich Verbürgtes verleiht".[22] An anderer Stelle beschreibt er authentische Kunstwerke als „ihrer selbst unbewußte Geschichtsschreibung ihrer Epoche".[23]

Während Adornos Interesse der Authentizität von Kunstwerken gilt, verwenden Philosophen wie Jürgen Habermas, Jean-Paul Sartre oder Charles Taylor den Begriff mit Blick auf den Menschen und zur Auseinandersetzung mit dem menschlichen Selbst-Bewusstsein, der Lebensführung oder Lebensweise.[24]

2.3 Gegenwärtige Begriffsverwendung

Auch gegenwärtig ist die Verwendung des Begriffs ‚Authentizität' vielgestaltig. Zur Systematisierung haben Knaller und Müller vorgeschlagen, heuristisch zwischen Objekt- und Subjektauthentizität zu unterscheiden,[25] wobei sich Erstere auf die Eigenschaft eines Objekts bezieht, die empirisch überprüft werden kann, und Letztere als Form des Selbstverständnisses zu verstehen ist, das mit spezifischen Vorstellungen von Identität in Zusammenhang steht.[26] Dass zwischen diesen beiden Formen von Authentizität eine Wechselwirkung besteht, haben unter anderem die Historiker Achim Saupe und Martin Sabrow mit Hinweis auf die Aneignung (vgl. Infobox in Kap. 8.2) von Geschichte angesprochen.[27]

Authentische Objekte

Objekte gelten dann als authentisch, wenn es sich um Originale handelt. Ihre Echtheit bezieht sich auf Urheberschaft oder Historizität, auf der ihre Aura (vgl. Infobox) oder *pastness* (vgl. Infobox in Kap. 11.1) beruht und durch die sie sich von Fälschungen, Imitationen und Kopien unterscheiden. Um ein Gemälde beispielsweise als

---

22 Theodor W. Adorno: Wörter aus der Fremde (1959), in: ders.: Noten zur Literatur, Frankfurt a.M. 2010, S. 216–232, S. 231.

23 Ders.: Ästhetische Theorie, Frankfurt a.M. 1995 (1970), S. 272.

24 Knaller/Müller: Authentisch/Authentizität, S. 57–60.

25 Ebd., S. 45.

26 Dementsprechend beschreibt Achim Saupe Authentizität als Form der Selbstverwirklichung, die für die Hippie-Bewegung, aber auch die Neuen Sozialen Bewegungen zentral war, Achim Saupe: Authentizität (Version: 3.0), in: Docupedia-Zeitgeschichte, 25.8.2015, https://docupedia.de/zg/Saupe_authentizitaet_v3_de_2015, letzter Zugriff: 28.11.2020. Die Anthropologen Richard Handler und William Saxton haben die Subjektauthentizität im Zusammenhang mit Living-History-Phänomenen beforscht und als „authentic existence" beschrieben, Richard Handler/William Saxton: Dyssimulation. Reflexivity, Narrative, and the Quest for Authenticity in „Living History", in: Cultural Anthropology 3 (1988), S. 242–260.

27 Martin Sabrow/Achim Saupe: Historische Authentizität. Zur Kartierung eines Forschungsfeldes, in: dies. (Hg.): Historische Authentizität, Göttingen 2016, S. 7–28, S. 14 f.

'echten' Rembrandt oder ein Schriftstück als 'historisches Dokument' anzuerkennen, bedarf es Expert_innen, die Objekte auf der Grundlage von wissenschaftlichen Methoden und spezifischen Bewertungskategorien authentifizieren. Es ist also die Autorität der Expert_innen, die Objekten Authentizität verleiht, wobei die Authentifizierung zugleich mit Hierarchisierungen einhergeht, denn letztendlich wird durch ihre Bewertung das Werturteil festgelegt, welche Objekte zu bewahren und zu schützen sind (vgl. Kap. 7 Heritage und Kulturerbe).

Aura

Den Begriff der Aura hat Walter Benjamin in seinem Aufsatz „Das Kunstwerk im Zeitalter seiner technischen Reproduzierbarkeit" (1935) geprägt. Darin beschäftigt er sich mit der Veränderung der menschlichen Wahrnehmung durch die Einführung von Reproduktionstechniken, durch die Kunstwerke breiten Bevölkerungskreisen zugänglich gemacht werden. Benjamin definiert die Aura als „einmalige Erscheinung einer Ferne, so nah sie sein mag", und beschreibt damit die Einmaligkeit, die Kunstwerke auszeichnet, oder die „materielle Dauer" und „geschichtliche Zeugenschaft", die dinglichen Überresten eigen ist. Im Zeitalter der technischen Reproduzierbarkeit, so Benjamin, verkümmere diese Aura, da das Einmalige durch die Vervielfältigung überwunden werde und man der Dinge aus nächster Nähe im Abbild habhaft werden könne. Diesen Verfall der Aura sieht Benjamin durchaus positiv, da sich Kunstwerke erstmals von ihrem Kultwert, der aus ihrer Unnahbarkeit resultiere, emanzipieren und andere soziale Funktionen übernehmen könne, die auf 'die Massen' gerichtet sind.

Im Museumskontext findet sich der Aura-Begriff zur Beschreibung von historischen Objekten. Diesen wird die Fähigkeit zugesprochen, zwischen Vergangenheit und Gegenwart zu vermitteln, indem sie das historisch Ferne räumlich nah präsentieren und dadurch gewissermaßen eine Brücke zwischen dem lebenden Individuum heute und der abgeschlossenen Vergangenheit schlagen. Eine Beschäftigung mit der Aura von Museumsdingen fand unter anderem im Zusammenhang mit einer an Objekten ausgerichteten Ausstellungsdidaktik statt, für die sich etwa Gottfried Korff ab den 1970er Jahren starkgemacht hat. Wie Roman Weindl in seiner Überblicksdarstellung erläutert, lag der Aufforderung, im Museum Originale zu präsentieren, die Annahme zugrunde, dass von der Aura der Museumsdinge eine positive pädagogische oder bildungspolitische Wirkung ausgehe, beispielsweise in Form einer 'Ganzheitswahrneh-

mung'. Diese Bewertung von Originalität steht Benjamins Begriff von Aura diametral entgegen.
Gegenwärtig wird vor allem vor dem Hintergrund der zunehmenden Digitalisierung und Virtualisierung das Potenzial von Originalobjekten besprochen. Auch wenn die Aura dieser Objekte an ihre Geschichtlichkeit gebunden wird, ist sie maßgeblich von ihrer Präsentation und Inszenierung abhängig. Insofern weist die Aura eine ähnlich paradoxale Struktur auf wie die Authentizität: Ihre Unmittelbarkeit ist medial konstituiert. Weindl kommt in seiner Analyse von geschichts- und museumsdidaktischer Literatur zu dem Schluss, dass viele Autor_innen den Begriff der Aura unscharf gebrauchen. Er stellt fest, dass er vor allem als Hilfsbegriff fungiert, da theoretische Überlegungen zur Wirkung von Museumsobjekten fehlen.

Leseempfehlung
Benjamin, Walter: Das Kunstwerk im Zeitalter seiner technischen Reproduzierbarkeit, Frankfurt a.M. 2010 (1935); Weindl, Roman: Die „Aura" des Originals im Museum. Über den Zusammenhang von Authentizität und Besucherinteresse, Bielefeld 2019, S. 15–19.

Konstruktion und Medialität von Authentizität

Authentizität weist wie schon gesagt eine paradoxale Struktur auf, da sie immer konstruiert und medial vermittelt ist. Sie setzt die Kommunikation der durch Expert_innen vorgenommenen Authentifizierung voraus und geht mit einer spezifischen Präsentation der jeweiligen Objekte einher, auf die wir unten anhand von konkreten Beispielen zurückkommen werden. Die Verfahren und Strategien, mit denen die Authentizität von Objekten konstruiert und inszeniert wird, sind vielfältig. Sie unterscheiden sich je nach Medium und performativem Ansatz und werden in der Literatur-, Theater-, Kultur- und Medienwissenschaft aus verschiedenen Perspektiven analysiert und theoretisiert.[28] Häufig stehen hierbei Fragen nach textuellen und

28 Eine solche Authentisierungsstrategie kann sich auch auf als traditionell geltende Wissensbestände beziehen. Beispielhaft lässt sich hierfür der Fall der norwegischen Nationaltracht *bunad* heranziehen: Ihre (kostengünstigere) Fertigung in südostasiatischen Textilfabriken warf die kontrovers diskutierte Frage auf, ob für die Herstellung eines authentischen *bunad* ein besonderes und lokal verortbares Wissen notwendig ist oder ob die Herstellungsart erlernt werden kann wie jede andere Technik. Der Konflikt zeigt auf, dass die Authentizität eines Objekts nicht nur aus seiner Materialität generiert wird, sondern auch aus dem Produktionsprozess und insbesondere dem Wissen der Produzierenden um die kulturelle Bedeutung eines Objekts. Vgl. hierzu: Thomas Hylland Eriksen: Traditionalism and Neoliberalism. The Norwegian Folk Dress in the 21st Century, in: Erich Kasten (Hg.): Properties

paratextuellen Verfahren im Mittelpunkt, die Authentizitätseffekte erzeugen.

Diese mediale Konstruktion von Authentizität unterscheidet sich grundlegend von der wissenschaftlich untermauerten Authentifizierung historischer Objekte, weshalb Saupe und Sabrow zwischen wissenschaftlicher Authentifizierung einerseits und Authentisierung als Inszenierung andererseits differenzieren.[29] In Disziplinen mit medienbasierten Forschungsgegenständen besteht diese begriffliche Differenzierung nicht.

Erleben von Authentizität

Die Konzeption von Authentizität als (diskursiv erzeugte) Eigenschaft eines Objekts oder als Effekt textueller Verfahren greift jedoch zu kurz. Authentizität resultiert vielmehr aus der Relation zwischen Objekt und Subjekt, denn sie muss als solche wahrgenommen bzw. erfahren werden (vgl. Kap. 5 Erlebnis und Erfahrung).[30] Es kommt also nicht nur auf eine Fremdbeglaubigung (Heterologie) von Authentizität an, sondern auch auf eine Selbstbeglaubigung (Autologie).[31] Mit Bezug auf Geschichte ist dabei Plausibilität von zentraler Bedeutung, die dazu beiträgt, dass Objekte als Originale wahrgenommen (vgl. Infobox *pastness* in Kap. 11.1) oder nachgestellte Handlungen und Situationen als authentisch erlebt werden.

Authentizität in der Geschichtswissenschaft

Als analytischer Begriff wird Authentizität in der Geschichtswissenschaft nicht systematisch verwendet; Eingang in das wissenschaftliche Vokabular fand er vor allem mit Bezug auf den Status von Objekten. Er markiert die Echtheit einer Quelle und zeigt an, dass diese zu einer bestimmten Zeit, an einem bestimmten Ort und von bestimmten Akteur_innen hervorgebracht wurde. Über den Wahrheitsgehalt der Quelle gibt die Authentifizierung hingegen nicht zwangsläufig Auskunft. Authentifizierungen sind grundlegende Voraussetzung jeder historiografischen Arbeit und Teil der Quellenkritik. Zudem gibt es wissenschaftliche Tätigkeitsfelder wie die Provenienzforschung, in denen die mit der Authentifizierung einhergehende Herkunftsforschung zu den Haupttätigkeiten zählt. Für die Auseinandersetzung mit der Darstellung von Vergangenheit spielt der Begriff in der

of Culture – Culture as Property. Pathway to Reform in Post-Soviet Siberia, Berlin 2004, S. 267–286.

29 Sabrow/Saupe: Historische Authentizität, S. 10.

30 Vgl. Eva Ulrike Pirker/Mark Rüdiger: Authentizitätsfiktionen in populären Geschichtskulturen: Annäherungen, in: Eva Ulrike Pirker u. a. (Hg.): Echte Geschichte. Authentizitätsfiktionen in populären Geschichtskulturen, Bielefeld 2010, S. 11–30, hier S. 21.

31 Vgl. Knaller: Original, Kopie, Fälschung, S. 45.

Geschichtswissenschaft hingegen bis auf wenige Ausnahmen keine Rolle.[32]

Typologisierung authentischer Darstellungen

Zu diesen Ausnahmen zählt die Typologisierung von Authentizität, die der Geschichtsdidaktiker Hans-Jürgen Pandel erarbeitet hat. Er legt dabei ein weites Begriffsverständnis zugrunde und versteht unter Authentizität „eine Eigenschaft, die Aussagen, schriftlichen und bildlichen Quellen, Dingen sowie Orten zukommt, um ihre Echtheit, Glaubwürdigkeit und Zuverlässigkeit zu kennzeichnen".[33] Dabei unterscheidet er zwischen Personen- bzw. Ereignisauthentizität, Typenauthentizität, Repräsentationsauthentizität und Erlebnisauthentizität.[34] Unter der erstgenannten Form von Authentizität versteht er, dass eine Person tatsächlich gelebt bzw. ein Ereignis tatsächlich stattgefunden hat. Typenauthentizität bezeichnet den Umstand, dass eine dargestellte Person zwar fiktiv, ihre Figureneigenschaften jedoch als typisch für die dargestellte Zeit, soziale Stellung und Region sei. Repräsentationsauthentizität ist nach Pandel vorhanden, wenn die fiktiven Elemente einer historischen Narration für die dargestellte Epoche und Region nach aktuellem Forschungsstand repräsentativ sind. Und mit dem Begriff der Erlebnisauthentizität erfasst er, dass die „inneren Erfahrungen und Emotionen vom Erzähler in der betreffenden Situation tatsächlich so empfunden wurden".[35] In einer Ergänzung dieser Überlegungen hat Pandel darüber hinaus ein Koordinatensystem vorgeschlagen, anhand dessen die „Authentizitätsgrade" von Quellen (in der Vergangenheit entstanden), Darstellungen (gegenwärtige Präsentationen von Geschichte) und Imaginationen (fiktionalisierter Geschichte) bestimmt werden können. Diese Systematisierung übersieht jedoch, dass auch Repräsentationen von Geschichte Quellen sein können, und kommt darüber hinaus ohne eine begriffliche Trennung von empirischer Triftigkeit und simulierter *pastness* (vgl. Infobox in Kap. 11.1) aus. Pandels Typologisierung ist vor allem dann hilfreich, wenn sie zur Analyse von medialen und performativen Repräsentationen von Vergangenheit herangezogen wird.[36]

---

32 Pirker/Rüdiger: Authentizitätsfiktionen, S. 14.

33 Hans-Jürgen Pandel: Authentizität, in: Ulrich Mayer u. a. (Hg.): Wörterbuch Geschichtsdidaktik, Schwalbach i. Ts. 2006, S. 25–26, hier S. 25.

34 Vgl. Hans-Jürgen Pandel: Die Wahrheit der Fiktion. Der Holocaust im Comic und Jugendbuch, in: Bernd Jaspert (Hg.): Wahrheit und Geschichte. Vom Umgang mit deutscher Vergangenheit, Hofgeismar 1993, S. 72–109.

35 Pandel: Authentizität, S. 26.

36 Vgl. hierzu Christine Gundermann: Inszenierte Vergangenheit oder wie Geschichte im Comic gemacht wird, in: Hans-Joachim Backe u. a. (Hg.): Ästhetik des Gemachten. Interdisziplinäre Beiträge zur Animations- und Comicforschung, Berlin 2018, S. 257–283.

Authentizität als Aneignungsmodus von Geschichte

Auch wenn Pandels Überlegungen kritisiert werden können, verweisen sie auf die Notwendigkeit, sich auch in der Geschichtswissenschaft mit Authentizität auseinanderzusetzen und den Begriff über die Qualifizierung von Quellen hinaus analytisch zu nutzen. Vor allem seine populäre Verwendung im Kontext von Public-History-Angeboten legt nahe, ihn weniger als Beleg für empirische Triftigkeit sondern als Aneignungsmodus von Geschichte zu konzipieren. Es gilt also, Authentizitätseffekte wie die bereits erwähnte *pastness* in den Blick zu nehmen.

Gerade im Bereich der Public History zeigt sich, dass Authentizität nicht zwangsläufig aus der inhärenten Qualität von Objekten oder der Glaubwürdigkeit von Zeugnissen abzuleiten ist. Neben authentischen Objekten oder Zeugnissen spielt hier auch das ‚authentische Erleben' eine zentrale Rolle. So stellen Living History oder Reenactments eine Aneignungsform von Geschichte dar, deren Authentizität auf dem Nacherleben von vergangenen Situationen oder Ereignissen beruht. Auch hier ist die paradoxale Struktur von Interesse, denn ‚authentisches Erleben' im Sinne einer Körpererfahrung (vgl. Kap. 5) wird dadurch ermöglicht, dass Repliken von historischen Objekten zum Einsatz kommen, die angefasst, getragen und sinnlich wahrgenommen werden können. Für dieses Erleben spielt die Herkunft der verwendeten Objekte, die aus Sicht der Provenienzforschung nicht authentisch sind, dabei eine untergeordnete Rolle.

Geschichtsangebote sind daher darauf hin zu befragen, wie sie ihre Referenz zur Wirklichkeit und gegebenenfalls Wissenschaft inszenieren. Das ökonomische Potenzial von Geschichte ergibt sich gegenwärtig nicht zuletzt aus dieser Dimension von Authentizität. Am Beispiel zahlreicher geschichtskultureller Produkte zeigt sich, dass die ‚Echtheit' der jeweils präsentierten Geschichte ein effektives Verkaufsargument darstellt,[37] wobei Anbieter_innen häufig auch eine damit zusammenhängende spezifische ‚Atmosphäre' heraufbeschwören.

Atmosphäre

Insbesondere bei Videospielen und im Living-History-Bereich ist in Forschungskontexten zur Beschreibung von authentisierenden Arrangements von Atmosphäre die Rede. Der Begriff wurde vor allem von dem Philosophen Gernot Böhme geprägt. In der Geschichtswissenschaft finden sich erste Ansätze zur Nutzung dieses

37 Wolfgang Hardtwig/Alexander Schug (Hg.): History Sells! Angewandte Geschichte als Wissenschaft und Markt, Stuttgart 2009.

Zugriffs z. B. bei der Analyse touristischer Angebote, die unter Phänomenen wie *(hi)storyscapes* oder *themed environments* erfasst werden.
Als Konzept wird Atmosphäre seit wenigen Jahren genutzt, um ‚authentische Räume' zu beschreiben, also Räume, die (vermeintlich) historisch authentisch inszeniert sind und für einen bestimmten Zweck so erschaffen wurden. Dieser Ansatz hilft nicht nur, eine spezielle Objekt-Subjekt-Relation zu fokussieren, sondern das erlebende Subjekt in einem spezifisch gestalteten Raum zu beschreiben. Atmosphäre, genauer Vergangenheitsatmosphäre, ist dann ein analytischer Begriff, der es erlaubt, den Raum, in dem eine Performance stattfindet – sei es eine nachgestellte Schlacht, die Quest im digitalen Raum oder aber der Gang durch einen speziell gestalteten Ausstellungsbereich –, als Wahrnehmungs- und Empfindungsraum der Reenactors/Living Historians, von digital Spielenden oder aber von Besucher_innen zu beschreiben. Das Konzept berücksichtigt also dezidiert die Empfindungsebene der teilhabenden Subjekte und verharrt nicht bei der Anordnung von Objekten im Raum. Betrachtet wird auch die ästhetische Gestaltung des Raums im Hinblick auf seine Eignung, *pastness* (vgl. Infobox in Kap. 11.1) zu erzeugen. Der Rückgriff auf den Atmosphären-Begriff erlaubt somit stärker als etwa der Fokus auf Objektauthentizität, das Verhältnis von rezipierendem Subjekt und inszenierter Geschichte im Raum in den Blick zu nehmen. Solche Atmosphären sind zeitlich und kulturell gebunden. Das Beispiel der digitalen Spiele verweist aber auf deren (potenzielle) räumliche Entgrenzung. Da diese oftmals für den globalen Markt designt werden, können diese kosmopolitische Vergangenheitssettings etablieren, die dann gleichsam populärkulturelle Vorstellungen von Geschichte prägen.

Leseempfehlung

Kerz, Christina: Atmosphäre und Authentizität. Gestaltung und Wahrnehmung in Colonial Williamsburg, Stuttgart 2017; Zimmermann, Felix: Historical Digital Games as Experiences – How Atmospheres of the Past Satisfy Needs of Authenticity, in: Marc Bonner (Hg.): Game | World | Architectonics – Transdisciplinary Approaches on Structures and Mechanics, Levels and Spaces, Aesthetics and Perception, Heidelberg 2021, S. 19-34.

Authentizität ist ein kultur- und zeitgebundener Begriff. Er ist eng mit der westeuropäischen Kultur- und Wissenschaftsgeschichte verbunden und lässt sich nicht als universelle Größe voraussetzen, wie wir im Beitrag zum Kulturerbe (vgl. Kap. 7) anhand des UNESCO-Welterbes kurz skizzieren. In der Geschichtswissenschaft gelangen die Praktiken der Authentisierung zum einen durch das zunehmende Interesse an Fragen der Performativität (vgl. Kap. 10) langsam in den Fokus der Forschung,[38] zum anderen durch die Etablierung der Wissen(schaft)skommunikation als Forschungsfeld und als Praxisbereich. Und auch die Public History als neue Teildisziplin der Geschichtswissenschaft treibt die Auseinandersetzung mit Fragen der Authentizität an.

2.4 Operationalisierungen

Im Folgenden zeigen wir exemplarisch, wie Authentizität in vier Feldern der Public History erzeugt wird, um zum einen das analytische Potenzial und zum anderen die semantische Vielfalt des Authentizitätsbegriffs zu demonstrieren.

2.4.1 Authentische Geschichte im Museum

Authentizität ist ein Kernelement des musealen Ausstellungswesens, denn die ausgestellten Exponate sind in der Regel Originale und fungieren als Objektivationen vergangener Realität, die die im Museum erzählte Geschichte als wahr bekräftigen sollen. Authentizität bezeichnet im Museum somit die Echtheit des Dargestellten und ist eng mit der Aura des Exponats verbunden. Sie wird als Qualität des Objekts verstanden, die aus seiner Geschichte resultiert (womit sich das Exponat von einer Replik unterscheidet). Allerdings liegt die Authentizität von Objekten im Museum nicht nur in deren Originalität begründet, sondern auch in ihrer Präsentation und Rezeption.[39] Stefan Burmeister spricht daher von einer Umwertung des Authentizitätsbegriffs, mit dem zunehmend das Echtheitserlebnis der Betrachter_innen, auf das wir noch näher eingehen, in den Blick genommen wird und der

38 Einführend: Jürgen Martschukat: Geschichtswissenschaft und „performative turn": Eine Einführung in Fragestellungen, Konzepte und Literatur, in: ders./Steffen Patzold (Hg.): Geschichtswissenschaft und „performative turn". Ritual, Inszenierung und Performanz vom Mittelalter bis zur Neuzeit, Köln 2003, S. 1–32.

39 Vgl. Stefan Burmeister: Der schöne Schein. Aura und Authentizität im Museum, in: Martin Fitzenreiter (Hg.): Authentizität. Artefakt und Versprechen in der Archäologie, Workshop vom 10. bis 12. Mai 2013, Ägyptisches Museum der Universität Bonn, London 2014, S. 99–108, hier S. 99.

somit eine Qualität der Beziehung zwischen (inszeniertem) Objekt und Besucher_innen bezeichnet.

Präsentation von Exponaten

Hieran schließt sich die Frage an, wie es Museen gelingt, bei ihren Besucher_innen den Eindruck von Authentizität zu evozieren. Die Authentisierungsstrategien, die sich auf die Auswahl und die Präsentation von Objekten richten, sind dabei maßgeblich durch zwei Elemente geprägt: Zum einen determiniert die durch Expert_innen festgelegte Wertigkeit des Objekts die Art und Weise seiner Präsentation bzw. welche Schutzmaßnahmen zu ergreifen sind. Zum anderen bestimmen aber auch die Erwartungen der Besucher_innen, wie ein Objekt ausgestellt wird (vgl. Kap. 11 Rezeption), wobei diese wiederum durch die Schaffung spezifischer Wahrnehmungsbedingungen von Museen mitgeprägt werden. In ihrer Architektur sind Museen als Schutzräume konzipiert. Abgehängte Fenster schützen die Exponate jedoch nicht nur vor zerstörerischem Tageslicht, sondern verdeutlichen auch, dass es sich bei den ausgestellten Dingen um schützenswerte, wertvolle, alte und echte Zeugnisse der Vergangenheit handelt. So erzeugt etwa die Platzierung bestimmter Objekte auf besonders edlen Stoffen in speziell ausgeleuchteten Vitrinen einen auratischen Effekt. Sichtbare Maßnahmen wie diese dienen also nie nur dem Schutz der Objekte als historischer Zeugnisse, sie erzeugen zugleich auch den Eindruck, dass diesen Objekten ein gewisser Wert zukommt. Somit ist es vor allem die Inszenierung, die ein Objekt in ein besonders wertvolles, authentisches und auratisch wirksames Exponat aus der Vergangenheit transformiert. Selbst archäologische Massenware, so Burmeister, kann auf diese Weise auratisch inszeniert werden.[40] Darüber hinaus verstärkt auch die Beschriftung der ausgestellten Objekte deren Authentisierung und Auratisierung. Ist diese besonders knapp und verwendet gegebenenfalls nur Fachbegriffe, bietet sie keine Analogien an oder fehlen Hinweise zur Einordung in Wirkungszusammenhänge, trägt die Beschriftung zur Entrückung des Objekts sowie zur Erfahrung seiner Außeralltäglichkeit bei. Werden z. B. in einer Vitrine Fibelarten ausgestellt und in einer Auflistung als Triquetra-Fibel oder Peltafibel bezeichnet, aber weder erläutert oder im Schaubild gezeigt, wie der Schließmechanismus an Kleidung genau funktioniert, noch wie man beide Formen unterscheidet, so trägt das zwar zur Auratisierung, aber nur wenig zum Verständnis des Gezeigten bei.

Echtheitserlebnis der Museumsbesucher_innen

Um das Zusammenspiel von ästhetischer als auratischer Inszenierung, historischer Erfahrung (vgl. Kap. 5) und gesellschaftlichen

40 Ebd., S. 102 f.

Authentizitäts-Konventionen besser zu erfassen, wird in den Museum Studies vermehrt auf performative Erklärungsansätze zurückgegriffen. Denn wenn Authentizität nicht länger als Qualität des Objekts, sondern als Relation zwischen Objekt und Subjekt verstanden wird, gerät auch die körperliche Bewegung durch den inszenierten Ausstellungsraum in den Blick und erweitert das Verständnis dafür, wann die Darstellung von Geschichte als authentisch wahrgenommen wird.[41]

Die analytische Perspektive auf die museale Aura von Exponaten verändert zugleich den Diskurs über Repliken und Hands-on-Ansätze im Museum. Der mit der Aura von Objekten einhergehende Aneignungsmodus bestand im Museum über lange Zeit im An-Sehen. Mit der Einführung von Repliken und Tastmodellen, die zum Anfassen, zur multisensualen Annäherung einladen, findet eine Demokratisierung des Museums statt, insofern diese es ermöglichen, Geschichte barrierefrei und im besten Falle inklusiv zu präsentieren. In diesem Zusammenhang zeigt sich, dass der an das Museum herangetragene Begriff von Authentizität immer mit gesellschaftlichen Hierarchien verbunden ist, denn das anfassbare, nahbare Objekt galt und gilt als weniger wertvoll. Allerdings verändern sich diese Wertzuschreibungen, wenn das Museumserlebnis bzw. die (didaktisierte) Erfahrung von Geschichte im Mittelpunkt steht. Zwar ist durchaus zu beobachten, dass sich viele Ausstellungsorte darum bemühen, den Eindruck von Authentizität zu evozieren. Doch die musealen Praktiken zeigen, dass dies – wenn nötig – auch ohne Original möglich ist.[42] Insofern können Museen als Seismografen für gesellschaftliche Authentizitätsvorstellungen verstanden und untersucht werden.

2.4.2 Authentische Geschichte in Gedenkstätten

Gedenkstätten definieren sich über die Authentizität des Ortes. Sie unterscheiden sich von Denkmalen, indem sie den spezifischen Ort markieren, an dem etwas Bestimmtes stattgefunden hat. Dieses Kriterium lässt sich unter anderem in der Gedenkstättenkonzeption des Bundes erkennen, die als förderwürdig nur die Gedenkstätten bestimmt, die an authentischen Orten existieren. Dabei ist eine „Authentizität des Ortes […] gegeben, wenn sich das historische Geschehen in einer für

41 Einführend: Luise Reitstätter: Die Ausstellung verhandeln. Von Interaktionen im musealen Raum, Bielefeld 2015; Heike Buschmann: Geschichten im Raum. Erzähltheorie als Museumsanalyse, in: Joachim Baur (Hg.): Museumsanalyse. Methoden und Konturen eines neuen Forschungsfeldes, Bielefeld 2010, S. 149–169.

42 Vgl. Burmeister: Der schöne Schein, S. 106.

den Besucher sichtbaren baulichen Substanz manifestiert".[43] Dem Ort wird damit eine Aura zugesprochen, die aus seiner Geschichtlichkeit resultiert. Hinsichtlich des Authentizitätsbegriffs lassen sich damit deutliche Parallelen zwischen Gedenkstätten und Kulturerbe-Stätten (vgl. Kap. 7) erkennen.[44]

Orte und Zeitzeug_innen

Im deutschsprachigen Raum bzw. in Europa wird in Gedenkstätten gern mit einer doppelten Authentizität gearbeitet, insbesondere wenn sie an die NS-Terrorherrschaft und die SED-Diktatur erinnern: Am Ort des jeweiligen Geschehens beglaubigen zusätzlich Zeitzeug_innen aus eigener Anschauung die Echtheit der dargestellten Geschichte. Im Rahmen von Führungen, Gesprächen oder Workshops berichten sie in persona von ihren persönlichen Erlebnissen. Zudem können an Hands-on-Stationen Audio- und/oder Video-Ausschnitte aus digitalisierten Zeitzeug_innen-Interviews angehört bzw. angesehen werden. Sowohl die Orte als auch die Zeitzeug_innen versprechen Authentizität, jedoch sind dabei ganz unterschiedliche Aspekte betroffen.

Die Authentizität der Zeitzeug_innen geht dabei über die oben erwähnte Subjektauthentizität hinaus, denn es geht nicht nur um die ‚Echtheit' und Glaubwürdigkeit ihrer Performanz, mit der sie ihre individuellen Erlebnisse darstellen. Vielmehr kommt ihnen in Gedenkstätten die Autorität zu, das Wissen um die ‚ganze' Geschichte eines Ortes oder eines Geschehens zu repräsentieren. So führen beispielsweise Zeitzeug_innen nicht nur als Augenzeug_innen die Besucher_innen durch die Gedenkstätte Hohenschönhausen, sondern auch als Expert_innen für die gesamte Geschichte der Unterdrückung, Verfolgung und Inhaftierung politisch Andersdenkender in der DDR. Diese Praxis ist hoch umstritten innerhalb der Gedenkstättenpädagogik. Was jedoch weniger beachtet wird, ist, dass Orte zur Diktaturgeschichte der DDR häufig auf bürgerliches Engagement zurückgehen. Die Männer und Frauen der ‚ersten Stunde' schrieben den Erinnerungsorten ihre eigene Deutung ein. Diese *hidden agenda* prägt bis heute Ausstellungskonzepte und pädagogische Arbeit. Aufgrund der mangelnden Transparenz ist jedoch kaum mehr erkennbar, dass es sich dabei ursprünglich um die Perspektiven von

43 Vgl. Deutscher Bundestag: Unterrichtung durch den Beauftragten der Bundesregierung für Kultur und Medien. Fortschreibung der Gedenkstättenkonzeption des Bundes. Verantwortung wahrnehmen, Aufarbeitung verstärken, Gedenken vertiefen, Drucksache 16/9875, 19.6.2008, S. 3, https://dipbt.bundestag.de/dip21/btd/16/098/1609875.pdf, S. 18, letzter Zugriff: 26.12.2020.

44 Als exemplarische Studie hierzu: Sybille Frank: Der Mauer um die Wette gedenken: Die Formation einer Heritage-Industrie am Berliner Checkpoint Charlie, New York/Frankfurt a.M. 2009.

Zeitzeug_innen handelt und die Darstellung nicht ausschließlich auf historischer Forschung beruht.[45] Diese Konstellation verdeutlicht die Machteffekte, die sich aus einer Verknüpfung von Authentizität und Autorität ergeben können.

Auch und gerade in Gedenkstätten lohnt es sich, zwischen Authentizität als Selbstbeschreibung und damit als Quellenbegriff und als Analysebegriff zu unterscheiden. Der analytische Zugriff ermöglicht es, Techniken der Authentisierung zu erforschen sowie Praktiken der Kommunikation von Geschichte systematisch in den Blick zu nehmen. So lässt sich bei einem authentischen Ort beispielsweise der Zusammenhang zwischen Konservierungstechniken und der dem Ort zugeschriebenen Aura analysieren oder die authentisierende Funktion, die Zeitzeug_innen zuerkannt wird. Dabei ist beispielsweise auch von Interesse, dass Gedenkstätten zunehmend auf mediale Formen von Zeitzeug_innenschaft zurückgreifen müssen, da Zeitzeug_innen aus gesundheitlichen oder Altersgründen immer seltener auftreten können. Kuratorische Eingriffe schränken die Autorität und Deutungshoheit der Zeitzeug_innen dabei deutlich ein, denn für gewöhnlich werden ihre Zeugnisse stark gekürzt und in eine geschichtliche Inszenierung eingebettet, die häufig auf die „Illusion vielstimmiger Erinnerungen“ abzielt.[46] Zugleich kommen bei der medialen Präsentation von Zeitzeug_innen jedoch auch spezifische Verfahren zum Einsatz, die deren Authentizität betonen, beispielsweise indem Pausen, die Suche nach Worten oder das Ringen um Fassung in den geschnittenen Interviewaussagen belassen werden. Hierdurch entsteht der Eindruck von Unmittelbarkeit und Authentizität, der die historische Korrektheit der Aussagen jedoch nicht zwangsläufig belegt.

2.4.3 Reenactment und Living History

Der Zusammenhang von Authentizität und Inszenierung wird auch im Bereich des Geschichtstheaters deutlich, welches Praktiken wie

45 Beispielhaft hierzu Christine Gundermann: „Die Quellen sprechen für sich!“ Die Gedenkstätte Museum in der „Runden Ecke“ in Leipzig als Lernort, in: Geschichte in Wissenschaft und Unterricht 70/7–8 (2019), S. 418–435. Siehe auch Juliane Brauer/Irmgard Zündorf: DDR-Geschichte vermitteln. Lehren und Lernen an Orten der DDR-Geschichte, in: Geschichte in Wissenschaft und Unterricht 70/7–8 (2019), S. 373–389.

46 Saskia Handro: Musealisierte Zeitzeugen. Ein Dilemma, in: Public History Weekly 2/14 (2014), https://public-history-weekly.degruyter.com/2-2014-14/musealisierte-zeitzeugen-ein-dilemma, letzter Zugriff: 28.11.2020.

das Reenactment und die Living History umfasst.[47] Hier hängt das jeweilige Verständnis von Authentizität nicht zuletzt vom Ziel der Aufführung ab: Die experimentelle Archäologie, die beispielsweise nachgebaute Objekte testet, um Erkenntnisse über deren Verwendung zu sammeln, benutzt den Begriff anders als Reenactors, die sich für das (Nach-)Spielen einer Schlacht möglichst authentisch einkleiden, um die Erfahrung eines Zeitsprungs, eines *period rush*, zu machen.[48] Im Allgemeinen verstehen die Ausführenden, so Stefanie Samida und Miriam Sénécheau, Authentizität als Verweis auf empirische Belegbarkeit und Wahrheit.[49]

Nachgebildete Objekte und nachgespielte Ereignisse

Interessanterweise resultiert die Authentizität von Kleidung oder verwendeten Gegenständen hierbei nicht aus ihrer Geschichte, sondern bemisst sich an den zur Herstellung genutzten Materialien und Techniken, die denjenigen der nachgestellten Raumzeit möglichst entsprechen. Je stärker die Annäherung an die historischen Techniken und Materialien, desto größer ist die ‚Echtheit', die dem Objekt zugesprochen wird. Der Authentizitätsanspruch beruht dabei nicht nur auf der Qualität der Nachbildung, sondern auch auf ihrer Verwendung für spezifische Handlungen, wobei die Authentizität noch dadurch gesteigert werden kann, dass diese an einem als authentisch wahrgenommenen Ort durchgeführt werden.[50]

Im authentischen Erlebnis, auf das viele Reenactments zielen und das für Reenactors von besonderer Bedeutung ist, zeigt sich erneut die paradoxale Struktur des Authentizitätsbegriffs. Jede Repräsentation eines historischen Ereignisses ist eine Konstruktion, weil empirisch triftige Quellen zueinander in Beziehung gesetzt und unter bestimmten Fragestellungen betrachtet werden. Insofern ist eine unvermittelte Vergegenwärtigung der Vergangenheit unmöglich. Zudem impliziert die Vorstellung, dass beim Nachspielen von historischen Ereignissen authentisches Erleben (vgl. Kap. 5) möglich ist, einerseits, dass die ausgewählten Ereignisse überhaupt als solche wahrgenommen wurden. Sie setzt andererseits das Ausblenden des Wissens über den

47 Vgl. Wolfgang Hochbruck: Geschichtstheater. Formen der „Living History". Eine Typologie, Bielefeld 2013. Zum Zusammenhang von Authentizität und Inszenierung siehe: Sabine Schindler: Authentizität und Inszenierung. Die Vermittlung von Geschichte an amerikanischen *historic sites*, Heidelberg 2003.

48 Vgl. Stefanie Samida: Krieg(s)spiele(n), in: Forum Kritische Archäologie 4 (2015), S. 13–15, hier S. 13.

49 Vgl. Miriam Sénécheau/Stefanie Samida: Living History als Gegenstand Historischen Lernens, Stuttgart 2016, S. 46.

50 Vgl. Berit Pleitner: Erlebnis- und erfahrungsorientierte Zugänge zur Geschichte: Living History und Reenactment, in: Sabine Horn/Michael Sauer (Hg.): Geschichte und Öffentlichkeit, Göttingen 2009, S. 40–47, hier S. 46.

weiteren Verlauf der Geschichte voraus. Insbesondere Schlachten-Reenactments, deren Authentizitätswirkung explizit auf die gemeinsame Performanz zurückgeführt wird, unterscheiden sich von der vergangenen Realität in einem wesentlichen Punkt, der zumindest von außen betrachtet zunächst im Widerspruch zum Authentizitätsanspruch steht: Niemand wird auf dem Schlachtfeld *tatsächlich* getötet oder verletzt. Das heißt, dies ist weder für die Zuschauer_innen zu erleben noch für die Reenactors nachzuerleben.

Gettysburg 1863

Nutzen wir den Authentizitätsbegriff als Analysekategorie, so lassen sich im Geschichtstheater vielfältige Formen von Authentizität identifizieren und bei Mitwirkenden und Zuschauenden unterschiedliche Authentizitätserwartungen antreffen. Dies hat unter anderem Wolfgang Hochbruck in seiner Studie zu Reenactments der Schlacht von Gettysburg 1863 demonstriert, die sich seit 1888 nachweisen lassen.[51] Er zeigt, dass zunächst teilnehmende oder zuschauende Veteranen als Verbindung zur Vergangenheit und damit Authentizitätsgaranten wahrgenommen wurden, wodurch Kleidung, Ausrüstung und Waffen nicht der damaligen Zeit entsprechen mussten, sondern aus der Gegenwart stammen oder fiktiv gestaltet sein konnten. Dies änderte sich jedoch, als keine Veteranen mehr an den Aufführungen teilnehmen konnten. Nun mussten Uniformen, Ausrüstungen und Waffen möglichst genaue Repliken sein und die authentische Erfahrung wurde mit der Verwendung von authentischen Objekten verknüpft. Als Garanten der Authentizität wurden die Zeitzeug_innen somit durch Objekte am historischen Ort ersetzt.

2.4.4 Authentizität im Film

Filmische Medien gebrauchen vielfältige Strategien, um Authentizität zu erzeugen, wobei sich spezifische Verfahren für dokumentarische und für fiktionale Formen herausgebildet haben.

Dokumentarfilm

Im Bereich des Dokumentarfilms gelten beispielsweise Filme des Direct Cinema als besonders authentisch.[52] Diese Filmrichtung hat sich in den 1960er Jahren im Zusammenhang mit der Einführung von leichten 16-mm-Kameras und tragbaren Tonaufnahmegeräten etabliert. Hierdurch wurde es möglich, den Protagonist_innen mit der

51 Vgl. Wolfgang Hochbruck: Reenacting Across Six Generations, 1863–1963, in: Sarah Willner u. a. (Hg.): Doing History. Performative Praktiken in der Geschichtskultur, Münster 2016, S. 97–116.

52 Siehe hierzu Monika Beyerle: Authentisierungsstrategien im Dokumentarfilm. Das amerikanische Direct Cinema der 60er Jahre, Trier 1997.

Kamera auf Schritt und Tritt zu folgen und ihren Alltag zu dokumentieren. Prämisse des Direct Cinema war, nicht in die vorgefundene Situation einzugreifen und keine Veränderungen vorzunehmen, um der Kamera beispielsweise einen besseren Blickwinkel oder eine bessere Lichtsituation zu verschaffen. Daher sind in den fertigen Filmen oftmals Ansichten verstellt, Personen angeschnitten und die Bild- und Tonqualität variiert. Genau diese Elemente sind es, die den Eindruck von Authentizität erzeugen, denn sie behaupten, die vorgefundene Wirklichkeit unverändert abzubilden.[53]

Die sozialen Akteur_innen, die in Dokumentarfilmen auftreten, können mehr oder weniger authentisch erscheinen. Dabei lässt sich der Eindruck eines unverstellten Verhaltens oft darauf zurückführen, dass sich die Protagonist_innen, die von der Kamera begleitet werden, auch in ihrem Alltag häufig in Situationen befinden, in denen sie vor anderen sprechen oder agieren. Sie sind daher an ‚Auftritte' gewöhnt und in der Lage, sich vor einem Publikum ungekünstelt und authentisch zu präsentieren. Doch auch Personen, die in Dokumentarfilmen die Kontrolle über ihre Emotionen verlieren, werden als authentisch wahrgenommen.[54] Dies lässt sich beispielsweise in Geschichtsdokumentationen beobachten, in denen sich Zeitzeug_innen an die Vergangenheit erinnern. Interviewpartner_innen, die schon häufiger von ihren Erlebnissen berichtet haben und die daher bereits geübt sind, diese als Erzählung zu präsentieren, wirken in Filmen und Fernsehsendungen deutlich weniger authentisch als emotional sprechende Zeitzeug_innen, die ins Stocken geraten, Grammatikfehler machen oder von ihren Erinnerungen überwältigt werden.[55] Die Authentizität von Personen resultiert in Dokumentarfilmen also aus gegensätzlichen Eigenschaften: entweder aus ihrer Routine mit öffentlichen Auftritten oder aus ihrer Ungeübtheit beim Schildern von Erlebtem.

Spielfilm

Spielfilme greifen häufig auf dokumentarische Aufnahmen zurück, um ihrer Darstellung der Vergangenheit Authentizität zu verleihen. So sind Kulissen und Kostüme in fiktionalen Filmen an historischen Fotografien oder dokumentarischen Filmen orientiert oder es wird in Dokudramen historisches Bildmaterial in Spielszenen in-

53 Vgl. Judith Keilbach: Authentizität als filmische Konstruktion, in: Christoph Classen u. a. (Hg.): Echt inszeniert. Historische Authentizität und Medien in der Moderne (im Erscheinen).

54 Ebd.

55 Vgl. Judith Keilbach: Geschichtsbilder und Zeitzeugen. Zur Darstellung des Nationalsozialismus im bundesdeutschen Fernsehen, Münster 2008, S. 162 ff.

tegriert.[56] Die Differenz der Bildqualität markiert hier, welche der Aufnahmen die ‚historische Realität' zeigen. Durch diese Verknüpfung verlängert sich die Authentizität der dokumentarischen Bilder in die Spielhandlung hinein und verleiht dieser Glaubwürdigkeit. Requisiten, mit denen die Erzählung zeitlich verortet wird, haben einen ähnlichen Effekt: das Zeitungsexemplar, das auf dem Tisch liegt, oder die Nachrichtensendung, die über den Fernsehbildschirm flimmert, tragen zum Eindruck bei, die dargestellten Ereignisse seien historisch verbürgt.[57]

Auch die Kameraführung, Bildqualität und Montage können zum Eindruck von Authentizität beitragen. Anhand von *Schindler's List* (USA 1993) und *Saving Private Ryan* (USA 1998) lassen sich exemplarisch einige der visuellen Mittel und Verfahren aufzeigen, die filmischen Darstellungen Authentizität verleihen. Beide Filme sind von Steven Spielberg und handeln von historischen Ereignissen der 1940er Jahre: *Schindler's List* schildert, wie der Geschäftsmann Oskar Schindler jüdische Arbeiter seiner Fabrik vor der Vernichtung rettete, und *Saving Private Ryan* zeigt die Landung der Alliierten in der Normandie (1944). Beide Filme wurden von Filmkritiker_innen mit Bezug auf ihren Realismus bzw. ihre Authentizität besprochen,[58] machen jedoch von ganz unterschiedlichen Verfahren Gebrauch. So ist *Schindler's List* in Schwarz-Weiß gedreht und zeichnet sich damit durch eine Bildqualität aus, die im Allgemeinen als authentisch gilt, wobei die Filmaufnahmen nicht zuletzt durch die harten Kontraste an Wochenschauen aus den 1940er Jahren erinnern.[59] *Saving Private Ryan* ist hingegen ein Farbfilm, dessen Anfangssequenz, in der alliierte Soldaten versuchen, den Strand von Omaha Beach zu erreichen, vor allem durch die Verwendung von Handkameras authentisch wirkt. Anders als ruhige Kamerafahrten lassen sich Aufnahmen mit Handkameras direkt an die eigene Wahrnehmung bei Bewegungen durch den Raum koppeln und erscheinen dadurch ‚echt'. In *Saving Private Ryan* wird das dargestellte Chaos beim Versuch, trotz feindlichem

56 Tobias Ebbrecht: Geschichtsbilder im medialen Gedächtnis. Filmische Narrationen des Holocaust, Bielefeld 2011.

57 Vgl. hierzu z. B. Derek Paget: No Other Way to Tell It. Dramadoc/Docudrama on Television, Manchester 1998, S. 69.

58 Siehe hierzu z. B. Barbie Zelizer: Every Once in a While. Schindler's List and the Shaping of History, in: Yosefa Loshitzky (Hg.): Spielberg's Holocaust. Critical Perspectives on *Schindler's List*, Bloomington 1997, S. 18–35, hier S. 22 f.; Kenneth Turan: Soldiers of Misfortune, in: Los Angeles Times, 24.7.1998, https://www.latimes.com/archives/la-xpm-1998-jul-24-ca-6540-story.html, letzter Zugriff: 23.12.2020.

59 Yosefa Loshitzky: Holocaust Others. Spielberg's *Schindler's List* versus Lanzmann's *Shoah*, in: Yosefa Loshitzky (Hg.): Spielberg's Holocaust. Critical Perspectives on *Schindler's List*, Bloomington 1997, S. 104–118, hier S. 109 f.

Beschuss an Land zu gehen, zudem durch die Montage verstärkt. Die schnellen Schnitte und die flexible Kamera erzeugen den Eindruck, der Film zeige, wie die beteiligten Soldaten die Landung in der Normandie wirklich erlebt haben müssen.

Neben diesen filmästhetischen Elementen tragen auch Schrifteinblendungen, die das dargestellte Geschehen geografisch und zeitlich konkret verorten und dadurch eine historische Nachprüfbarkeit behaupten, zur Authentifizierung von fiktionalen Filmhandlungen bei. Und schließlich übernehmen auch die Werbung und die Filmkritik einen Teil dieser Funktion: Filmplakate kündigen eine „wahre Geschichte" an, Regisseur_innen und Schauspieler_innen schildern in Interviews die Mühen, die sie auf sich genommen haben, um einen authentischen Film zu machen, und Kritiker_innen (und manchmal auf Historiker_innen) wägen in ihren Filmbesprechungen ab, wie nahe die Darstellung der historischen Realität kommt.

Der Eindruck von Authentizität entsteht im Film durch spezifische Strategien und Verfahren und ist immer eine Konstruktion. Aus analytischer Perspektive lassen sich diese Verfahren der Authentifizierung systematisch in den Blick nehmen, wobei der historische Vergleich zeigt, dass sich diese im Laufe der Zeit verändern. Der Film unterscheidet sich darin nicht von anderen Bereichen der Public History, in denen Authentizität eine zentrale Rolle spielt. Am Beispiel des Films wird jedoch die paradoxale Struktur des Authentischen besonders deutlich: Erst durch die mediale Vermittlung entsteht Authentizität.

2.5 Fazit

Zusammenfassend lässt sich festhalten, dass Authentizität vielgestaltig ist und sich immer aus der Relation zwischen Objekten und Subjekten speist. Historische Exponate oder Repliken von Objekten können dann ein Echtheitserlebnis in Gang setzen, wenn Besucher_innnen bzw. Teilnehmer_innen bereit sind, dieses als Authentizität wahrzunehmen. Als analytischer Zugang zur Public History ermöglicht es der Begriff zum einen, die Strategien und Verfahren in den Blick zu nehmen, mit denen Geschichte präsentiert und inszeniert wird. Anhand von Fallbeispielen haben wir gezeigt, dass diese je nach Ort, Medium oder Darstellungsmodus stark variieren können. Zum anderen eröffnet der Begriff eine analytische Perspektive auf unterschiedlichste Formen der Aneignung von Geschichte – von der kontemplativen Andacht im Museum, der traumähnlichen Rezeption im Kinoraum oder dem Eintauchen in Literatur über das aktive Mitwirken an einem Reenactment bis hin zum virtuellen Erleben in Computerspielen.

Nicht nur am eingangs erwähnten Beispiel von *Assassin's Creed Unity* zeigt sich, dass das Versprechen von Authentizität bei der Gestaltung von Public-History-Angeboten von zentraler Bedeutung ist. Damit machen Museen, Reenactment-Gruppen und Spieleanbieter von einer Strategie Gebrauch, die in der Werbung für Konsumgüter schon länger erfolgreich zum Einsatz kommt. Diesen ökonomischen Aspekt, der sich immer mehr mit dem Begriff der Authentizität verknüpft, gilt es unseres Erachtens auch für die Geschichtswissenschaft verstärkt in den Blick zu nehmen.

Einführende Literatur

Knaller, Susanne/Müller, Harro: Authentisch/Authentizität, in: Karlheinz Barck u. a. (Hg.): Ästhetische Grundbegriffe, Bd. 7: Register und Supplemente, Stuttgart/Weimar 2010, S. 40–65.

Lethen, Helmut: Versionen des Authentischen. Sechs Gemeinplätze, in: Hartmut Böhme/Klaus R. Scherpe (Hg.): Literatur und Kulturwissenschaften. Positionen, Theorien, Modelle, Reinbek bei Hamburg 1996, S. 205–231.

Pirker, Eva Ulrike u. a. (Hg.): Echte Geschichte. Authentizitätsfiktionen in populären Geschichtskulturen, Bielefeld 2010.

Sabrow, Martin/Saupe, Achim (Hg.): Historische Authentizität, Göttingen 2016.

Saupe, Achim: Authentizität (Version: 3.0), in: Docupedia-Zeitgeschichte, 25.8.2015, https://docupedia.de/zg/Saupe_authentizitaet_v3_de_2015, letzter Zugriff: 28.11.2020.

3 Emotionen

3.1 Einleitung

„Geschichte fühlen statt lesen". Mit diesem Slogan kommentierte die BZ im August 2012 das neue Rundbild-Panorama des Künstlers Yadegar Asisi am Checkpoint Charlie.[1] Der österreichisch-deutsche Künstler und Architekt ist bekannt für seine 360-Grad-Panoramen, die aktuell zu den größten der Welt zählen. Im September 2012 eröffnete er am ehemaligen Berliner Grenzübergang Checkpoint Charlie das Panorama *DIE MAUER – das asisi Panorama zum geteilten Berlin*. Auf einer Fläche von 900 Quadratmetern und Innenmaßen von15 Metern Höhe und 60 Metern Umfang zeigt der in Sachsen aufgewachsene Künstler einen fiktiven Tag im Westteil der Stadt im November des Jahres 1980. In dem Panorama geht es weniger um Geschichtsvermittlung als um ein Geschichtserlebnis. Die heutigen Besucher_innen können in das Rundum-Panorama eintauchen; es bietet ihnen das Versprechen einer Zeitreise und damit des Nacherlebens und Nachfühlens dessen, was West-Berliner_innen 1980 in der geteilten Stadt gesehen, erlebt und gefühlt haben könnten.

Ein Geschichtserlebnis ist ein emotionales Erlebnis

Asisis Panorama setzt insbesondere auf Neugierde, Vergnügen, Spannung und Spaß, d. h. auf ein emotionales Erleben von Geschichte.[2] Dieses entsteht durch die Imitation historischer Perspektiven. Die Besucher_innen stehen auf einer vier Meter hohen Plattform, die ihnen die Illusion vermittelt, dass sie aus der Sebastianstraße im West-Berliner Bezirk Kreuzberg über die Mauer hinweg in die Mitte

1 Hans-Werner Marquardt: Geschichte fühlen statt lesen, in: BZ, 10.8.2012, https://www.bz-berlin.de/artikel-archiv/geschichte-fuehlen-statt-lesen, letzter Zugriff: 15.1.2021.

2 Damit knüpft es an das Panorama des 19. Jahrhunderts als eine populäre Darstellungsform von Geschichte an. Siehe Bernhard Comment: Das Panorama. Die Geschichte einer vergessenen Kunstform, Berlin 2000.

Ost-Berlins blicken. Sie sehen zum einen die mit Graffiti verzierte Mauer, davor das alternative Leben in den besetzten Häusern entlang der Mauer. Zum anderen ermöglicht das erhöhte Podest den Blick über die Mauer hinweg auf die Grenzanlagen, also auf den hell ausgeleuchteten ,Todesstreifen' und die Wachtürme mit den bewaffneten Grenzsoldaten. Dahinter sind vor wolkenverhangenem Himmel graue Häuserfassaden zu sehen. Visueller Fluchtpunkt ist der Fernsehturm, der eindeutig die Blickrichtung von West nach Ost markiert. Die Besucher_innen können wählen, ob sie unten am Fuße der Mauer entlanggehen und nicht mehr als die Graffiti sehen oder den erhöhten Standpunkt auf der Plattform einnehmen wollen. Beide Perspektiven sind so realistisch wie möglich ausgestaltet, um ein ,authentisches' Erlebnis (vgl. Kap. 2) zu ermöglichen. Damit erfahren die Besucher_innen von heute, wie privilegiert ihr Blick ist, nämlich genauso, wie es jener der West-Berliner war. Menschen, die im Ostteil der Stadt lebten, sind nicht sichtbar und konnten im Umkehrschluss ja auch selbst nicht über die Mauer sehen. Diese Perspektive bleibt dem Publikum von heute vorenthalten.

Geschichte wird zur Touristenattraktion

Das Mauer-Panorama bildet zusammen mit dem privaten Mauermuseum – Museum Haus am Checkpoint Charlie und der BlackBox Kalter Krieg des Berliner Forums für Geschichte und Gegenwart ein besonders dichtes Ensemble verschiedener Formate historischer Präsentationen in der Berliner Friedrichsstraße. Besonders historisch wirkt der Ort durch ein imitiertes Grenzpostenhäuschen der US-Army in der Mitte der Straße, vor dem entsprechend der Vorstellungen von Authentizität Sandsäcke aufgestapelt liegen und Männer in original anmutenden Uniformen posieren. Für ein Trinkgeld lassen sie sich mit Tourist_innen fotografieren. Die Sichtbarmachung als zentraler historischer Ort erfolgt zudem durch ein echt wirkendes Warnschild, auf dem in den Sprachen der Alliierten und auf Deutsch darauf aufmerksam gemacht wird, dass der „amerikanische Sektor" an dieser Stelle endet.

Mit dieser Dichte von Erlebnisangeboten ist der Checkpoint Charlie der zentrale touristische Ort, um sich einen Eindruck davon zu verschaffen, wie sich Berlin zur Zeit der Mauer angefühlt haben könnte. Der Journalist Ernst Elitz kommentierte im politischen Magazin *Cicero* im Sommer 2018 sehr treffend:

> Heute ist der Checkpoint Charlie ein Rummelplatz mit dem Charme einer innerstädtischen Müllhalde […]. Hütchenspieler zocken Touristen ab, GI-Darsteller

> lassen sich vor einer Kontrollbuden-Attrappe mit aufgeregten Berlin-Besuchern fotografieren. Gruseln vor der Mauer gehört zum Reiseprogramm.[3]

Es wird deutlich, dass das Erlebnis von Geschichte in zweifacher Hinsicht auf das emotionale Erleben setzt. Einerseits sollen Neugierde und Interesse der Besucher_innen durch die Inszenierung geweckt werden, andererseits wird versucht, historische Emotionen zu vermitteln, wie Beklemmung und Angst (das historische Gruseln) angesichts der Grenzanlagen.

Emotionen machen das Geschichtserlebnis attraktiv

Das Mauer-Panorama steht für einen Trend in der gegenwärtigen Public History. Die Vergangenheit scheint vor allem dann spannend, attraktiv und damit ökonomisch einträglich, wenn sie als Erlebnis (vgl. Kap. 5) oder als Event daherkommt und nicht mehr nur Kognition, sondern auch Emotionen adressiert. Die Geschichtsdarstellung muss dementsprechend nicht nur den Kopf ansprechen, sondern auch mit allen Sinnen erfahrbar sein, das Herz berühren. Das Beispiel macht deutlich, welche entscheidende und doppelte Bedeutung dem emotionalen Erlebnis in der Begegnung mit Geschichte zugeschrieben wird. Emotionen sind erstens Gegenstand der Darstellung. In dem Beispiel geht es um die Emotionen der West-Berliner_innen im Schatten der Mauer an einem Novembertag im Jahre 1980. Zweitens soll Geschichte gefühlt werden, d. h., das Erlebnisangebot soll Emotionen bei den Besucher_innen hervorrufen, Neugierde wecken, zum Mitfühlen einladen, unterhaltsam sein.

Emotionen, so unsere zentrale Annahme, sind eine Analysekategorie, die dazu geeignet ist, den spezifischen performativen Charakter von Geschichtsdarstellungen (vgl. Kap. 10) zu erfassen. Doch was sind Emotionen, gar historische Emotionen? Wo genau befinden sie sich im Prozess der Geschichtskommunikation? Was sind Strategien und Praktiken der Emotionalisierung und wie prägen oder verändern sie heutige Geschichtsdarstellungen? Im Folgenden wird zunächst geklärt, was Emotionen sind, und anschließend verdeutlicht, dass es sehr verschiedene Zugänge zu Emotionen und Geschichte gibt, weshalb auch ihre Rolle in der Public History und ihre Analyse vielschichtig und komplex sind.

3 Ernst Elitz: Touristenhölle mitten in Berlin, in: Cicero, 9.8.2018, https://www.cicero.de/kultur/Checkpoint-Charlie-Berlin-Tourismus-BlackBox-Kalter-Krieg, letzter Zugriff: 15.1.2021.

3.2 Emotion, Affekt und Gefühl. Ein Ordnungsversuch

Emotionen zwischen Universalismus und Konstruktivismus

Über das menschliches Fühlen zerbrachen sich schon Philosoph_innen vor mehr als zwei Jahrtausenden den Kopf. So stammt von Aristoteles eine der bekanntesten und frühesten Definitionen von Emotionen. Sie

> sind die Dinge, durch welche sich die [Menschen], indem sie sich verändern, hinsichtlich ihrer Urteile unterscheiden und welchen Lust oder Schmerz folgt, wie zum Beispiel Zorn, Mitleid oder Furcht und was es sonst noch Derartiges davon gibt sowie die Gegenteile von diesen.[4]

Diese Definition ist deshalb der Ausgangspunkt für die Emotionsforschung, da sie sowohl für einen universellen Blick auf Emotionen steht, als auch das Moment der Wandelbarkeit, der Veränderung erfasst.

Affekte sind universale körperliche Reaktionen

Seit Mitte des 19. Jahrhunderts, im Zuge einer Ausdifferenzierung und Etablierung von akademischen Disziplinen und Methoden, kristallisierten sich zwei entgegengesetzte Vorstellungen von menschlichen Emotionen heraus, die bis heute den disziplinär spezifischen Zugriff auf das menschliche Fühlen bestimmen: zum einen die ältere und damit auch diskursiv wirkmächtigere universalistische Vorstellung von zeit- und kulturübergreifendem menschlichem Fühlen, zum anderen ein kulturkonstruktivistischer Blick auf Emotionen. Die universalistische Vorstellung, vertreten vor allem von Neurowissenschaftler_innen, geht davon aus, dass Menschen über ein Set von Basisemotionen verfügten, das über Jahrtausende unverändert sei und kulturunabhängig funktioniere. Es wird versucht, das menschliche Fühlen vor allem durch den Blick auf Gehirnaktivitäten zu ergründen. Vertreter_innen der Neurowissenschaften sprechen gern von Affekten statt von Emotionen, weil dahinter die Vorstellung steht, dass der Affekt etwas „rein körperliche[s], vorsprachliche[s], unbewusst[ ] Emotionale[s]" sei.[5]

Emotionen verändern sich im Laufe der Geschichte

Geisteswissenschaftler_innen halten jedoch dagegen: Für sie sind Emotionen keine anthropologischen Konstanten. Stattdessen betonen sie, dass menschliches Fühlen kultur- und zeitspezifisch ist. Im Unterschied zur Annahme unmittelbarer körperlicher Affekte wird hier davon ausgegangen, dass es ein bewusstes Fühlen gibt und dieses sowohl in sprachliche als auch in nonverbale Repräsentationen

4 Aristoteles zit. n. Jan Plamper: Geschichte und Gefühl. Grundlagen der Emotionsgeschichte, München 2012, S. 23.

5 Ebd., S. 22.

eingeht. Diese wiederum sind die Quellen, die es zu analysieren gilt, wenn man vergangenem Fühlen und seinem Wandel auf die Spur kommen möchte.

Die neuere geisteswissenschaftliche Forschung zu Emotionen versucht sich von den traditionellen Dichotomien von Natur vs. Kultur und damit Universalismus vs. Sozialkonstruktivismus zu befreien.[6] Auf der Suche nach einer operationalisierbaren Synthese zwischen den Geistes- und den Lebenswissenschaften gibt es auch und gerade von Seiten der Historiker_innen in den letzten beiden Jahrzehnten Ansätze, die insbesondere für oben gestellte Fragen nach Emotionen und Emotionalisierung in der Public History vielversprechend sind.[7] Entsprechend diesen Vorschlägen soll im Folgenden der Begriff der Emotion als „Metabegriff" benutzt werden, wobei Emotion und Gefühl synonym verwendet werden. Auf den Begriff des Affektes hingegen, der sich durch die Annahme des vorsprachlich Unbewussten gegen die oben benannte Synthese sperrt, wird hier bewusst verzichtet.[8]

Angst ist eine Körperreaktion und eine kulturelle Praktik

Emotionen sind eine zentrale Dimension von Erfahrung und Erkenntnis; diese Einsicht wird disziplinenübergreifend geteilt. Für die Frage nach Gestalt, Ausprägung und Darstellung der Gefühle von Menschen in vergangenen Zeiten braucht es jedoch einen substanziell anderen Zugang als den der natur- und lebenswissenschaftlich arbeitenden Disziplinen. Anders als Neurowissenschaftler_innen können Historiker_innen ihren Untersuchungssubjekten nicht in den Kopf hineinschauen, mithilfe von bildgebenden Verfahren Gehirnaktivitäten darstellen. Historiker_innen brauchen überlieferte Repräsentationen der Emotionen von Menschen, die im jeweiligen Untersuchungszeitraum lebten, also Quellen, mit deren Hilfe vergangenes Fühlen rekonstruiert werden kann. Doch nicht nur die erkenntnistheoretischen Methoden, sondern auch die forschungsleitenden Fragestellungen an menschliches Fühlen in der Geschichte unterscheiden sich grundsätzlich. Während beispielsweise die Neurowissenschaft den Affekt Angst in der Amygdala des menschlichen Gehirns als Ergebnis chemischer Reaktionen untersucht, interessieren sich Historiker_innen dafür, mit welchen Worten und in welchen Praktiken Angst in spezifischen Kulturen und Zeiten zum Ausdruck gebracht wurde, wie sich die Repräsentationen der Emotion Angst veränderten und

6 Ebd., S. 16 f.

7 Plamper: Geschichte und Gefühl; Rob Boddice: History of Emotion, Manchester 2018.

8 Gemäß dem Vorschlag von Plamper: Geschichte und Gefühl, S. 22.

wie das Angstfühlen sich in wirkmächtige Handlungen übersetzte.[9] Dennoch sind Emotionen, auch wenn sie kulturkonstruktivistisch konzipiert werden, nicht körperlos zu denken. Daher wird im folgenden Abschnitt eine Definition von Emotion vorgeschlagen, die der Idee der transdisziplinären Synthese folgt und dabei die Historizität von Emotionen an die vorderste Stelle rückt.

3.3 Emotionen und Geschichte. Eine Analyse in drei Schritten

Eine Theorie der Emotionen in der Public History bedarf einer analytischen Unterscheidung auf drei Ebenen.

Emotionen sind historische Objekte

Erstens haben wir es mit vergangenen Emotionen der historischen Akteur_innen zu tun. Die geschichtswissenschaftliche Theoretisierung findet in dem Forschungszweig statt, der sich in den letzten 10 bis 15 Jahren unter der Bezeichnung Geschichte der Gefühle oder *history of emotions* international etabliert hat. Die Emotionen sind Objekte historischer Erforschung. So wird beispielsweise nach Angst[10], Wut[11], Demütigung[12] oder Gelächter[13] in der Geschichte gefragt. Die fachwissenschaftliche Beschäftigung mit Emotionen findet damit auf der Objektebene statt.

Subjektive Emotionen in der Begegnung mit Geschichte

Zweitens geht es in den konkreten Situationen der Kommunikation und Rezeption von Geschichte immer auch um die Gefühle der beteiligten Menschen, der Ausstellungsmacher_innen, der Museumspädagog_innen und der Besucher_innen. Diese Emotionen sind auf der Subjektebene derjenigen angesiedelt, die an den Vermittlungspraktiken in welcher Rolle auch immer beteiligt sind. Diese subjektiven Emotionen werden zunehmend in der geschichtsdidaktischen Theoriebildung berücksichtigt, indem z. B. nach emotionalen Reaktionen von Schüler_innen in Prozessen historischen Lernens gefragt wird.

Emotionalisierung in der Geschichtsvermittlung

Drittens muss in den Blick genommen werden, wie die emotionale Ansprache in den verschiedenen Formaten der Geschichtsdarstellung

9 Frank Biess: Republik der Angst. Eine andere Geschichte der Bundesrepublik, Hamburg 2019.

10 Bettina Hitzer: Krebs fühlen. Eine Emotionsgeschichte des 20. Jahrhunderts, Stuttgart 2020.

11 Imke Rajamani: Angry Young Men. Masculinity, Citizenship and Virtuous Emotions in Popular Indian Cinema, Berlin 2016.

12 Ute Frevert: Die Politik der Demütigung. Schauplätze von Macht und Ohnmacht, Frankfurt a.M. 2017.

13 Martina Kessel: Gewalt und Gelächter. ‚Deutschsein' 1914–1945, Stuttgart 2019.

konkret aussieht. Diese soll unter dem Begriff der Emotionalisierung erfasst werden. Dazu gilt es, genauer auf das Vermittlungssetting zu fokussieren: Wie sehen die Narrative über die Emotionen der historischen Akteur_innen aus? Mit welchen Medien, welcher Sprache, welchen Praktiken werden diese historischen Emotionen präsentiert? Wie verhält sich das zu der erwünschten emotionalen Reaktion der Rezipient_innen? Was sind demnach Techniken und Erscheinungsformen der Emotionalisierung?

Insbesondere die Analyse der Emotionen auf der Objekt- und der Subjektebene muss zunächst getrennt voneinander stattfinden. Auf der dritten Ebene der Emotionalisierung kann diese Unterscheidung nicht immer eindeutig aufrechterhalten werden, das jedoch ist genau das Problem, das nachfolgend diskutiert werden soll.

3.3.1 Objektebene: Emotionen als Gegenstände historischer Darstellung

Das ‚Augusterlebnis' und die Handlungsrelevanz von Emotionen

Den Auftakt für eine Geschichte der Emotionen gab bereits 1941 der französische Historiker Lucien Febvre mit dem Statement, dass Emotionen „ansteckend" und damit handlungsrelevant seien: „Sie implizieren zwischenmenschliche Beziehungen und kollektive Verhaltensweisen".[14] Beispiele dafür liefert die Vergangenheit genug; erinnert sei an den Ausbruch des Ersten Weltkriegs im August 1914. Die deutschen Tageszeitungen waren voll von Berichten über die emotionale Gemengelage von gelöster Anspannung, feierlicher Euphorie und banger Sorge. So wusste ein Reporter aus Freiburg zu berichten:

> Es ist Wahrheit, kalte, grausame Wahrheit, befreiende, erlösende Botschaft aus der Qual der furchtbaren Ungewissheit: Der Kaiser hat gesprochen. Aber während am Samstag sich die lohende Begeisterung in Jubelhymnen Luft machte, breitet sich jetzt ein tiefernstes Schweigen über die Tausenden, die bald zusammenströmen. Ein Schweigen allerdings, unter dem ein Vulkan von Empfindungen gährt [sic] und brodelt. Finsterer Ernst eiserner Entschlossenheit gräbt sich in die Züge der Männer.[15]

In der zeitgenössischen Propaganda wurde insbesondere das Narrativ von der ansteckenden Begeisterung der deutschen Bevölkerung gepflegt. Dafür entstanden ikonografische Fotos von jubelnden Menschenmassen oder sogenannte Hörbilder, für die der scheinbar spon-

14 Lucien Febvre: Sensibilität und Geschichte. Zugänge zum Gefühlsleben früherer Epochen, in: ders.: Das Gewissen des Historikers, Frankfurt a.M. 1990, S. 91–108, hier S. 93.

15 H. K.: Die Stimmung in Freiburg, in: Freiburger Zeitung, 1.8.1914, S. 3.

tane Gesang nationalistischer Lieder auf Wachswalzen konserviert wurde. Diese konnten dann noch lange nach den ersten Todesmeldungen von der Front abgespielt werden.. Später haben sich Historiker_innen genau an der Frage der Handlungsrelevanz und des Ansteckungspotenzials von Emotionen zum Kriegsausbruch abgearbeitet. Christopher Clark hat beschrieben, wie die Bevölkerungen Europas größtenteils „schlafwandelnd" in den Krieg getaumelt seien, gierig auf Ereignisse, euphorisch darüber, dass sich die explosive Spannung endlich in der Ausrufung des Krieges lösen durfte.[16] Jeffrey Verhey hingegen hat herausgestellt, dass die Begeisterung längst nicht so weit verbreitet war, wie die Propaganda Glauben machen wollte.[17] Das belegen auch Tagebucheintragungen aus der Zeit: Im Oktober 1914 beschreibt ein unbekannter Soldat seinen Einzug zur Front und notiert, wie er unter Jubel und Hurrageschrei zum Bahnhof begleitet wurde, die Stimmung im Zug sich jedoch änderte:

> Nun saßen wir an den Wagenfenstern. Scherzworte flogen hinüber und herüber, die Stimmung war mehr als ausgelassen. Noch zwei Minuten bis zum Abgang des Zuges. – Plötzlich wird die Stimmung ernst und ernster. Langsam setzt sich der ungeheure Zug in Bewegung; ich weiß nicht, es war uns allen so seltsam zu Mute. Ob wir ahnten, was uns allen bevorstand?[18]

Ob Jubel oder Ängstlichkeit, die Quellen zum ‚Augusterlebnis' sind voller Schilderungen von Emotionen, die nachdrücklich verdeutlichen, dass sich die Geschichte des Augusts 1914 als eine Geschichte gegensätzlicher Emotionen schreiben lässt.[19]

Ein geschichtswissenschaftlicher Emotionsbegriff

Die neuere deutschsprachige Emotionsgeschichte startete vor knapp 15 Jahren mit der Beobachtung, dass Gefühle, so Ute Frevert, „geschichtsmächtig" seien, Handlungen begründeten, historische Verläufe antrieben. Des Weiteren seien Emotionen auch „geschichtsträchtig […]. Sie machen nicht nur Geschichte, sie haben auch eine. Sie sind keine anthropologischen Konstanten, sondern verändern sich in Ausdruck, Objekt und Bewertung".[20] Das bedeutet,

16 Christopher Clark: Die Schlafwandler. Wie Europa in den Ersten Weltkrieg zog, München 2015.

17 Jeffrey Verhey: Der „Geist von 1914" und die Erfindung der Volksgemeinschaft, Hamburg 2000.

18 Aus dem Kriegstagebuch unseres Jungen, Berlin 1919, S. 8, online abrufbar unter https://digital.staatsbibliothek-berlin.de/werkansicht?PPN=PPN73859301X&PHYSID=PHYS_0003, letzter Zugriff 15.1.2021.

19 Siehe auch Daniel Morat: Der Sound der Heimatfront. Klanghandeln im Berlin des Ersten Weltkriegs, in: Historische Anthropologie 22/3 (2014), S. 350–363.

20 Ute Frevert: Was haben Gefühle in der Geschichte zu suchen?, in: Geschichte und Gesellschaft 35/2 (2009), S. 183–209, hier S. 202.

dass emotionale Erfahrung zwar etwas ist, das Menschen substanziell über Zeiten und Kulturen miteinander verbindet, dass sich aber die Bedeutung von Emotionen genauso wie die Deutung emotionalen Verhaltens, die Regeln des Zeigens und Versteckens von Emotionen verändern. Emotionen und ihr Ausdruck sind wandelbar, sie werden erlernt, geformt, „gemanagt".[21]

Dieser Wandelbarkeit habhaft zu werden, den Regeln emotionalen Verhaltens auf den Grund zu gehen, das ist das Ziel einer Geschichte der Gefühle und dafür braucht es ein operationalisierbares Konzept von Emotionen sowie entsprechende Methoden.

Emotionen sind körperlich

Mit dieser Wandelbarkeit ist ein wesentliches Merkmal im Emotionskonzept benannt. Ein zweites Merkmal siedelt Emotionen im menschlichen Körper an. Anders jedoch als in den Naturwissenschaften wird der Körper in diesem Konzept ebenfalls als historisch geworden und veränderbar betrachtet. Denn Emotionen sind nach den Überlegungen der Historikerin Sarah Ahmed die „Markierungen" (im Sinne von einprägen, „impress"), die die Begegnungen mit der Welt in unseren Körper hinterlassen. Diese Markierungen und Eindrücke, auch Impressionen genannt, verändern den Körper immer wieder von Neuem.[22] Emotionen schreiben sich damit dem Körper ein und sind an Körper gebunden. Denn mit dem Körper können Menschen Emotionen kommunizieren, sichtbar- und hörbar machen, zugleich lagert sich dem Körper emotionales Erleben ein. Glückliche Menschen bewegen sich freier, unbeschwerter, ängstlichen Menschen sitzt etwas wortwörtlich „im Nacken", wer Ärger hat, dem ist etwas „auf den Magen geschlagen". Daher sind Emotionen etwas, was wir „tun", sie sind Praktiken des Selbst, wie Monique Scheer herausstellt. Daher erweitert sie ihr Konzept von Emotionen um „die Dimension des Handelns":

> Ich möchte [...] betonen, dass das Fühlen eng mit dem Ausdruck, mit körperlichen Aktivierungen und Bewegungen verwoben ist. Statt streng zwischen innerlichem Gefühl und äußerlichem Ausdruck zu unterscheiden, sollte man danach fragen, wie das Äußere und das Innere sich gegenseitig konstituieren.[23]

21 Arlie Russell Hochschild: Emotion work, feeling rules, and social structure, in: The American journal of sociology 85/3 (1979), S. 551–575, hier S. 573.

22 Sara Ahmed: Collective feelings: Or, the impression left by Others, in: Theory, Culture & society 21/2 (2004), S. 25–42, hier S. 30.

23 Monique Scheer: Emotionspraktiken. Wie man über das Tun an die Gefühle herankommt, in: Matthias Beitl/Ingo Schneider (Hg.): Emotional Turn?! Europäisch ethnologische Zugänge zu Gefühlen & Gefühlswelten, Wien 2016, S. 15–36, hier S. 16.

Eine geschichtswissenschaftliche Definition

Emotionen, so lässt sich definieren, sind demzufolge dadurch gekennzeichnet, dass sie kulturell und strukturell erlernt und in sozialen Praktiken verinnerlicht, aber auch ausgehandelt werden. Zentraler Akteur und Medium der Einschreibung von Emotionen, aber auch des Ausagierens, der Kommunikation, des Ausdrucks ist daher der Körper, der entsprechend den Konzepten der Körperethnologie als ein Produkt sowohl biologischer als auch kultureller Faktoren, als konzeptionelle Vereinigung von Körper, Geist und Gesellschaft gesehen wird.[24]

Diese Definition erfasst demnach die Veränderbarkeit von Emotionen und siedelt deren Wirkmächtigkeit auf der Schwelle und im Miteinander zwischen dem individuellen „Innen" und dem gesellschaftlichen „Außen" an. Was das für die Geschichte eines konkreten Gefühls bedeutet, lässt sich beispielhaft an der Geschichte des Heimwehs zeigen.

Heimweh als tödliche „Schweizer Krankheit"

Heimweh galt zunächst gar nicht als Emotion, sondern als eine Krankheit. Zwischen dem 17. und dem späten 19. Jahrhundert war Heimweh eine medizinisch präzise erfasste tödliche Krankheit.[25] Erstmals beschrieben wurde das Phänomen 1688 vom Schweizer Arzt Johannes Hofer, der das Leiden zahlreicher sterbenskranker Schweizer Soldaten im Ausland untersuchte. Dementsprechend begann die Geschichte des Heimwehs als eine Geschichte der sogenannten „Schweizer Krankheit".[26] Die Symptome der Krankheit waren „fortwährende Traurigkeit, häufige Seufzer, fortwährendes Denken an die Heimat, unruhiger Schlaf, Abnahme der Kräfte, geringer Appetit, Herzensängste, Fieber, Schwächung, Abmagerung".[27] Daher würde Heimweh unweigerlich zum Tode führen, wenn man die Betroffenen nicht in ihre Heimat zurückschickte. Dieses Heimweh war ein Sehnen nach dem verlassenen Zuhause, den Alpen, der zurückgelassenen Familie oder dem Hof.

Heimweh als Anpassungsschwierigkeit

Der medizinische Diskurs über Heimweh als tödliche Krankheit veränderte sich erst ab Mitte des 19. Jahrhunderts. Die Industrialisierung erforderte eine höhere Mobilität der Menschen: Mit Zügen und Dampfschiffen oder auch auf Pferdekarren verließen sie ihre Heimat. Heimweh war in diesem Prozess steigender Mobilität eher ein

24 Nancy Scheper-Hughes/Margret M. Lock: The Mindful Body: A Prolegomenon to Future Work in Medical Anthropology, in: Medical Anthropology Quarterly, New Series 1/1 (1987), S. 6–41, hier S. 6.

25 Simon Bunke: Heimweh. Studien zur Kultur- und Literaturgeschichte einer tödlichen Krankheit, Freiburg 2009, S. 25 f.

26 Ebd., S. 35.

27 Ebd., S. 83.

hinderlicher Störfaktor. Es galt, sie als übergangsweise Anpassungsschwierigkeit zu überwinden. Heimweh wurde in der medizinischen Literatur des späteren 19. Jahrhunderts dementsprechend anhand von Begriffen wie Trennungsschmerz, Traurigkeit, Einsamkeit oder Melancholie beschrieben. Damit war Heimweh eher das Symptom einer depressiven Verstimmung bzw. eine Emotion denn eine Krankheit.

Heimweh als pädagogische Herausforderung

Heimweh als emotionale Anpassungsschwierigkeit wurde um 1900 eher unreifen (damit meinte der Diskurs auch: einfachen, ungebildeten) Menschen zugeschrieben, vor allem aber Kindern und Heranwachsenden. Dieser Wandel von der Krankheit Heimweh zu einem Anpassungsgefühl lässt sich sehr gut anhand des Heimwehdiskurses in der pädagogischen Literatur des 19. und 20. Jahrhunderts nachvollziehen.[28] Um 1900 war die Kinderbuchheldin Heidi in Johanna Spyris weltbekanntem Roman noch schwerkrank; sie litt an pathologischem Heimweh, genau wie die Schweizer Söldner des 17. Jahrhunderts. Allein die Rückkehr in die Schweizer Alpen rettete sie vor dem unweigerlichen Tod. Die kindliche Trauer und verzehrende Sehnsucht nach der verlassenen Heimat und dem Elternhaus wurde nach der Jahrhundertwende zu einer erzieherischen Herausforderung. Die Kinder des frühen 20. Jahrhunderts waren im Gegensatz zu Heidi nicht mehr unheilbar krank, sondern nur unreif. Aufgabe der Eltern und Pädagog_innen war es, die Kinder anzuleiten, mit ihren emotionalen Anpassungsproblemen umzugehen, sie zu überwinden und daran zu reifen. So wird 1913 im Lexikon der Pädagogik das überwältigende Gefühl von Heimweh als ganz selbstverständlich beschrieben und zur Nachsicht geraten: „Da gilt es, Geduld zu üben und viel Liebe zu zeigen".[29] Gleichzeitig richtete sich der pädagogische Diskurs darauf aus, das Heimweh durch eine entsprechende Erziehung zu verhindern. „Charakterstärke", „Sittlichkeit" und „Vernunft" galten als sinnvolles Gegenmittel und wurden den Eltern als klare Erziehungsziele aufgegeben.

In den Folgejahrzehnten setzte sich immer mehr die Auffassung durch, dass Heimweh ein Anzeichen von fehlendem Selbstwertgefühl sei und nur gemütsbetonte, schwache Kinder befallen würde. Daher war die Kinderbuchliteratur voll von Mädchen, die an Heimweh litten, wohingegen die Jungen eher zu Fernweh neigten und sich durch ihre

28 Juliane Brauer: Heidi's Homesickness, in: Ute Frevert u. a. (Hg.): Learning How to Feel: Children's Literature and Emotional Socialization, 1870–1970, Oxford 2014, S. 209–227.

29 S. P. Widmann: Heimweh, in: Otto Willmann/Ernst M. Roloff (Hg.): Lexikon der Pädagogik, Bd. 2, Freiburg 1913, S. 703–705, hier S. 703.

Lust auf Abenteuer treiben ließen. Den Müttern wurde daher der Ratschlag erteilt, ihre Kinder nicht zu sehr zu verwöhnen, denn Reife könne sich vor allem durch innere Stärke entwickeln.

Das nostalgische Heimweh in der Nachkriegszeit

Dieser Heimwehdiskurs veränderte sich in Deutschland nach dem Zweiten Weltkrieg angesichts Millionen Geflüchteter und Vertriebener gravierend. Heimweh, als die Sehnsucht nach einer verlorenen Heimat und einer verlorenen Zeit, wurde zu einem öffentlich zeigbaren und erlaubten Gefühl, nicht nur für Kinder. Dieses nostalgische Heimweh kann als Grundgefühl der Bundesrepublik der 1950er bezeichnet werden. Nicht von ungefähr stand der Schlager „Heimweh" von Freddy Quinn 1956 für 21 Wochen an der Spitze der deutschen Hitparade – bis heute ein Rekord.

Das modernitätskritische Heimweh

In den 1960er/1970er Jahren verlor das Heimweh im öffentlichen Diskurs der Bundesrepublik an Bedeutung. Um 1980 wiederum kehrte es zurück, dieses Mal im Gewand eines legitimen modernitätskritischen Gefühls, in einer Zeit, die als Postmoderne, als „Auslaufen der Fortschrittsmoderne"[30] charakterisiert wird. Mit dem Heimwehgefühl fand das Verlangen nach und das Recht auf Wurzeln und Geborgenheit eine neue Berechtigung. Heimweh war erlaubt, mehr noch, Heimweh war nach einer Phase von Heimatverlust, Flucht oder Vertreibung aus der Heimat in der Mitte des Jahrhunderts sogar notwendig im persönlichen Reifeprozess, um sich in einer immer mobileren und sich globalisierenden Welt zurechtzufinden.

Gesellschaftliche Diskurse verändern Emotionsregeln

Dieser Exkurs über Heimwehdiskurse in über 300 Jahren zeigt beispielhaft, dass es kein universelles Heimwehgefühl gab und gibt, mehr noch: Das Heimweh startete als Krankheit, wurde im Laufe des 19. Jahrhunderts zu einem Verlust- und Sehnsuchtsgefühl und im letzten Drittel des 20. Jahrhunderts ein modernitätskritisches Gefühl. Diese Geschichte verdeutlicht, dass sich Gefühle im Wechselspiel mit medizinischen, pädagogischen und philosophischen Diskursen und in Abhängigkeit von historischen Ereignissen permanent verändern. Das ist ein Befund, der verallgemeinert werden kann: Emotionen sind kulturell und historisch wandelbar und unterliegen permanenter Aushandlung und Anpassung an die je zeitgenössischen Emotionsregeln und an die je eigene Gemeinschaft. Der Exkurs zu Heimweh unterstreicht, wie sich ein bestimmtes Gefühl im Laufe mehrerer Jahrhunderte wandelte, wie sich gesellschaftliche Vorstellungen und Diskurse veränderten und wie diese festlegten, was zu fühlen erlaubt war und was nicht, wie ein bestimmtes Gefühl in der Öffentlich-

30 Martin Sabrow: Die Zeit der Zeitgeschichte, Göttingen 2012, S. 13.

keit gezeigt werden durfte oder nicht bzw. welche Gefühle warum überwunden werden sollten.

Das Beispiel zeigt aber auch, dass Emotionen als Modus menschlicher Weltwahrnehmung und menschlichen Handelns ein elementarer Bestandteil von Geschichte sind. Zugleich sind sie aus diesem Grund auch immer Teil von Geschichtsdarstellungen. Es liegt auf der Hand, dass sie auch in der Begegnung mit Geschichte eine große Rolle spielen.

3.3.2 Subjektebene: Emotionen in der Begegnung mit Geschichte

Emotionen sind bei der Geschichtsvermittlung immer vorhanden

Ein bedeutender institutioneller Rahmen für Begegnungen mit Geschichte ist der schulische Geschichtsunterricht. Die Theoriebildung zu Emotionen in Auseinandersetzung mit Geschichte findet daher bisher durch die Geschichtsdidaktik statt, auch wenn es bisher kaum empirische Forschung dazu gibt. Die Impulse kamen in den letzten Jahren zum einen aus der fachwissenschaftlichen Emotionsgeschichte; zum anderen ist das akademische Interesse an Emotionen in Lehr-Lern-Kontexten in der letzten Zeit ganz besonders ausgeprägt.

Aus diesem Grund leiten sich die folgenden Überlegungen über subjektive Emotionen in der Begegnung mit Geschichte aus geschichtsdidaktischen Überlegungen her, die sich zum großen Teil aus Forschungen zum Geschichtsunterricht speisen. Diese werden am Ende dieses Kapitels in Hinblick auf die Fragen und Anforderungen der Public History zugespitzt.

Aktivierung und Blockierung von Emotionen sind Emotionsmanagement

Emotionen sind in der Auseinandersetzung mit Geschichte, egal in welchem institutionellen Rahmen, schon immer vorhanden.[31] Geschichtsdarstellungen sollen traditionellerweise Kenntnisse vermitteln und Orientierungswissen bereitstellen. Um das leisten zu können, sollen sie Neugierde wecken können, möglichst spannend sein, Interesse herstellen, bestenfalls für historische Themen begeistern. Emotionen haben aber keinen klar bestimmbaren, systematischen Ort in der Begegnung mit Geschichte, der sich auf diese Darstellungs- und Aktivierungsebene begrenzen lässt. Alle beteiligten Personen bringen ihre Emotionen in die Begegnung mit Geschichte mit hinein. Damit verändert jede_r Einzelne die Atmosphäre im Klassenzimmer, in der Ausstellung, in der Gedenkstätte und beeinflusst den Prozess

31 Aktuelle empirische Studie über Emotionen an Gedenkorten: Matthias Wider: „Man muss es gesehen haben, um es zu verstehen". Zur Wirkung von historischen Orten auf Schülerinnen und Schüler, Hamburg 2018.

der Geschichtsaneignung. Dabei lässt sich der Umgang mit Emotionen unterscheiden einerseits in die bewusste Aktivierung von als positiv konnotierten Gefühlslagen wie Interesse, Neugierde oder Empathie. Andererseits werden als störend bewertete Emotionen wie Langeweile oder Ablehnung aus der Perspektive der Geschichtsmacher_innen gezielt blockiert, wohingegen Schüler_innen, die sich gezwungenermaßen mit Geschichte beschäftigen müssen, auch ablehnende Emotionen gezielt aktivieren können. Ob nun Aktivierung oder Blockierung, beides sind Formen des Emotionsmanagements.

Wilhelm Dilthey und die Gefühle als Erkenntnismethode

Die Erkenntnis, dass Emotionen bei der Auseinandersetzung mit Vergangenheit und der Erzeugung von Geschichte eine Rolle spielen, ist bei Weitem nicht neu. Wilhelm Dilthey, einer der Gründungsväter der modernen Geisteswissenschaften, kennzeichnete das geisteswissenschaftliche Verstehen im Gegensatz zum naturwissenschaftlichen Erklären als ein „Nachfühlen fremder Seelenzustände".[32] Damit wies Dilthey den Gefühlen im Verstehensprozess eine erkenntnistheoretische Bedeutung zu. Daniel Morat bezeichnet diesen Zugang daher folgerichtig als eine „Gefühlsmethode".[33] Dilthey arbeitete mit der Vorstellung einer grundsätzlichen Gleichartigkeit zwischen der_dem Verstehenden und dem_der Verstandenen, die ein „Hineinversetzen" in und „Nachbilden" von fremden Gefühlen und damit ein Nacherleben fremder Erfahrungen überhaupt ermöglicht.

Faszination der Emotionen und Angst vor Emotionen im vergangenen Geschichtsunterricht

Trotz dieser dezidiert geisteswissenschaftlichen, hermeneutischen „Gefühlsmethode" waren Emotionen über viele Jahrzehnte aus dem Geschichtsunterricht regelrecht verbannt. Die Erklärung dafür liegt in der Geschichte des Unterrichtsfaches selbst. Geschichtsunterricht im wilhelminischen Kaiserreich, so der Didaktiker Bodo von Borries, verfolgte mit seinen „herkömmlichen Zielsetzungen" unverhohlen „affirmativ-legitimatorische, ja manipulativ-indoktrinierende" Absichten. „Kognitive Lernprozesse (Verständnis)" seien damals „zum bloßen Vehikel des Emotionalen (Begeisterung und Liebe)" insbesondere im Hinblick auf die Nation geworden.[34] Emotionen galten

32 Wilhelm Dilthey: Die Entstehung der Hermeneutik, in: ders.: Die geistige Welt. Einleitung in die Philosophie des Lebens. Erste Hälfte: Abhandlung zur Grundlegung der Geisteswissenschaften (Gesammelte Schriften, Bd. 5), Göttingen 1961 (1900), S. 317–338, hier S. 317.

33 Daniel Morat: Verstehen als Gefühlsmethode. Zu Wilhelm Diltheys hermeneutischer Grundlegung der Geisteswissenschaften, in: Uffa Jensen/Daniel Morat (Hg.): Rationalisierungen des Gefühls. Zum Verhältnis von Wissenschaft und Emotionen 1880–1930, München 2008, S. 101–117, hier S. 103.

34 Bodo von Borries: Von gesinnungsbildenden Erlebnissen zur Kultivierung der Affekte? Über Ziele und Wirkungen von Geschichtslernen in Deutschland, in: Bernd Mütter u. a. (Hg.): Emotionen und historisches Lernen. Forschung, Vermittlung, Rezeption, Frankfurt a.M. 1994, S. 67–92, hier S. 67.

aufgrund dieses Erbes, das über die Zeit des Nationalsozialismus hinauswirkte, als besonders problematisch für den Geschichtsunterricht. Das kumulierte in den 1970er Jahren in einen besonderen Rationalitätsschub im geschichtsdidaktischen Diskurs. Die Furcht vor einer unkalkulierbaren Wirkung der Emotionen resultierte in einer Dominanz kognitiver Lernprinzipien und -ziele gegenüber einem auch Emotionen adressierenden Zugang[35] und in der Forderung nach einer „Kultivierung der Affekte".[36]

Emotionen im Geschichtsunterricht werden neu entdeckt

Zu Beginn der 1990er Jahre kam es in Form einer geschichtsdidaktischen Tagung über Emotionen im Unterricht zu einem ersten Versuch, Emotionen wieder in den Lernprozess zu integrieren.[37] Die Motivation zur Organisation einer solchen Tagung entstand aus der Einsicht, dass Emotionen in der historisch-politischen Bildung jahrelang vernachlässigt worden waren. Obwohl die Tagung einen Wendepunkt markieren sollte, hatte sie zunächst nur begrenzte Auswirkungen auf geschichtsdidaktische Konzepte oder gar auf Lernpläne. Erst mit dem *emotional turn* in der Geschichtswissenschaft fanden auch die Emotionen wieder Eingang in die Debatten um historisches Lernen, vor allem auch an außerschulischen Lernorten.[38]

Der heutige geschichtsdidaktische Umgang mit Emotionen verweist auf gegensätzliche Perspektiven und Erwartungen an die Einbeziehung von Emotionen in den Lernprozess. Einerseits gibt es Formate, die auf ein Nachbilden, Nachfühlen vergangener Emotionen setzen (so wie im Mauer-Panorama) oder die emotionalen Reaktionen der Lernenden mit berücksichtigen (insbesondere wenn es darum geht, die Geschichte von gewaltsamen Geschehnissen bis hin zum Massenmord zu vermitteln). Andererseits bestehen auch Bedenken hinsichtlich dieser Praktiken, die gezielt auf das Fühlen der Lernenden ausgerichtet sind, gerade weil diese zu sehr an historische Beispiele intentionaler Emotionalisierung erinnern. Daher gilt es, vertieft danach zu fragen, wie sich in der Begegnung mit Geschichte die Emotionen auf der Subjektebene zu denen auf der Objektebene verhalten.

Vergangenheit wird von Vermittlungsinstanzen erkennbar gemacht

So grundlegend die Dilthey'sche Definition des Verstehens als „Gefühlsmethode" ist, verweist sie doch auf enge Grenzen insbesondere

35 Joachim Rohlfes: Geschichte und ihre Didaktik, Göttingen 2005, S. 165: „Emotionales Lernen besteht zwar auch im Ausleben und Innewerden von Gefühlen, vor allem aber in deren kognitiver Verarbeitung".

36 Borries: Von gesinnungsbildenden Erlebnissen, S. 67.

37 Bernd Mütter u. a. (Hg.): Emotionen und historisches Lernen. Forschung, Vermittlung, Rezeption, Frankfurt a.M. 1994.

38 Juliane Brauer/Martin Lücke (Hg.): Emotionen, Geschichte und historisches Lernen. Geschichtsdidaktische und geschichtskulturelle Perspektiven, Göttingen 2013.

für das spezifisch historische Verstehen und damit für die historische Bildung. Denn um der Vergangenheit habhaft zu werden, braucht es Vermittlungsinstanzen, die vergangene Lebenszusammenhänge sicht- und verstehbar machen. 2000 Jahre alte Fundamente erzählen nicht von sich aus ihre Geschichte. Dafür braucht es die Markierung der Fundamente als historisch bedeutsam durch Absperrungen und eventuell durch vorsichtige Rekonstruktion, man benötigt Erklärtexte oder -videos zum Alltagsleben in der antiken Stadt oder zu religiösen Ritualen, um die Fundamente in einen historischen Zusammenhang zu bringen. Die Wirkung dieser verschiedenen medialen Vermittlungsinstanzen liegt in ihrem Vermögen, Vorstellungsbilder entstehen zu lassen und sie mit einer besonderen Glaubwürdigkeit zu versehen, an der entlang die Betrachter_innen konsistente Vergangenheitsbilder entwickeln können. Aber selbst wenn 100 Besucher_innen dieselben Fundamente sehen und dieselben Informationen und Bilder vermittelt bekommen, liegt es an jeder_m Einzelnen, diese mit eigenem Wissen und vorhandenen Vorstellungsbildern zu verknüpfen und daraus eine Geschichte zu entwickeln (vgl. Kap. 9 Historische Imagination).

Geschichtsaneignung als Fremd- oder Identitätserfahrung

Diese Überlegungen verweisen zum einen auf das Individuelle einer jeden Rezeption und Rekonstruktion des Vergangenen, zum anderen auf gesellschaftliche Deutungsmuster, die festlegen, was aus der Vergangenheit wert ist, sichtbar gemacht zu werden, und welche Geschichte anhand dieses Sichtbar-Gemachten erzählt werden soll. Die Frage ist nur, unter welchen Vorzeichen die Sichtbarmachung der Vergangenheit stattfindet. Sollen die Besucher_innen erkennen, wie anders das alltägliche Leben in einer antiken Stadt war, oder sollen sie Parallelen zu ihrem eigenen Leben sehen? Ist die Begegnung mit der Vergangenheit dementsprechend eine Alteritäts- oder eine Identitätserfahrung? Das hängt entschieden von der Art und dem Einsatz der Vermittlungsinstanzen ab. Um beim Beispiel der Ausgrabungen zu bleiben, besteht einerseits die Möglichkeit, die Fundamente minimal zu restaurieren und sie mit entsprechenden Informationstexten zu versehen. Andererseits ermöglicht es moderne Technik, die Besucher_innen mit Ton, Videoinstallation oder gar unter Zuhilfenahme von Augmented-Reality-Technik auf eine Zeitreise mitzunehmen und die Geschichte ‚hautnah miterlebbar' zu machen.

Ein Nachfühlen historischer Emotionen ist nicht möglich

Doch wie bereits dargestellt, ergibt sich aus der Perspektive der Emotionsgeschichte ein erheblicher Einwand gegen die Begegnung mit Geschichte als Identitätserfahrung. Denn ein Nachfühlen historischer Emotionen ist nicht möglich, eben weil sich Emotionen im Laufe der Zeit ganz grundlegend ändern können. Eine Annährung im Sinn des analogen Fühlens ist denkbar, aber nicht die Zeitreise in das

Herz und in den Kopf der Menschen in längst vergangenen Zeiten. Wir als Menschen der Jetztzeit teilen nicht den „Erfahrungsraum und den Erwartungshorizont" jener Menschen, um hier prägnante historische Kategorien von Reinhart Koselleck aufzugreifen.[39] Um auf das Beispiel des Heimwehs zurückzukommen: Aus unserem heutigen Verständnis von Heimweh fehlt uns zum Mitfühlen ein Verständnis davon, dass Heimweh im 17. und 18. Jahrhundert als Krankheit für den Tod zahlreicher Söldner verantwortlich gemacht wurde. Wie könnten wir die Entscheidung eines führenden Offiziers nachvollziehen, seine Soldaten bei den ersten Anzeichen von Heimweh unverzüglich nach Hause zu schicken?

Historisches Lernen als Alteritätserfahrung

Es gibt einen zweiten dezidiert geschichtsdidaktischen Einwand gegen das Nachfühlen historischer Emotionen. Historisches Lernen ist diesem Einwand zufolge die Erfahrung des zeitlich, kulturell und geografisch Anderen, des Fremden, es ist eine Alteritätserfahrung. Die Aufforderung, etwas nachzuerleben, nachzufühlen, was Menschen in der Vergangenheit gedacht und gefühlt haben, baut jedoch auf die Illusion des Gleichartigen, der Identitätserfahrung. Wenn die Besucher_innen im Asisi-Panorama den erhöhten Blick über die Mauer haben, begeben sie sich in die Perspektive der Westberliner_innen im Jahr 1980. Doch ihr Blick auf die grauen Wohnblöcke Ost-Berlins heute ist weit weniger von bangen Fragen begleitet als derjenige der Zeitgenoss_innen. Damals lag in dem Blick über die Mauer vielleicht die Sorge um geliebte Angehörige, die Hoffnung darauf, einen Blick auf sie erhaschen zu können, oder einfach nur die Erleichterung darüber, auf dieser Seite der Mauer zu stehen. Den Besucher_innen heute wird vorgespielt, dass sie das sehen könnten, was die Menschen damals von solchen Beobachtungsposten aus sahen; oberflächlich mag das vielleicht stimmen, aber die Bedeutungen, Gedanken und Gefühle, die dem Sehen unterlegt sind oder mit ihm einhergehen, unterscheiden sich zwischen damals und heute.

Wilhelm Dilthey legte trotz solcher Einschränkungen, die mit der „Gefühlsmethode" des historischen Verstehens verbunden sind, dennoch eine wichtige Spur für die Verortung von Emotionen in Lehr-Lern-Prozessen, in dem es um geisteswissenschaftliche Themen geht, nämlich die der „seelischen Struktur" von Aufmerksamkeit, Wahrnehmung, Erinnerung und Gedenken. Nimmt man ernst, dass geisteswissenschaftliche Fächer in unserer Lebenswelt vom hermeneutischen Verstehen abhängen, müssen Emotionen zwangsläufig

39 Reinhart Koselleck: Vergangene Zukunft. Zur Semantik geschichtlicher Zeiten, Frankfurt a.M. 1979, S. 349.

eine zentrale Bedeutung in der Begegnung mit Geschichte und damit dem historischen Lernen zuerkannt werden.

Gefühle blockieren die Auseinandersetzung mit Geschichte

Das Fühlen ist jedoch nicht ein automatischer Erfolgsfaktor für eine intensive und nachhaltige Begegnung mit Geschichte. Es kann auch blockierend wirken. Das zeigen die Herausforderungen an heutigen Gedenk- und Erinnerungsstätten. Lernende kommen an diese Orte und versuchen, den im entsprechenden Kontext erwarteten Emotionen zu entsprechen, eine ‚Choreografie der Emotionen nachzutanzen', wie Gedenkstättenpädagog_innen beobachten.[40] Auffallend ist das vor allem bei Themen aus der Diktatur- und Gewaltgeschichte des 20. Jahrhunderts. Betroffenheit, Empathie, Mitgefühl oder Trauer gehören zu der emotionalen Melange, die das gesellschaftspolitische Gedenken und Erinnern an die Opfer einfordert. Den Lernenden kann aber genau das fremd sein; vielleicht würden sie sich diesen Themen lieber mit Neugierde, Wut oder vielleicht auch emotional distanziert nähern. Im Sinne des emotionalen Lernens ist es wichtig, auch diese Gefühle zuzulassen und didaktisch aufzufangen und nicht von vornherein gesellschaftlich normiertes Fühlen zu erwarten; denn gerade solche an sie gerichteten Erwartungen können bei die Lernenden emotional überfordern und zu Abwehrreaktionen führen.

3.3.3 Emotionalisierungen

Emotionalisierung erfolgt, wenn Emotionen der Objekt- und der Subjektebene miteinander vermischt werden

Das oben hergeleitete Verständnis von Emotionen auf der Objekt- und auf der Subjektebene verdeutlicht die Unterschiede und Grenzen zwischen diesen beiden Ebenen. In der konkreten Praxis aber bleiben Emotionen nicht jeweils auf ihrer Subjekt- oder Objektebene und damit voneinander unterscheidbar, wie der Hinweis auf das gesellschaftlich normierte Fühlen bereits verdeutlicht hat. Auch die Erlebnisangebote zur Geschichte versprechen ihren Besucher_innen das Nachempfinden vergangener Gefühle.[41] In diesen Fällen, in denen die Emotionen von Menschen früherer Zeiten durch einen gezielten Einsatz von Medien und die Wahl entsprechender Narrative und Verhaltensaufforderungen wiedererlebbar gemacht werden sollen, kann man von Emotionalisierung sprechen. Spezifisch für Emotionalisierung ist, dass die Emotionen auf der Objektebene mit denen auf

40 Matthias Heyl: Mit Überwältigendem überwältigen. Emotionen in KZ-Gedenkstätten, in: Juliane Brauer/Martin Lücke (Hg.): Emotionen, Geschichte und historisches Lernen. Geschichtsdidaktische und geschichtskulturelle Perspektiven, Göttingen 2013, S. 239–260, hier S. 247.

41 Juliane Brauer: ‚Heiße Geschichte'? Emotionen und historisches Lernen in Museen und Gedenkstätten, in: Sarah Willner u. a. (Hg.): Doing History. Performative Praktiken in der Geschichtskultur, Münster 2016, S. 29–44, hier S. 29.

der Subjektebene vermischt werden und keine klare Trennung mehr möglich ist.

Emotionalisierungsstrategien analysieren

Die Aufgabe einer kritischen Public History ist es, einerseits die Strategien der Emotionalisierung zu erkennen und ein Bewusstsein dafür herzustellen, dass dieses Abzielen auf besondere emotionale Reaktionen (im Sinne des Nachfühlens) problematisch ist. Andererseits sollte darüber nachgedacht werden, an welcher Stelle Emotionen zielführend und produktiv in der Begegnung mit Geschichte wirken können. Dafür braucht es ein Instrumentarium, mithilfe dessen die Praktiken und Strategien der Emotionalisierung möglichst umfassend beschrieben und in Hinblick auf ihre Wirkung analysiert werden können. Insbesondere gilt es dabei in den Blick zu nehmen, wie die konstatierte Vermischung von Emotionen auf der Objekt- und auf der Subjektebene zustande kommt. Als Kategorien der Analyse bieten sich dafür an: Visualisierung, Narrativierung, Authentifizierung, Dramatisierung und Personalisierung.[42] An jede dieser einzelnen Kategorien lassen sich erstens Fragen in Bezug auf Emotionen auf der Objekt- und auf der Subjektebene stellen. Zweitens geht es dann darum herauszustellen, wie diese beiden Ebenen durch die jeweiligen Praktiken konkret miteinander verbunden werden.

Visualisierung

Hinsichtlich des Asisi-Panoramas liegt es zunächst auf der Hand, die Mittel der Visualisierung genauer zu untersuchen: Was genau stellt das Panorama dar, in welchen Perspektiven, mit welchen visuellen Mitteln wird die Bildaussage unterstützt? Welche Mal- und Darstellungstechniken benutzte der Künstler, was war seine Absicht dabei, genau diesen Blick auf die Mauer darzustellen, was die intendierte Botschaft? Sinnvoll ist auch immer die Frage danach, was nicht zu sehen ist, wie in dem Mauer-Panorama die Menschen, die in Ost-Berlin lebten. Worauf verweist diese Darstellungsperspektive?

Narrativierung durch Authentizität

Die Narrativierung findet für das Geschichtspanorama vor allem in der Bewerbung statt. Die Webseite preist das emotionale Erleben dieser „perfekten Illusion" an. „Erleben Sie den Alltag im Schatten der Berliner Mauer in einem einzigartigen Panorama", heißt es dort, und weiter: „Sie erleben auf beeindruckende und einmalige Weise, wie alltäglich und zugleich grausam das Leben im Schatten der Mauer war".[43] Zusätzlich gibt es dem eigentlichen Panorama vorgelagert einen Raum, der zum einen die Entstehung des Panoramas und die Geschichte von Yadegar Asisi erzählt und zum anderen zahlreiche

42 Georg Koch: Funde und Fiktionen. Urgeschichte im deutschen und britischen Fernsehen seit den 1950er Jahren, Göttingen 2019, S. 155 f.

43 Aus der Vorstellung des Panoramas auf der Webseite Die Mauer. Yadegar Asisi Panorama, www.die-mauer.de, letzter Zugriff: 15.1.2021.

zeithistorische Fotos der Berliner Mauer zeigt und kommentiert. Mit diesen Informationen und historischen Bildern im Kopf wird den Besucher_innen eine Deutung der Geschichte mit auf dem Weg gegeben, mit der sie das Mauer-Panorama ansehen. Nicht zu vernachlässigen ist das gesamte Erlebnisensemble am Checkpoint Charlie, die Darsteller in ihren US-Army-Uniformen vor dem Grenzhäuschen, die Schilder, die die ehemalige Sektorengrenze markieren. Die Narrativierung zielt insbesondere auf eine besonders starke emotionale Grundierung der Geschichtsbegegnung. Daraus macht der Künstler selbst keinen Hehl und dafür nutzt er die „perfekte Illusion", die das Medium Panorama ermöglicht. Das „grausame Leben im Schatten der Mauer" soll nachfühlbar sein, die Besucher_innen sollen mit dem Gefühl nach Hause gehen, wirklich im Jahr 1980 an der Mauer gestanden zu haben.[44] Das lässt ihnen kaum mehr die Möglichkeit eigener Sinnbildung oder subjektiven Fühlens, das vielleicht weniger von der intendierten Botschaft vom „grausamen Leben" beeinflusst ist, sondern vielmehr von der Einsicht, dass auch das alternative Leben in den besetzten Häusern im Schatten der Mauer nicht sonderlich bunt oder aufregend war.

Die begleitende Ausstellung mit der Lebensgeschichte des Künstlers, der selbst zu der Zeit in Kreuzberg wohnte und in dem Panorama seine eigenen visuellen Erinnerungen verarbeitet hat, authentifiziert das Panorama. Die gezeigten Fotos belegen das gezeigte Narrativ. Eine weitere Authentifizierung erfolgt mit einer konkreten Ortsbenennung. Die Besucher_innen blicken von der Sebastianstraße in Berlin-Kreuzberg auf die Mauer. Der Künstler zeigt das alternative Leben der Punks in dem bekannten Szene-Club SO 36, der bis heute existiert.

Dramatisierung durch Licht und Ton

Für die entsprechende Dramatisierung setzte der Künstler auf eine „diffuse[ ] Lichtstimmung",[45] die den Eindruck eines grauen Novembertags unterstützen soll. Die Besucher_innen sind in dem abgedunkelten Raum dem bunten Treiben und dem Straßenlärm am Checkpoint Charlie völlig entrückt. Ihre ganze Aufmerksamkeit ist auf das gelenkt, was sichtbar gemacht ist, das Panorama. Auch akustisch setzt der Künstler auf eine Dramatisierung durch eine von ihm selbst und Eric Babak komponierte und arrangierte, klassisch anmutende Begleitmusik. Durch den langsamen, getragenen Rhythmus

44 Sehenswert! // Die Mauer – Asisi Panorama Berlin, in: YouTube-Kanal von TV.Berlin, 4.3.2016 (mit einem gut 10-minütigen Interview mit dem Künstler), https://www.youtube.com/watch?v=yndYqG4ao6w, letzter Zugriff 15.1.2021.

45 So die eigene Beschreibung auf der Webseite, https://www.asisi.de/panorama/die-mauer, letzter Zugriff: 15.1.2021.

sowie den Einsatz überwiegend tiefer Streichinstrumente erinnert die Musik an ein Requiem. Überlagert wird sie von der grellen und im Gegensatz zur Musik lautstarken Wiedergabe von originalen Tondokumenten aus der Zeit des geteilten Berlins. Zu hören sind beispielsweise Auszüge aus Reden von Walter Ulbricht und Erich Honecker. Interessanterweise stammen diese Tondokumente eben nicht aus dem Jahr 1980. An dieser Stelle wird die Illusion nicht konsequent umgesetzt. Dennoch gehören die geradezu ikonischen Soundquellen in das Gesamtensemble der Inszenierung, denn sie knüpfen an bei den Besucher_innen mutmaßlich vorhandene geschichtskulturelle Erwartungen an und stehen somit überzeugend für ein *pastness*-Gefühl (vgl. Kap. 11 Rezeption).

Personalisierung

Die Strategie der Personalisierung findet sich in der sehr detailgetreuen Darstellung der Menschen, die auf einem Holzpodest stehen (ähnlich jenem, auf dem die Panorama-Besucher_innen selbst stehen), um einen Blick über die Mauer zu werfen. Zu sehen sind Kleinkinder mit ihren Eltern, weißhaarige Rentner_innen und Jugendliche. Somit ist das Angebot zur Identifikation mit den neugierigen Menschen des Jahres 1980 breit.

Zusammenfassend ist herauszustellen, dass Emotionen im Hinblick auf die skizzierten Erlebnisversprechen der Public History in zweifacher Hinsicht eine Schlüsselfunktion haben: Einerseits bieten entsprechende Geschichtsdarstellungen über die Thematisierung der Gefühle früherer Menschen einen anscheinend niedrigschwelligen Zugang zur Geschichte an. Hier können Emotionen Objekte der Darstellung und Vermittlung von Geschichte sein. Andererseits geht es um die positive emotionale Mobilisierung der Rezipient_innen. Dabei finden Emotionalisierungsstrategien Anwendung, die häufig die Unterschiede zwischen Emotionen auf der Objekt- und jenen auf der Subjektebene verwischen. So zielen die Darstellungsstrategien im Asisi-Panorama auf eine Illusion, die es den Besucher_innen erlauben soll, komplett in den Novembertag 1980 an der Berliner Mauer einzutauchen, um Geschichte mit allen Sinnen zu fühlen und damit vermeintlich auch zu erleben (vgl. Infobox Immersion in Kap. 5.3). Die Frage ist, welche Chance die Besucher_innen haben, aus dieser Illusion in ihre Gegenwart zurückzukommen, sich selbst zu diesem Erleben von Geschichte in Beziehung zu setzen, selbst zu fühlen, was sie daraus für sich mitnehmen, was diese Begegnung mit Geschichte für sie bedeutet.

Emotionale Überwältigung und der Beutelsbacher Konsens

Diese Ambivalenz der Emotionen ist mittlerweile Thema zahlreicher Tagungen oder Vernetzungstreffen, auf denen Akteur_innen der Public History offensiv die Bedeutung von Emotionen in der Begegnung vor allem mit der deutschen Diktaturgeschichte diskutieren.[46] Insbesondere die Frage nach emotionaler Überwältigung und ihrer Zulässigkeit steht dabei zur Diskussion. Denn während einerseits das Bedürfnis in Museen, Gedenkstätten und sonstigen Orten der Geschichtsvermittlung groß ist, Interesse und Aufmerksamkeit zu wecken, wird andererseits immer wieder auf die Gefahr einer zu starken Emotionalisierung hingewiesen. Im Rahmen dieser Diskussion rückt der mittlerweile über 40-jährige Beutelsbacher Konsens in den Mittelpunkt des Interesses. Die Grundsätze dieses Konsenses wurden 1976 ursprünglich für die politische Bildung formuliert. Auch wenn er als Minimalkonsens galt, sollte mit den Prinzipien Kontroversität, Schüler_innenorientierung und Überwältigungsverbot eine politische Indoktrination der Lernenden wirkungsvoll verhindert werden. Interessanterweise erhielt dabei das Überwältigungsverbot im Kontext der Diskussion um Gedenkstättenarbeit eine zusätzliche Bedeutungsebene. Ursprünglich zielte es auf die Verwerfung solcher Formen oder Methoden der Vermittlung, die dazu geeignet schienen, „den Schüler – mit welchen Mitteln auch immer – im Sinne erwünschter Meinungen zu überrumpeln und damit an der ‚Gewinnung eines selbständigen Urteils' zu hindern".[47] Mittlerweile geht es hingegen nicht mehr vorrangig um ein argumentatives Überwältigen, sondern vor allem um eine emotionale Überwältigung.[48]

Grenzen zwischen Emotionalisierung und emotionaler Überwältigung

Aus der obigen Theoretisierung von Emotionen auf der Objekt- und auf der Subjektebene ergeben sich klare Grenzen zwischen Emotionalisierung und emotionaler Überwältigung. Emotionalisierung ist die Mobilisierung der subjektiven Emotion der Rezipient_innen; die Emotionen verbleiben jeweils auf der Objekt- bzw. auf der Subjektebene, ohne sich zu vermischen. Das heißt, im Asisi-Panorama ist zwar die Normalität des Schreckens der Mauer dargestellt, die Besucher_innen von heute dürfen diesem „Grauen" im Schatten der Mauer mit ihrer eigenen Neugierde oder Skepsis, vielleicht sogar Ablehnung oder auch Wut darüber begegnen, dass so etwas möglich war. Eine emotionale Überwältigung aber findet dann statt, wenn historische

46 Siehe die Sonderausgabe des vom Online-Portal Lernen aus der Geschichte herausgegebenen LaG-Magazins 11 (2012): Emotionalität und Kontroversität.

47 Hans-Georg Wehling: Konsens à la Beutelsbach?, in: Siegfried Schiele/Herbert Schneider (Hg.): Das Konsensproblem in der politischen Bildung, Stuttgart 1977, S. 179–180, hier S. 179.

48 Elena Demke: Emotionale Harmonisierung oder intellektuelle Provokation? Zur Darstellung von Emotionalität in Besuchervideos von Gedenkstättenbesuchen, in: LaG-Magazin 11 (2012): Sonderheft: Emotionalität und Kontroversität, S. 11–14, hier S. 13; Heyl: Mit Überwältigendem überwältigen.

Emotionen heute nachgefühlt werden sollten, d. h. die Objektebene verlassen und auf die Beeinflussung individuellen Fühlens abzielen.

3.4 Ein Plädoyer für Emotionen in der Public History

Emotionalisierungs-strategien transparent gestalten

Auf der Grundlage vorliegender Überlegungen ergeben sich zwei entscheidende Einwände gegen die emotionale Überwältigung: Erstens können historische Emotionen schon deshalb nicht nachgefühlt werden, weil sie sich im Laufe der Zeit verändern. Die Menschen der Jetztzeit wissen, dass die Mauer seit 30 Jahren nicht mehr existiert, dass die bewaffneten Grenzsoldaten niemandem mehr gefährlich werden können. Heutige Besucher_innen können, wann immer sie wollen, das Panorama verlassen und sich ganz dem Großstadttrubel am Checkpoint Charlie hingeben. Der zweite Einwand resultiert aus geschichtsdidaktischen Überlegungen. Die Begegnung mit der Vergangenheit kann dann identitätsbildend und handlungsorientiert sein, wenn sie das individuelle Erinnern und eigene Erfahrungen mit der und über die Zeit aufgreift und nicht schlichtweg nachzubilden versucht. Dies verweist noch einmal zurück auf die grundsätzliche Einsicht, dass die Auseinandersetzung mit Geschichte vielmehr eine Alteritäts- denn eine Identitätserfahrung ist. Vergangenheiten waren eben grundsätzlich anders als unsere Gegenwart, auch wenn sie im Geschichtserlebnis als vertraut und ähnlich präsentiert werden. Das bedeutet, dass die über Emotionen vermittelte Begegnung mit Geschichte durchaus sinnvolle Anreize schaffen kann, aber nur dann, wenn die Emotionen ganz klar auf der Objektebene bleiben und es den Menschen der heutigen Zeit möglich bleibt, (auf der Subjektebene) ihre eigenen, durchaus sehr unterschiedlichen Emotionen zu haben und zu thematisieren. Das bedeutet für öffentliche Präsentationen von Geschichte, dass die Strategien der Emotionalisierung transparent sein und dass mehrere verschiedene Narrative angeboten werden sollten. Diese ermöglichen es, visuelle und akustische Dramatisierungseffekte am Ende des Geschichtserlebnisses aufzulösen, und entlassen die Besucher_innen in die je eigene Gegenwart mit (emotionalen) Impulsen zum Weiterdenken.

Einführende Literatur

Brauer, Juliane: ‚Heiße Geschichte'? Emotionen und historisches Lernen in Museen und Gedenkstätten, in: Sarah Willner u. a. (Hg.): Doing History. Performative Praktiken in der Geschichtskultur, Münster 2016, S. 29–44.

Brauer, Juliane/Lücke, Martin: Emotionen, Geschichte und historisches Lernen. Einführende Überlegungen, in: dies. (Hg.): Emotionen, Geschichte und historisches Lernen. Geschichtsdidaktische und geschichtskulturelle Perspektiven, Göttingen 2013, S. 11–26.

Frevert, Ute: Was haben Gefühle in der Geschichte zu suchen?, in: Geschichte und Gesellschaft 35/2 (2009), S. 183–209.

Plamper, Jan: Geschichte und Gefühl. Grundlagen der Emotionsgeschichte, München 2012.

4 Erinnerung und Gedächtnis

4.1 Einleitung

2006 wurde in Mainz der gemeinnützige Verein *Unsere Geschichte. Das Gedächtnis der Nation e. V.* gegründet, um Erinnerungen von Zeitzeug_innen zur deutschen Geschichte zu sammeln und sie für spätere Generationen zu bewahren. Hierfür schickte der Verein ab 2011 den „Jahrhundertbus“, ein mobiles Aufnahmestudio, quer durch Deutschland. Nach entsprechender Ankündigung in den lokalen und regionalen Medien machte dieser Bus in zahlreichen deutschen Städten Station, um individuelle Erinnerungen an Erlebtes auf Video aufzuzeichnen. Das Projekt profitierte von der Prominenz seiner Initiatoren: Guido Knopp, damaliger Leiter der ZDF-Redaktion Zeitgeschichte, und Hans-Ulrich Jörges, Mitglied der Chefredaktion des Wochenmagazins *Stern*. Insgesamt wurden rund 1.000 Interviews geführt,[1] vom Verein verstanden als „Mosaiksteine im Geschichtsbild einer Nation“, die „das Selbstverständnis einer Gesellschaft“ prägen.[2] Die im visuellen Stil von ZDF-Dokumentationen aufgenommenen Interviews wurden in Form von kurzen Clips online zugänglich gemacht, wobei das Portal Themen wie den Alltag im geteilten Deutschland, den Holocaust oder Deutschland als Migrationsgesellschaft her-

1 Die Videos wurden mittlerweile überführt in die Online-Video-Plattform *Zeitzeugenportal*, die von der *Stiftung Haus der Geschichte der Bundesrepublik Deutschland* unterhalten wird, siehe https://zeitzeugen-portal.de/ueber-uns, letzter Zugriff: 23.11.2020.

2 Die Zielsetzung des in Liquidation befindlichen Vereins ist noch nachzulesen im Vereinsverzeichnis der Stadt Mainz, https://mainz.de/verzeichnisse/vereinsverzeichnis/Unsere_Geschichte._Gedaechtnis_der_Nation_e.V..php, letzter Zugriff: 23.11.2020.

vorhob. Die Interviewausschnitte wurden zudem durch didaktische Handreichungen ergänzt.[3]

Aus der Selbstbeschreibung des Vereins wird deutlich, dass sich „Das Gedächtnis der Nation" als Beitrag zur Erinnerungskultur versteht. Das Projekt zielt darauf ab, durch das Sammeln und Zugänglichmachen von individuellen Erinnerungen ein kollektives Gedächtnis zu schaffen und damit (nationale) Gemeinschaft zu stiften. Am Beispiel dieser Zeitzeug_innensammlung zeigt sich sowohl die gesellschaftliche Funktion, die der Erinnerung zukommt, als auch die politische Dimension, die nicht nur dem Mainzer Projekt innewohnt, sondern dem kulturellen Gedächtnis generell. So werden beispielsweise nur bestimmte Erinnerungen ausgewählt und ins ‚Gedächtnis' aufgenommen, es werden Kategorien gebildet und einige Themen, die als besonders relevant gelten, werden in Schulen, Bildungseinrichtungen, Museen oder Gedenkstätten zusätzlich hervorgehoben.

Um die Begriffe Gedächtnis und Erinnerung für die Public History nutzbar zu machen, werden wir im Folgenden ihre Herkunft und gegenwärtige wissenschaftliche Verwendung, aber auch ihre Vielschichtigkeit skizzieren, wobei ihre konzeptionellen Stärken und Schwächen zur Sprache kommen werden. Dafür werden wir die für fast alle Gedächtnismodelle grundsätzlichen Begriffe des kollektiven und des kulturellen Gedächtnisses sowie das Konzept der Erinnerungsorte vorstellen und ebenso auf Bilder und Medien eingehen, die in diesen Begriffen mitverhandelt werden. Darüber hinaus werden wir eine Auswahl von neueren Überlegungen vorstellen, die den oft statischen und (implizit) nationalen Bezugsrahmen der grundlegenden Gedächtnismodelle problematisieren, und diese um ‚grenzüberschreitende' und damit fluide Konzepte erweitern. Abschließend werden wir am Beispiel von (Zeit-)Zeug_innen des Holocaust die praxisorientierte Relevanz der theoretischen Konzepte aufzeigen.

4.2 Begriff und Konzept

Gedächtnis und Erinnerung

Zunächst soll festgehalten werden, dass wir hier keine etymologisch fundierte Unterscheidung zwischen Erinnerung und Gedächtnis vornehmen. Obwohl teilweise auf Erinnerung als individuellen Vorgang und auf das Gedächtnis als mentale und gesellschaftliche Struktur

3 Siehe Judith Keilbach: Das Gedächtnis der Nation. Eine Online-Plattform, die Fernsehen ist, in: Knud Andresen u. a. (Hg.): Es gilt das gesprochene Wort. Oral History und Zeitgeschichte heute, Göttingen 2015, S. 181–194.

oder Behälter rekurriert wird, werden beide Begriffe in der deutschsprachigen Forschungsliteratur spätestens seit der Etablierung des Konzepts des kulturellen Gedächtnisses bzw. seit der Einführung des Begriffs der Erinnerungskultur Anfang der 2000er Jahre synonym verwendet. Andere Sprachen lassen eine Unterscheidung zwischen Gedächtnis und Erinnerung von vornherein nicht zu, wie beispielsweise der englische Begriff *memory* zeigt. Wir beziehen uns hier jedoch vor allem auf die deutschsprachige Debatte und stellen daher Begriffsfelder vor, die den deutschsprachigen Wissenschaftsdiskurs geprägt haben. Dabei beschäftigen wir uns vor allem mit dem Begriff des Gedächtnisses und seiner Ausdifferenzierung. Den Begriff der Erinnerungskultur (vgl. Infobox) verfolgen wir hier ebenso wenig weiter wie feldverwandte englischsprachige Begriffe, etwa *cultural heritage* (vgl. Kap. 7).

Gedächtnis als Metapher

Der im Kontext der Public History verwendete Gedächtnisbegriff ist eine Metapher, mit der Körperfunktionen oder Eigenschaften von Individuen für ein Kollektiv geltend gemacht werden. Dabei darf nicht übersehen werden, dass die individuelle Erinnerung ganz anders funktioniert als das ‚Gedächtnis' einer Gruppe.[4] Die Gedächtnismetapher trägt zum einen zur Homogenisierung einer heterogenen Gruppe bei, indem sie die vielfältigen und widersprüchlichen Erinnerungen ihrer Mitglieder in ein gleichförmiges ‚Gedächtnis' überführt. Zum anderen geht damit eine Naturalisierung von gesellschaftlichen Strukturen und politischen Dynamiken einher, die bestimmen, was erinnert wird. Diesem gesellschaftspolitischen Prozess des Erinnerns trägt die Metapher des Gedächtnisses keine Rechnung.

Erinnerungskultur

Der Begriff der Erinnerungskultur kann heute als Leitbegriff der deutschsprachigen geschichtswissenschaftlichen Erinnerungsforschung gelten. Jenseits der oben beschriebenen Popularisierung des Erinnerungsbegriffs und seiner Verknüpfung mit der eigenen Kultur als identitätsstiftender Markierung ist der Begriff der Erinnerungskultur seit den 2000er Jahren maßgeblich von Christoph Cornelißen geprägt worden, der ihn als Oberbegriff für verschiedene Formen der bewussten Erinnerung an historische Ereignisse, Persönlichkeiten und Prozesse versteht. Cornelißen kann den Begriff darüber hinaus schärfen, indem er vier Dimen-

4 Einige der Autor_innen, deren Arbeiten wir hier besprechen, gehen explizit auf den Zusammenhang von individuellem und kollektivem Gedächtnis ein.

sionen der Erforschung von Erinnerung definiert: 1) die sozialen Rahmenbedingungen, in denen eine Erinnerung verhandelt wird und die z. B. auf ökonomische, gesellschaftliche, generationelle oder andere hegemoniale Strukturen überprüft werden können, 2) die Nation als noch immer zentraler Deutungshorizont von Erinnerungen, 3) Glaube und Ideologien, also Deutungsmuster, die so stark sind, dass sie die Ausformung von Erinnerungen bei Sinnbildung und Narrativierung beeinflussen, 4) Medien, mit denen Erinnerungen kommuniziert werden, die diese aber auch durch ihre jeweilige Spezifik formen. Der Begriff der Erinnerungskultur wurde vor allem auf die neuere deutsche Geschichte angewendet und hat in Bezug auf andere Epochen wenig Nachhall gefunden. Cornelißen hatte ihn in einem Zeitfenster etabliert, als die Geschichtsdidaktik den Begriff der Geschichtskultur (vgl. Kap. 6) erfolgreich eingeführt hatte. In der Begriffsbildung zeigt sich also auch ein ‚Wettstreit' innerhalb der Teildisziplinen der Geschichtswissenschaft.

Leseempfehlung
Cornelißen, Christoph: Was heißt Erinnerungskultur? Begriff – Methoden – Perspektiven, in: Geschichte in Wissenschaft und Unterricht 54/10 (2003), S. 548–563; ders.: Erinnerungskulturen (Version: 2.0), in: Docupedia-Zeitgeschichte, 22.10.2012, http://docupedia.de/zg/cornelissen_erinnerungskulturen_v2_de_2012, letzter Zugriff: 27.8.2020.

4.2.1 Kollektives Gedächtnis

Maurice Halbwachs: kollektives Gedächtnis

Kulturwissenschaftliche Gedächtnistheorien beziehen sich fast durchgehend auf den Begriff der *mémoire collective*, des kollektiven Gedächtnisses, den Maurice Halbwachs in mehreren Schriften in den 1920er bis 1940er Jahren entwickelt hat. Als Soziologe war Halbwachs am Verhältnis von Individuum und Gesellschaft interessiert und knüpfte für seine Überlegungen zum kollektiven Gedächtnis dementsprechend an Konzepte an, die von einem Zusammenhang zwischen individuellen Wahrnehmungen und soziokulturellem Bezugsrahmen ausgehen.[5] Im Hinblick auf Erinnerungen an vergangene

5 Die Annahme eines kollektiven Bewusstseins, das den Handlungsrahmen für individuelle Handlungen formt, geht auf Émile Durkheim zurück, dessen Schüler Halbwachs war.

Ereignisse argumentiert Halbwachs, dass sich kohärente Erinnerungen von Individuen nur durch Kommunikation und Interaktion herausbilden und stabilisieren können. Diese soziale Prägung individueller Erinnerungen zeigt sich beispielsweise bei Kindheitserinnerungen, in denen sich eigene Erinnerungsfragmente mit Erzählungen von anderen vermischen.[6]

Gedächtnis von sozialen Gruppen

Nach Halbwachs tragen entsprechende Nacherzählungen sowie andere Erinnerungspraktiken zugleich zum kollektiven Gedächtnis einer sozialen Gruppe bei, aus dem sie sich speisen. Eine soziale Gruppe kann dabei eine Familie sein, die die Erinnerungen ihrer Angehörigen strukturiert, eine religiöse Gemeinschaft oder eine soziale Klasse, in der beispielsweise Erinnerungen an Lebens- und Arbeitsbedingungen oder soziale Errungenschaften geteilt werden.[7] Gruppen teilen und formen zugleich ein kollektives Gedächtnis, d. h., individuelle Erinnerung und kollektives Gedächtnis durchdringen sich wechselseitig. Sie sind gruppenspezifisch und tragen zur Konstruktion und Reproduktion von kollektiver Identität bei. Während Halbwachs kaum Berührungspunkte zwischen den Erinnerungen von sozialen Gruppen und der Geschichte einer Nation sieht,[8] zeigt das eingangs beschriebene Beispiel, dass inzwischen auch Nationen als soziale Gruppen gelten, deren Identität durch ein gemeinsames Gedächtnis gestärkt werden soll.

Gelebte und gelernte Geschichte

Halbwachs ordnet die individuelle Erinnerung und das kollektive Gedächtnis der „gelebten Geschichte“ zu, die sich durch Alltagskommunikation innerhalb einer sozialen Gruppe konstituiert und somit veränderlich ist. Von der gelebten Geschichte grenzt er die „gelernte“ bzw. „geschriebene Geschichte“ ab,[9] die „in Büchern gelesen“ und in Schulen gelehrt wird.[10] Geschichte stellt die vergangenen Ereignisse in ihrer Totalität (und möglichst objektiv und unparteiisch) dar, womit sie sich vom partikularen Gedächtnis einer sozialen Gruppe unterscheidet.[11]

Halbwachs' Grenzziehung zwischen Erinnerung/Gedächtnis und Geschichte ist vor dem Hintergrund der disziplinären Entwicklung der Geschichtswissenschaft zu verstehen. Zum Zeitpunkt seines Schaffens existierte die Zeitgeschichtsschreibung, wie wir sie heute als

6 Maurice Halbwachs: Das Gedächtnis und seine sozialen Bedingungen, Berlin 1966 (frz. Orig. 1925), S. 125 ff.

7 Ebd., Kapitel 5, 6 und 7.

8 Maurice Halbwachs: Das kollektive Gedächtnis, Frankfurt a.M. 1985 (frz. Orig. 1950), S. 64 f.

9 Siehe beispielsweise ebd., S. 42, S. 50 u. S. 55.

10 Ebd., S. 66.

11 Ebd., S. 72 f.

Teildisziplin der Geschichtswissenschaft kennen, noch nicht. Durch deren Etablierung lässt sich Halbwachs' strikte Unterscheidung zwischen einerseits erinnerter und andererseits wissenschaftlich interpretierter Vergangenheit nicht mehr aufrechterhalten.

Kollektives Gedächtnis und Public History

Dennoch lässt sich das Konzept des kollektiven Gedächtnisses für die Public History produktiv machen, da es die Dynamiken von und Konflikte um Public-History-Projekte zu erklären vermag. Zum einen schärft es den Blick für die Funktionsweisen und Mechanismen der Public History, die mit ihrer Adressierung von Emotionen und der Betonung von Erfahrungen darauf zielt, „gelernte Geschichte" zurück in die „gelebte Geschichte" des kollektiven Gedächtnisses zu holen (mit dem Begriff *prosthetic memory* wird auf eine theoretische Fassung dieses Verfahrens unten noch zurückzukommen sein). Zum anderen hilft das Konzept, die Komplikationen zu erklären, die insbesondere zeithistorische Projekte mit sich bringen. Sie lassen sich als kommunikative Praxis verstehen, mit der innerhalb einer sozialen Gruppe Erinnerungen stabilisiert werden.[12] Zugleich basieren sie in der Regel auf dem kollektiven Gedächtnis einer spezifischen Gruppe, das dem einer anderen Erinnerungsgemeinschaft erheblich widersprechen kann. Daher gehen Planung, Konzeption und Umsetzung zeithistorischer Public-History-Angebote oft mit Konflikten um die Etablierung einer spezifischen Erinnerung als allgemein anerkannte (Zeit-)Geschichte einher. Hierfür sind im deutschen Kontext die Reaktionen ehemaliger Soldaten und Angehöriger der politischen Rechten auf die erste sogenannte Wehrmachtsausstellung, in der die Verbrechen der Wehrmacht und ihre aktive Beteiligung am Vernichtungskrieg anhand privater Fotografien dargestellt wurde,[13] ebenso

12 Wie z. B. in der Ausstellung *SchwarzÖsterreich. Die Kinder afroamerikanischer Besatzungssoldaten* des Volksmuseums Wien (27.4.–21.08.2016), die sich mit der Diskriminierung und Marginalisierung der ersten Generation schwarzer Österreicher_innen auseinandersetzt, siehe https://volkskundemuseum.at/schwarzoesterreich_die_kinder_afroamerikanischer_besatzungssoldaten, letzter Zugriff: 27.8.2020, oder in *The Afterlives of Slavery*, eine der festen Ausstellungen des Amsterdamer Tropenmuseums, die das Nachwirken der Sklaverei bis in die Gegenwart hinein in den Blick nimmt, https://www.tropenmuseum.nl/en/whats-on/exhibitions/afterlives-slavery, letzter Zugriff: 23.11.2020.

13 Unter dem Begriff Wehrmachtsausstellung firmieren heute zwei Wanderausstellungen des Hamburger Instituts für Sozialforschung, die von 1995 bis 1999 gezeigte Ausstellung *Vernichtungskrieg. Verbrechen der Wehrmacht 1941 bis 1944* und die von 2001 bis 2004 gezeigte Ausstellung *Verbrechen der Wehrmacht. Dimensionen des Vernichtungskrieges 1941–1944*. Zur Kontroverse um die erste und zweite Ausstellung siehe Hannes Heer: Vom Verschwinden der Täter. Der Vernichtungskrieg fand statt, aber keiner war dabei, Berlin 2004; Reinhard Rürup: Die deutsche Wehrmacht und die NS-Verbrechen: Zur Diskussion um die ‚Wehrmachtsausstellung', in: ders. (Hg.): Der lange Schatten des Nationalsozialismus. Geschichte,

ein Beispiel wie das Erinnern an die DDR, deren Darstellung als Diktaturgeschichte oft nicht mit den lebensweltlichen Erinnerungen ehemaliger DDR-Bürger_innen übereinstimmt.[14]

4.2.2 Bildgedächtnis

Aby Warburg: Pathosformel

Auch die Forschungen des Kunst- und Kulturwissenschaftlers Aby Warburg, der sich in den 1920er Jahren mit dem europäischen Bildgedächtnis beschäftigt hat, liefern interessante Einsichten für unser Verständnis des kollektiven Gedächtnisses.[15] Um das Nachleben der Antike in der Kunst der Renaissance zu verdeutlichen, erstellte Warburg einen unvollendet gebliebenen Mnemosyne-Atlas, in dem er unterschiedliche Kunstwerke zu thematischen Bildtafeln oder Bilderreihen kombinierte (vgl. Kap. 11 Rezeption).[16] Diesem Projekt liegen theoretische Überlegungen zur Erinnerungsfunktion von Bildern zugrunde.

Warburg zufolge vergegenständlichen sich Erfahrungen in Ausdrucksbewegungen, die in Kunstwerken in Form von spezifischen Bildformeln festgehalten sind.[17] In diesen „Pathosformeln" – so der von Warburg geprägte Begriff – manifestieren sich die „Extremwerte menschlicher Erfahrung", die sich dem „kollektiven Gedächtnis ein[prägen]".[18] Wichtig ist hierbei, dass das Affektpotenzial der Pa-

Geschichtspolitik und Erinnerungskultur, Göttingen 2014, S. 184–204; Heribert Prantl (Hg.): Wehrmachtsverbrechen. Eine deutsche Kontroverse, Hamburg 1997; Hans-Günther Thiele (Hg.): Die Wehrmachtsausstellung. Dokumentation einer Kontroverse, Bonn 1997.

14 Vgl. hierzu Juliane Brauer/Irmgard Zündorf: DDR-Geschichte vermitteln. Lehren und Lernen an Orten der DDR-Geschichte, in: Geschichte in Wissenschaft und Unterricht 70/7–8 (2019), S. 373–389, hier S. 377.

15 Wie Halbwachs hat sich auch Warburg mit den Theorien des Soziologen Émile Durkheim beschäftigt, siehe hierzu Dorothee Bauerle: Gespenstergeschichten für ganz Erwachsene. Ein Kommentar zu Aby Warburgs Bilderatlas Mnemosyne, Münster 1988, S. 35/Anm. 1.

16 Fotografien einzelner Bildtafeln des Atlasses sind zu finden auf der Webseite Mnemosyne. Meandering through Aby Warbug's Atlas, https://live-warburglibrarycor-nelledu.pantheonsite.io/, letzter Zugriff: 27.8.2020, die erstellt wurde als Begleitung zu Christopher D. Johnson: Memory, Metaphor, and Aby Warburg's Atlas of Images, Ithaca 2012.

17 Auf diese Beobachtung von Warburg bezieht sich Peter Burke, wenn er in seinem Aufsatz zum sozialen Gedächtnis darauf hinweist, dass beim Erinnern auf Schemata zurückgegriffen wird und dadurch eine Reproduktion von Mythen stattfindet. Warburgs Pathosformeln lassen sich somit als Schemata verstehen. Vgl. Peter Burke: Geschichte als soziales Gedächtnis, in: Aleida Assmann/Dietrich Harth (Hg.): Mnemosyne. Formen und Funktionen der kulturellen Erinnerung, Frankfurt a.M. 1995, S. 289–304.

18 Bauerle: Gespenstergeschichten für ganz Erwachsene, S. 38.

thosformeln, etwa die den Bildern eingeschriebenen Ängste und Erregungen, nach Warburg auch Generationen später noch wirksam ist. Bilder tradieren also unbewusst vergangene Erfahrungen, die beim Betrachten erneut aktiviert werden können. Zwar interessierte sich Warburg aus kunsthistorischer Perspektive für antike Bildformeln, die in Kunstwerken der Renaissance wieder aufgegriffen wurden, um die „Ausdruckskraft der Bilder" zu steigern,[19] doch die These, dass Bilder neben ihrem Erinnerungspotenzial auch eine affektive Kraft besitzen, ist von weitreichenderer Bedeutung und muss in der Public History bei der Beschäftigung mit Bildern immer mitberücksichtigt werden.

Bildgedächtnis in Fotografien

So hat die Anthropologin Cornelia Brink in ihrer Analyse des „öffentliche[n] Gebrauch[s] von Fotografien aus nationalsozialistischen Konzentrationslagern nach 1945" (so der Untertitel ihrer Studie) beispielsweise gezeigt, dass sich diese Aufnahmen an älteren Bildtraditionen orientieren und dadurch an spezifische Sehgewohnheiten und Gefühlseinstellungen anknüpfen, die bei öffentlichen Präsentationen der Bilder wiederum erneut aktiviert werden.[20] Eine kritische Analyse der Bildauswahl von Ausstellungen lässt daher nicht nur interessante Rückschlüsse auf die Funktion zu, die den Fotografien im jeweiligen Ausstellungskontext zugedacht wird (z. B. Ereignis belegen, Mitleid wecken, den_die Betrachter_in schockieren/konfrontieren). Sie verdeutlicht auch die Interpretation, die der jeweiligen Präsentation des historischen Ereignisses zugrunde liegt. So kann sich eine Ausstellung je nach Auswahl und Kombination der Bilder entweder mit ‚Verbrechen an den europäischen Jüd_innen' auseinandersetzen oder aber den ‚Leidensweg der Jüd_innen' in den Fokus nehmen.

4.2.3 Kulturelles Gedächtnis

Eine systematische Beschäftigung mit dem kollektiven Gedächtnis setzte in Westeuropa in den 1980er Jahren ein, als die gesellschaftliche Auseinandersetzung mit der eigenen Vergangenheit an Bedeutung gewann. Neben den Erinnerungen selbst wurden in diesem Zusammenhang auch Erinnerungspraktiken und -formen neu verhandelt. Literatur- und Kulturwissenschaftler_innen begannen sich verstärkt für die Ausformungen und Dynamiken des kollektiven Gedächtnisses zu interessieren; und auch in der Geschichtswissenschaft konnten

19 Aleida Assmann: Erinnerungsräume. Formen und Wandlungen des kulturellen Gedächtnisses, München 2003, S. 226.

20 Cornelia Brink: Ikonen der Vernichtung. Öffentlicher Gebrauch von Fotografien aus nationalsozialistischen Konzentrationslagern nach 1945, Berlin 1998, S. 17.

sich Erinnerungen als Forschungsgegenstand, nicht zuletzt über neue methodische Zugänge wie die Oral History, etablieren.

Aleida und Jan Assmann: kommunikatives und kulturelles Gedächtnis

Im deutschsprachigen Raum prägten vor allem der Ägyptologe Jan Assmann und die Literaturwissenschaftlerin Aleida Assmann die Terminologie. Beide untersuchten aus kulturwissenschaftlicher Perspektive die Formen und Veränderungen des Erinnerns. Ihr Gedächtnismodell wurde anhand vielfältiger Phänomene aus unterschiedlichsten Epochen entwickelt, von den Mnemotechniken schriftloser Kulturen über jüdische Festtage, mit denen an vorbiblische Exilerfahrungen erinnert wird, bis zu Shakespeares Historiendramen oder Installationen von Gegenwartskünstler_innen. In Anlehnung an Halbwachs' Gedächtniskonzeption unterscheiden Aleida und Jan Assmann zwei Formen des kollektiven Gedächtnisses: das kulturelle und das kommunikative Gedächtnis. Als kulturelles Gedächtnis wird dabei ein epochenübergreifendes Gedächtnis verstanden, das im Bereich der „objektivierten Kultur"[21] angesiedelt und „durch normative Texte gestützt ist".[22] Als Sammelbegriff bezeichnet das kulturelle Gedächtnis „alles Wissen, das im spezifischen Interaktionsrahmen einer Gesellschaft Handeln und Erleben steuert und von Generation zu Generation zur wiederholten Einübung und Einweisung ansteht".[23] Im Gegensatz dazu bezieht sich das kommunikative Gedächtnis auf mündlich weitergegebene und in der Alltagskommunikation aktualisierte Erinnerung von Zeitzeug_innen und umfasst in der Regel drei bis vier Generationen.[24] Der Übergang von der lebendigen, geteilten Erinnerung zur offiziellen Überlieferung des kulturellen Gedächtnisses vollzieht sich durch Objektivation, wie etwa Verschriftlichung von persönlichen Erinnerungen, durch Denkmale, Archivierung, verpflichtende Schulcurricula oder Ritualisierung wie Gedenktage.[25]

Funktions- und Speichergedächtnis

Aleida Assmann unterscheidet darüber hinaus zwischen Funktions- und Speichergedächtnis.[26] Als Funktionsgedächtnis

21 Jan Assmann: Kollektives Gedächtnis und kulturelle Identität, in: ders./Tonio Hölscher (Hg.): Kultur und Gedächtnis, Frankfurt a.M. 1988, S. 9–19, hier S. 11.

22 A. Assmann: Erinnerungsräume, S. 13.

23 J. Assmann: Kollektives Gedächtnis und kulturelle Identität, S. 9.

24 Jan Assmann: Das kulturelle Gedächtnis. Schrift, Erinnerung und politische Identität in frühen Hochkulturen, München 2000, S. 50; A. Assmann: Erinnerungsräume, S. 13.

25 Jan Assmann verweist auf das Modell eines „floating gap" zwischen kommunikativem und kulturellem Gedächtnis, das den Zeitraum beschreibt, in dem sich entscheidet, welche Inhalte aus dem kommunikativen ins kulturelle Gedächtnis übertragen und so langfristig gesichert werden. In Gesellschaften, die ihr Wissen nicht ausschließlich mündlich weitergeben, sind solche Lücken jedoch nur selten auszumachen. Siehe J. Assmann: Das kulturelle Gedächtnis, S. 48 ff.

26 Vgl. A. Assmann: Erinnerungsräume, S. 133 ff.

wird die notwendigerweise selektive Erinnerung bezeichnet, auf die sich eine Gemeinschaft in ihrem Sinngebungs- und Identitätsbildungsprozess bezieht, wohingegen es sich beim Speichergedächtnis um ein Reservoir von unstrukturierten, ungenutzten Erinnerungen handelt. Die Inhalte des Speichergedächtnisses können allerdings jederzeit wieder aktualisiert und damit zum Bestandteil des Funktionsgedächtnisses werden. Während die Erinnerungen im Funktionsgedächtnis permanent in Gebrauch sind, ist das Speichergedächtnis auf Speichermedien wie die Schrift angewiesen, die es ermöglichen, Informationen über die Vergangenheit unabhängig von der gegenwärtigen Erinnerung aufzubewahren. In europäischen Gesellschaften sind es in der Regel Archive und Museen, die Dokumente und Objekte der Vergangenheit sammeln und pflegen und somit als wortwörtliche ‚Speicher' fungieren.

Vergessen und Aktualisierung

Diese Differenzierung des kulturellen Gedächtnisses verweist auf ein weiteres zentrales, aber meist implizites Element verschiedener Gedächtnistheorien: Dem Erinnern steht das Vergessen gegenüber. Vergessen ist ein notwendiger Prozess, da nicht alle Informationen über die Vergangenheit, die in Schriftkulturen zur Verfügung stehen, aktuell erinnert werden können. Die Unterscheidung von Funktions- und Speichergedächtnis trägt der Tatsache Rechnung, dass Überlieferungen oder vergangene Erfahrungen nicht verloren gehen, auch wenn sie in den jeweils aktuellen Sinngebungsprozessen keine Rolle spielen. Sie befinden sich vielmehr im Speichergedächtnis und sind damit potenziell aktualisierbar, wie die Sammlungsbestände eines Museumsdepots im Fall des kulturellen Gedächtnisses. Die dort versammelten materiellen Zeugnisse können über Impulse aus der Gegenwart jederzeit neu befragt werden und als aktualisierte Deutung wieder in eine Ausstellung gelangen.

Damnatio memoriae und koloniale Aphasie

Demgegenüber gibt es allerdings auch eine aktive und meist rituell durchgeformte Praxis des Vergessens, bei der – wie etwa in der kolonialen Aphasie oder der *damnatio memoriae* – ein gesellschaftliches Erinnerungsverbot auferlegt bzw. vorsätzlich eine Erinnerungslücke produziert wird.[27] Für das antike Rom ist die ‚Verdammung des Andenkens', mit der die Zerstörung von materiellen Zeugnissen und Erinnerungsobjekten wie Statuen oder Aufzeichnungen bzw. die Rasur

27 Zum Begriff der kolonialen Aphasie siehe Ann Laura Stoler: Colonial Aphasia. Race and Disabled Histories in France, in: Public Culture 23/1 (2011), S. 121–156, hier S. 125; zur *damnatio memoriae* siehe Florian Greßhake: *Damnatio memoriae*. Ein Theorieentwurf zum Denkmalsturz, München 2010.

der Namen von öffentlichen Inschriften einhergeht, gut erforscht.[28] Diese Art der sichtbaren Tilgung verweist damit gleichzeitig auf ein Gebot der Erinnerung an die *damnatio memoriae* selbst. Die wissenschaftliche Beschäftigung mit der kolonialen Aphasie steht hingegen noch am Anfang. Bei diesem ‚Sprachverlust' in Bezug auf unsere koloniale Vergangenheit geht es um die fehlende Auseinandersetzung mit dem Kolonialismus, der maßgeblich zum Reichtum und Wissen des modernen Europas beigetragen hat, in Geschichtsdarstellungen jedoch oft ausgeblendet wird.[29] Neben den Postcolonial Studies, deren theoretische Konzepte im deutschsprachigen Raum noch wenig rezipiert werden, findet die Auseinandersetzung mit dem kolonialen Erbe Europas momentan vor allem im Rahmen von Debatten über die Restitution von Kulturgütern bzw. der Provenienzforschung statt.[30]

Politische Dimensionen des Vergessens

Die politische Dimension des Vergessens zeigt sich nicht nur im Fall von totalitären Regimen, die das Erinnern an Widerstandsbewegungen oder politische Gegner_innen unterbinden oder die nach ihrem Ende – wie im Fall des Stalinismus – selbst vergessen werden sollen. Das Vergessen war auch eine wesentliche Voraussetzung des Kolonialismus, der die reichhaltigen Kulturen in den kolonisierten Ländern negierte oder vernichtete, um sich selbst als zivilisatorisches Projekt etablieren zu können. Diese Auslöschung der kulturellen Traditionen beschreibt Aimé Césaire als „forgetting machine".[31] Mit der Beendigung des Kolonialismus wurde in vielen europäischen Ländern außerdem – als Voraussetzung seiner retrospektiven Idealisierung – auch die Gewalt vergessen, die mit der Herrschaft in den Kolonien einherging. Inzwischen findet eine kritische Auseinandersetzung mit diesen Themen sowohl in der Wissenschaft als auch in der Public History statt,[32] vor deren Hintergrund die Black-Lives-

28 Harriet I. Flower: The Art of Forgetting. Disgrace and Oblivion in Roman Political Culture, Chapel Hill 2006; Eric Varner: Mutilation and Transformation. *Damnatio memoriae* and Roman Imperial Portraiture, Leiden/Boston 2004.

29 Siehe Ann Laura Stoler: Duress. Imperial Durabilities in our Times, Durham 2016; Britta Schilling: Postcolonial Germany. Memories of Empires in a Decolonized Nation, Oxford 2014; Paul Bijl: Emerging Memory. Photographs of Colonial Atrocity in Dutch Cultural Remembrance, Amsterdam 2016.

30 Vgl. beispielsweise Bénédicte Savoy/Felwine Sarr: Zurückgeben. Über die Restitution afrikanischer Kulturgüter, Berlin 2019; Larissa Förster/Holger Stoecker: Haut, Haar und Knochen. Koloniale Spuren in naturkundlichen Sammlungen der Universität Jena, Weimar 2016; Daniel Morat: Katalysator wider Willen. Das Humboldt Forum in Berlin und die deutsche Kolonialvergangenheit, in: Zeithistorische Forschungen/Studies in Contemporary History 16/1 (2019), S. 140–153.

31 Aimé Césaire: Discourse on Colonialism, New York 2000 (frz. Orig. 1955), S. 52.

32 So bieten engagierte Public Historians beispielsweise in Bonn (https://decolonize-bonn.de), München (https://mapping.postkolonial.net), Frankfurt (frankfurt.postkolonial.net) oder Amsterdam (https://mappingslavery.nl/en) Stadtführungen

Matter-Bewegung 2020 auch in Europa Impulse setzen konnte. Auch das lange Schweigen über die nationalsozialistischen Gewaltverbrechen in der westdeutschen Nachkriegsgesellschaft kann in diesem Sinne verstanden werden.[33] Es fungierte nicht nur als Entlastungsmechanismus, sondern schaffte auch eine ‚Komplizenschaft', die – oftmals auf Kosten der Opfer und Verfolgten – die Gesellschaft in der Gründungsphase der BRD zusammenhielt. Aleida Assmann nennt in diesem Zusammenhang Schweigen, Opfer-Syndrom und Anti-Kommunismus als Mechanismen, mit denen Schuld abgewehrt und zugleich Erinnerung eingefroren wurde.[34]

Vergangenheitsbewältigung, Vergangenheitsaufarbeitung und Geschichtspolitik

Der Begriff der Vergangenheitsbewältigung wurde in der frühen Bundesrepublik geprägt und bezeichnet vor allem Bestrebungen, die juristischen, politischen, ökonomischen und gesellschaftlichen Folgen der Verbrechen des Nationalsozialismus zu überwinden und innenpolitisch zu moderieren. Er bezeichnet damit die Versuche in der bundesrepublikanischen Nachkriegsgesellschaft, mit der nationalsozialistischen Vergangenheit zu leben. In der Zeitgeschichtsforschung ist der Begriff der Vergangenheitsbewältigung umstritten und wird daher meist in Anführungszeichen gesetzt, weil er impliziert, dass die Auseinandersetzung mit der eigenen Verantwortlichkeit und Schuld ein abschließbarer Prozess ist, der

---

zur kolonialen Vergangenheit der eigenen Kommune an (letzter Zugriff jeweils: 27.8.2020). Auch Museen stellen sich (wieder) vermehrt die Frage, wie sie koloniale Vergangenheit ausstellen können, und setzen sich mit der Provenienz ihrer Sammlungen auseinander, siehe Anm. 30.

33 Stellvertretend für die Vielzahl der Forschungen, die sich hiermit beschäftigen: Dan Bar-On: Die Last des Schweigens. Gespräche mit Kindern von Nazi-Tätern, Reinbek bei Hamburg 1996; Helmut Dubiel: Niemand ist frei von der Geschichte. Die nationalsozialistische Herrschaft in den Debatten des Deutschen Bundestags, München 1999; Aleida Assmann/Ute Frevert: Geschichtsvergessenheit – Geschichtsversessenheit. Vom Umgang mit deutschen Vergangenheiten nach 1945, Stuttgart 1999; Micha Brumlik u. a. (Hg.): Umkämpftes Vergessen. Walser-Debatte, Holocaust-Mahnmal und neuere deutsche Geschichtspolitik, Berlin 2000; Manfred Hettling: Die Historisierung der Erinnerung – Westdeutsche Rezeption der nationalsozialistischen Vergangenheit, in: Tel Aviver Jahrbuch für deutsche Geschichte, 29 (2000), S. 357–378.

34 Siehe den von Assmann verfassten Teil 1 in: Assmann/Frevert: Geschichtsvergessenheit – Geschichtsversessenheit; Lars Rensmann: Baustein der Erinnerungspolitik. Die politische Textur der Bundestagsdebatte über ein zentrales ‚Holocaust-Mahnmal', in: Micha Brumlik u. a. (Hg.): Umkämpftes Vergessen. Walser-Debatte, Holocaust-Mahnmal und neuere deutsche Geschichtspolitik, Berlin 2000, S. 135–167, hier S. 140–142.

dann endet, wenn die schuldhafte Vergangenheit bewältigt ist. Doch die Vergangenheit lässt sich nicht ungeschehen machen und die Auseinandersetzung damit darf eben nicht dazu führen, dass ein Schlussstrich darunter gezogen wird. Daher wurde als Alternative der Begriff der Vergangenheitsaufarbeitung vorgeschlagen, der wesentlich aktivischer ist und grundsätzlich auf einen Prozess ohne definierbares Ende verweist und damit generationsübergreifend funktioniert. Er bezeichnet die politische und gesellschaftliche Aufgabe einer andauernden Auseinandersetzung mit vergangener Gewalt- und Unrechtsgeschichte, unabhängig davon, ob aufgrund individueller Verstrickungen etwas bewältigt werden müsste. In dieser Bedeutung wird ‚Vergangenheitsaufarbeitung' seit den frühen 1990er Jahren auch für die Auseinandersetzung mit der Geschichte der DDR benutzt.
Der Begriff der Geschichtspolitik wiederum wurde in den 1980er Jahren von westdeutschen Historiker_innen geprägt und fokussiert vor allem Strategien und Entscheidungen politischer Funktionsträger_innen im ersten Nachkriegsjahrzehnt, die darauf abzielten, bestimmte Erinnerungen und Erinnerungspraktiken zu installieren und zu festigen, um somit zu regulieren, an was erinnert wird und an was nicht. Damit benennt dieser Begriff den gezielten politischen Umgang mit Erinnerung und Vergessen seit der Adenauer-Zeit.

Leseempfehlung
Assmann, Aleida: Der lange Schatten der Vergangenheit. Erinnerungskultur und Geschichtspolitik, Bonn 2007; Dudek, Peter: „Vergangenheitsbewältigung". Zur Problematik eines umstrittenen Begriffs, in: Aus Politik und Zeitgeschichte 1–2 (1992), S. 44–53; Jureit, Ulrike/Schneider, Christian: Gefühlte Opfer. Illusion der Vergangenheitsbewältigung, Stuttgart 2010; Eckel, Jan/Moisel, Claudia (Hg.): Universalisierung des Holocaust? Erinnerungskultur und Geschichtspolitik in internationaler Perspektive, Göttingen 2008; Frei, Norbert: Vergangenheitspolitik. Die Anfänge der Bundesrepublik und die NS-Vergangenheit, München 1996; Troebst, Stefan: Geschichtspolitik (Version: 1.0), in: Docupedia-Zeitgeschichte, 4.8.2014, https://docupedia.de/zg/Geschichtspolitik?oldid=125442, letzter Zugriff: 27.8.2020.

Trauma als Form des Vergessens

Auch das individuelle Gedächtnis zeichnet sich durch das Vergessen von Ereignissen aus, die nicht aktiv erinnert werden. Eine besondere Form des Vergessens ist dabei das Trauma. Bei traumatischen

Erlebnissen funktionieren die „menschlichen Aufzeichnungs- und Beobachtungsmechanismen [...] fehlerhaft oder sind vorübergehend vollkommen außer Kraft gesetzt".[35] Die traumatisierenden Ereignisse können dadurch nur fragmentarisch oder gar nicht mehr erinnert werden. Deshalb ist eine verbale Weitergabe von Erinnerungen an die nachfolgenden Generationen auch nicht möglich. Im Fall von kollektiv geteilten Traumata, die beispielsweise durch Krieg oder Genozid ausgelöst werden, ermöglichen es vor allem ‚kulturelle Objektivationen' (Literatur, Kunst, Filme etc.), dass nachfolgende Generationen mehr über die traumatischen Erlebnisse der Betroffenen erfahren. Daher beschäftigt sich nicht nur die Psychologie und Medizin, sondern auch die Kulturwissenschaft mit Traumata.[36] Zunehmend wird dabei auch das transgenerationale Nachwirken von historischen Traumata, wie der Sklaverei oder der Genozide an indigenen Völkern oder den europäischen Jüd_innen, in gegenwärtigen Gesellschaften in den Blick genommen.[37]

4.2.4 Gedächtnismedien

In den Analysen von Aleida und Jan Assmann, aber auch zahlreichen anderen Autor_innen wird deutlich, welche zentrale Rolle Medien bei der Erinnerung bzw. beim Gedenken an vergangene Ereignisse spielen. Der Medienbegriff, der hierbei zum Einsatz kommt, ist in der Regel weit gefasst. Neben Schrift und Bildern verstehen Aleida und Jan Assmann beispielsweise auch den Körper als ein Medium, in das

35 Dori Laub: Zeugnis ablegen oder Die Schwierigkeit des Zuhörens, in: Ulrich Baer (Hg.): ‚Niemand zeugt für den Zeugen'. Erinnerungskultur nach der Shoah, Frankfurt a.M. 2000, S. 68–83, hier S. 68.

36 So hat die Literaturwissenschaftlerin Marianne Hirsch den Begriff der *postmemory* geprägt, um das Verhältnis zwischen Personen, die eine traumatische Erfahrung gemacht haben, und der nachfolgenden Generation näher zu bestimmen und zu analysieren, Marianne Hirsch: Family Frames. Photography, Narrative and Postmemory, Cambridge (MA) 1997.

37 Siehe z. B. Maria Yellow Horse Brave Heart: *Oyate Ptayela*: Rebuilding the Lakota Nation Through Addressing Historical Trauma Among Lakota Parents, in: Journal of Human Behavior in the Social Environment 2/1–2 (1999), S. 109–126; Dan Bar-On u. a.: Multigenerational Perspectives on Coping with the Holocaust Experience: An Attachment Perspective for Understanding the Developmental Sequelae of Trauma Across Generations, in: International Journal of Behavioral Development 22/2 (1998), S. 315–338; Joy DeGruy: Post Traumatic Slave Syndrome. America's Legacy of Enduring Injury and Healing, Milwaukie 2005. Für einen umfangreichen Forschungsüberblick siehe Nathaniel Vincent Mohatt u. a.: Historical Trauma as Public Narrative: A Conceptual Review of How History Impacts Present-day Health, in: Social Science & Medicine 106 (2014), S. 128–136.

einerseits Erinnerungen eingeschrieben sind und mit dem andererseits Erinnerungsrituale ausgeführt werden. Bereits Halbwachs hat darauf hingewiesen, dass auch geografische Orte als Gedächtnismedien fungieren können, worauf wir noch zurückkommen. Astrid Erll nimmt hingegen die unterschiedlichen *Funktionen* in den Blick, die Medien im Prozess des Erinnerns erfüllen. Sie unterscheidet zwischen Medien als Instrumenten, die gedächtnisrelevante Kommunikation überhaupt erst möglich machen (wie Sprache oder Schrift), Medien als Technologien, die die Verbreitung und Tradierung von Gedächtnisinhalten ermöglichen (wie Schrift oder Internet), und Medien als kulturellen Objektivationen, die konkrete Gedächtnisangebote machen (z. B. Fotos im Familienalbum). Darüber hinaus weist sie auf die erinnerungskulturelle Institutionalisierung und Funktionalisierung von Medien hin.[38]

Die kulturwissenschaftliche Forschung zum Thema Erinnerung und Gedächtnis interessiert sich vor allem für Medien als kulturelle Objektivationen: Sie beschäftigt sich mit erinnerungskulturellen Medienangeboten und nimmt deren Inhalte, Bedeutungen und Formen in den Blick. So werden beispielsweise Erinnerungsnarrative in der Literatur, in Comics oder in Filmen untersucht, unterschiedliche Genres oder literarische Formen (Epos, Tragödie etc.) miteinander verglichen oder Erzählstrukturen (a-chronologisch, Flashbacks etc.) analysiert. Auch der Einsatz sozialer Medien zur Erinnerung an historische Ereignisse wird zunehmend erforscht.[39]

Schemata als kognitive Strukturen

Bei der (medialen) Weitergabe von Erinnerungen wird auf bereits bestehende Schemata zurückgegriffen. Schemata sind kognitive Strukturen, die zur Einordnung von Ereignissen und Erfahrungen aktiviert werden und so den Umgang mit der Umwelt und die Strukturierung von Wissen erleichtern. Der Historiker Peter Burke hat diesen kognitionstheoretisch geprägten Begriff in seinen Überlegungen zum sozialen Gedächtnis (so die von ihm gewählte Bezeichnung)

38 Astrid Erll: Medium des kollektiven Gedächtnisses: Ein (erinnerungs-)kulturwissenschaftlicher Kompaktbegriff, in: dies./Ansgar Nünning (Hg.): Medien des kollektiven Gedächtnisses. Konstruktivität, Historizität, Kulturspezifität, Berlin 2004, S. 3–22, hier S. 15 f.

39 Exemplarisch seien hier angeführt: Hannes Burkhardt: Anne Frank auf Facebook. Erinnerungskulturen im Social Web zwischen Trivialisierung und innovativer Erinnerungsarbeit, in: Peter Seibert u. a. (Hg.): Anne Frank. Mediengeschichten, Berlin 2014, S. 136–163; Christian Bunnenberg/Nils Steffen (Hg.): Geschichte auf YouTube. Neue Herausforderungen für Geschichtsvermittlung und historische Bildung, Berlin 2019; Gerd Sebald/Marie-Kristin Döbler (Hg.): (Digitale) Medien und soziale Gedächtnisse, Wiesbaden 2018.

aufgegriffen und darauf hingewiesen, dass die Darstellung der Vergangenheit an bereits bestehenden Modellen orientiert ist.[40] Als Beispiel hierfür nennt er die 1678 veröffentlichte *Pilgerreise zur ewigen Seligkeit (The Pilgrim's Progress from This World to That Which Is to Come)* von John Bunyans, die als Schema für die Wahrnehmung des Ersten Weltkriegs zur Verfügung stand, die wiederum die Rezeption des Zweiten Weltkriegs prägte. Ähnlich wie die von Warburg analysierten Pathosformeln ermöglichen Schemata eine Strukturierung der Sinngebung und geben sowohl dem individuellen als auch dem kollektiven Erinnern einen Rahmen.

Während Form und Inhalt medialer Erinnerungsangebote ausgiebig erforscht werden, fehlt bisher eine systematische Beschäftigung mit den spezifischen Merkmalen und Erinnerungspotenzialen verschiedener Medien und mit ihren unterschiedlichen Materialitäten (z. B. mit dem Unterschied zwischen Fotos, die in einer Ausstellung als zeitgemäßes [und originales] Kleinformat gezeigt werden, großformatig auf eine Ausstellungswand gedruckt oder aber im Rahmen einer Installation auf eine Oberfläche projiziert werden). Lediglich einige medienwissenschaftliche Studien gehen auf die Frage der Materialität ein oder tragen den unterschiedlichen Mediendispositiven Rechnung, in die erinnerungskulturelle Situationen eingebettet sind.

Prothesenerinnerungen

So geht die Filmwissenschaftlerin Alison Landsberg beispielsweise einer Form des Erinnerns nach, die sich mit der Entwicklung der Massenmedien und insbesondere des Films herausgebildet hat und die sie als *prosthetic memory* bezeichnet.[41] Hierbei handelt es sich um Erinnerungen, die nicht die ‚eigenen' sind, weil die Ereignisse nicht miterlebt wurden, die aber dennoch zum Erfahrungsschatz einer Person gehören, weil sie im Kino, Theater oder Museum ‚nacherlebt' wurden. *Prosthetic memories* sind „privately felt public memories that develop after encounter with mass cultural representation of the past, when new images and ideas come into contact with a person's own archive of experience".[42] *Prosthetic memories* übersteigen also das bloße Verstehen von vergangenen Ereignissen und setzen eine persönliche Beschäftigung in Gang, die selbst subjektprägende Auswirkungen haben kann.[43]

Affizierung durch Resonanz

Diese ‚Prothesenerinnerungen' entstehen, wenn spezifische Darstellungen der Vergangenheit Resonanz mit individuellen Erfahrun-

40 Peter Burke: Varieties of Cultural History, Ithaca (NY) 1997, S. 49 f.

41 Alison Landsberg: Prosthetic Memory. The Transformation of American Remembrance in the Age of Mass Culture, New York 2004.

42 Ebd., S. 19.

43 Ebd., S. 2.

gen (vgl. Kap. 5) erzeugen und die jeweilige Aufführung von Geschichte zudem an eine körperliche oder sinnliche Erfahrung gekoppelt ist. Eine derartige Affizierung vermögen einige Medien besser zustande zu bringen als andere. So betont Marianne Hirsch die affektive Kraft von Fotografien, die Betrachter_innen unmittelbarer und körperlicher ansprechen, als Erzählungen dies können.[44]

Filme und Fernsehsendungen verfügen über ein breites Repertoire an filmtechnischen Verfahren (z. B. Kameraführung, Montage, Einsatz von Geräuschen und Musik), um ihr Publikum zu affizieren, beispielsweise es zu Tränen zu rühren. Dementsprechend beschreibt Landsberg unter anderem die 1977 ausgestrahlte US-amerikanische Mini-Fernsehserie *Roots* als *prosthetic memory*, mit der sich Zuschauer_innen unabhängig von ihrer Herkunft und Hautfarbe an die Sklaverei erinnerten. Interessant an Landsbergs Überlegungen ist ihr Hinweis auf das Wissen um die Differenz zwischen der eigenen Erinnerung und den präsentierten Bildern und Geschichten: Obwohl wir die dargestellte Vergangenheit in Filmen, Theaterstücken oder digitalen Spielen intensiv erleben, sind wir uns als Zuschauer_innen, Besucher_innen oder User_innen bewusst, dass wir uns im Kino, im Theater oder vor einem Bildschirm befinden und es sich bei der Darstellung nicht um die eigene, d. h. selbst erlebte Vergangenheit handelt.

Überlagerungen

Auch der Sozialpsychologe Harald Welzer, der mit Kolleginnen eine Mehrgenerationenstudie zur Tradierung von Erinnerungen an Nationalsozialismus und Holocaust durchgeführt hat, weist auf die Wirksamkeit von Filmen hin. Mit Blick auf das Geschichtsbewusstsein vom Nationalsozialismus zeigt das Forscher_innenteam, dass in der Enkel_innengeneration „bildhafte Versatzstücke und Spielfilmszenen ununterscheidbar mit autobiografischen Erlebnisschilderungen [von Zeitzeug_innen] verwoben" werden.[45]

Jeffrey Shandler hat hingegen anhand von Zeitzeug_innenberichten aus dem Visual History Archive der USC Shoah Foundation untersucht, in welcher Form Steven Spielbergs Spielfilm *Schindler's List* (USA 1993) in die Erzählungen von Holocaust-Überlebenden integriert wird.[46] Es zeigt sich, dass sich nicht nur kollektiv geteilte Erinnerungen wechselseitig durchdringen, wie dies bereits Maurice

44 Marianne Hirsch: The Generation of Postmemory. Writing and Visual Culture After the Holocaust, New York 2012, S. 39.

45 Harald Welzer u. a.: „Opa war kein Nazi". Nationalsozialismus und Holocaust im Familiengedächtnis, 3. Aufl., Frankfurt a.M. 2002, hier S. 106.

46 Jeffrey Shandler: Holocaust Memory in the Digital Age. Survivors' Stories and New Media Practices, Stanford 2017.

Halbwachs beschrieben hat, sondern dass sich auch Darstellungen, die in den Massenmedien zirkulieren, in den Schilderungen und Erinnerungen von Zeitzeug_innen niederschlagen.

4.2.5 Erinnerungsorte

Es wurde schon deutlich: Kollektive Erinnerungen tragen zur Identitätsbildung von sozialen Gruppen bei. Eine besondere Spielart dient hier der nationalen Sinnstiftung. Ende der 1970er Jahre prägte der Historiker Pierre Nora in Frankreich den Begriff der Erinnerungsorte. Seine Konzeption der *lieux de mémoire* bezieht sich nicht zwangsläufig auf einen geografischen Ort, sondern schließt auch Gedenktage, Personen, zentrale Ereignisse, Texte oder Objekte usw. ein. Ein von ihm zwischen 1984 und 1992 herausgegebenes siebenbändiges Kompendium stellt den Versuch dar, das französische Nationalgedächtnis anhand so unterschiedlicher Beispiele wie Jeanne d'Arc, der Marseillaise, Verdun oder der Tour de France zu erfassen.[47]

Pierre Nora: *lieux de mémoire*

In seinen theoretischen Überlegungen zu diesem Projekt definiert Nora als *lieu de mémoire* „jederart bedeutsame Entität, ob materiell oder immateriell, welche durch menschlichen Willen oder das Werk der Zeit zu einem symbolischen Element innerhalb des kommemorativen Erbes einer wie auch immer gearteten Gemeinschaft geworden ist".[48] Er differenziert zwischen materieller, symbolischer und funktionaler Ebene der *lieux de mémoire*, die zwar in allen Erinnerungsorten vorhanden sind, jedoch unterschiedlich stark zum Tragen kommen.[49] So werden gesellschaftliche Strukturen der Erinnerungen etwa in Archiven (materiell), Schweigeminuten (symbolisch) oder Schulbüchern (funktional) sichtbar. Obwohl Nora für eine Geschichtsschreibung „zweiten Grades" plädiert, die sich nicht mit den historischen Ereignissen selbst, sondern mit deren Verwendung für die Konstruktion von Tradition beschäftigt, sieht er die Rolle von Historiker_innen darin, eine kollektive „Selbsterkundung" zu

---

47 Vgl. Pierre Nora (Hg.): Les lieux de mémoire, 7 Bde., Paris 1984–1992: I. La République (1984); II. La Nation, 3 Bde. (1986); III. Les France, 3 Bde. (1992).

48 Pierre Nora: From Lieux de mémoire to Realms of Memory. Preface to the English-Language Edition, in: ders./Lawrence D. Kritzmann (Hg.): Realms of Memory. Rethinking the French Past, New York 1996, S. xv–xxiv, hier S. xvii f. Deutsche Übersetzung aus dem Englischen nach Cornelia Siebeck: Erinnerungsorte, Lieux de Mémoire (Version: 1.0), in: Docupedia-Zeitgeschichte, 2.3.2017, https://docupedia.de/zg/Siebeck_erinnerungsorte_v1_de_2017, letzter Zugriff: 23.11.2020.

49 Vgl. Pierre Nora: Zwischen Geschichte und Gedächtnis, Berlin 1990, S. 26.

ermöglichen, indem sie das „fragmentierte Nationalgedächtnis" an das „Gemeinwesen" zurückgeben.[50]

Gedächtnis und Nation

Das Konzept der *lieux de mémoire* wurde in mehreren Ländern aufgegriffen. So existieren beispielsweise in Deutschland, den Niederlanden, Luxemburg und Kanada Veröffentlichungen zu (nationalen) Erinnerungsorten, wobei auch in diesen nicht-geografische Orte einbezogen sind.[51] Der Begriff des Erinnerungsorts wird dabei überwiegend als Metapher verstanden, die auf einen Kristallisationspunkt kollektiver Erinnerung und Identität verweist.[52]

Vor allem aufgrund seiner nationalen Ausrichtung wird das Konzept der Erinnerungsorte oft als problematisch gesehen. Die Prämisse einer zentralen politischen Einheit, wie sie in der Geschichtsschreibung des 19. und 20. Jahrhunderts üblich war, ignoriert die Konstruiertheit von nationaler Identität, die in Studien über die „Erfindung der Nation"[53] und „inventions of traditions"[54] detailliert analysiert wurde. Durch die Verknüpfung von Nation und kollektivem Gedächtnis werden zum einen geschichtspolitische Entscheidungen (z. B. über einen Gedenktag oder ein Denkmal) naturalisiert, insofern spezifische Ereignisse als „kommemoratives Erbe" einer Nation erscheinen. Zum anderen wird eine homogene Erinnerungsgemeinschaft postuliert, ohne dabei den Nachweis zu erbringen, dass die Bevölkerung eines Landes, bei der es sich in der Regel um eine äußerst heterogene Gruppe handelt, auch tatsächlich dieselben Erinnerungen teilt. In ihrer außerakademischen Praxis haben die vielfältigen Geschichtsbewegungen, die in der Bundesrepublik als Geschichtswerkstätten oder Stadtteilvereine den Fokus auf eine ‚Geschichte von unten' legen, bereits eindrücklich gezeigt, dass Erinnerungskultur oftmals auch lokal verortet ist und auf Mikro- und Mesoebene stattfinden kann.

---

50 Pierre Nora nach Siebeck: Erinnerungsorte.

51 So etwa für Deutschland: Etienne François/Hagen Schulze (Hg.): Deutsche Erinnerungsorte, 3 Bde., München 2001; für die Niederlande: Wim van den Doel (Hg.): Plaatsen van Herinnering. Nederland in de twingigste eeuw, Amsterdam 2005; für Luxembourg: Sonja Kmec u. a.: Lieux de mémoire au Luxembourg. Usages du passé et construction nationale/Erinnerungsorte in Luxemburg. Umgang mit der Vergangenheit und Konstruktion der Nation, Luxembourg 2007; für Kanada: Thomas Henry Bull Symons (Hg.): Les Lieux de la mémoire. La commémoration du passé au Canada, Ottawa 1997.

52 Vgl. Hans-Henning Hahn u. a.: Deutsch-polnische Erinnerungsorte – Polsko-Niemieckie Miejsca Pamięci. Re-Interpretationen und ein neues Forschungskonzept, Zentrum für historische Forschung Berlin der Polnischen Akademie der Wissenschaften, 5. Ausgabe, Oktober 2009, S. 18; Siebeck: Erinnerungsorte.

53 Vgl. Benedict Anderson: Imagined Communities. Reflections on the Origin and Spread of Nationalism, London/New York 1983.

54 Einführend: Eric Hobsbawm: Inventing Tradtions, in: ders./Terence Ranger (Hg.): The invention of tradition, Cambridge 1983, S. 1–14.

Durch das zunehmende Bewusstsein für transnationale und globale Zusammenhänge hat sich das Konzept der Erinnerungsorte inzwischen verändert. Zwar bildet die Nation noch stets den Bezugsrahmen, doch das Interesse richtet sich einerseits auf länderübergreifende Erinnerungen, wie etwa die (geografisch verstandenen) „Deutsch-Polnischen Erinnerungsorte“ zeigen, oder auf „Europäische Erinnerungsorte“.[55] Andererseits finden sich auch immer mehr Studien, die sich auf lokale oder transregionale Phänomene beziehen, wie etwa die „Schattenorte“ von Martin Sabrow oder Stefanie Eisenhuth belegen oder aber die Studie zu transkommunalen Erinnerungsorten von Christine Gundermann.[56]

4.2.6 Fluide Erinnerung

Kosmopolitische Erinnerung

Als Gegenentwurf zur nationalen Perspektive, aus der Erinnerungskultur in den Blick genommen wird, schlagen Daniel Levy und Natan Sznaider den Begriff der *cosmopolitan memory*, der kosmopolitischen Erinnerung, vor. Anhand der Holocaust-Erinnerung in der Bundesrepublik Deutschland, den USA und Israel weisen sie darauf hin, dass es bereits in den Nachkriegsjahren trotz nationaler und kultureller Besonderheiten „mnemonische Gemeinsamkeiten“ gab.[57] Ab den 1990er Jahren konstatieren die beiden Soziologen dann eine Universalisierung bzw. Kosmopolitisierung der Holocaust-Erinnerung, im Zuge derer das Ereignis entkontextualisiert worden und zum moralischen Maßstab für humanistische Identifikationen geworden sei. Levy und Sznaider diskutieren diese Kosmopolitisierung vor dem Hintergrund der Zweiten Moderne, insbesondere der „Entortung von Politik und Kultur“,[58] zu der nicht zuletzt der länderübergreifende Austausch von massenmedialen Erinnerungsangeboten beiträgt. Sie argumentieren, dass sich durch die globale Zirkulation von Bildern und Geschichten im Fall der Holocaust-Erinnerung die Perspektiven von Täter_innen, Opfern und Retter_innen vermischen, sodass Zuschauer_innen vielfältige Identifikationsangebote erhalten.

---

55 Hans-Henning Hahn u. a. (Hg.): Deutsch-Polnische Erinnerungsorte, 5 Bde., Paderborn 2012–2015; Pim den Boer u. a. (Hg.): Europäische Erinnerungsorte, 3 Bde., München 2012.

56 Vgl. Stefanie Eisenhuth/Martin Sabrow (Hg.): Schattenorte. Stadtimages und Vergangenheitslasten, Göttingen 2017; Christine Gundermann: Die versöhnten Bürger. Der Zweite Weltkrieg in deutsch-niederländischen Begegnungen 1945–2000, Münster 2014.

57 Daniel Levy/Natan Sznaider: Erinnerung im globalen Zeitalter. Der Holocaust, Frankfurt a.M. 2001, S. 69.

58 Ebd., S. 9.

Transcultural memory und *travelling memory*

Auch Astrid Erll interessiert sich für die politische und kulturelle Grenzen überschreitende Erinnerungskultur, deren Dynamik sie mit den Begriffen *transcultural* und *travelling memory* zu fassen versucht.[59] In ihren Arbeiten betont Erll die Notwendigkeit, Erinnerungsprozesse in den Blick zu nehmen, die sich jenseits von oder über territoriale und soziale Grenzen hinweg vollziehen, und problematisiert damit zugleich die Annahme einer homogenen und stabilen Identität, die vielen Gedächtniskonzepten zugrunde liegt. Im Gegensatz zu einer Analyse konvergierender Erinnerungskulturen, zu der sich das Konzept der kosmopolitischen Erinnerung anbietet,[60] lässt sich mit Erlls Begriffen untersuchen, wie Erinnerungen zirkulieren und sich dabei im je spezifischen Kontext verändern. So hat Erll beispielsweise anhand des indischen Aufstands gegen die britische Kolonialherrschaft im Jahr 1857 die Transformationen der (indischen und britischen) Erinnerungsnarrative aufgezeigt, die sich im Wandel vom Empire zur postkolonialen bzw. multikulturellen Gesellschaft vollzogen haben.[61] Mit ihrer dynamischen Konzeption von Erinnerung trägt Erll den spezifischen Konstellationen einer globalisierten Welt Rechnung, in der vielfältige, sich permanent verändernde Erinnerungsangebote kursieren.[62]

Multidirectional memory

Während mit den Begriffen der kosmopolitischen oder transkulturellen Erinnerung die Veränderungen des Gedenkens an ein vergangenes Ereignis in den Blick genommen werden, beschäftigt sich Michael Rothberg mit Erinnerungen an *unterschiedliche* Ereignisse.[63] Auch er konstatiert eine Globalisierung der Holocaust-Erinnerung, geht in seiner Analyse jedoch den Gemeinsamkeiten und Verknüpfungen mit Erinnerungspraktiken nach, bei denen unter anderem die Verbrechen des Kolonialismus im Mittelpunkt stehen. Dabei versteht er die wechselseitige Bezugnahme nicht als Konkurrenz von Opfergeschichten, sondern als *multidirectional memory*, welche die Artikulation traumatischer Ereignisse ermöglicht, deren leidvolle Folgen bisher nicht im ganzen Ausmaß wahrgenommen wurden. Nach

59 Astrid Erll: Travelling Memory, in: Parallax 17/4 (2011), Special Issue: Transcultural Memory, S. 4–18.

60 Levy und Sznaider weisen in der Einleitung ihres Buches darauf hin, dass Erinnerungen im kosmopolitischen Gedächtnis nicht homogenisiert werden, sondern es sich vielmehr um ein „kontextabhängiges Universalgedächtnis" handelt, siehe Levy/Sznaider: Erinnerung im globalen Zeitalter, S. 30.

61 Astrid Erll: Remembering across Time, Space, and Cultures: Premediation, Remediation and the „Indian Mutiny", in: dies./Anne Rigney (Hg.): Mediation, Remediation and the Dynamics of Cultural Memory, New York 2009, S. 109–138.

62 Erll: Travelling Memory.

63 Michael Rothberg: Multidirectional Memory. Remembering the Holocaust in the Age of Decolonization, Stanford 2009.

dem Zweiten Weltkrieg verlieh der Bezug auf den Holocaust beispielsweise der Erinnerung an die Sklaverei einen neuen Akzent, wobei die Geschichte der Versklavung zugleich in die Wahrnehmung und Beschreibung des Holocaust mit einging. Auch aktuelle Verbrechen erhalten durch solche Bezüge einen Rahmen, z. B. im Fall der ‚ethnischen Säuberungen' im Bosnienkrieg (1992–1995). Anhand des Unabhängigkeitskriegs in Algerien (1954–1962) zeigt Rothberg unter anderem auf, wie sich Folter, Rassismus und die Errichtung von Internierungslagern unter der französischen Kolonialherrschaft mit der beginnenden Erinnerung an den Zweiten Weltkrieg in Frankreich verknüpfte.

Die unterschiedlichen theoretischen Konzeptionen von Erinnerung und Gedächtnis tragen zur Verdeutlichung der vielfältigen Perspektiven bei, die der Public History bei der Umsetzung von Projekten jeweils zur Verfügung stehen. Vergangene Ereignisse lassen sich beispielsweise als nationale oder als globale Geschichte darstellen; es ist aber auch möglich, ihnen eine universal gültige Bedeutung zuzuschreiben, die Verschiedenheit der Erinnerung und des Gedenkens an sie hervorzuheben oder die Dynamik des sich ständig transformierenden Gedächtnisses zu akzentuieren. Durch den spezifischen Einsatz von Medien können Besucher_innen, Zuschauer_innen oder User_innen sinnlich und emotional mehr oder weniger angesprochen und zu einer persönlichen Auseinandersetzung mit der Vergangenheit eingeladen werden.

4.3 Operationalisierung: (Zeit-)Zeug_innen des Holocaust

Anhand von Erinnerungen an den Holocaust lässt sich zeigen, inwiefern die theoretischen Überlegungen zum kulturellen Gedächtnis sowohl für eine kritische Analyse als auch in der Praxis der Public History operationalisierbar sind.

Erinnerungen und kulturelles Gedächtnis

Zeug_innen der systematischen Entrechtung, Verfolgung und Vernichtung der jüdischen Bevölkerung in Europa haben sich von Beginn an über die Ereignisse ausgetauscht. Nicht nur haben Überlebende in vielfältigen Formen mitgeteilt, was ihnen widerfahren ist; auch Menschen, die im Nationalsozialismus nicht verfolgt wurden, haben ihre individuellen Erinnerungen an die Ereignisse geteilt, beispielsweise in Gesprächen über verschwundene Nachbar_innen. In dieser Kommunikation wurde den Ereignissen ein Sinnzusammenhang gegeben, der wiederum die individuelle Erinnerung prägte, wie dies auch in verschiedenen Gedächtnistheorien beschrieben wird.

Tagebücher, in denen das Grauen dokumentarisch festgehalten wurde, oder literarische Verarbeitungen, die schon bald nach dem Zweiten Weltkrieg veröffentlicht wurden, stellen Objektivationen dar, die heute dem kulturellen Gedächtnis zur Verfügung stehen, um an den Holocaust zu erinnern.[64] Auch Fotografien und Filmaufnahmen, die nach der Befreiung der Konzentrationslager entstanden sind,[65] zählen zu diesen Objektivationen, ebenso wie die zahlreichen Tondokumente und Videozeugnisse, in denen Holocaust-Überlebende ihren Lebensweg schildern oder Zeitzeug_innen sich an ihre Erlebnisse in der Vergangenheit erinnern.[66] In all diesen Formaten und Medien wird bei der Darstellung des Holocaust bzw. bei der Erinnerung an ihn auf Erzählmuster, Bildmotive oder Schemata zurückgegriffen, die den Ereignissen Sinn verleihen und eine spezifische Bedeutung akzentuieren. Fotografien und Filmaufnahmen von befreiten Konzentrationslagern betonen beispielsweise die Notwendigkeit der Zeugenschaft[67] und autobiografische Erzählungen sind vom Bemühen geprägt, das eigenen Leben trotz der traumatischen Erfahrung als Kontinuum zu entwerfen.[68]

Trauma und Zeitzeug_innen

Erinnerungen von Zeitzeug_innen, die heute im Kontext der Public History präsentiert werden, sind immer Interpretationsprozesse vorausgegangen, die im Zuge des Austauschs mit anderen oder durch mediale Überlagerungen stattgefunden haben – nicht nur im Fall des Holocaust. Dieser stellt im Hinblick auf die Zeugenschaft allerdings eine besonders Problem dar: Überlebende des Holocaust sind durch die menschenverachtenden Ereignisse, denen sie ausgeliefert waren,

64 Siehe Lawrence L. Langer: Holocaust Testimonies. The Ruins of Memory, New Haven 1991; James E. Young: Beschreiben des Holocaust, Frankfurt a.M. 1997.

65 Siehe Barbie Zelizer: Remembering to Forget. Holocaust Memory through the Camera's Eye, Chicago 1998.

66 Bereits im Sommer 1946 führte der US-amerikanische Psychologe David Boder Interviews mit KZ-Überlebenden, in denen Informationen über Personen und Lebenswege im Mittelpunkt standen. Siehe Alan Rosen: The Wonder of Their Voices. The 1946 Holocaust Interviews of David Boder, Oxford 2010. Zur Besonderheit der Interviews vgl. Judith Keilbach: Mikrofon, Videotape, Datenbank. Überlegungen zu einer Mediengeschichte der Zeitzeugen, in: Martin Sabrow/Norbert Frei (Hg.): Die Geburt des Zeitzeugen nach 1945, Göttingen 2012, S. 281–299, hier S. 285 ff. Mit der Aufzeichnung von Videozeugnissen wurde Anfang der 1980er Jahren begonnen, vgl. ebd., S. 294 ff.

67 Vgl. Zelizer: Remembering to Forget.

68 Vgl. Ulrike Jureit: Erinnerungsmuster. Zur Methodik lebensgeschichtlicher Interviews mit Überlebenden der Konzentrations- und Vernichtungslager, Hamburg 1999.

häufig traumatisiert. Die Zustände in den Lagern, die erlebte Erniedrigung und die Monstrosität der Vernichtung waren so erschütternd, dass sie einen psychischen Schock auslösten konnten, d. h. die kognitive Wahrnehmung der traumatischen Situation eingeschränkt war. Aufgrund dieses psychischen Schutzmechanismus sind sich manche Holocaust-Überlebenden der Realität ihrer Erfahrungen nicht gewiss. Sie zweifeln an der Faktizität der Ereignisse,[69] erinnern nur noch Fragmente oder haben ihre Erinnerung sogar ganz verloren.

Im Rahmen einer faktenbasierten Darstellung der Vergangenheit stellen die Erinnerungen an traumatische Erfahrungen eine besondere Herausforderung dar.[70] Werden sie in der Public History in einem solchen Kontext präsentiert, setzt man Zeitzeug_innen einer unangemessenen Kritik aus, da ihre Glaubwürdigkeit durch einen Vergleich mit anderen Quellen, die ein hohes Maß an Objektivität verbürgen, in Frage gestellt werden kann. So wurde beispielsweise die Erinnerung einer Holocaust-Überlebenden, die davon berichtet, wie bei einem Aufstand in Auschwitz vier Schornsteine in Flammen aufgingen, als unzuverlässig abgewertet, weil die Zahl der zerstörten Schornsteine nicht korrekt war.[71] Da es sich bei Erinnerungen jedoch immer um „Erfahrungssynthesen" handelt[72] und sich Augenzeug_innen des Holocaust aufgrund ihrer Traumatisierung oft lediglich eingeschränkt erinnern können, ist eine solche Abwertung unangemessen. Ihre Erinnerungen geben vor allem über die Bedeutung und den Sinn Auskunft, die sie den vergangenen Ereignissen jeweils zuschreiben. Gerade diese in den Erzählungen der Zeitzeug_innen zutage tretende Subjektivität, ihre „Wahrnehmungs- und Erinnerungsmuster, Befindlichkeiten und Wertungen"[73] stellen den Wert von Zeitzeug_inneninterviews dar. Ordnen Zeitzeug_innen ihre Erlebnisse selbst in einen historischen

69 Der Psychoanalytiker Dori Laub führt dies nicht zuletzt auf die Perfidie der Ereignisse selbst zurück, die als „Ereignis ohne Zeug_innen" angelegt war, Dori Laub: An Event Without a Witness. Truth, Testimony and Survival, in: Shoshana Felmann/Dori Laub: Testimony. Crises of Witnessing in Literature, Psychoanalysis, and History, New York 1992, S. 75–92.

70 Eine Strategie der Verteidiger im ersten Frankfurter Auschwitzprozess (1963–1965) bestand darin, die Glaubwürdigkeit der Opferzeug_innen anzuzweifeln, indem sie auf Widersprüche und sachliche Fehler in deren Aussagen hinwiesen, siehe Devin O. Pendas: Der 1. Frankfurter Auschwitz-Prozess 1963–1965. Eine historische Einführung, in: Raphael Gross/Werner Renz (Hg.): Der Frankfurter Auschwitz-Prozess. Kommentierte Quellenedition, Bd. 1, Frankfurt a.M. 2013, S. 55–85, hier S. 80.

71 Laub: Zeugnis ablegen, hier S. 70 f.

72 Jureit: Erinnerungsmuster.

73 Cordula Tollmien: Zeitzeugenbefragung am Beispiel der NS-Zwangsarbeiter, in: Archiv-Nachrichten Niedersachsen 6 (2002), S. 9–21, hier S. 9.

Kontext ein, so betreiben sie über ihre eigentliche Erfahrung hinaus Historiografie. Auch dies muss berücksichtigt werden.

Zeugenschaft zweiten Grades

Zugleich sind die Schilderungen von Zeitzeug_innen für die Public History von unschätzbarem Wert, weil die emotionale Kraft ihrer Erzählungen die Geschichtsvermittlung zu einem Erlebnis (vgl. Kap. 5) macht, das bei den Zuhörer_innen eine nachhaltige Wirkung entfalten kann. Die persönlichen Schilderungen von Zeitzeug_innen sind oft von einer Eindringlichkeit und Anschaulichkeit gekennzeichnet, die beim Zuhören Betroffenheit und Empathie auslösen können. Überlebende des Holocaust, die Schulklassen besuchen oder in Video-Interviews über Demütigungen und Grausamkeiten sprechen, die sie erlebt haben, vermögen daher eine Auseinandersetzung mit den Ereignissen in Gang zu setzen, die gerade nicht faktische Kenntnisse der vergangenen Ereignisse oder Strukturen in den Mittelpunkt stellt, sondern Perspektivübernahme und Empathie, also emotionale Involviertheit auslösen (sollen) (vgl. Kap. 3). Als „Zeugen des zweiten Grades" übernehmen Zuhörer_innen dann die Verantwortung, dass die Zeugnisse der Holocaust-Überlebenden nicht in Vergessenheit geraten.[74] Dies geschieht beispielsweise durch die Teilnahme an Begegnungen mit Überlebenden, das Aufzeichnen von Lebenserinnerungen oder die Mitarbeit an Gedenkprojekten. Praktiker_innen der Public History können mit Entscheidungen über den Rahmen von Begegnungen mit Zeitzeug_innen, etwa durch die Wahl des Ortes oder die Dauer von Gesprächen, dazu beitragen, eine solche Involvierung zu erleichtern.

Dauer und Ort

So macht Claude Lanzmanns neunstündiger Dokumentarfilm *Shoah* (FR 1976–1985) eine ‚sekundäre Zeugenschaft' möglich, indem er den Zuschauer_innen die Zeit gibt, auch längeren Schilderungen von Holocaust-Überlebenden ohne Unterbrechungen zuzuhören. Die Szene, in der Abraham Bomba in einem Tel Aviver Friseursalon davon erzählt, wie er in Treblinka Menschen die Haare schneiden musste, die gleich darauf in die Gaskammer geschickt wurden, dauert beispielsweise 18 Minuten.[75] Durch die Dauer und Ausführlichkeit der Schilderungen unterscheidet sich *Shoah* von vielen anderen Filmen und Fernsehsendungen, aber auch von zahlreichen Ausstellungen, die lediglich kurze *sound bites* aus Interviews mit Zeitzeug_innen

74 Geoffrey Hartman spricht auch von „Adoptivzeugen" oder „intellektuellen Zeugen" des Holocaust, Geoffrey Hartman: Der längste Schatten. Erinnern und Vergessen nach dem Holocaust, Berlin 1999, S. 174.

75 Zur Inszenierung dieser Szene siehe Brad Prager: The Real Abraham Bomba. Through Lanzmann's Looking Glass, in: Erin McGlothlin u. a. (Hg.): The Construction of Testimony. Claude Lanzmann's *Shoah* and Its Outtakes, Detroit 2020, S. 275–301.

präsentieren. Aufgrund ihrer Kürze können diese Statements nicht im selben Maß zur Evokation einer empathischen Teilhabe beitragen.

Am *Ort der Information*, der Teil des Berliner Holocaust-Mahnmals ist, erleichtern es Sitzmöglichkeiten und die intime Hörsituation, die in der Ausstellung unter anderem durch Kopfhörer geschaffen wird, den Besucher_innen, sich auf ein Ton- oder Videozeugnis einzulassen. Die Vielzahl von Zeugnissen, die an den Computern im öffentlich zugänglichen Video-Archiv aufgerufen werden können, erschwert hingegen die Kontemplation, da die Entscheidung, der Schilderung einer bestimmten Person zuzuhören, jederzeit und ganz einfach revidiert werden kann.

Digitale Technologien

Um die Erinnerung an den Holocaust wachzuhalten, werden zunehmend auch soziale Medien eingesetzt. Diese haben durch ihre Integration in den Alltag das Potenzial, prothetische Erinnerungen zu formen. Inwiefern dies gelingt, hängt allerdings nicht zuletzt von der Form der Posts und der Aktivität des jeweiligen Profils ab. Während „Anne Frank" auf Facebook (@annefrankauthor, @annefrankhouse) beispielsweise Informationen *über* Anne Frank teilt, postet „Eva Heyman" auf Instagram (@eva.stories) ihre *eigenen* Storys,[76] die ästhetisch und in ihrer Erzählweise an die Erfahrungsdimension ihrer Follower_innen anschließen. Die USC Shoah Foundation produziert wiederum ‚interaktive Biografien',[77] um eine persönliche Verbindung zwischen Holocaust-Überlebenden und Museums- bzw. Gedenkstättenbesucher_innen herzustellen. Mit lebensgroßen 3D-Projektionen von Zeitzeug_innen, die Antworten auf unterschiedlichste Fragen von Besucher_innen geben, soll der Eindruck eines persönlichen Gesprächs hervorgerufen werden. Ob diese Antworten durch den Neuigkeitswert der Technologie überlagert werden oder ob sie ebenso wie Erzählungen zu affizieren vermögen, gilt es analytisch noch zu klären. Insgesamt sorgen Archive wie das Visual History Archive der USC Shoah Foundation, das über 50.000 Videozeugnisse von Holocaus-Überlebenden gesammelt hat und diese mithilfe einer Datenbank online durchsuchbar sowie teilweise auch abrufbar macht,

76 Grundalge der Storys ist das Tagebuch der 13-jährigen Éva Heyman, die 1944 nach Auschwitz deportiert und dort ermordet wurde, siehe Magdalena Pulz: Die Geschichte eines im Holocaust getöteten Mädchens als Instagram-Story. „Nach einer wahren Geschichte" fühlt sich hier wirklich wahr an, in: jetzt, 3.5.2019, https://www.jetzt.de/digital/holocaust-instagramstories-spielen-wahre-geschichte-nach, letzter Zugriff: 24.11.2020.

77 Die USC Shoah Foundation lehnt die Verwendung des Begriffs „Hologramm" explizit ab, siehe die als PDF publizierten FAQs, https://sfi.usc.edu/sites/default/files/docfiles/dit_general_faq_20200220.pdf, letzter Zugriff: 24.11.2020.

dafür, dass der Holocaust im kulturellen Gedächtnis bewahrt bleibt und nicht vergessen wird.[78]

Kritische Analysen

Zu den Aufgaben vieler Public Historians gehört es, die Erinnerung an den Holocaust im kulturellen Gedächtnis wachzuhalten. Sie tun dies in Form von Ausstellungen, Filmen, Gedenkveranstaltungen, Posts in den sozialen Medien, Stolpersteinen und vielem mehr. Diese Beträge lassen sich aus einer Metaperspektive wiederum kritisch analysieren. Dafür können die hier besprochenen theoretischen Konzepte genutzt werden. So ist nach den Veränderungen der Darstellungen und Erzählungen des Holocaust zu fragen, die sich im Übergang vom kommunikativen zum kulturellen Gedächtnis abzeichnen, oder nach den Unterschieden, die auf die jeweiligen historischen, politischen und gesellschaftlichen Kontexte des Erinnerns zurückgehen (Erinnerungsorte, *transcultural memory*). Es kann den spezifischen Mustern und Schemata, auf die Erinnerungen an die Vergangenheit zurückgreifen, sowie ihren politischen Implikationen nachgegangen werden ebenso wie den medialen Zusammenhängen und Spezifika, die zur Ausformung und Veränderung des kulturellen Gedächtnisses beitragen.

Darüber hinaus können die verschiedenen Erinnerungspraktiken kritisch auf ihren Umgang mit Zeitzeug_innen hin analysiert werden, kann nach deren jeweiliger Funktion im konkreten Public-History-Projekt gefragt und der globalen Zirkulation ihrer Interviews nachgegangen werden. Werden diese eingesetzt, um neue Technologien vorzustellen, um die Universalität von Menschenrechten zu betonen (kosmopolitisches Gedächtnis) oder um Leid und Schrecken zu anderen Zeiten und in anderen Regionen erfahrbar zu machen *(multidirectional memories)*?

4.4 Fazit

In diesem Beitrag haben wir zum einen verschiedene kulturwissenschaftliche Konzepte von ‚Erinnerung‘ und ‚Gedächtnis‘ vorgestellt und zum anderen ihre Relevanz und Produktivität für die Public History aufgezeigt. Die begriffliche Differenzierung, die in der Forschungsliteratur zu finden ist und die in der Regel auf deren jeweiligen

78 Zur Problematik dieses Archivs, insbesondere der Verschlagwortung, Zugänglichkeit und Zirkulation im Internet, siehe Judith Keilbach: Collecting, Indexing and Digitizing Survivors. Holocaust Testimonies in the Digital Age, in: Axel Bangert u. a. (Hg.): Holocaust Intersections. Genocide and Visual Culture at the New Millennium, Oxford 2013, S. 46–63.

(historischen, nationalen und disziplinären) Entstehungskontext zurückgeführt werden kann, stellt keine Aufforderung zur Begriffsarbeit dar, kann aber sehr wohl als Einladung verstanden werden, mit diesen Konzepten kritisch zu arbeiten. Die vorgestellten Begriffe nehmen unterschiedliche Phänomene, Praktiken und Medien in den Blick, die in ihrer Vielfalt und ihren Wechselwirkungen unsere Gegenwart prägen.

Gedächtnis-Konzepte sind vor allem über die Neuere und Neueste Geschichte in der Geschichtswissenschaft etabliert worden. Insbesondere die Prägung des Begriffs der Erinnerungskultur verweist dabei auf konkurrierende Konzepte in anderen Teildisziplinen. Die Rezeptions-Forschung und deren Bedeutung für die Alte Geschichte ist bereits kurz angeklungen, der *memoria*-Begriff ist für die Mediävistik zentraler Ausgangspunkt für die Befragung der Relevanz von Erinnerung und die Geschichtsdidaktik hat vor allem den Begriff der Geschichtskultur (vgl. Kap. 6) geprägt. Gerade hier zeigt sich in den letzten Jahren eine stärkere Annäherung: In zeitgeschichtlichen Forschungen liest man öfter von Geschichtskultur und in vielen geschichtsdidaktischen Schriften wird nunmehr auch mit Gedächtniskonzepten gearbeitet. Lassen sich dann diese beiden Ansätze systematisch unterscheiden? Ihrer Herkunft nach sehr genau, wie auch der Beitrag in diesem Buch zur Geschichtskultur zeigt. Strukturell, scheint es, haben Gedächtniskonzepte den Fokus stärker auf chronologische Tiefenstrukturen gelegt, während das Konzepte zu Geschichtskulturen stärkere Differenzierungen in der jeweiligen Gegenwart vorschlagen. Beide Zugänge betonen dabei die Bedeutung von Erinnerung/Geschichte für den Menschen als soziales Wesen. Nutzt man diese Konzepte aber zur Analyse von kulturellen Objektivationen mit historischer Dimension, so weisen beide auch eine Schwachstelle auf: Gerade die ökonomische Dimension von Geschichts- und Gedächtnisprodukten wie einer Ausstellung oder einem Spiel, die explizit herausgearbeitet werden muss, wird in keinem der beiden Zugänge prominent platziert. Das sollte aber kein Argument gegen die Nutzung dieser konzeptionellen Zugänge sein, sondern vor allem eine Aufforderung, sich diesen immer wieder kritisch und reflexiv zu nähern.

Einführende Literatur

Assmann, Aleida: Erinnerungsräume. Formen und Wandlungen des kulturellen Gedächtnisses, München 2003.

Erll, Astrid: Memory in Culture, New York 2011.

Landsberg, Alison: Prosthetic Memory. The Transformation of American Remembrance in the Age of Mass Culture, New York 2004.
Rothberg, Michael: Multidirektionale Erinnerung. Holocaustgedenken im Zeitalter der Dekolonisierung, Berlin 2021.

5 Erlebnis und Erfahrung

5.1 Einleitung

Als Anfang des 20. Jahrhunderts in den Niederlanden über die Neuordnung der staatlichen Museen und über die mögliche Schaffung eines nationalen Geschichtsmuseums diskutiert wurde, beteiligte sich auch der Kulturhistoriker Johan Huizinga an der Debatte. In einer Denkschrift von 1920 wandte er sich gegen die von anderen geforderte Trennung zwischen einem nationalen Kunstmuseum, das dem ästhetischen Genuss, und einem historischen Museum, das der sachlichen Information und der Bildung dienen solle. Ästhetischer Genuss und historische Bildung seien nicht voneinander zu trennen, sie gehörten in jeder Art von Museum zusammen. Gerade die ästhetische Erfahrung könne eine besondere Form des Zugangs zur Vergangenheit herstellen, die Huizinga als „historische sensatie" bezeichnet, was mit „historische Empfindung" übersetzt werden kann. Huizinga beschreibt sie anhand eigener Erfahrungen als ein unmittelbares Erlebnis der Vergangenheit, das durch die Begegnung mit historischen Artefakten ausgelöst wird:

> Es kann sein, daß solch ein historisches Detail, in einem Bild, aber es könnte ebenso gut in einer Notariatsakte sein, […] mir auf einmal das Gefühl eines unmittelbaren Kontaktes mit der Vergangenheit gibt, eine Erregung ebenso intensiv wie der reinste Kunstgenuß, eine (lache nicht) beinahe ekstatische Empfindung des Nicht-mehr-ich-selbst-Seins, des Überfließens in die Außenwelt, der Berührung mit dem Wesen der Dinge, des Erlebens der Wahrheit durch die Geschichte.[1]

Es ist dieses „Gefühl eines unmittelbaren Kontaktes mit der Vergangenheit" und eines „Erlebens der Wahrheit durch die Geschichte",

1 Zit. n. Christoph Strupp: Johan Huizinga. Geschichtswissenschaft als Kulturgeschichte, Göttingen 2000, S. 67 f.; vgl. zum Kontext der Museumsdiskussion ebd., S. 224–229.

das sich noch immer viele Menschen vom Besuch eines Museums erhoffen, in dem sie die Aura (vgl. Infobox in Kap. 2.3) des Authentischen historischer Objekte (vgl. Kap. 2) suchen.[2] Bei historischen Themenparks und Living-History-Stätten ist die Komponente des sinnlichen und körperlichen Erlebens, die bei Huizinga mit anklingt, noch viel ausgeprägter. Hier verspricht häufig schon die Werbung ein unvergessliches Erlebnis von Geschichte, das als ein Eintauchen in eine vergangene Welt dargestellt wird. So wirbt etwa der Legionärspfad Vindonissa damit, die Besucher_innen könnten hier am originalen Schauplatz in die Welt der Legionäre von vor 2.000 Jahren eintauchen: „Stimmungsvoll inszenierte Fundstätten und rekonstruierte Bauten, Spiel- und Themen-Touren, Aktivprogramme und Veranstaltungen laden zum Erleben der römischen Geschichte ein."[3] Auch beim Besuch von historischen Orten, die weniger stark auf eine (Re-)Inszenierung der Vergangenheit setzen, wie etwa Gedenkstätten, spielt die „Sehnsucht nach dem unmittelbaren Erleben von Geschichte" häufig eine wichtige Rolle.[4]

Diese ‚Erlebnisorientierung' von Museumsbesucher_innen und Konsument_innen anderer Public-History-Angebote ist in den letzten Jahren vielfach als Kennzeichen einer spät- oder postmodernen „Erlebnisgesellschaft" beschrieben und im Sinne einer Eventisierung und Kommerzialisierung kultureller Angebote kritisiert worden.[5] Bernd Schönemann etwa bezeichnet mit dem Leitmuster „Geschichte als Erlebnis" ein Phänomen der Postmoderne, das er vom modernen Leitmuster „Geschichte als Bildung" abgrenzt, welches vom frühen 19. bis zum späten 20. Jahrhundert vorgeherrscht habe.[6] Wie man an Huizinga sehen kann, ist die Vorstellung eines unmittelbaren Erleben-Könnens von Geschichte allerdings nicht erst das Ergebnis veränderter Konsum- und Freizeitgewohnheiten seit Ende des 20. Jahrhunderts. Dahinter verbirgt sich vielmehr ein grundlegender Aspekt unserer Beziehung zur Vergangenheit, der besonders dann zum Tragen kommt, wenn wir uns der Geschichte nicht (allein) über

2 Vgl. Roman Weindl: Die „Aura" des Originals im Museum. Über den Zusammenhang von Authentizität und Besucherinteresse, Bielefeld 2019, S. 37–40.

3 Flyer Legionärspfad Vindonissa, Römerlager Vindonissa, Museum Aargau, 2019.

4 Vgl. Axel Drecoll u. a. (Hg.): Authentizität als Kapital historischer Orte? Gedenkstätten, Dokumentationszentren und die Sehnsucht nach dem unmittelbaren Erleben von Geschichte, Göttingen 2019.

5 Vgl. Gerhard Schulze: Die Erlebnisgesellschaft. Kultursoziologie der Gegenwart, Frankfurt a.M./New York 1992.

6 Bernd Schönemann: Geschichtsdidaktik und Geschichtskultur, in: Bernd Mütter u. a. (Hg.): Geschichtskultur. Theorie – Empirie – Pragmatik, Weinheim 2000, S. 26–58, hier S. 47–50.

Texte und Narrative nähern, sondern (auch) über den sinnlichen Umgang mit historischen Artefakten, Umgebungen oder Darstellungen. Im Folgenden möchten wir daher auf dieser grundsätzlichen Ebene danach fragen, was es bedeutet, Geschichte zu erleben bzw. zu erfahren. Hierfür werden wir zunächst unterschiedliche Konzepte von Erlebnis bzw. Erfahrung vorstellen und diese dann mit Blick auf die spezifisch historische Erfahrung weiter befragen. Im letzten Teil werden wir anhand von Beispielen zeigen, dass Public-History-Angebote das Erleben von Geschichte auf ganz unterschiedliche Weise anregen und dabei auch Historisches Denken in Gang setzen können.

5.2 Begriffsbestimmungen

Möchte man sich näher mit der von Huizinga beschriebenen „historische sensatie“ beschäftigen, stellt man schnell fest, dass im Deutschen dafür zwei unterschiedliche, aber eng miteinander in Beziehung stehende Begriffe verwendet werden: Erlebnis und Erfahrung. Im Englischen gibt es nur ein Wort für diese beiden deutschen Begriffe: „experience“. Wenn also in der englischsprachigen Literatur von „historical experience“ die Rede ist, schwingen immer beide deutschen Bedeutungsebenen mit: historische Erfahrung und historisches Erlebnis.

5.2.1 Philosophie und Geisteswissenschaft

Der Begriff der Erfahrung – noch mehr als der des Erlebnisses – ist ein „Grundbegriff geisteswissenschaftlicher Reflexion“.[7] Seine umfängliche (philosophische und geisteswissenschaftliche) Begriffsgeschichte kann daher im Folgenden nicht annähernd vollständig rekapituliert werden. Um sich dem Begriffsgehalt zu nähern, um den es in unserem Kontext geht, ist es daher sinnvoller, mit einer alltagsprachlichen Unterscheidung zu beginnen: Eine Erfahrung kann man entweder *machen* oder man kann Erfahrung *haben*, d. h. in etwas erfahren sein. Ersteres kann, oft genug wiederholt, zu Letzterem führen. Erfahrung zu haben ist also das Ergebnis eines Lernprozesses, der über einen längeren Zeitraum hinweg stattfindet. Im Zusammenhang mit dem Begriff des Erlebnisses geht es aber nicht um diese kumulierten Erfahrungen, sondern um das Machen einer Erfahrung im Präsens:

7 Michael Hampe/Helmut Holzhey: Erfahrung, in: Petra Kolmer/Armin G. Wildfeuer (Hg.): Neues Handbuch philosophischer Grundbegriffe, Bd. 1, Freiburg/München 2011, S. 652–668, hier S. 662.

um den Moment, in dem sich etwas ereignet und in dem man auf eine bestimmte Art und Weise an diesem Ereignis teilhat, nämlich indem man es erlebt. Erleben heißt hier, mit Hans-Georg Gadamer gesprochen, zunächst ganz basal „noch am Leben sein, wenn etwas geschieht".[8]

Unmittelbarkeit

Das Wort trägt darüber hinaus, so Gadamer weiter in seiner Begriffsbestimmung, „den Ton der Unmittelbarkeit, mit der etwas Wirkliches erfaßt ist – im Gegensatz zu solchem, von dem man auch zu wissen meint, dem aber die Beglaubigung durch das eigene Erlebnis fehlt", von dem man also etwa durch Dritte oder aus den Medien erfährt. Demgegenüber gilt: „Das Erlebte ist immer das Selbsterlebte."[9] Während das Erleben in diesem Sinn „aller vermittelnden Deutung vorhergeht",[10] bringen die meisten philosophischen und geisteswissenschaftlichen Ansätze den Begriff der Erfahrung mit dem Deutungsprozess in Verbindung, also mit „Akten der Sinnzuschreibung".[11] Erfahrung umfasst dann nicht allein das Erleben eines Ereignisses oder eines Vorgangs, sondern auch dessen mentale Aneignung und Interpretation. In Erfahrung bildet sich, so Jörn Leonhard, „die deutende Aneignung erlebter Wirklichkeit ab".[12]

Wahrnehmung von Wirklichkeit

Bei beiden Begriffen geht es also um das Erfassen von Wirklichkeit, das aber – je nach Begriffsdefinition – in unterschiedlichen Graden von Mittelbarkeit geschieht. Diese Frage nach dem Erfassen von Wirklichkeit macht die Verbindung zur Erkenntnistheorie deutlich, in der der Begriff der Erfahrung spätestens seit dem englischen Empirismus eine zentrale Rolle spielt. So unterschied etwa David Hume in seiner *Untersuchung über den menschlichen Verstand* von 1748 Wahrheiten a priori, die „durch bloße Denktätigkeit" entdeckt werden können, von Wahrheiten a posteriori, die „ausschließlich aus der Erfahrung" ableitbar sind.[13] Mit Erfahrung ist hier also in erster Linie die sinnliche Wahrnehmung der äußeren Wirklichkeit

8 Hans-Georg Gadamer: Wahrheit und Methode. Grundzüge einer philosophischen Hermeneutik (Gesammelte Werke, Bd. 1), Tübingen 1990 (1960), S. 66.

9 Ebd.

10 Konrad Cramer: Art. Erleben, Erlebnis, in: Joachim Ritter (Hg.): Historisches Wörterbuch der Philosophie, Bd. 2, Basel/Stuttgart 1972, Sp. 702–711, hier Sp. 703.

11 Hans Ulrich Gumbrecht: Diesseits der Hermeneutik. Die Produktion von Präsenz, Frankfurt a.M. 2004, S. 120.

12 Jörn Leonhard: Erfahrung im 20. Jahrhundert. Methodische Perspektiven einer „Neuen Politikgeschichte", in: Norbert Frei (Hg.): Was heißt und zu welchem Ende studiert man Geschichte des 20. Jahrhunderts, Göttingen 2006, S. 156–163, hier S. 157.

13 Zit. n. Frank Ankersmit: Die historische Erfahrung, Berlin 2012, S. 5.

gemeint. In kritischer Auseinandersetzung mit Hume und dem englischen Empirismus entwickelte Immanuel Kant wenige Jahrzehnte später seine transzendentale Erkenntnistheorie, die als Lehre von den „Bedingungen der Möglichkeit der Erfahrung" verstanden werden kann.[14] Auch Kant verwendete den Begriff der Erfahrung dabei noch in erster Linie als Synonym für empirische Erkenntnis.[15]

Wilhelm Dilthey

Weitere einhundert Jahre später, also im späten 19. Jahrhundert, war es dann vor allem Wilhelm Dilthey, der den Erfahrungsbegriff philosophisch weiter anreicherte und zu einem Zentralbegriff der Geisteswissenschaften machte. Dabei verband er ihn gleichzeitig mit dem Begriff des Erlebnisses, dessen Verwendung im geisteswissenschaftlichen Sprachgebrauch maßgeblich auf Dilthey zurückgeht. Ausgangspunkt war für ihn wiederum die transzendentale Erkenntnisphilosophie Kants. Mit Kant ging Dilthey davon aus, dass das „Ding an sich" dem Menschen unzugänglich sei und er die Außenwelt nur als „innere Erfahrung", als „Tatsache des Bewußtseins" erfassen könne.[16] Aus dieser transzendentalphilosophischen Position ergab sich für ihn zunächst ein erkenntnistheoretischer Vorrang der inneren Erfahrung vor der äußeren Natur. Denn die Bewusstseinstatsachen, deren Analyse die Aufgabe der Geisteswissenschaften sei, seien dem individuellen Bewusstsein jeweils unmittelbar gegeben, während die äußere Natur nur mittelbar erschlossen werden könne. Diese Gegenüberstellung diente vor dem Hintergrund des Ausdifferenzierungsprozesses der Wissenschaften um 1900 nicht zuletzt dazu, die Geisteswissenschaften als gemeinsame Disziplinen-Familie gegenüber den an Gewicht gewinnenden Naturwissenschaften zu profilieren.

Erfahrung und Verstehen

Auf diesen „Streit der Fakultäten" kann hier nicht näher eingegangen werden.[17] Für unseren Kontext entscheidend ist, dass Dilthey die

14 Hampe/Holzhey: Erfahrung, S. 660.

15 Vgl. dazu den berühmten ersten Satz der Einleitung in der *Kritik der reinen Vernunft*: „Dass alle unsere Erkenntnis mit der Erfahrung anfange, daran ist gar kein Zweifel; denn wodurch sollte das Erkenntnissvermögen sonst zur Ausübung erweckt werden, geschähe es nicht durch Gegenstände, die unsere Sinne rühren, und theils von selbst Vorstellungen bewirken, theils unsere Verstandesthätigkeit in Bewegung bringen, diese zu vergleichen, sie zu verknüpfen oder zu trennen, und so den rohen Stoff sinnlicher Eindrücke zu einer Erkenntniss der Gegenstände zu verarbeiten, die Erfahrung heißt?" Die transzendentalphilosophische Einschränkung kommt dann im nächsten Absatz: „Wenn aber gleichalle unsere Erkenntniss *mit* der Erfahrung anhebt, so entspringt sie darum doch nicht eben alle *aus* der Erfahrung." Immanuel Kant: Kritik der reinen Vernunft, 5. Aufl., Berlin 1900, S. 41.

16 Wilhelm Dilthey: Einleitung in die Geisteswissenschaften. Versuch einer Grundlegung für das Studium der Gesellschaft und der Geschichte (Gesammelte Schriften, Bd. 1), 5. Aufl., Stuttgart 1962 (1883), S. xvii.

17 Vgl. dazu z. B. Christoph König/Eberhard Lämmert (Hg.): Konkurrenten in der Fakultät. Kultur, Wissen und Universität um 1900, Frankfurt a.M. 1999; Herbert

„innere Erfahrung“ zum erkenntnistheoretischen Ausgangspunkt der Geisteswissenschaften machte. Dabei war es ihm wichtig, sie nicht als das Ergebnis reiner Vernunftvorgänge aufzufassen. „In den Adern des erkennenden Subjekts, das Locke, Hume und Kant konstruierten“, so Dilthey in seiner *Einleitung in die Geisteswissenschaften* von 1883, „rinnt nicht wirkliches Blut, sondern der verdünnte Saft von Vernunft als bloßer Denktätigkeit“. Ihn aber habe die „historische wie psychologische Beschäftigung mit dem ganzen Menschen“ dahin geführt, die „ganze, volle, unverstümmelte Erfahrung“ als Teil des „realen Lebensprozesses“ zur Grundlage seiner Forschung zu machen.[18] „Leben“ ist dabei für Dilthey „ein das menschliche Geschlecht umfassender Zusammenhang“, der als ein strukturiertes Ganzes erfahren wird.[19] Dieser erlebte Zusammenhang ist auch die Voraussetzung des Verstehens – für Dilthey das zentrale geisteswissenschaftliche Verfahren, weshalb er auch zu den Begründern der modernen Hermeneutik gezählt wird: „Wir gehen im Verstehen vom Zusammenhang des Ganzen, der uns lebendig gegeben ist, aus, um aus diesem das einzelne uns faßbar zu machen.“[20]

Hier zeigt sich die Struktur des hermeneutischen Zirkels, in dem das Verständnis einer Einzeltatsache immer durch das Vorverständnis ihres Gesamtzusammenhangs geprägt ist. Vor allen Dingen wird aber durch diese Idee des erlebten Zusammenhangs auch das Verstehen anderer möglich, und zwar als ein Nacherleben. Denn primär ist dem einzelnen Individuum ja immer nur die eigene ‚innere Erfahrung‘ gegeben. Die entscheidende Frage für die Geisteswissenschaften ist daher, ob und auf welche Weise die innere Erfahrung anderer zugänglich und rekonstruierbar ist. Dies ist für Dilthey grundsätzlich (wenn auch nie vollkommen) möglich, weil der_die jeweils Verstehende selbst ein Seelenleben hat, welches dem Seelenleben anderer der Struktur nach gleich ist. Die „Auffassung fremder Personen“, so Dilthey, geschehe durch einen „geistigen Vorgang, welcher einem Schlusse der Analogie äquivalent ist“, d. h. „durch Übertragung unseres eignen Seelenlebens“.[21] In seinem Spätwerk bezeichnete er diesen

---

Schnädelbach: Philosophie in Deutschland 1831–1933, 6. Aufl., Frankfurt a.M. 1999, S. 88–117.

18 Dilthey: Einleitung, S. xviii u. S. 123.

19 Wilhelm Dilthey: Der Aufbau der geschichtlichen Welt in den Geisteswissenschaften, Frankfurt a.M. 1981 (1910), S. 158; vgl. dazu Frithjof Rodi: Das strukturierte Ganze. Studien zum Werk von Wilhelm Dilthey, Weilerswist 2003.

20 Wilhelm Dilthey: Die geistige Welt. Einleitung in die Philosophie des Lebens. Erste Hälfte: Abhandlungen zur Grundlegung der Geisteswissenschaften (Gesammelte Schriften, Bd. V), 2. Aufl., Stuttgart 1957, S. 172.

21 Ebd., S. 198.

Prozess dann spezifischer als „Hineinversetzen", „Nachbilden" und „Nacherleben" (vgl. Kap. 3 Emotionen).[22]

Verstehen als geisteswissenschaftliche Methode

Auf die Details dieser Begriffsprägungen kann und muss hier nicht eingegangen werden. Wichtig ist jedoch, dass Dilthey im Zuge der Ausformulierung seiner Hermeneutik stärker als zuvor hervorhob, dass der Gegenstand der Geisteswissenschaften nicht die Bewusstseinstatsachen als solche sind, sondern die „Objektivationen des Lebens", die sich aus den individuellen Einzelbewusstseinen herausgebildet haben und in ihrer Gesamtheit das Reich des „objektiven Geistes" darstellen. Gegenüber der „Subjektivität des Erlebnisses" betonte Dilthey jetzt also stärker die „Objektivierung des Lebens".[23] Daraus ergab sich für ihn der Dreischritt aus „Erlebnis, Ausdruck und Verstehen", auf dem die Geisteswissenschaften beruhen.[24] Als Geisteswissenschaftler_innen beschäftigen wir uns also nicht unmittelbar mit dem Erleben fremder Personen (toter oder lebendiger), sondern mit dem jeweiligen Ausdruck, den diese ihrem Erleben gegeben haben, etwa in Form von Texten, Bildern oder Musik. Auch das Ausdrucksverstehen setzte für Dilthey aber immer noch das „Erleben als Methode" voraus.[25] Das heißt, dass für Dilthey auch die wissenschaftliche Auslegungskunst der Hermeneutik auf der Verbindung und Gleichartigkeit von eigenem und fremdem Seelenleben beruhte: „Auf der Grundlage des Erlebens und des Verstehens seiner selbst, und in beständiger Wechselwirkung beider miteinander, bildet sich das Verstehen fremder Lebensäußerungen und Personen aus."[26]

Drei Erkenntnisse sind aus dieser knappen Beschäftigung mit Dilthey für unseren Kontext von Bedeutung: Wilhelm Dilthey hat, erstens, Erfahrung und Erlebnis zu den Zentralkategorien der Geisteswissenschaften gemacht. Dabei ging es ihm, zweitens, nicht nur um die Erfahrung anderer als Gegenstand der Geisteswissenschaften, sondern auch darum, dass der_die Geisteswissenschaftler_in mit seinem_ihrem eigenen Erleben am Verstehensprozess beteiligt ist. Erleben ist für Dilthey also nicht nur Gegenstand, sondern auch Methode der Geisteswissenschaften.[27] Die Verbindung von eigenem

22 Dilthey: Aufbau, S. 263–267.

23 Ebd., S. 177 f.

24 Ebd., S. 157. Vgl. dazu auch Matthias Jung: Dilthey zur Einführung, Hamburg 1996, S. 161.

25 Dilthey: Aufbau, S. 278.

26 Ebd., S. 252.

27 Vgl. dazu ausführlicher Daniel Morat: Verstehen als Gefühlsmethode. Zu Wilhelm Diltheys hermeneutischer Grundlegung der Geisteswissenschaften, in: Uffa Jensen/Daniel Morat (Hg.): Rationalisierungen des Gefühls. Zum Verhältnis von Wissenschaft und Emotionen 1880–1930, München 2008, S. 101–117.

und fremdem Erleben findet aber, drittens, nicht unmittelbar statt, sondern nur vermittelt über das Ausdrucksverstehen.

5.2.2 Geschichtswissenschaft

Auch für die Geschichtswissenschaft war das Verstehen lange Zeit eine Basismethode,[28] geriet jedoch in der zweiten Hälfte des 20. Jahrhunderts vor allem aus der Perspektive einer strukturgeschichtlich orientierten Historischen Sozialwissenschaft in die Kritik, der es nicht mehr primär ums Verstehen, sondern ums Erklären ging.[29]

Johann Gustav Droysen

Johann Gustav Droysen schrieb bereits 1868, einige Jahre vor Dilthey, in seinem *Grundriss der Historik*, dass es das „Wesen der historischen Methode“ sei, „forschend zu verstehen“,[30] und brachte damit das hermeneutische Selbstverständnis des Historismus auf den Punkt. Zwar spielen die Begriffe „Erlebnis“ und „Erfahrung“ bei ihm keine hervorgehobene Rolle, doch auch er geht davon aus, dass qua Ausdrucksverstehen vom eigenen auf das fremde Erleben geschlossen werden könne, wobei er statt ‚Ausdruck‘ den Begriff ‚Äußerung‘ verwendet:

> Die Möglichkeit des Verstehens beruht in der uns congenialen Art der Aeusserungen, die als historisches Material vorliegen. Sie ist dadurch bedingt, dass die geistig-sinnliche Natur des Menschen jeden inneren Vorgang zu sinnlicher Wahrnehmbarkeit äussert, in jeder Aeusserung innere Vorgänge spiegelt. Wahrgenommen erregt die Aeusserung, sich in das Innere des Wahrnehmenden projicirend, den gleichen inneren Vorgang. Den Schrei der Angst vernehmend, empfinden wir die Angst des Schreienden u. s. w.[31]

Robin George Collingwood

Der britische Geschichtsphilosoph Robin George Collingwood verwendet den Begriff „experience“ hingegen explizit, um Historisches Denken zu beschreiben. In seinem 1946 publizierten Buch *The Idea of History*, in dem er sich auch mit Dilthey auseinandersetzt,[32] bezeichnet er Geschichte als „re-enactment of past experience“.[33] Mit dieser Formulierung beschreibt er die Tätigkeit von Historiker_innen als Hineinversetzen in historische Subjekte, um deren Handlungen und

28 Vgl. dazu einführend Ulrich Muhlack: Verstehen, in: Hans-Jürgen Goertz (Hg.): Geschichte. Ein Grundkurs, 3. Aufl., Reinbek bei Hamburg 2007, S. 104–136.

29 Vgl. Thomas Welskopp: Erklären, begründen, theoretisch begreifen, in: Hans-Jürgen Goertz (Hg.): Geschichte. Ein Grundkurs, 3. Aufl., Reinbek bei Hamburg 2007, S. 137–177.

30 Johan Gustav Droysen: Grundriss der Historik, Leipzig 1868, S. 9.

31 Ebd.

32 Robin G. Collingwood: The Idea of History, Oxford 1946, S. 171–176.

33 Ebd., S. 282.

Überlegungen denkend nachzuvollziehen (er verwendet die Begriffe ‚re-enact' und ‚re-think'). Anders als bei Droysen spielen Ausdrucksformen oder ‚Äußerungen' bei Collingwood eine untergeordnete Rolle. Historisches Denken setzt ihm zufolge das Vermögen zur historischen Imagination (vgl. Kap. 9) voraus und bedarf darüber hinaus einer spezifischen erfahrungsbasierten Affinität von Historiker_innen: „[…] the historian's thought must spring from the organic unity of his total experience, and be a function of his entire personality with its practical as well as its theoretical interests".[34]

Geschichte von unten

Während Erfahrung bzw. das eigene Erleben in diesen Überlegungen eine Voraussetzung für den Verstehensprozess von Historiker_innen darstellt, richtete sich das geschichtswissenschaftliche Interesse im Rahmen einer „Geschichte von unten" auf das Erleben von historischen Subjekten. Verschiedene kulturhistorische Ansätze, wie die Frauengeschichte, die Alltagsgeschichte, die Mikrogeschichte oder die Historische Anthropologie, die seit den 1960er Jahren in Abgrenzung zur Sozial-, Struktur- und Politikgeschichte entstanden sind,[35] nehmen vor allem Menschen in den Blick, die in der Geschichtsschreibung bis dahin marginalisiert waren.[36] Diese Beschäftigung mit Lebenspraktiken, die von denen weißer, bürgerlicher oder adliger sowie männlicher Subjekte der Geschichte abwichen, führte zu einer Vielzahl neuer Geschichten, in denen gender- und klassenspezifische Erfahrungen bzw. das Leben gewöhnlicher Menschen im Mittelpunkt stehen.[37]

Joan Wallach Scott

In ihrer kritischen Auseinandersetzung mit solchen historischen Untersuchungen, die zur Sichtbarkeit nicht-privilegierter Gruppen beitrugen, problematisiert die Historikerin Joan Wallach Scott, dass der Erfahrung von historischen Subjekten häufig eine Evidenz zugesprochen wird, die nicht hinterfragt werden kann.[38] Aus poststrukturalistischer Perspektive thematisiert Scott demgegenüber die diskursive Konstruiertheit der Kategorie „Erfahrung", mit der in diesen

34 Ebd., S. 305.

35 Vgl. dazu Ute Daniel: Kompendium Kulturgeschichte. Theorien, Praxis, Schlüsselwörter, Frankfurt a.M. 2001.

36 Vgl. Martin Jay: Songs of Experience. Modern American and European Variations on a Universal Theme, Berkeley u. a. 2005, S. 241–248.

37 Vgl. Edward P. Thompson: The Making of the English Working Class, London 1963; Carlo Ginzburg: Der Käse und die Würmer. Die Welt eines Müllers um 1600, Berlin 2011 (ital. Orig. 1976); Natalie Zemon Davis: Die wahrhaftige Geschichte der Wiederkehr des Martin Guerre, München 1989 (amerik. Orig. 1983).

38 Joan W. Scott: The Evidence of Experience, in: Critical Inquiry, 17/4 (1991), S. 773–797.

Arbeiten oft gruppenspezifische Lebenspraktiken (z. B. von „Frauen“, „Migranten“, „Arbeitern“, „Schwulen“ etc.) postuliert bzw. sogar essentialisiert werden,[39] ohne deren Diversität zu berücksichtigen. Darüber hinaus weist sie darauf hin, dass es sich bei Beschreibungen von historischen Erfahrungen um situiertes Wissen handelt, da Historiker_innen, die diese rekonstruieren, immer sozial verortet sind und ihre Forschung kontextabhängig und lokal begrenzt ist.[40] Scott spricht sich allerdings nicht gegen den Begriff der Erfahrung aus, vielmehr fordert sie dazu auf, seine Verwendung in der Geschichtsschreibung – und damit auch die Verfahren der historischen Wissensproduktion insgesamt – kritisch zu reflektieren.[41]

Scotts Kritik verweist auf eine Debatte, in der Vertreter_innen des *linguistic turn*, die von der diskursiven Konstruktion jeglicher Erfahrung ausgehen, Historiker_innen gegenüberstehen, die in der Kategorie der Erfahrung eine historische Wirklichkeit sehen, die nicht auf die mit ihr verknüpften sprachlichen Ausdrucksformen reduzierbar ist. Im nächsten Abschnitt wird uns diese Gegenüberstellung wieder begegnen, allerdings mit einer signifikanten Verschiebung der Perspektive. Denn bei den bisher besprochenen Positionen geht es in erster Linie um die Frage nach der Zugänglichkeit der Erfahrung anderer, um Geschichte verstehen zu können – wie die „Historie“ ja, in den Worten von Reinhart Koselleck, insgesamt als „Kunde von fremder Erfahrung“ verstanden werden kann.[42] Zur Debatte steht also die Geschichte von Erfahrungen historischer Subjekte. Wenn wir jedoch zu Huizingas „historische sensatie“ und zur Rolle von Erlebnis und Erfahrung in der Public History zurückkommen, dann geht es nicht primär um die Geschichte von Erfahrungen, sondern um die Erfahrung von Geschichte. Im nächsten Abschnitt werden wir allerdings sehen, dass diese beiden Perspektiven nicht gänzlich voneinander zu trennen sind.

5.2.3 Erfahrung von Geschichte

Am Beginn seiner Untersuchung *Experience and History* stellt der Philosoph David Carr fest, dass der Ruf nach Erfahrung ein wiederkehrendes Phänomen in der Philosophiegeschichte sei. Er erfolge in

39 Ebd., S. 786.

40 Ebd., S. 795.

41 Ebd., S. 797.

42 Reinhart Koselleck: Vergangene Zukunft. Zur Semantik geschichtlicher Zeiten, 2. Aufl., Frankfurt a.M. 1992, S. 354.

der Regel als Ruf ‚zurück' zur Erfahrung und antworte auf die Wahrnehmung einer zu großen Distanz zwischen uns und der Welt, die häufig als das Ergebnis von zu viel Vernunfttätigkeit und Abstraktion dargestellt werde. „*Experience* is called upon to re-establish a contact that has been lost."[43] Diese Beschreibung passt auf die beiden Theoretiker der historischen Erfahrung bzw. des ästhetischen Erlebens, denen wir uns nun zuwenden wollen: Frank Ankersmit und Hans Ulrich Gumbrecht.

Frank Ankersmit

Der niederländische Geschichtsphilosoph Frank Ankersmit, der sich in seinen frühen Schriften vor allem mit sprachtheoretischen Überlegungen zur Geschichtsschreibung beschäftigt hat,[44] sucht unter dem Leitbegriff der historischen Erfahrung nach einem Zugang zur Geschichte, der „jeder linguistischen Codierung entkommt".[45] Damit richtet er sich sowohl gegen den *linguistic turn* als auch gegen die ältere hermeneutische Tradition, die er dafür kritisiert, „dass die historische Erfahrung in dieser Tradition aller Direktheit und Unmittelbarkeit beraubt wird".[46]

Demgegenüber möchte Ankersmit an der Möglichkeit eines unmittelbaren Zugangs zur Vergangenheit festhalten. Er beruft sich dafür nicht nur auf den eingangs zitierten Johan Huizinga und dessen Begriff einer „historischen Empfindung", sondern zieht auch Schriften von so unterschiedlichen Autoren wie den Historikern Johann Jakob Bachofen, William Hickling Prescott und Jacob Burckhardt sowie Johann Wolfgang von Goethe und Johann Gottfried Herder heran. Das von Huizinga und anderen beschriebene „Gefühl eines unmittelbaren Kontaktes mit der Vergangenheit"[47] ist Ankersmit zufolge nicht als Projektion zu verstehen, bei der die Begegnung mit einem historischen Artefakt zum Anlass wird, das bereits vorher akkumulierte historische Wissen aufzurufen. Vielmehr gehe die historische Erfahrung in solch einem Moment von dem historischen Artefakt

43 David Carr: Experience and History. Phenomenological Perspectives on the Historical World, Oxford/New York 2014, S. 8.

44 Vgl. etwa Frank Ankersmit: Narrative Logic. A Semantic Analysis of the Historian's Language, Den Haag 1983.

45 Ankersmit: Die historische Erfahrung, S. 45. Bei diesem Buch handelt es sich um die Ausarbeitung seiner Antrittsvorlesung, die auf Niederländisch schon 1993 erschienen ist. Vgl. zum Folgenden auch Frank Ankersmit: Sublime Historical Experience, Stanford 2005; ders.: Can We experience the Past?, in: Rolf Torstendahl/Irmeline Veit-Brause (Hg.): History-Making. The Intellectual and Social Formation of a Discipline, Stockholm 1996, S. 47–76; ders.: Historical Experience Beyond the Linguistic Turn, in: Nancy Partner/Sarah Foot (Hg.): The SAGE Handbook of Historical Theory, Los Angeles u. a. 2013, S. 434–438.

46 Ankersmit: Die historische Erfahrung, S. 11.

47 Wie Anm. 1.

selbst aus und sei für den_die Historiker_in überraschend und nicht kontrollierbar: „Nicht das Objekt wird von der Macht des Historikers beeinflusst, sondern der Historiker unterzieht sich der Macht des Objekts, das die historische Erfahrung bewirkt."[48] Ankersmit weist dabei auf den Unterschied zur historischen Einsicht hin, die zwar ähnlich unerwartet eintritt, jedoch darin besteht, dass die Vergangenheit plötzlich Form annimmt, wohingegen im Fall der historischen Erfahrung dem Bewusstsein des_der historisch Forschenden *durch* die Vergangenheit Form verliehen wird.[49] An anderer Stelle spricht Ankersmit in diesem Zusammenhang von „Erduldung und Unterwerfung".[50]

Subjektive und sublime Erfahrung

Um diese Erfahrung der „überwältigenden Direktheit und Unmittelbarkeit"[51] näher zu charakterisieren, unterscheidet Ankersmit zwischen subjektiver und sublimer Erfahrung.[52] Der Eindruck eines unmittelbaren Kontakts mit der Vergangenheit setzt die Trennung der Kategorien Gegenwart und Vergangenheit voraus und impliziert somit immer ein Bewusstsein von der Distanz zur Vergangenheit. Subjektive historische Erfahrung besteht Ankersmit zufolge nicht nur in einer ‚Ahnung' von der Vergangenheit,[53] sondern auch in der Erfahrung dieser Distanz.[54] Sie korrespondiert mit der von Walter Benjamin theoretisierten Aura (vgl. Infobox in Kap. 2.3) und stellte sich für Huizinga beispielsweise beim Betrachten von Gemälden und für Burckhardt beim Betreten der Basilika Santa Croce in Florenz ein.[55] Die sublime historische Erfahrung übersteigt diese Wahrnehmung der historischen Distanz. Mit Bezug auf die Schriften verschiedener Philosophen entwickelt Ankersmit diese als Dissoziation und Auflösung von Identität, die das flüchtige Einswerden mit der Vergangenheit ermöglichen.[56]

Mit dem Begriff des Erhabenen bzw. Sublimen, der vor allem in der Ästhetik eine Rolle spielt, betont Ankersmit die „Sinnlichkeit der

48 Ankersmit: Die historische Erfahrung, S. 20 f.

49 Ankersmit: Sublime Historical Experience, S. 128.

50 Ankersmit: Die historische Erfahrung, S. 18.

51 Ebd., S. 44.

52 Ankersmit: Sublime Historical Experience, S. 264. Als weitere Kategorie nennt Ankersmit die „objective historical experience" als die Erfahrung historischer Subjekte, mit der sich kulturhistorische Ansätze beschäftigen. Diese Unterscheidung der drei Kategorien von historischer Erfahrung ist allerdings nicht trennscharf, vgl. ebd.

53 Ankersmit verwendet den Begriff „Ahnung", den er von Huizinga übernimmt, auf Deutsch: ebd., S. 122.

54 Ebd., S. 265.

55 Zu Huizinga siehe ebd., Kap. 3, zu Burckhardt Kap. 4.

56 Ebd., Kap. 8.

Erfahrung".[57] Noch vor dem Sehsinn und dem Gehör fungiert für ihn der Tastsinn als Modell für die historische Erfahrung: „Die historische Erfahrung ist ein *Berührt*werden von der Vergangenheit."[58] An anderer Stelle spricht Ankersmit deshalb auch von der „Intimität der Begegnung zwischen Objekt und Subjekt in der historischen Erfahrung".[59]

Philosophie vs. Wissenschaft

Diese geschichtsphilosophischen Betrachtungen machen es schwer, Ankersmits Konzept der historischen Erfahrung mit den wissenschaftlichen Ansprüchen der Geschichtswissenschaft in Einklang zu bringen. Dementsprechend konstatiert Achim Landwehr: „Kritische Nachfragen müssen bei einem solchen Verständnis historischer Erfahrung oder Empfindung außen vor bleiben – damit aber auch jede methodische Kontrolle oder wissenschaftliche Reflexion."[60] Dennoch wollen wir Ankersmits Konzept nicht einfach als unwissenschaftlich vom Tisch wischen. Erstens betont Ankersmit mit Bezug auf das historische Wissen, dass historische Erfahrung andere „Elemente der historischen Wissensbildung"[61] ergänzen, diese jedoch niemals ersetzen könne. Zweitens ist seiner Feststellung zuzustimmen, „dass der in der historischen Erfahrung gebotene authentische Kontakt mit der Vergangenheit eine Realität ist",[62] insofern Beschreibungen eines solchen Kontakts eine tatsächliche Erfahrung wiedergeben, bei der eine bestimmte Art des Sich-in-Beziehung-Setzens mit der Vergangenheit zweifelsohne stattgefunden hat. Im letzten Abschnitt werden wir zeigen, dass die Realität dieser Erfahrung in der Public History eine wichtige Rolle spielt und Ankersmits Konzept einer sinnlichen, außer-diskursiven historischen Erfahrung für die Analyse von Public-History-Angeboten hilfreich sein kann.

Hans Ulrich Gumbrecht

Ganz ähnlich lässt sich mit dem Literaturwissenschaftler Hans Ulrich Gumbrecht argumentieren, der wie Ankersmit seit den späten 1990er Jahren die auf Sprache und Sinnverstehen ausgerichtete und in diesem Sinn hermeneutische „Zentralstellung der Interpretation" innerhalb der Geisteswissenschaften kritisiert.[63] Sein Gegenprogramm zu dieser Vormacht der Hermeneutik stellt er unter den Leitbegriff

57 Ankersmit: Die historische Erfahrung, S. 63.
58 Ebd., S. 74.
59 Ebd., S. 18.
60 Achim Landwehr: Die anwesende Abwesenheit der Vergangenheit. Essay zur Geschichtstheorie, Frankfurt a.M. 2016, S. 14.
61 Ankersmit: Die historische Erfahrung, S. 97.
62 Ebd., 22.
63 Gumbrecht: Diesseits der Hermeneutik, S. 12.

der „Präsenz".[64] Gumbrecht spielt die Präsenz dabei nicht einfach gegen den Sinn aus, sondern folgt der Annahme, dass die „Dinge dieser Welt"[65] in dem Moment, in dem wir mit ihnen umgehen, immer zugleich Sinn *und* Präsenz haben. Er spricht deshalb auch von der „Gleichzeitigkeit von Präsenzeffekten und Sinneffekten" bzw. genauer von deren „Spannungsverhältnis".[66] Allerdings geht Gumbrecht davon aus, dass die Präsenzeffekte durch die Sinnorientierung der Geisteswissenschaften, die auf dem von René Descartes begründeten „Subjekt/Objekt-Paradigma" des modernen Denkens beruhe,[67] auf unzulässige Weise verdeckt worden und in Vergessenheit geraten seien. Der mit diesem modernen Denken verbundenen „Weltaneignung durch Begriffe" möchte Gumbrecht deshalb eine auf Präsenz zielende „Weltaneignung durch die Sinne" an die Seite stellen.[68]

Interessanterweise verortet Gumbrecht die Erfahrung in dieser Gegenüberstellung auf der „Seite der Begriffe und der Reflexion",[69] da „die meisten philosophischen Traditionen [...] den Begriff ‚Erfahrung' mit der Interpretation in Verbindung" brächten.[70] Im Unterschied dazu spricht Gumbrecht, wenn es um die Seite der sinnlichen Wahrnehmung geht, von „Momenten des ästhetischen Erlebens".[71] Dem ästhetischen Erleben nach Gumbrecht sind dabei eine Reihe von Kennzeichen zu eigen, die denen der historischen Erfahrung nach Ankersmit ähneln. Das ästhetische Erleben zeichne sich, so Gumbrecht, gleichermaßen durch „Insularität", also durch Entfernung von der Alltagswelt, und durch „Plötzlichkeit" aus, also durch eine fokussierte Zeitlichkeit.[72] Im Umgang mit „Objekten des ästhetischen Erlebens" gehe es darum, für das Ereignis des Berührtwerdens durch das ästhetische Artefakt empfänglich zu sein, d. h. „*Momente der Intensität* zu beschwören und spürbar zu machen".[73] In diesem Sinn ist auch Huizingas „historische Empfindung" vor dem Museumsobjekt

64 Vgl. dazu auch Hans Ulrich Gumbrecht: Präsenz, Frankfurt a.M. 2012.

65 Gumbrecht: Diesseits der Hermeneutik, S. 11.

66 Ebd., S. 34 u. 126. An anderer Stelle schreibt er, dass es ihm nicht in erster Linie um eine Kritik oder gar Überwindung der Sinnorientierung der Geisteswissenschaften geht, sondern um deren Ergänzung und um eine Rückgewinnung der Präsenz. Er geht folglich von der Notwendigkeit aus, „daß man zusätzlich zum Interpretieren noch etwas anderes tut, ohne freilich die Interpretation als ein elementares und wahrscheinlich unvermeidbares theoretisches Verfahren aufzugeben", ebd., S. 71.

67 Ebd., S. 42.

68 Ebd., S. 57.

69 Gumbrecht: Präsenz, S. 241.

70 Gumbrecht: Diesseits der Hermeneutik, S. 120.

71 Ebd., S. 121.

72 Ebd., S. 122.

73 Ebd., S. 127 u. 118.

als ein Moment der Intensität zu beschreiben und der von Huizinga beschworene unmittelbare Kontakt mit der Vergangenheit erscheint als ein Präsenzmoment im Sinne Gumbrechts.

Präsentifikation

In einem eigenen Abschnitt zur Geschichtskultur spricht Gumbrecht von einem aktuell vorherrschenden „Verlangen nach Präsentifikation". In unserer posthistorischen Gegenwart gehe es nicht mehr darum, aus der Geschichte zu lernen, sondern darum, „in einem Bereich der Simultaneität verschiedene vergangene Welten [zu] versammeln".[74] Solche „Präsentifikationseffekte"[75] würden in erster Linie durch historische Romane, Filme und Ausstellungen erzielt und weniger durch wissenschaftliche Geschichtsschreibung, wie Gumbrecht selbst feststellt. So schreibt er, „daß unser Bestreben, die immer breiter werdende Gegenwart mit Artefakten aus der Vergangenheit zu füllen, nur wenig – wenn überhaupt etwas – mit dem herkömmlichen Projekt der Geschichte als wissenschaftlichem Fach zu tun hat".[76] Auch bei Gumbrecht findet sich also wieder das Spannungsverhältnis zwischen einem akademischen und einem außer-akademischen Zugang zur Vergangenheit, vor dessen Hintergrund wir uns nun konkreter dem Erleben bzw. der historischen Erfahrung auf dem Feld der Public History zuwenden können.

5.3 Erlebnis und Erfahrung in der Public History

Artefakte im Museum

Viele Public-History-Angebote versprechen, Geschichte erlebbar zu machen. Sie adressieren die sinnliche Wahrnehmung ihrer Besucher_innen, auch wenn sie – wie beispielsweise Museen und Reenactments – jeweils ganz unterschiedliche Modi der Erfahrung akzentuieren. Museen, die hauptsächlich auf Anschauung setzen, verstärken die sinnliche Qualität ihrer Exponate vor allem durch deren Inszenierung. So kann eine spezifische Lichtsetzung die Taktilität von historischen Artefakten hervorheben und abgedunkelte Räume „Insularität" im Sinne Gumbrechts erzeugen bzw. eine intime Begegnung mit den präsentierten Objekten ermöglichen. Auch mit dem Einsatz von Geräuschen, Gerüchen und Musik richten sich Museen an die Sinne ihrer Besucher_innen. Eine Ausstellung über den Nationalsozialismus, die durch die Beleuchtung den Drehknopf eines Radiogeräts

74 Ebd., S. 142.
75 Ebd., S. 144.
76 Ebd., S. 142. Vgl. zu Gumbrechts Begriff der „breiten Gegenwart" auch ders.: Unsere breite Gegenwart, Frankfurt a.M. 2010.

akzentuiert und dazu das Geräusch eines Radios während der Frequenzsuche abspielt, präsentiert das Abhören eines ‚Feindsenders' beispielsweise als Thema, das haptisch bzw. sinnlich erlebbar ist.

Ob derart inszenierte Artefakte tatsächlich unmittelbare Erfahrungen von Geschichte in Gang setzen, hängt unter anderem davon ab, inwiefern Museumsbesucher_innen dazu bereit sind, sich auf einen solchen Präsenzmoment einzulassen. Während die Geräusche und Materialien, die im gegenwärtigen Mediengebrauch unbekannt sind, für die einen eine Ahnung vom Leben in einer Diktatur bzw. unter nationalsozialistischer Besatzung auslösen und zugleich die historische Distanz zum Zweiten Weltkrieg bewusst machen können, d. h. eine subjektive historische Erfahrung im Sinn von Ankersmit ermöglichen, sind sie für andere schlichtweg uninteressant und bedeutungslos.

Museumserlebnis

Die Akzentuierung von sinnlich-körperlichen Erlebnissen wird in der Museologie als Ergebnis einer zunehmenden Besucher_innenorientierung verstanden, in deren Folge die Ausstellungs- und Museumsgestaltung nicht mehr einseitig von den zu vermittelnden Inhalten her gedacht wird, sondern von der ganzheitlichen Erfahrung, die die Besucher_innen im Museum machen können.[77] Mit dem Anspruch, „ganzheitliche Erlebnisse" im Museum zu erzeugen, ist nicht zuletzt das „Erfahren mit allen Sinnen" gemeint.[78] Dabei wird der Museumsbesuch an sich als ein Eintauchen in eine eigene Welt gedacht, die beim körperlich-räumlichen Durchschreiten und bei der Interaktion mit den Exponaten und den anderen Besucher_innen sinnlich-aktiv erfahren wird.

Immersion

Die Idee eines sinnlich-körperlichen Eintauchens in eine eigene Museumswelt verbindet sich zugleich mit der Vorstellung, aus der Alltagswelt der Jetztzeit herauszutreten. Daher ist der Übergang zwischen dem Eingangsbereich eines Museums und den Ausstellungsräumen nicht selten als Schwellenbereich gestaltet, nach dessen Durchquerung die Besucher_innen ihren Alltag hinter sich lassen können. Der Museumsbesuch bekommt dadurch den Charakter eines Erlebnisses im Sinne eines aus der Alltagserfahrung herausgehobenen Ereignisses.[79]

---

77 Vgl. etwa John H. Falk/Lynn D. Dierking: The Museum Experience Revisited, Walnut Creek 2013.

78 Brigitte Kaiser: Inszenierung und Erlebnis in kulturhistorischen Ausstellungen. Museale Kommunikation in kunstpädagogischer Perspektive, Bielefeld 2006, S. 126 u. S. 119.

79 Vgl. zu dieser alltagssprachlich wahrscheinlich gängigsten Bedeutung des Wortes ‚Erlebnis' noch einmal die Definition von Hans-Georg Gadamer: „Etwas wird zum Erlebnis, sofern es nicht nur erlebt wurde, sondern sein Erlebtsein einen

Auch Public-History-Angebote wie Panoramen, Filme, Computerspiele oder Virtual-Reality-Anwendungen zielen auf ein immersives Erlebnis (vgl. Infobox Immersion). Hierbei geht es um eine möglichst weitgehende Ausschaltung von Eindrücken, die noch daran erinnern, dass es ein Außerhalb der jeweils inszenierten historischen Welt gibt. Dieses Gefühl des Versetzt-Seins in eine andere Welt soll dabei zugleich als Versetzt-Sein in eine andere Zeit erlebt werden, weshalb im Zusammenhang mit diesen Public-History-Angeboten immer wieder von Zeitreisen die Rede ist.[80]

Zeitreisen

Auf welche Bedürfnisse und Sehnsüchte die Vorstellung von Zeitreisen reagieren, hat der Historiker David Lowenthal in seinem Buch *The Past is a Foreign Country* gezeigt.[81] Trotz dieses Titels steht fest, dass die Vergangenheit kein anderes Land ist, in das man reisen könnte. Sie existiert nicht mehr, nur eben ‚irgendwo anders', sondern kann grundsätzlich nur noch partiell und standortgebunden vergegenwärtigt werden.[82] In diesem Sinn sind Zeitreisen unmöglich – es sei denn, man verwendet den Begriff metaphorisch und meint dann mit Zeitreise nichts anderes als die hier besprochene historische (oder auch Zukunfts-)Erfahrung, wie dies beispielsweise Cornelius Holtorf tut.[83]

Immersion

Immersion bedeutet wörtlich „Eintauchen" (lat.: *immersio*). Der Begriff wird in unterschiedlichen disziplinären Kontexten genutzt. In der Medienwissenschaft dient er der Beschreibung von medialen Settings, in denen die Zuschauer_innen in einen totalen Bildraum eintreten, in dem sie ganz von der medialen Inszenierung umgeben sind. Das ist zum Beispiel bei Virtual-Reality-Anwendungen oder bestimmten Formen elektronischer Medienkunst der Fall, in

besonderen Nachdruck hatte, der ihm bleibende Bedeutung verleiht." Gadamer: Wahrheit und Methode, S. 67.

80 Vgl. als neueres Beispiel etwa die TimeRide GmbH, die in mehreren deutschen Städten Virtual-Reality-Stadttouren anbietet. Diese werden – hier am Beispiel Köln – wie folgt beworben: „Tauche ein in das alte Cöln zur Kaiserzeit und erlebe mit Virtual Reality das damalige Leben und Treiben hautnah. Werde Zeitzeuge dieser goldenen Epoche der Kölner Stadtgeschichte!", Webseite von TimeRide, timeride.de/koeln/, 1.1.1999.

81 David Lowenthal: The Past is a Foreign Country – Revisited, Cambridge 2015.

82 Patrick Gardiner hat diese Vorstellung schon 1952 als Zeitreise-Denkfehler („Time Machine Fallacy") bezeichnet, Patrick Gardiner: The Nature of Historical Explanation, London 1952, S. 38. Vgl. zur Kritik der Zeitreise-Metapher auch Landwehr: Anwesende Abwesenheit, S. 12–19.

83 Holtorf definiert Zeitreisen als „an experience in the present that evokes a past (or future) reality", Cornelius Holtorf: On the Possibility of Time Travel, in: Lund Archaeological Review 15 (2009), S. 31–41, hier S. 31.

Bezug auf die der Begriff verstärkt diskutiert worden ist. Alison Griffiths hat in ihrem Standardwerk zum immersiven Sehen allerdings gezeigt, dass auch schon ältere Bildmedien und -räume – angefangen bei der mittelalterlichen Kathedrale über Panoramen und Planetarien des 19. Jahrhunderts bis hin zu Museen und Kinos – auf immersive Seherfahrungen ausgerichtet waren. Sie hat die spezifische Sehhaltung dabei als „revered gaze" (ehrfürchtiges Schauen) bezeichnet. Andere Autor_innen haben darauf hingewiesen, dass es bei Immersion nicht nur um Seherfahrungen geht. So spielt auch das Hören, etwa beim Surround-Sound im Kino, eine zentrale Rolle beim Gefühl des Eintauchens und Versetzt-Werdens in eine künstliche Welt. Marie-Laure Ryan hat in ihrem Vergleich von Virtual Reality und Literatur, in dem sie die technologische Bedingtheit von Immersion hinterfragt, das immersive Potenzial auch von literarischen Erzählungen verdeutlicht.

Während man in vielen immersiven Mediensituationen, wie etwa im Kino, an einem Platz verweilt, wird die Immersion in anderen Fällen dadurch verstärkt, dass man sich in der künstlichen Welt frei bewegen kann. Der räumliche Charakter der immersiven Erfahrung wird dadurch noch verstärkt und sie wird zu einem körperlichen und kinetischen Erlebnis. In der Public History können so etwa historische Themenparks oder Freilichtmuseen als immersive Settings verstanden werden. Auch andere Museen setzen immer häufiger auf immersive Inszenierungen, um historische Erfahrungen zu vermitteln. Das Eintauchen in die inszenierte historische Welt soll dabei zugleich als Heraustreten aus dem Hier und Jetzt erfahren werden, in das man nach dem Verlassen der künstlichen Welt zurückkehrt.

Leseempfehlung

Dyson, Frances: Sounding New Media. Immersion and Embodiment in the Arts and Culture, Berkeley u. a. 2009; Griffiths, Alison: Shivers Down Your Spine. Cinema, Museums, and the Immersive View, New York 2008; Ryan, Marie-Laure: Narrative as Virtual Reality. Immersion and Interactivity in Literature and Electronic Media, Baltimore/ London 2001.

Reenactments

In Reenactments wird historische Erfahrung performativ erzeugt. Durch das Nachbilden und -spielen kann bei den Teilnehmer_innen der als „period rush“[84] bezeichnete Eindruck entstehen, sich tatsächlich in der Vergangenheit zu befinden. Doch auch wenn das sinnliche Erleben für die Reenactors real ist, bleibt es unmöglich, historische Erfahrungen nachzuerleben, da sinnliche Wahrnehmung selbst historisch wandelbar ist.

So fühlen, riechen und schmecken die Teilnehmer_innen an einem Bürgerkriegs-Reenactment nicht das Gleiche, was die Menschen um 1863 gefühlt, gerochen und geschmeckt haben. Auch wenn sie sich nur in unbehandelte Baumwolle kleiden, nicht mit modernen Duschgels waschen und Mahlzeiten aus der Zeit nachkochen, können sie nur das wahrnehmen, was Menschen aus dem frühen 21. Jahrhundert in dieser Kleidung fühlen und bei diesem Essen schmecken etc. Die extremen Sinneseindrücke des Krieges selbst (der Gestank der Leichen, das Donnern der Kanonen) und die existenziellen Gefühle, die sich daran knüpften (der Ekel, die Angst) sind dabei noch gar nicht angesprochen – von Gewalt und Tod ganz zu schweigen.[85]

Verbindung zur Vergangenheit

Auch wenn die Vergangenheit nicht so erlebt werden kann, ‚wie sie wirklich gewesen‘ ist, stellen Reenactments ebenso wie Zeitreise-Formate dennoch eine Verbindung zur Vergangenheit her. Das Sich-in-Beziehung-Setzen mit der Vergangenheit, das in Reenactments, Panoramen oder Virtual-Reality-Touren erfolgt, lässt sich als historische Erfahrung im Sinne Ankersmits bzw. als Präsenzerlebnis im Sinne Gumbrechts beschreiben.[86] Diese Public-History-Angebote akzentuieren zum einen die sinnlich-ästhetische, außerbegriffliche Wahrnehmung. Zum anderen verändert sich im Moment der historischen Erfahrung die Zeitwahrnehmung. Denn dieser Moment wird nicht nur mit erhöhter Intensität erlebt, wodurch er aus der Alltagserfahrung der Jetzt-Zeit heraussticht. Es entsteht in ihm auch das Gefühl einer „flüchtigen Aufhebung der Zeitdimension“[87] in Bezug auf die Vergangenheit.

Diese historische Erfahrung ist nicht voraussetzungslos, sondern wird „durch unterschiedliche Begriffs- und Symbolsysteme geformt“.[88] In sie geht ein historisches Vorwissen, gehen Bilder und

84 Anja Schwarz: Experience, in: Vanessa Agnew u. a. (Hg.): The Routledge Handbook of Reenactment Studies. Key Terms in the Field, London 2019, S. 63–66, hier S. 63.

85 Vgl. Mark M. Smith: The Smell of Battle, the Taste of Siege. A Sensory History of the Civil War, Oxford/New York 2015, S. 3.

86 Für die Living History hat Stefanie Samida das schon einmal mit Gumbrechts Begriffen getan, vgl. Stefanie Samida: Aneignung von Vergangenheit durch körperliches Erleben?, in: Literatur in Wissenschaft und Unterricht 46/2–3 (2013), Themenheft: Kulturelle Aneignung von Vergangenheit, S. 105–122.

87 Ankersmit: Die historische Erfahrung, S. 21.

88 Hampe/Holzhey: Erfahrung, S. 664.

Vorstellungen von der Vergangenheit ein, die durch die Geschichtskultur (vgl. Kap. 6) präfiguriert werden.[89]

Historisches Denken/Reflexion

Zugleich kann das sinnliche, körperliche Erleben von Geschichte auch die Reflexion über historische Zusammenhänge in neuer Weise anregen. Das zeigt sich beispielsweise im Bericht eines ‚modernen Römers', der im Sommer 2013 zusammen mit rund 25 Männern und Frauen in Süddeutschland unterwegs war, um den vom römischen Kaiser Caracalla im Jahr 213 n. Chr. durchgeführten Germanienfeldzug in authentischer Ausrüstung nachzuvollziehen.[90] Seine leiblich-emotionalen Erlebnisse ergänzten und veränderten Vorstellungen von der Vergangenheit, die er aus anderen Quellen (Schule, Museum) gewonnen hatte, und stimulierten Fragen (z. B. über die Hygiene in der Truppe), die Historisches Denken in Gang setzen. Auch Reality-TV-Formate mit historischem Setting ermöglichen historische Reflexionen. Wenn in der ARD-Serie *Abenteuer 1900 – Leben im Gutshaus* Teilnehmer_innen die Kälte in den unbeheizten Schlafzimmern und das Kratzen des mit Stroh gefüllten Bettzeugs beschreiben und sich nach einer warmen Dusche sehnen, artikulieren sie nicht nur die unüberwindbare Distanz zur Vergangenheit, sondern führen diese auch den Fernsehzuschauer_innen vor Augen. Reenactments beschränken sich somit nicht auf das Erlebnis, mit der Vergangenheit zu verschmelzen, sie können vielmehr auch zur Erfahrung historischer Differenz führen.

Public History und Populärkultur

Viele Vorbehalte gegenüber dem Erleben von Geschichte im Reenactment und in anderen Formen der Public History haben mit einer im deutschen Bildungsdenken tief verwurzelten Skepsis gegenüber allem zu tun, was mit Spaß und Unterhaltung verbunden sein könnte. Tatsächlich teilt die historische Erfahrung in der Public History viele Eigenschaften mit anderen Erlebnisformen in der Populärkultur.[91] Dass sich historisches Erleben und historische Reflexion nicht ausschließen, sondern gerade gegenseitig anregen können, zeigen die oben genannten Beispiele. Dabei sind Public-History-Angebote, die auf Erleben und historische Erfahrung im hier dargelegten Sinne

89 Anja Schwarz spricht daher mit Bezug auf Reenactments von einer „circular logic according to which the reenactor's experience of the reconstructed historical setting can never do more than validate already accepted, regimented, and institutionally sanctioned assumptions about the historical past", Schwarz: Experience, S. 65.

90 Stefanie Samida hat im Rahmen des Forschungsprojekts „Living History: Reenacted Prehistory between Research and Popular Performance" Interviews mit den Teilnehmer_innen des Reenacmtens geführt, vgl. Samida: Aneignung.

91 Vgl. Kaspar Maase: Populärkulturforschung. Eine Einführung, Bielefeld 2019, S. 121–139.

zielen, nicht notwendigerweise affirmativ. Multimediale und multisensorische Inszenierungen etwa im Museum können gerade dazu dienen, bestehende historischen Annahmen und Vorstellungen zu irritieren und Differenzierung anzureizen.[92] Demgemäß kann das historische Erleben bzw. die historische Erfahrung als ein sinnlich-ästhetischer Modus der Geschichtsaneignung verstanden werden, der komplementär ist zu anderen, stärker kognitiv-reflexiven Formen der Geschichtsaneignung und der in Angeboten der Public History unterschiedlich stark angesprochen werden kann.

5.4 Fazit

Zusammenfassend können wir festhalten: Wir verstehen unter dem Erleben von Geschichte einen Moment des sinnlich-ästhetischen Berührtwerdens durch ein historisches Artefakt, einen historischen Ort (vgl. Kap. 2 Authentizität), eine Darstellung von Geschichte oder eine historische Praxis (vgl. Kap. 10 Performativität) (oder eine Kombination mehrerer dieser Elemente), in dem das Gefühl eines unmittelbaren Kontakts mit der Vergangenheit und einer „flüchtigen Aufhebung der Zeitdimension“[93] entsteht. Dieser Moment des Berührtwerdens kann einerseits Auslöser historischer Imagination (vgl. Kap. 9) und des Nachfühlens (vgl. Kap. 3) historischer Situationen sein. Andererseits ist er nicht voraussetzungslos, in ihn gehen vielmehr die im Rahmen der Geschichtskultur (vgl. Kap. 6) und der Geschichtsrezeption (vgl. Kap. 11) zuvor schon erworbenen historischen Vorstellungen und Bilder ein.

Dieses sinnlich-ästhetische Erleben von Geschichte ist bedeutsam, weil – mit Wilhelm Dilthey gesprochen – der Mensch mit seinem „ganzen wollend fühlend vorstellenden Wesen“[94] an seiner Weltwahrnehmung und damit auch an seiner Geschichtsaneignung beteiligt ist. Mit Frank Ankersmit kann man also durchaus davon ausgehen, dass die „Empfänglichkeit“ für historische Erfahrung auch eine „Voraussetzung für jede historische Bildung“ ist.[95] Oder jedenfalls geht das historische Erleben auch in die Bildung des Historischen Denkens (vgl. Kap. 8) ein. Mit Hans Ulrich Gumbrecht kann man das Verhältnis von historischem Erleben und Historischem Denken als ein

92 Vgl. Kaiser: Inszenierung und Erlebnis, S. 222–229.
93 Ankersmit: Die historische Erfahrung, S. 21.
94 Dilthey: Einleitung, S. xviii.
95 Ankersmit: Die historische Erfahrung, S. 92.

Spannungsverhältnis von Präsenzeffekten und Sinneffekten konzeptionalisieren, in dem beide Elemente zusammen an der Produktion historischer Erkenntnis beteiligt sind. Insofern sollte man die Leitmuster ‚Geschichte als Erlebnis' und ‚Geschichte als Bildung' nicht gegeneinander ausspielen. Das Erleben von Geschichte in einem Museum, an einem historischen Ort oder bei einem Reenactment kann als motivationaler Antrieb zur Ausbildung des Historischen Denkens beitragen. Vor allen Dingen aber hat es einen Eigenwert als eine die Sinne und die Imagination ansprechende Form des Sich-in-Beziehungs-Setzens mit der Vergangenheit.

Einführende Literatur

Ankersmit, Frank: Die historische Erfahrung, Berlin 2012 (niederl. Orig. 1993).

Carr, David: Experience and History. Phenomenological Perspectives on the Historical World, Oxford/New York 2014.

Gumbrecht, Hans Ulrich: Diesseits der Hermeneutik. Die Produktion von Präsenz, Frankfurt a.M. 2004.

Jay, Martin: Songs of Experience. Modern American and European Variations on a Universal Theme, Berkeley u. a. 2005.

Kaiser, Brigitte: Inszenierung und Erlebnis in kulturhistorischen Ausstellungen. Museale Kommunikation in kunstpädagogischer Perspektive, Bielefeld 2006.

6 Geschichtskultur

6.1 Einleitung

Vom Bahnhof Friedrichstraße bis zum Halleschen Tor sind es etwas mehr als zwei Kilometer – zu Fuß ein Spaziergang, der in knapp 30 Minuten zu bewältigen ist. Auf der Spur geschichtskultureller Repräsentationen können jedoch Stunden auf dieser Strecke durch die Berliner Mitte vergehen. Allein der Ausgangspunkt, der 1882 eröffnete Bahnhof Berlin Friedrichstraße, an den 1962 die Ausreisehalle des Grenzübergangs zwischen Ost- und West-Berlin, der sogenannte Tränenpalast, angeschlossen wurde, lädt zu historischen Erkundungen im Zentrum der Großstadt ein. Altbauten der Berliner Gründerzeit säumen die nach Friedrich I., König von Preußen, benannte Straße Richtung Süden. Im Kulturkaufhaus Dussmann finden sich neben historischen Romanen, populärwissenschaftlichen und akademischen Fachbüchern etliche weitere Medien wie Hör-, Brett- und digitale Spiele, in denen ebenfalls die Vergangenheit in die Gegenwart geholt wird. Über die geschichtsträchtige Berliner Prunkmeile Unter den Linden gelangt man zu den Quartiers 205 bis 207, von denen das Letztere das berühmte Kaufhaus Galeries Lafayette beherbergt. Gebannt durch den Anblick dieser Zeitzeugen der Konsumgesellschaft wird den meisten kaum bewusst sein, dass sich gegenüber im Quartier Stadtmitte das Institut für Geschichtswissenschaften der Humboldt-Universität zu Berlin befindet.

Bis hierher braucht es vielleicht den Hinweis eines der zahllosen Touristguides, um auf die historischen Orte und Gegebenheiten aufmerksam zu werden. Doch spätestens auf den knapp 250 Metern zwischen Schützenstraße und der nach der Galionsfigur der 68er-Studierendenbewegung benannten Rudi-Dutschke-Straße kann man der Geschichte kaum noch entkommen: Rund um den ehemaligen Grenzübergang Checkpoint Charlie, der sich als begehrtes Motiv auf dem touristisch üblichen Selfie findet, reihen sich ein Mauermuseum, das Mauer-Panorama von Yadegar Asisi, die BlackBox Kalter Krieg und ein Trabi-Museum.

Unzählige Menschen flanieren aus den unterschiedlichsten Gründen auf diesen zwei Kilometern. Dabei ergeht es ihnen wohl ähnlich wie Kindern und Jugendlichen, über die der Geschichtsdidaktiker Klaus Bergmann schon 1993 festhielt: „Sie haben nicht die geringste Chance, der Geschichte zu entgehen, die ihnen überall begegnet und sich unmerklich und kaum meßbar in ihrem Bewußtsein wie auch immer niederschlägt."[1]

Die Vergangenheit ragt sowohl als Hinterlassenschaft und Überrest als auch in Form von medialer, architektonischer oder biografischer Geschichte in die Gegenwart und durchdringt diese. Um sich diesem Phänomen anzunähern, wurde in der deutschsprachigen Geschichtsdidaktik der Begriff der Geschichtskultur etabliert. Darunter sammeln sich die „unterschiedlichen Institutionen, Medien und performativen Praktiken, [die] uns täglich mit Themen der Geschichte [konfrontieren] und [...] so unsere Vorstellungen von und Einstellungen zur Vergangenheit" prägen.[2]

Im Folgenden soll betrachtet werden, was Geschichtskultur als Schlüsselbegriff für die Public-History-Forschung leisten kann. Dazu werden die Genese des Begriffs und die prominentesten analytischen Zugänge betrachtet. Wir gehen dabei der Frage nach, warum der Begriff, der grundsätzlich offen und anschlussfähig angelegt ist, noch immer vorwiegend in der geschichtsdidaktischen Diskussion rezipiert und durch sie geprägt ist. Dabei besteht auch in den Kultur- und Gesellschaftswissenschaften seit Längerem ein Interesse daran, sich dem gesellschaftlichen Umgang mit Geschichte forschend anzunähern. Daraus sind eigene Konzepte hervorgegangen, deren Beziehung zum Begriff Geschichtskultur knapp skizziert wird. Schließlich werden ausgewählte methodische Zugänge aus der Ethnologie/Kulturanthropologie und der Medienwissenschaft diskutiert, die dabei helfen können, die bisherigen Überlegungen zur Geschichtskultur in der Public History produktiv aufzugreifen.

1 Klaus Bergmann: „So viel Geschichte wie heute war nie" – Historische Bildung angesichts der Allgegenwart von Geschichte, in: Angela Schwarz (Hg.): Politische Sozialisation und Geschichte. Festschrift für Rolf Schörken zum 65. Geburtstag, Hagen 1993, S. 209–228, hier S. 211.

2 Holger Thünemann: Geschichtskultur revisited. Versuch einer Bilanz nach drei Jahrzehnten, in: Thomas Sandkühler/Horst Walter Blanke (Hg.): Historisierung der Historik. Jörn Rüsen zum 80. Geburtstag, Köln/Weimar 2018, S. 127–150, hier S. 127.

6.2 Begriffsgeschichte

Geschichte der öffentlichen Geschichte

Bereits lange vor der Etablierung des akademischen Fachworts Geschichtskultur war Geschichte öffentlich und Gegenstand gesellschaftlicher Aushandlung. Schon in der Antike wurden Ursprungsmythen entworfen und verbreitet, eine Geschichtsschreibung betrieben, und es ist überliefert, dass bereits im römischen Kolosseum historische Schlachten nachgestellt wurden. Sich seiner eigenen Vergangenheit zu versichern, um sich in der Gegenwart zu orientieren, gilt als menschliche Kulturtätigkeit.[3] Zu allen Zeiten betrieben Einzelne, Gruppen und Institutionen verschiedenster Art eine mehr oder weniger öffentliche Geschichtsschreibung, um ihr Handeln und Herrschen zu legitimieren, Identität zu stiften und für Rückhalt in der Gesellschaft zu sorgen.

Eine Geschichtsschreibung nach wissenschaftlichen Standards setzte sich jedoch erst mit der Herausbildung einer systematischen Geschichtswissenschaft im 19. Jahrhundert durch. In ihren Anfängen beteiligte sich diese universitäre Disziplin trotz quellenkritischer Methode und Objektivitätsanspruch an der nationalen Mythenbildung auf der Grundlage historischer Gegebenheiten. Nationale Großerzählungen, wie beispielsweise in Deutschland der Hermann- oder Germanenmythos, wurden auch an den Universitäten festgeschrieben und hallen bis in die Gegenwart nach.[4] Dabei wurde kaum zwischen einem akademischen und einem öffentlichen Diskurs unterschieden. Historiker_innen verstanden sich selbst als ‚Volkserzieher_innen' und ihre Beteiligung an der (nationalen) Meistererzählung als integralen Bestandteil des Faches.[5] Insofern benötigten sie keinen Begriff, der die Gesamtheit der gesellschaftlichen Auseinandersetzung mit Geschichte erfasste, ging dies doch bereits in ihrem Verständnis von Geschichtswissenschaft auf. Diese Haltung wurde im Verlauf des 20. Jahrhunderts fundamental in Frage gestellt: zum einen, da sich in den aufkommenden Massenmedien ganz eigene Geschichtsschreibungen durchsetzten, die vielmehr den Bedingungen der Medien als der Wissenschaft folgten; zum anderen, da sich die immer stärker in

3 Vgl. Thomas Fischer: Geschichte der Geschichtskultur. Über den öffentlichen Gebrauch von Vergangenheit von den antiken Hochkulturen bis zur Gegenwart, Köln 2000.

4 Vgl. Ingo Wiwjorra: Der Germanenmythos. Konstruktion einer Weltanschauung in der Altertumsforschung des 19. Jahrhunderts, Darmstadt 2006; Jonathan Roth: 2000 Jahre Varusschlacht – Jubiläum eines Mythos? Eine kulturanthropologische Fallstudie zur Erinnerungskultur, Münster 2012.

5 Vgl. Hans-Jürgen Pandel: Geschichtsunterricht nach PISA. Kompetenzen, Bildungsstandards, Kerncurricula, Schwalbach i. Ts. 2005, S. 40.

Spezialdiskurse ausdifferenzierende Geschichtswissenschaft zunehmend vom öffentlichen Diskurs über Geschichte entfernte. Schließlich wurde im Hinblick auf die Ur- und Frühgeschichtsforschung nachgewiesen, dass sich die Wissenschaftler_innen nach ihrer Selbstindienstnahme zur Zeit des Nationalsozialismus von der öffentlichkeitswirksamen Inszenierung ihrer Forschungsergebnisse abwandten und sich aus der Wissenschaftspopularisierung zurückzogen.[6]

Ursprung in der Geschichtsdidaktik

Die Lücke zwischen historischer Forschung und öffentlichem Interesse und die Unfähigkeit, sich kritisch mit der Zeit des Nationalsozialismus und insbesondere des Holocaust auseinanderzusetzen, führte die Geschichtswissenschaft Ende der 1960er Jahre in eine Krise, in der sie sich mit der Frage ‚Wozu noch Geschichte?' konfrontiert sah.[7] In diesem Klima wandte sich die Geschichtsdidaktik endgültig von dem Anspruch ab, im Geschichtsunterricht historisch fundierte, verbindliche Leitbilder zu vermitteln. Stattdessen strebte sie an, sich von einer Unterrichts- und Methodenlehre in eine eigene Teildisziplin der Geschichtswissenschaft zu entwickeln. Damit einher ging die Öffnung der Geschichtsdidaktik gegenüber Geschichtsdarstellungen in der außerschulischen Öffentlichkeit.[8] 1981 betrachtete Rolf Schörken in *Geschichte in der Alltagswelt* erstmals ausführlich und auf einer breiten empirischen Grundlage „das lebensweltliche Geschichtsinteresse".[9] Er untersuchte vom historischen Roman über touristische Orte bis hin zu Wohnungseinrichtungen und Veranstaltungen ganz unterschiedliche Geschichtsrepräsentationen und fragte nach ihrer Erscheinung und Funktion.

Schörken bezeichnete sein Untersuchungsfeld noch als „historische Kultur".[10] Es war dann jedoch der vom Geschichtstheoretiker Jörn Rüsen in den frühen 1990er Jahren geprägte Begriff der Geschichtskultur, der zu einer sogenannten Fundamentalkategorie der Geschichtsdidaktik und in dieser Funktion zunehmend zur theoretisch grundierten Beschreibung und analytischen Betrachtung des

6 Vgl. Georg Koch: Funde und Fiktionen. Urgeschichte im deutschen und britischen Fernsehen seit den 1950er Jahren, Göttingen 2019, S. 62 f.

7 Vgl. Jürgen Kocka: Geschichtswissenschaft heute – wozu noch Geschichte?, in: Karl Filser (Hg.): Theorie und Praxis des Geschichtsunterrichts, Bad Heilbrunn 1974, S. 24–35.

8 Vgl. Bernd Schönemann: Geschichtsdidaktik, Geschichtskultur, Geschichtswissenschaft, in: Hilke Günther-Arndt (Hg.): Geschichts-Didaktik. Praxishandbuch für die Sekundarstufe I und II, Berlin 2003, S. 11–22, hier S. 11.

9 Rolf Schörken: Geschichte in der Alltagswelt. Wie uns Geschichte begegnet und was wir mit ihr machen, Stuttgart 1981, S. 9.

10 Ebd., S. 233.

öffentlichen Umgangs mit Geschichte innerhalb der Geschichtsdidaktik herangezogen werden sollte. Dabei wurden die grundlegenden Arbeiten Rüsens im fachdidaktischen Diskurs viel zitiert, jedoch kaum weiterentwickelt. Allein Bernd Schönemann brachte Anfang der 2000er Jahre eine wissenssoziologische Dimension in das Konzept ein. Er hinterfragte Rüsens Ansatz, der Geschichtskultur als „menschliche Kulturleistung von universaler Tiefe und Bedeutung" fasste.[11] Stattdessen fragte er danach, inwiefern sie in Anlehnung an die Sozialtheorie von Peter L. Berger und Thomas Luckmann als das Resultat einer „gesellschaftlichen Konstruktion von Vergangenheit" aufgefasst werden könne.[12]

Die geschichtsdidaktische Sackgasse

Dem Begriff Geschichtskultur gelang es kaum, über den fachdidaktischen Expert_innendiskurs hinaus in die gesellschafts- und kulturwissenschaftliche Diskussion zu gelangen.[13] Dies mag daran liegen, dass er in der Geschichtsdidaktik zu einem Sammelbegriff gerann, unter dem all jene Praktiken und Darstellungen gefasst wurden, die jenseits des schulischen Geschichtsunterrichts auf Schüler_innen einwirken. Obwohl Schörken und Rüsen ihre Definitionen von historischer Kultur bzw. Geschichtskultur inklusiv anlegten und jede Art von Geschichtsschreibung – auch die in der Schule und an der Universität – mit einbezogen, ist von Geschichtskultur bis heute meist nur dann die Rede, wenn dezidiert massenmediale, populäre Darstellungen gemeint sind. Wahlweise wird auch vom außer- oder nichtwissenschaftlichen Umgang mit Geschichte gesprochen und auf ‚Geschichte in der Öffentlichkeit' oder ‚Geschichte im Alltag' verwiesen.[14] Gemeinsam ist diesen Umschreibungen, dass damit der akademischen Geschichtsschreibung und dem schulischen Geschichtsunterricht ein Sonderstatus zugeschrieben wird.[15] So formulierte Hans-Jürgen Pandel als Ziel für den kompetenzorientierten Geschichtsunterricht eine „geschichtskulturelle Kompetenz" (vgl. Infobox Kompetenzen in Kap. 8.4), die Ausdruck der Fähigkeit sei, die unterschiedlichen

11 Bernd Schönemann: Geschichtsdidaktik und Geschichtskultur, in: Bernd Mütter u. a. (Hg.): Geschichtskultur. Theorie – Empirie – Pragmatik, Weinheim 2000, S. 26–58, hier S. 43. Vgl. Jörn Rüsen: Was ist Geschichtskultur? Überlegungen zu einer neuen Art, über Geschichte nachzudenken, in: Klaus Füßmann u. a. (Hg.): Historische Faszination. Geschichtskultur heute, Köln u. a. 1994, S. 3–26, hier S. 5.

12 Schönemann: Geschichtsdidaktik und Geschichtskultur, S. 44.

13 Eine Ausnahme bildet unter anderem die Rezeption des Begriffs durch den Volkskundler Gottfried Korff, siehe dessen Aufsatz: Kulturelle Überlieferung und mémoire collective. Bemerkungen zum Rüsenschen Konzept der „Geschichtskultur", in: Klaus Fröhlich u. a. (Hg.): Geschichtskultur, Pfaffenweiler 1992, S. 51–61.

14 Schönemann: Geschichtsdidaktik und Geschichtskultur, S. 36.

15 Rolf Schörken: Begegnungen mit Geschichte. Vom außerwissenschaftlichen Umgang mit der Historie in Literatur und Medien, Stuttgart 1995, S. 11.

„Spielregeln" von Geschichtswissenschaft und Geschichtskultur nachzuvollziehen.[16] Unter einer derart kategorischen Unterscheidung zwischen akademischer Wissenschaft, schulischem Unterricht und ‚dem Rest' wurde Geschichtskultur zu einem normativen Konzept, das die ‚richtige' von der ‚falschen' Geschichte trennt. In ihrer Geschichtskulturforschung bewegte sich die Geschichtsdidaktik damit vor allem hin zu einer Bewertung außerschulischer Lernangebote, die es im Unterricht aufzugreifen oder auszugleichen gelte.

6.3 Verwandte Begriffe

Die Geschichtsdidaktik griff die Chance nur unzureichend auf, die wissenschaftliche Beschäftigung mit Geschichtskultur als interdisziplinäres Wirkungs- und Forschungsfeld zu erschließen und für die Fragestellungen anderer gesellschafts- und kulturwissenschaftlicher Disziplinen anschlussfähig zu machen.[17] Dort entwickelten sich unabhängig vom Begriff Geschichtskultur alternative Konzepte und Theorien, die sich ebenso mit dem gesellschaftlichen Umgang mit Vergangenheit beschäftigen.

Verwandte Begriffe in der Geschichtswissenschaft

In der Zeitgeschichte führten seit den 1990er Jahren die Diskurse um den Umgang mit den nationalsozialistischen Verbrechen dazu, dass die Beziehung der Gesellschaft zu ihrer eigenen Vergangenheit unter den Begriffen Gedächtnis (vgl. Kap. 4) und Erinnerungskultur (vgl. Infobox in Kap. 4.2) geschärft wurde.[18] Gerade letztgenannter Begriff legte im Gegensatz zu Geschichtskultur einen deutlicheren Fokus auf gesellschaftliches und staatliches Gedenken (vgl. Infobox Vergangenheitsbewältigung, Vergangenheitsaufarbeitung und Geschichtspolitik in Kap. 4.2.3) und den funktionalen Gebrauch der Vergangenheit für gegenwärtige Zwecke.[19] Einige Geschichtsdidaktiker_innen wiesen zwar darauf hin, dass das Konzept in das der

16 Pandel: Geschichtsunterricht, S. 137.

17 Vgl. Simone Rauthe: Geschichtsdidaktik – ein Auslaufmodell? Neue Impulse der amerikanischen Public History, in: Zeithistorische Forschungen/Studies in Contemporary History 2 (2005), S. 287–291, online: https://zeithistorische-forschungen.de/2-2005/4647, letzter Zugriff: 11.1.2021.

18 Maria Grever/Robbert-Jan Adriaansen: Historical Culture: A Concept Revisited, in: Mario Carretero u. a. (Hg.): Palgrave Handbook of Research in Historical Culture and Education, Basingstoke 2016, S. 73–89, hier S. 75.

19 Christoph Cornelißen: Erinnerungskulturen (Version: 2.0), in: Docupedia-Zeitgeschichte, 22.10.2012, https://docupedia.de/zg/Erinnerungskulturen_Version_2.0_Christoph_Corneli%C3%9Fen, letzter Zugriff: 11.1.2021.

Geschichtskultur zu integrieren sei,[20] dennoch etablierte sich der Begriff, der seine Anschlussfähigkeit auch für das Feuilleton bewies.

Demgegenüber entwickelte sich beispielsweise in der Alten Geschichte die Antikenrezeption (vgl. Kap. 11) als eigenes Forschungsfeld, in dem nach der Tradition und Transformation von Geschichtsdarstellungen gefragt wird. Unter dem Schlagwort ‚Archäologie und Öffentlichkeit' werden schließlich auch populäre Darstellungen archäologischer Epochen mehr oder weniger systematisch untersucht.[21] Beiden Ansätzen ist gemein, dass sie Geschichtskultur als ihr Forschungsfeld benennen und auf die Ansätze aus der Geschichtsdidaktik zurückgreifen. Sie entwickelten das Konzept jedoch nicht konsequent weiter, sondern sehen darin zumeist einen Sammelbegriff für die massenmediale Darstellung von Geschichte.

Kulturwissenschaften

Die Forschung zur Erinnerungskultur griff darüber hinaus auf Erkenntnisse der Kulturwissenschaften zurück, die ebenfalls seit den 1990er Jahren an Gedächtnistheorien (vgl. Kap. 4) arbeitete. Obwohl auch Rüsen zum „historischen Erinnern" als Sinnproduktion über den eigenen Lebenshorizont hinaus[22] und Schörken zur „Vergegenwärtigung" als Wiederbelebung von unwiederbringlich Vergangenem in der Gegenwart[23] geschrieben haben, reichten diese Ansätze nicht aus, um beispielsweise das Unbehagen der Deutschen mit ihrer Vergangenheit zufriedenstellend zu erklären. Hier überzeugten Konzepte wie die des kulturellen und kommunikativen Gedächtnisses von Jan und Aleida Assmann.

Ein weiterer Begriff aus diesem Themenfeld ist der des Kulturerbes (vgl. Kap. 7): Kulturerbe wird von der internationalen Kulturerbe-Forschung nicht als Forschungskonzept aufgefasst, sondern als eine geschichtspolitisch verhandelte, normativ belegte Wertzuschreibung verstanden. Doch gerade mit Blick auf seine Bedeutung als Form moderner Unterhaltungskultur und die damit verbundene ökonomische

20 Marko Demantowsky: Geschichtskultur und Erinnerungskultur. Zwei Konzeptionen des einen Gegenstands, in: Geschichte, Politik und ihre Didaktik 33/1–2 (2005), S. 11–20; ders. (Hg.): Public History and School. International Perspectives, Berlin/Boston 2018; Wolfgang Hasberg: Erinnerungs- oder Geschichtskultur? Überlegungen zu zwei (un)vereinbaren Konzeptionen zum Umgang mit Gedächtnis und Geschichte, in: Olaf Hartung (Hg.): Museum und Geschichtskultur. Ästhetik – Politik – Wissenschaft, Bielefeld 2006, S. 32–59.

21 Stefanie Samida: Archäologie und Öffentlichkeit. Zum Stand der Reflexion, in: Manfred K. H. Eggert/Ulrich Veit (Hg.): Theorie in der Archäologie. Zur jüngeren Diskussion in Deutschland, Münster 2013, S. 337–374.

22 Rüsen: Geschichtskultur, S. 38.

23 Schörken: Begegnungen, S. 11–14.

Wertschöpfung zeigen sich deutliche Parallelen[24] zu einem breiten Geschichtskultur-Begriff, wie er im Folgenden noch skizziert wird.

Geschichtskultur international

Jenseits des deutschsprachigen Diskurses wurde der Begriff Geschichtskultur kaum rezipiert,[25] auch wenn geschichtskulturelle Phänomene international diskutiert und zumeist in den Geschichtswissenschaften erforscht werden. Im Französischen hat sich stattdessen das Konzept der *lieux de mémoire* (vgl. Kap. 4 Erinnerung und Gedächtnis) mit seinem deutlichen Fokus auf der Rezeptionsgeschichte von Ereignissen, Personen und Orten in ihrer geschichtskulturellen Verarbeitung erfolgreich etabliert. In den USA wiederum haben sich die Begriffe Heritage und Public History durchgesetzt. Letzterer ging aus dem bürgerlichen Engagement zur Erforschung der eigenen Geschichte hervor. Heute beschreibt er zusätzlich die Ausbildung und die Tätigkeit von Historiker_innen, die sich Beschäftigungsfelder jenseits der Universität und der Schule erschließen.

6.4 Annäherungen an das Konzept Geschichtskultur

Geschichtsbewusstsein und Geschichtskultur

In der Geschichtsdidaktik wird Geschichtskultur als Konzept verstanden, das sich in Relation zum individuellen Geschichtsbewusstsein definiert. Zur Annäherung an das Konzept Geschichtskultur ist es also hilfreich, das Geschichtsbewusstsein und seinen Zusammenhang mit Geschichtskultur genauer zu beschreiben. Das Geschichtsbewusstsein stellt die Grundlage für alle individuellen Vorstellungen von und Einstellungen zur Vergangenheit dar. Gleichzeitig ist das Bewusstsein von der Geschichtlichkeit des eigenen Daseins die Basis dafür, einen „Zusammenhang von Vergangenheitsdeutung, Gegenwartsverständnis und Zukunftsperspektive" herzustellen.[26] Es ermöglicht dem Menschen, sich in „ein Verhältnis zur ‚Vergangenheit' (als gewesener Realität) wie zur ‚Geschichte' (als der gedeuteten, re-konstruierten

24 Markus Tauschek: Kulturerbe. Eine Einführung, Berlin 2013, S. 73–93.

25 Eine Ausnahme stellt hier das *Palgrave Handbook of Research in Historical Culture and Education* dar, in dem der Begriff aufgegriffen und erweitert wird. Mario Carretero u. a. (Hg.): Palgrave Handbook of Research in Historical Culture and Education, Basingstoke 2016.

26 Karl-Ernst Jeismann: Geschichtsbewußtsein – Theorie, in: Klaus Bergmann u. a. (Hg.): Handbuch der Geschichtsdidaktik, Seelze-Velber 1997, S. 42–44, hier S. 42.

Vergangenheit) […] zu setzen".[27] Insofern ist Geschichtsbewusstsein als individuell, subjektiv und gegenwartsgebunden aufzufassen.[28]

Rüsen versteht vor diesem Hintergrund Geschichtskultur als „praktisch wirksame Artikulation von Geschichtsbewusstsein im Leben einer Gesellschaft"[29] und als „Inbegriff der Sinnbildungsleistungen des menschlichen Geschichtsbewusstseins".[30] Daran anknüpfend bezeichnet Schönemann Geschichtsbewusstsein als individuelles Konstrukt, „das sich von außen nach innen, in Internalisierungs- und Sozialisationsprozessen aufbaut", im Gegensatz zur Geschichtskultur „als kollektive[m] Konstrukt, das auf dem entgegengesetzten Weg der Externalisierung entsteht und objektive Gestalt annimmt".[31]

Geschichtsdarstellungen

Die Übersetzung von Geschichtsbewusstsein in Geschichtskultur wird in der Geschichtsdidaktik als ‚historisches Erzählen' bezeichnet.[32] Dabei handelt es sich um eine mentale Operation, die vom Geschichtsbewusstsein zu einer in Wort, Schrift, Objekt oder (bewegtem) Bild zugänglichen Geschichtsdarstellung führt.[33]

Dabei muss das historische Erzählen keinesfalls auf Dritte ausgerichtet sein. Vielmehr stellt es die (De- und Re-)Konstruktion von Geschichte in der Auseinandersetzung mit ihr dar. So werden auch die performativen Praktiken beispielsweise der Living History als Geschichtsdarstellungen fassbar, selbst wenn die Akteur_innen sich nur für sich selbst und ohne Publikum mit Vergangenheit beschäftigen oder jedwede Bildungsabsichten verneinen. Geschichtsdarstellungen entsprechen damit den von Hans-Jürgen Pandel so umschriebenen „Objekten der Geschichtskultur".[34] Er versteht sie als „kulturelle Tatsachen", die sich dadurch definieren, „dass sie gegenwärtige rhetorische, ästhetische, simulative und literarische Hervorbringungen sind, die

27 Waltraud Schreiber: Reflektiertes und (selbst-)reflexives Geschichtsbewusstsein durch Geschichtsunterricht fördern – ein vielschichtiges Forschungsfeld der Geschichtsdidaktik, in: Zeitschrift für Geschichtsdidaktik 1 (2002), S. 18–43, hier S. 18.

28 Vgl. ebd., S. 19.

29 Rüsen: Geschichtskultur, 5.

30 Jörn Rüsen: Historik. Theorie der Geschichtswissenschaft, Köln u. a. 2013, S. 221.

31 Schönemann: Geschichtsdidaktik und Geschichtskultur, S. 44.

32 Vgl. Michele Barricelli: Schüler erzählen Geschichte. Narrative Kompetenz im Geschichtsunterricht, Schwalbach i. Ts. 2005.

33 Vgl. Schreiber: Geschichtsbewusstsein, S. 19; Meik Zülsdorf-Kersting: Zwei Seiten einer Medaille – oder: Wie konstruieren Individuen Geschichte?, in: Zeitschrift für Geschichtsdidaktik 8 (2009), S. 184–197, hier S. 193.

34 Hans-Jürgen Pandel: Geschichtskultur als Aufgabe der Geschichtsdidaktik. Viel zu wissen ist zu wenig, in: Vadim Oswalt u. a. (Hg.): Geschichtskultur. Die Anwesenheit von Vergangenheit in der Gegenwart, Schwalbach i. Ts. 2009, S. 19–33, hier S. 27.

sich auf Ereignisse und Begebenheiten der Vergangenheit beziehen".[35] Geschichtskultur beruht dieser Auffassung nach auf der Produktion, Rezeption und Interaktion von Geschichtsdarstellungen und den Akteur_innen, die sie hervorbringen.

Begegnungen mit Geschichte

Beim Weg vom Geschichtsbewusstsein zur Geschichtskultur handelt es sich keineswegs um eine Einbahnstraße. Vielmehr stellt die Geschichtskultur zugleich die Grundlage für die Vorstellungen und Einstellungen des Individuums dar. Darüber hinaus verändern sich die Vorstellungen des Individuums, bereits während es sich mit Geschichte auseinandersetzt, Darstellungen produziert, rezipiert oder in der entsprechenden Handlung: Es deutet die Vergangenheit aus dem gegenwärtigen Moment heraus und bestimmt seine Identität, seine Position im Raum und im Verlauf der Zeit kontinuierlich im Umgang mit Geschichte.

Begegnungen mit Geschichte müssen nicht zwingend intendiert oder angeleitet sein. Viel eher finden sie ganz zufällig und oftmals unbewusst statt. Auf dem Spaziergang entlang der Friedrichstraße regt schon allein die Architektur der historischen Gebäude permanent das Geschichtsbewusstsein an, auch wenn die Passant_innen ihnen kaum mehr als achtlose Blicke schenken. Vorwissen wird aufgerufen und mit dem Gesehenen abgeglichen, sodass sich selbst durch die unbewusste Wahrnehmung der Bauten und Straßenzüge eine Vorstellung aufbaut und Einstellungen geprägt werden.[36] Dieser Umstand führte Pandel zu der Feststellung: „Leben in der Geschichtskultur bedeutet Auseinandersetzung mit den Produkten anderer, in denen sich deren Geschichtsbewusstsein niedergeschlagen hat."[37] Dies bestätigt wiederum die Annahme, dass es sich beim Geschichtsbewusstsein um ein sich ständig wandelndes Konstrukt handelt. Denn es „bildet sich durch die Übernahme und Modifikation von sowie Auseinandersetzung mit anderen relevanten Geschichtsbildern heraus".[38] Auf eine Formel reduziert bedeutet dies: Geschichtskultur formt das Geschichtsbewusstsein, das wiederum Geschichtskultur hervorbringt.

---

35 Ebd.

36 Vgl. Aleida Assmann: Das Gedächtnis der Orte, in: Deutsche Vierteljahrsschrift für Literaturwissenschaft und Geistesgeschichte 68/1 (1994), S. 17–35; Christoph Bernhardt u. a.: Gebaute Geschichte. Historische Authentizität im Stadtraum, Göttingen 2017.

37 Pandel: Geschichtskultur, S. 28.

38 Marko Demantowsky: Geschichtsbild, in: Ulrich Mayer u. a. (Hg.): Wörterbuch Geschichtsdidaktik, Schwalbach i. Ts. 2006, S. 70–71, hier S. 71.

Geschichtskultur als Markt

In der Geschichtskultur finden sich so permanent „Sinnbildungsangebote für die Leser beziehungsweise Zuhörer".[39] Diesen steht eine Sinnbildungsnachfrage in Form des individuellen Identifikations- und Orientierungsbedürfnisses gegenüber. Daran anknüpfend kann Geschichtskultur als Markt beschrieben werden, auf dem Sinnbildungsangebote und Sinnbildungsnachfrage aufeinandertreffen.[40]

Aneignung von Geschichte

Auf diesem Markt findet Geschichtsvermittlung entgegen der Intention so mancher Geschichtsschreiber_innen kaum als gerichteter Top-down-Prozess statt. Stattdessen stellen sich Geschichtsdarstellungen lediglich als Impuls für individuelle Aneignungsprozesse (vgl. Infobox Aneignung in Kap. 8.2) dar. Geschichtsdarstellungen werden im Zuge der Rezeption nie genau in ihrer bestehenden Form in die vorhandene Vorstellung von Vergangenheit integriert. Stattdessen werden sie vom Individuum angeeignet und dabei transformiert: Sie werden mehr oder weniger elaboriert dekonstruiert, regen die Imagination (vgl. Kap. 9) an und finden erst dann einen Niederschlag in den Vor- und Einstellungen des Individuums.[41] Geschichtsdarstellungen fördern so kontinuierlich die Entwicklung des individuellen Geschichtsbewusstseins und die Bildung von Vorstellungen von der Vergangenheit.[42]

Geschichtskultur machen

Betrachtet man diese permanente Auseinandersetzung des Individuums mit Geschichtsdarstellungen wird deutlich, dass es sich beim Geschichtemachen, also der performativen Hervorbringung und Aneignung von Geschichte, um eine kulturelle Praxis handelt, die sich innerhalb eines sozialen Systems vollzieht. Innerhalb dieses Systems findet Schönemann zufolge eine „kulturell durchformte Kommunikation [statt], die auf eine spezifische Weise Geschichte als

39 Hans-Jürgen Pandel: Historisches Erzählen. Narrativität im Geschichtsunterricht, Schwalbach i. Ts. 2010, S. 135. Vor dem Hintergrund der diversen multimedialen Zugänge und Darstellungen wären natürlich noch die Besucher_innen, Spieler_innen, Gamer_innen etc. zu ergänzen.

40 Jörn Rüsen führt das Orientierungsbedürfnis wiederum auf irritierende Zeiterfahrungen zurück und sieht es als Anstoß und Triebkraft des historischen Lernens. Jörn Rüsen: Historisches Lernen, in: Klaus Bergmann u. a. (Hg.): Handbuch der Geschichtsdidaktik, Seelze-Velber 1997, S. 261–265, hier S. 262.

41 Vgl. Rolf Schörken: Historische Imagination – Wort, in: Klaus Bergmann u. a.: Handbuch der Geschichtsdidaktik, Seelze-Velber 1997, S. 64–66, hier S. 65 f., und Schreiber: Geschichtsbewusstsein, S. 28.

42 Vgl. Heinrich T. Grütter: Warum fasziniert die Vergangenheit. Perspektiven einer neuen Geschichtskultur, in: Jörn Rüsen u. a. (Hg.): Historische Faszination. Geschichtskultur heute, Köln 1994, S. 45–57, hier S. 54. Zülsdorf-Kersting spricht von geschichtskultureller Sozialisation, die er als „den Prozess der Entstehung und Entwicklung von historischer Identität in wechselseitiger Abhängigkeit von geschichtskulturell vermittelten Tradierungsmustern" sieht, Zülsdorf-Kersting: Zwei Seiten, S. 188 f.

Bedeutung erzeugt".[43] Geschichtskultur konstituiert sich demnach aus Geschichtsdarstellungen, an denen das Individuum, das sich mit ihnen auseinandersetzt, sein eigenes Geschichtsbewusstsein entwickelt. Dieses ist wiederum die Grundlage für eigene Geschichtsdarstellungen. Dabei existieren unterschiedliche eigensinnig-produktive Aneignungsstrategien nebeneinander, die sowohl aufeinander als auch in die Produktionspraxis zurückwirken. Diese Prozesse der performativen Herstellung und Aneignung (vgl. Kap. 10 Performativität) sind ebenso Teil der wissenschaftlichen Auseinandersetzung mit Geschichtskultur und ihren Objektivationen. Geschichtskultur muss dabei als veränderlich und ständig im Wandel angenommen werden, da sie sich stets aus ihrer eigenen Praxis heraus neu konstituiert.

Historisierung von Geschichtskultur

Die Betrachtung und Untersuchung von Geschichtskultur ist dabei nicht auf gegenwärtige Erscheinungen und Praktiken begrenzt, sondern kann sich ebenso auf historische Akteur_innen und deren Geschichtsdarstellungen beziehen.[44] Die Objekte der vergangenen Geschichtskultur in ihrer Form als medialisierte und damit fixierte Wissensbestände dienen dann als Ausdruck dessen, was sich in den damaligen diskursiven Aushandlungsprozessen als derart relevant, mitteilungswürdig und ‚wahr' herauskristallisierte, dass es schließlich öffentlichkeitswirksam dargestellt wurde.[45] Untersuchungen zur historischen Geschichtskultur befinden sich damit in unmittelbarer Nähe zur Wissensgeschichte, die sich der Untersuchung der „gesellschaftliche[n] Produktion und Zirkulation von Wissen" widmet.[46] Historische Geschichtsdarstellungen können als Speicher-, Transport- und Darstellungsmedien des historischen Wissens ihrer Zeit verstanden werden. Eine Analyse gibt dann Auskunft darüber, was von den Zeitgenoss_innen in welchen Diskursen als Wissen qualifiziert wurde.[47] Damit rücken wiederum die performativen zeit- und gesell-

---

43 Schönemann: Geschichtsdidaktik und Geschichtskultur, S. 46.

44 Bernd Schönemann: Erinnerungskultur oder Geschichtskultur?, in: Eugen Kotte (Hg.): Kulturwissenschaften und Geschichtsdidaktik, München 2011, S. 53–72, hier S. 58. Hans-Jürgen Pandel sieht die Aufgabe der Geschichtsdidaktik darin, sich ausschließlich mit der gegenwärtigen Geschichtskultur auseinanderzusetzen, die Erforschung der Geschichtskultur der Vergangenheit sieht er hingegen im Aufgabenbereich der Kulturgeschichte. Vgl. Pandel: Geschichtsunterricht, S. 131.

45 Vgl. Veronika Lipphardt/David Ludwig: Wissens- und Wissenschaftstransfer, in: EGO – Europäische Geschichte Online, 28.9.2011, https://ieg-ego.eu/lipphardtv-ludwigd-2011-de, letzter Zugriff: 19.10.2020; Philipp Sarasin: Was ist Wissensgeschichte?, in: Internationales Archiv für Sozialgeschichte der deutschen Literatur 36/1 (2011), S. 159–172, hier S. 167.

46 Sarasin: Wissensgeschichte, S. 164.

47 Vgl. Carsten Kretschmann: Wissenschaftspopularisierung – Ansätze und Konzepte, in: Bernd Hüppauf/Peter Weingart (Hg.): Frosch und Frankenstein. Bilder als

schaftsabhängigen Deutungen der Vergangenheit ins Zentrum der Analyse.

Geschichtskulturen im Plural

Mit dem Blick auf Geschichtskultur in der Vergangenheit stellt sich die Frage, inwiefern von *der* Geschichtskultur (im Singular) gesprochen werden kann und ob es sich nicht vielmehr um unterschiedliche Geschichtskultur*en* (im Plural) handelt. Diese Pluralisierung kann aus einer diachronen Betrachtung resultieren, da sich Geschichtskulturen in Gegenwart und Vergangenheit unterscheiden, aber auch aus einer synchronen Perspektive auf die Diversifizierung geschichtskultureller Phänomene, die mit der Herausbildung kollektiver Identitäten jenseits des Nationalstaats einhergeht. Zudem pluralisieren sich mit der zunehmenden Verbreitung historischer Inhalte in der Mediengesellschaft sowohl die Medien der Darstellung als auch die Darstellungen selbst und die beteiligten Akteur_innen. So erscheint es auch Eva Ulrike Pirker und Mark Rüdiger sinnvoll, aufgrund der „Vielfalt der Geschichtsbilder und der Medienformen, in denen diese Bilder erzeugt, transportiert und rezipiert werden, sowie [der] Vielfalt der Kontexte, in denen das Historische einen wichtigen Stellenwert einnimmt, […] von Geschichtskultur*en*" zu sprechen.[48]

Kulturbegriff

Inwiefern kann eine Geschichtskultur im Plural analytisch hilfreich sein und welche Fallstricke des Kulturbegriffs gilt es dabei zu beachten? Der Kulturbegriff wird sowohl in öffentlich-politischen als auch in akademischen Kontexten genutzt. Häufig divergieren jedoch dabei die Inhalte: In öffentlich-politischen Diskursen (aber auch in positivistisch argumentierenden wissenschaftlichen Fächern) wird nicht selten davon ausgegangen, dass Menschen eine bestimmte Kultur besitzen oder einer spezifischen Kultur angehören, die als statisch, geografisch und/oder sozial verortbar und in sich homogen verstanden wird. Ein konstruktivistisches Kulturverständnis, das vor allem in sozial- und geisteswissenschaftlichen Disziplinen vertreten wird, drückt sich hingegen dadurch aus, dass Kultur erst mittels Praktiken entsteht und immer wieder (re)produziert werden muss. Dieses praxeologisch gefasste *doing culture* ist von zeitlichen und räumlichen Spezifika der betrachteten Gesellschaft und ihren jeweiligen Machtkonstellationen maßgeblich geprägt. Deshalb wird

---

Medium der Popularisierung von Wissenschaft, Bielefeld 2009, S. 79–89, hier S. 84; Lipphardt/Ludwig: Wissens- und Wissenschaftstransfer, S. 5.

48 Eva Ulrike Pirker/Mark Rüdiger: Authentizitätsfiktionen in populären Geschichtskulturen: Annäherungen, in: Eva Ulrike Pirker u. a. (Hg.): Echte Geschichte. Authentizitätsfiktionen in populären Geschichtskulturen, Bielefeld 2010, S. 11–30, hier S. 12 (Herv. i. Orig.).

in den gegenwärtigen kulturwissenschaftlichen Diskursen zumeist von Kulturen im Plural gesprochen. Dies wendet sich auch explizit gegen frühere akademische Positionen, die Kultur als ahistorische, kohärente und singuläre Entität konzeptualisierten[49] und in ein dichotomes Verhältnis zur Natur stellten. Im Zuge der sogenannten *Writing-Culture*-Debatte setzten sich in den 1980er Jahren die ethnologischen/kulturanthropologischen Disziplinen intensiv mit dem facheigenen Kulturbegriff auseinander.[50] Im Rahmen dessen wurde auch die eigene wissenschaftliche Praxis, klar umgrenzte und homogenisierte Kulturen zu konstruieren und festzuschreiben, kritisch ins Auge gefasst. Vertreter_innen kulturanalytischer Ansätze, die sich im Nachgang der Debatte positionierten, sprachen sich daher gegen die Vorstellung einer Aneinanderreihung von „isolierbaren und systematisch geschlossenen Einheiten" aus und forderten stattdessen ein Denken in Relationen: So wird „der Sinngehalt kulturaler Phänomene erst durch die Untersuchung des Beziehungsgeflechts entschlüsselt, dem sie ihre Gestalt verdanken".[51]

Bezogen auf geschichtskulturelle Kontexte lassen sich aus Objektivationen, Performanzen und Narrativen relevante Eigenbeschreibungen, Abgrenzungen und Orientierungsangebote herausarbeiten, ohne von außen fixe Attribuierungen – seien sie national, sozial, ethnisch etc. – anzulegen. Stattdessen interessieren mögliche Uneindeutigkeiten und historische (Dis-)Kontinuitäten und Transformationen. Geschichtskulturen im Plural zu denken und zu beschreiben kann hier also als Heuristik dienen, um die komplexen Beziehungen geschichtskultureller Praktiken, Medien, Inhalte und Akteur_innen analytisch zu fassen und die Annahme von Singularität und Kohärenz einer – häufig national konturierten – (Geschichts-)Kultur zu hinterfragen.

6.5 Geschichtskultur beforschen

Geschichtskulturelle Praktiken und Repräsentationen sind nicht nur Forschungsgegenstand der historischen Wissenschaften. Durch ihre

49 Rolf Lindner: „Zwei oder drei Dinge, die ich über Kultur weiß …". Eine Reprise, in: Reinhard Johler u. a. (Hg.): Kultur_Kultur. Denken. Forschen. Darstellen, Münster u. a. 2013, S. 16–27, hier S. 16.

50 Lila Abu-Lughod: Writing Against Culture, in: Richard G. Fox (Hg.): Recapturing Anthropology. Working in the Present, Santa Fe 1991, S. 137–162.

51 Rolf Lindner: Vom Wesen der Kulturanalyse, in: Zeitschrift für Volkskunde 99/2 (2003), S. 177–188, hier S. 177 u. S. 179.

alltagsweltliche Bedeutung, ihre Multimodalität und ihre Relevanz für die Formierung kollektiver Identitäten sind sie genauso für die Gesellschafts- und Kulturwissenschaften wie für medienwissenschaftliche und ethnologisch-kulturanthropologische Betrachtungen von Interesse. Eine Schärfung und Erweiterung des geschichtsdidaktischen Konzepts Geschichtskultur durch interdisziplinäre Ansätze macht es zum wertvollen Schlüsselbegriff für eine Public-History-Forschung. Um das Potenzial des Konzepts für die Public History zu verdeutlichen, sollen im Folgenden unterschiedliche analytische Zugänge und theoretische Modellierungen vorgestellt werden, die vorwiegend aus der Geschichtsdidaktik stammen. Im Anschluss wird das methodische Vorgehen ethnologischer Arbeiten skizziert. Dies dient dazu, dem tendenziell stärker normativ ausgerichteten Ansatz der Geschichtsdidaktik das Prinzip der Offenheit induktiv vorgehender Forschung gegenüberzustellen, durch das bestehende Analysekategorien erweitert werden können. Die Vorstellung eines medienanalytischen Zugangs rundet die methodisch-analytische Umschau ab.

Geschichtskulturelle Quellen der Public History

Als analytische und zugleich anwendungsbezogene Wissenschaft betreibt die Public History Grundlagenforschung, sie kann aber auch intervenierend agieren: Dementsprechend gilt ihr Erkenntnisinteresse an geschichtskulturellen Phänomenen sowohl der Art, wie diese analytisch durchdrungen, aber auch, wie sie weitergedacht werden können. Die kritische Dokumentation und Reflexion des Produktionsprozesses solcher Phänomene stellt daher einen wesentlichen Teil der Forschung dar. Die zu beforschenden geschichtskulturellen Quellen und Produkte können dabei von jedweder medialen Beschaffenheit – von schriftlich über materiell bis virtuell – und von jedweder sensorischen Qualität – von oral bis olfaktorisch – sein. Das Konzept Geschichtskultur, das auf den Konstruktionscharakter von Geschichte verweist, schließt auch die gesellschaftlichen Rahmenbedingungen ein, vor deren Hintergrund Deutungen von Vergangenheit entstehen.

6.5.1 Geschichtskultur analysieren: Theorien und Modelle

6.5.1.1 Dimensionen der Geschichtskultur

Drei Dimensionen

Jörn Rüsen beschreibt Geschichtskultur als komplexe, mehrdimensionale Struktur. Zunächst unterscheidet er das Ästhetische, das Politische und das Kognitive als die drei Dimensionen von Geschichtskultur, die er für unsere Gegenwartsgesellschaft als maßgeblich ansieht.[52] Diese konstituieren sich Rüsen zufolge über grundlegende mentale Bestimmungsfaktoren, die er Sinnkriterien nennt. Im Falle der drei primären Dimensionen nennt Rüsen Fühlen, Wollen und Denken, die wiederum den Prinzipien Schönheit, Macht und Wahrheit zugeordnet sind.[53] Auf dem eingangs beschriebenen Spaziergang auf der Friedrichstraße würde das Historische Institut wohl am ehesten der kognitiven Dimension der Geschichtskultur zugeordnet werden, da Vergangenheit hier mit dem Anspruch auf Wahrhaftigkeit erforscht wird. Die Benennung der Straße war hingegen Aufgabe der Politik, die die Macht hat, an bestimmte Personen, Schauplätze oder auch Ereignisse zu erinnern. Yadegar Asisis Mauer-Panorama, das als künstlerische Installation das Prinzip Schönheit repräsentiert, fällt schließlich am ehesten in den Bereich des Ästhetischen. An dieser Aufzählung wird schnell deutlich, dass kein Phänomen allein einer Dimension zugeordnet werden kann. So lassen sich in den Veröffentlichungen der Historiker_innen aus der Friedrichstraße mitunter politische Aussagen und ästhetische Ansprüche finden. Ebenso versucht das Mauer-Panorama mit einem Anspruch auf Wahrheit die Vergangenheit historisch möglichst akkurat darzustellen. Insofern handelt es sich lediglich um eine idealtypische Zuordnung zu den drei primären Dimensionen, die keinen Anspruch auf Vollständigkeit, lediglich auf Verallgemeinerbarkeit hat. Vor diesem Hintergrund schlägt Rüsen vor, auch über eine ideologische oder auch eine psychologische Dimension nachzudenken, und formuliert weiterführende Gedanken zu einer religiösen und einer moralischen Dimension.[54]

Normative Idealkonstellation

Rüsen geht es in seinen konzeptionellen Überlegungen zur Geschichtskultur dezidiert um historisch-politische Bildung zur Förderung kritischer Partizipation in einer demokratischen Gesellschaft. Seine Ausführungen zielen darauf ab, dass „diejenige historische Einrichtung ihre historische Orientierungsfunktion am besten [erfüllt], die ihre drei Dimensionen in relativer Autonomie belässt und sie zugleich wechselseitig kritisch aufeinander bezieht".[55] Diese normative Idealkonstellation kann als Ausdruck geschichtsdidaktischer Ansprüche an geschichtskulturelle Praktiken verstanden werden. Die von

52 Vgl. Jörn Rüsen: Die fünf Dimensionen der Geschichtskultur, in: Jacqueline Nießer/Juliane Tomann: Angewandte Geschichte. Neue Perspektiven auf Geschichte und Öffentlichkeit, Paderborn u. a. 2014, S. 46–57, hier S. 47.

53 Vgl. Rüsen: Historik, S. 234 ff.

54 Rüsen: Die fünf Dimensionen der Geschichtskultur, S. 46 f.

55 Rüsen: Geschichtskultur, S. 21.

Rüsen identifizierten Dimensionen der Geschichtskultur sind jedoch nicht nur präskriptiv, sondern können auch analytisch nützlich sein.

Anwendung der Dimensionen-Theorie

Eine Analyse auf der Grundlage von Rüsens Konzept der Geschichtskultur, die nach der Ausprägung und Ausgestaltung von unterschiedlichen, miteinander verschränkten, sinnbasierten Dimensionen fragt, ist geeignet, um geschichtskulturelle Objektivationen auf ihre Inhalte hin kritisch zu befragen. Eine derartige Analyse kann eine konkrete Geschichtsdarstellung im Geflecht der Dimensionen verorten. Eine politische Haltung kann beispielsweise darauf hin untersucht werden, was für eine ästhetische Darstellung sie findet und ob bzw. inwieweit sie wissenschaftlich begründet ist. Im Hinblick auf eine mediale Geschichtsdarstellung hieße dies, zu betrachten, welche Botschaft in ihr steckt: Wird zum Beispiel eine Geschichte erzählt, die dem narrativen Muster von Erfolg oder Niederlage folgt? Welche ästhetischen Darstellungsmittel finden Verwendung, um diese Geschichte zu erzählen? Unterstützen sie das narrative Muster? Sind sie darauf ausgelegt, die Emotionen des Publikums anzusprechen? Wird auf einer wissenschaftlichen Basis argumentiert? Werden Quellen und Expert_innenaussagen herangezogen? Wenn ja, welche und warum?

Dimensionale Ziele und Motivationen

Daran anknüpfend kann es vielversprechend sein, zu hinterfragen, welchen Zielen eine Geschichtsdarstellung verpflichtet ist bzw. welche Intentionen und Motivationen die Akteur_innen zum Anlass nehmen, ihre Sicht auf die Vergangenheit Gestalt annehmen zu lassen. Werden diese Ziele, Motivationen und Intentionen aus den geschichtskulturellen Dimensionen abgeleitet? Finden sich hier Unterhaltung (ästhetisch), Legitimation (politisch), Erkenntnis (kognitiv), Überzeugung (religiös), Einstellung (moralisch) und Gewinn (ökonomisch)? Diese Ziele und Motivationen müssten jeweils genau bestimmt und kritisch hinterfragt werden. Im Hinblick auf die Beurteilung und Deutung von Geschichtsdarstellungen erscheinen dabei zwangsläufig Überschneidungen besonders interessant. So kann festgestellt werden, dass ein explizites Primärziel, wie beispielsweise der Bildungsauftrag des öffentlich-rechtlichen Rundfunks, von impliziten Sekundärzielen begleitet wird. Im Rundfunk ist dies der Unterhaltungswert, der maßgeblichen Einfluss auf die Einschaltquote und damit auf die Reichweite nimmt. Eine solche Bestimmung kann dabei helfen, den Blick auf Geschichtsdarstellungen zu schärfen und deren Produktion konkreter zu hinterfragen.

Betrachtet man vor allem die ästhetische Dimension geschichtskultureller Objektivationen, gelangt man schnell zu der Erkenntnis, dass Konzepte wie Emotionen (vgl. Kap. 3), Erinnerung (vgl. Kap. 4) und Erlebnis (vgl. Kap. 5) auch für die Zugänge zur Vergangenheit relevant sind. Darüber hinaus liegt insbesondere bei kommerziell vermarkteten Produkten der Geschichtskultur die Frage nach ihrer ökonomischen Dimension auf der Hand.[56] Dies gilt nicht nur exklusiv für populärkulturelle, sondern gleichermaßen für alle Zugänge zur Vergangenheit, die dazu einladen, nach ästhetischen, rhetorischen, imaginativen und diskursiven Verarbeitungen zu fragen,[57] selbst wenn sie auf den ersten Blick allein der Unterhaltung und dem Vergnügen, also den zentralen Motiven der Populärkultur, folgen.[58]

6.5.1.2 *Leitmuster der Geschichtskultur*

Einen anderen Ansatz zur Untersuchung von Geschichtskultur hat der Geschichtsdidaktiker Bernd Schönemann vorgelegt. Er begreift Geschichtskultur als kulturell durchformte Kommunikation, „die auf spezifische Weise Geschichte als Bedeutung erzeugt, zwischenspeichert und transportiert".[59] Dem liegt ein heuristischer Ansatz zugrunde, der geschichtskulturelle Institutionen, Professionen, Medien und Publika auch in historischer Perspektive näher betrachtet.[60] Schönemann begreift Geschichtskultur als soziales System. Grundlage dieses Ansatzes ist die Gesellschaftstheorie von Peter L. Berger und Thomas Luckmann. Deren Modell der gesellschaftlichen Konstruktion von Wirklichkeit überträgt er auf Vergangenheit und sieht Geschichte als Produkt eines kollektiven Konstruktionsprozesses.

Anhand der vier geschichtskulturellen Strukturmerkmale (Institutionen, Professionen, Medien, Publika) identifiziert Schönemann ideengeschichtliche Leitmuster, die in verschiedenen gesellschaftlichen und historischen Kontexten auf je spezifische Weise für den Umgang mit der Vergangenheit prägend seien. Für die westlichen Gesellschaften beschreibt Schönemann drei solche aufeinanderfolgenden Leitmuster, die sich nicht ablösen, sondern geschichtet übereinanderliegen.[61] In der Vormoderne war dies etwa ‚Geschichte als Nutzen': Dieses Leitmuster korrespondierte mit der Idee, dass der Blick in die Vergangenheit und das Erzählen von Geschichte konkret als Warnung oder als Vorbild für gegenwärtiges Handeln dienen

56 Vgl. Stefanie Samida: Leute machen Kleider oder Über das Selbermachen in der Populärkultur. Kieler Blätter zur Volkskunde 52, 2020, 35–53.

57 Pandel: Geschichtsunterricht, S. 40.

58 Vgl. Christoph Bareither/Ingrid Tomkowiak: Mediated Pasts – Popular Pleasures. Zur Einführung, in: dies. (Hg.): Mediated Pasts. Medien und Praktiken populärkulturellen Erinnerns, Würzburg 2020, S. 7–16, hier S. 10.

59 Schönemann: Geschichtsdidaktik und Geschichtskultur, S. 46.

60 Vgl. Thünemann: Geschichtskultur, S. 136.

61 Schönemann: Geschichtsdidaktik und Geschichtskultur, S. 47.

könne. Dieses Muster stand in enger Verbindung mit der Idee einer exemplarischen Funktion der Geschichte, auf die noch häufig durch Ciceros Redewendung *historia magistra vitae* (De oratore 2.36) hingewiesen wird. Reinhart Koselleck konnte zeigen, dass dieses Muster – in seinen Worten ein Topos – in der vormodernen Form der Zeitwahrnehmung und Zeitlichkeit dominant war und zwar bis es um 1900 herum verschwand. Koselleck zufolge, wurden erst dann im deutschen Sprachraum die pluralen ‚Geschichten' durch die eine singuläre Geschichte ersetzt. Schönemann hingegen datiert diesen Übergang bereits 100 Jahre zuvor in die Zeit der Aufklärung. Ihm zufolge etablierte sich um 1800 das zweite Leitmuster ‚Geschichte als Bildung'. Mit diesem war der Anspruch verbunden, dass durch die Auseinandersetzung mit der Vergangenheit Erkenntnis und Weisheit in Form eines geistigen Besitzes zu erlangen sei. Für die postmoderne Konsumgesellschaft stellt Schönemann schließlich die skeptisch-kulturpessimistische Diagnose eines „Trivialisierungsschubs" und formuliert das Leitmuster ‚Geschichte als Erlebnis'. Seit den 1960er Jahren sieht er nur „bescheidene" Erneuerungen der Institutionen, Professionen, Medien und Publika.[62] Vor allem sei diese noch anhaltende Phase dadurch gekennzeichnet, dass sich die Geschichtskultur in einen Erlebnismarkt einfüge, der Nutzen und Bildung kaum mehr Bedeutung schenke, sondern stattdessen den kapitalistischen Prinzipien von Angebot und Nachfrage, Konsum und Werbung folge und dafür das Versprechen des Erlebnisses bemühe.

‚Geschichte als Spiel'

In seiner Kritik übersieht Schönemann jedoch wesentliche Sachverhalte, die mit der Etablierung von Geschichte in dem so skeptisch beurteilten Erlebnismarkt einhergehen und zur kritischen Betrachtung einladen. Zum einen kann die Adressierung einer breiteren Öffentlichkeit bei der Beschäftigung mit Geschichte als Demokratisierungsprozess verstanden werden, der historischem Wissen eine bisher nicht dagewesene Reichweite verschafft. Zum anderen setzt sich ein neuer Modus der Auseinandersetzung mit Geschichte durch, der entgegen der linearen Rezeption nach dem Sender-Empfänger-Modell der klassischen Wissensvermittlung, vor allem auf eine Interaktion zwischen Geschichte und Gegenwart ebenso wie zwischen Erzähler_innen und Rezipient_innen abzielt. Der Kulturanthropologe

62 Reinhart Koselleck: Vergangene Zukunft. Zur Semantik geschichtlicher Zeiten, Frankfurt a.M. 1989. Dort heißt es etwa über Texte aus dem späten 18. Jahrhundert: „Allen gemeinsam aber war, daß sie die Modellhaftigkeit vergangener Ereignisse zertrümmerten, um an deren Stelle die Einmaligkeit geschichtlicher Abläufe und die Möglichkeit ihres Fortschritts aufzuspüren" (ebd., S. 56).

Bernhard Tschofen spricht hier von einer „erlebnisorientierten Wissensproduktion in der Geschichtskultur“.[63] Entgegen Schönemanns Ideal des geschichtskulturellen Leitmusters ‚Geschichte als Bildung‘, dem zufolge, akademische Expert_innen als „professionelle Sachverwalter“[64] der Geschichtskultur fungieren, lädt die populärkulturelle Geschichte der gegenwärtigen Erlebnisgesellschaft (Schulze) offensiv dazu ein, sich ihr praktisch handelnd und damit selbsterfahrend anzunähern – auch ohne „genau geregelte Examina“[65]. In performativen Settings werden dabei aus eigensinnigen Konsument_innen selbstwirksame Prosument_innen,[66] die gleichzeitig konsumieren und produzieren. Geschichte begegnet uns nicht mehr nur zur Mahnung, zum Bestaunen und Bedenken, sondern eröffnet sich in gegenwärtigen Darstellungen als interaktiver Erfahrungs- und Gestaltungsraum. Infolgedessen hat Geschichte ihre Präsenz als elitärer Wissensgegenstand in den unterschiedlichsten Medien dahingehend erweitert, dass sie nun im Modus des Spiels für immer weitere Kreise der Gesellschaft zugänglich wird. Ein Beleg dafür ist etwa der Trend, in musealen Ausstellungen mit Hands-on-Bereichen vermehrt Möglichkeiten zur Interaktion zu schaffen oder digitale Spiele und Fernsehserien in historischen Settings anzusiedeln. Vor dem Hintergrund, dass Geschichte im Zuge der fortschreitenden Digitalisierung vermehrt in partizipativen Medienkulturen in Erscheinung tritt, kann also gefragt werden, inwiefern ‚Geschichte als Spiel‘ als geschichtskulturelles Leitmuster relevant wird.

In diesem Zusammenhang gilt es auch, die Sphären der Professionen und Publika neu zu bestimmen. Immer mehr Angebote laden dazu ein, Geschichte kollaborativ zu erzählen und nicht mehr nur auktoriale Erzählungen zu rezipieren.[67] Das Coronarchiv (coronarchiv.de) der Universitäten Hamburg und Bochum oder der vom Freiburger Institut für Kulturanthropologie und Europäische Ethnologie betriebene Blog Alltag in der Krise (alltaginderkrise.org) sind dafür Beispiele. Auf diesen Online-Plattformen konnten ab Frühjahr 2020 eigene Erfahrungen verschriftlicht oder Medien über die Zeit der pandemiebedingten Einschränkungen hochgeladen und damit ein

63 Bernhard Tschofen: „Eingeatmete Geschichtsträchtigkeit“: Konzepte des Erlebens in der Geschichtskultur, in: Sarah Willner u. a. (Hg.): Doing History. Performative Praktiken in der Geschichtskultur, Münster 2016, S. 137–148, hier S. 145.

64 Schönemann: Geschichtsdidaktik und Geschichtskultur, S. 52.

65 Ebd.

66 Birgit Blättel-Mink/Kai-Uwe Hellmann (Hg.): Prosumer Revisited. Zur Aktualität einer Debatte, Wiesbaden 2010.

67 Thünemann: Geschichtskultur, S. 148.

kollaboratives Archiv bestückt werden, das sowohl zum Schmökern als auch zur Beforschung einlädt.

6.5.1.3 Analyseebenen nach Grever und Adriaansen

Die Überlegungen zum Leitmuster ‚Geschichte als Spiel' und der Ansatz einer erlebnisorientierten Wissensproduktion bieten Anschlussmöglichkeiten zu den drei übergeordneten Analyseebenen, die die Historiker_innen Maria Grever und Robbert-Jan Adriaansen zur Beforschung geschichtskultureller Formationen vorschlagen.[68] Im Gegensatz zu Rüsens auf Sinnkriterien basierender Dimensionen-Theorie und Schönemanns Leitmuster, die sich aus der Betrachtung manifester Strukturmerkmale herleiten, fragen Grever und Adriaansen nach Prozessen und Netzwerken innerhalb von Geschichtskultur.

Narrative und Performanz

Um diese beschreiben zu können, identifizieren sie drei Analyseebenen: Die erste Ebene bezieht sich auf historische Narrative und Performanzen. Dabei fragen Grever und Adriaansen nicht nur danach, was erinnert wird, sondern vor allem auch wie, – „the act of performing memory comprises a set of acts, which may be partly embodied in speech, but also in gestures, art or the body"[69] –, wer die Akteur_innen des Erinnerns sind und in welchen Kontexten es stattfindet. Den Ausgangspunkt ihrer Analyse stellt daher die teilnehmende Geschichtskultur *(participatory historical culture)* dar, aus der sich eine teilnehmende Zugehörigkeit *(particpatory belonging)* des Individuums an einem Kollektiv ergibt.

Mnemonische Infrastrukturen

Diese teilnehmende Zugehörigkeit oder kollektive Teilnahme ist auch für die zweite Analyseebene, die mnemonischen Infrastrukturen wie Jahrestage, Museen und Archive oder Erinnerungslandschaften, von Relevanz. Unter kollektiver Teilnahme verstehen Grever und Adriaansen die Auseinandersetzung des Individuums mit den Zielen, Rollen und institutionellen Regeln mnemonischer Infrastrukturen, die in allerersten Linie von einem Nationalstaat gesetzt werden. Das individuelle Handeln und die Reflexion müssen dabei nicht zwingend in Übereinstimmung mit diesen Regeln erfolgen, denn die Etablierung von mnemonischen Infrastrukturen wird nicht allein als Top-down-Prozess betrachtet: Vielmehr wird auch widerständiges Verhalten als kollektive Teilnahme gewertet und alternativen Aneignungspraktiken der Vergangenheit wird dementsprechend ebenfalls Bedeutung zugesprochen.

68 Grever/Adriaansen: Historical Culture, S. 78.

69 Ebd., S. 79.

Geschichtskonzepte

Als dritte Ebene empfehlen Grever und Adriaansen eine Analyse zugrunde liegender Geschichtskonzepte, wobei sie insbesondere universalistische Vorstellungen von Geschichte vor dem Hintergrund alternativer Zugänge zur Vergangenheit – seien sie vormodern, nichtwestlich oder postkolonial – problematisieren. Hierbei werden die Grenzen des Konzepts Geschichtskultur, wie es zumeist diskutiert wird, besonders deutlich, da in der Regel vom westlichen Geschichtskonzept des 19. Jahrhunderts ausgegangen wird, ohne alternative Geschichtsverständnisse zu thematisieren.

6.5.2 Geschichtskultur beforschen: Methodische Ansätze

Im Folgenden stellen wir methodische Ansätze dar, mit denen sich Geschichtskultur beforschen lässt. Die Geschichtswissenschaft etwa bietet ein breites Spektrum an etablierten Methoden, auf die Martin Lücke und Irmgard Zündorf in ihrem Einführungsband zur Public History verweisen: Dazu gehören Zugänge über die materielle Kultur, die Visual History, Sound History, Oral History oder Living History.[70] Darüber hinaus ermöglicht die teilnehmende Beobachtung gerade in Bezug auf die performativen Elemente von Geschichtskultur besondere Einblicke. Sie stellt eine wesentliche Methode der ethnografischen Feldforschung dar und lässt sich als eine reflektierte Teilnahme an sozialen Interaktionen umschreiben, die meist über einen längeren Zeitraum durchgeführt wird.[71] Durch sie eröffnet sich die Möglichkeit, geschichtskulturelle Sinnbildungsprozesse zu begleiten, ihre alltagsweltliche Einbettung nachzuvollziehen und vor allem die Diversität der beteiligten Akteur_innen sowie ihre Beziehungen zueinander zu erfassen. Das gemeinsame Tun eröffnet sinnlich-körperliche Zugänge zu geschichtskulturellen Praktiken, die über die rein diskursive Ebene, auf der die Dokumentenanalyse oder Interviewführung operieren, hinausweisen.[72] Aus dem erhobenen Material lassen sich so relevante Themen und Prozesse wie die Aneignung mnemonischer Infrastrukturen, die (Re-)Produktion kollektiver Zugehörigkeiten oder alternative Geschichtskonzepte und Vergangenheitsbezüge induktiv herausarbeiten.

70 Martin Lücke/Irmgard Zündorf: Einführung in die Public History, Göttingen 2018, S. 61–88.

71 Miriam Cohn: Teilnehmende Beobachtung, in: Christine Bischoff u. a. (Hg.): Methoden der Kulturanthropologie, Bern 2014, S. 71–84.

72 Lydia Maria Arantes: Kulturanthropologie und Wahrnehmung. Zur Sinnlichkeit in Feld und Forschung, in: dies./Elisa Rieger (Hg.): Ethnographien der Sinne. Wahrnehmung und Methode in empirisch-kulturwissenschaftlichen Forschungen, Bielefeld 2014, S. 23–38.

6.5.2.1 *Die ökonomische Dimension der Geschichtskultur*

Prinzip der Offenheit

Bei ethnografisch arbeitenden Disziplinen unterscheidet sich der methodisch-theoretische Zugang von Ansätzen, die mit a priori formulierten Analyseebenen und normativen Idealtypen operieren. Eine ethnografische Studie ist stattdessen vom Prinzip der Offenheit geleitet.[73] In diesem induktiven Verfahren wechseln sich Datenerhebung und Datenanalyse in einem zyklischen Prozess mehrfach ab, wodurch Fragestellung und Datengewinnung dem Forschungsgegenstand entsprechend angepasst und modifiziert werden.[74] Das Prinzip der Offenheit ermöglicht es, auf die spezifischen Logiken und strukturell relevanten Aspekte eines Forschungsfeldes einzugehen, die bei einem stärker normativ-didaktisch geprägten Verständnis von Geschichtskultur teilweise marginalisiert werden. Zu diesen Aspekten gehört etwa die ökonomische Bedeutung geschichtskultureller Praktiken. Welche Bedeutung wirtschaftliche Interessen für die Ausformung von Geschichtskultur haben können, hat beispielsweise die Soziologin Sybille Frank in ihrer Studie über die konfligierenden Deutungen und Nutzungsweisen des Checkpoint Charlie herausgearbeitet. Die wirtschaftliche Wertschöpfung macht für sie einen wesentlichen Aspekt der „heritage industry" am Checkpoint Charlie aus.[75] Sie versteht darunter in Anlehnung an die angloamerikanische Forschung eine „im Zuge des Postfordismus entstandene (Geschichts-)Industrie, in der unterschiedliche öffentliche und private Akteure um die Deutungshoheit über die Geschichte konkurrieren, wobei Anzahl und Einfluss der privaten Akteure in dem Maße gestiegen sind, wie der Staat und die Kommunen sich aus der öffentlichen Geschichtspflege zurückgezogen haben und wie die Geschichtskultur sich zum einen diversifiziert und sich zum anderen mit einer sich globalisierenden Freizeit- und Tourismusindustrie verknüpft hat".[76]

Die Diversifizierung von Geschichtskultur und ihre Verknüpfungen mit der Freizeit- und Tourismusindustrie wird an dem von Frank untersuchten Konflikt um die Deutung und Nutzung des Checkpoint Charlie im Jahr 2004 besonders deutlich. Dabei hatten sich

73 Christa Hoffmann-Riem: Die Sozialforschung einer interpretativen Soziologie. Der Datengewinn, in: Kölner Zeitschrift für Soziologie und Sozialpsychologie 32/2 (1980), S. 339–372, hier S. 343.

74 Georg Breidenstein u. a.: Zur Herstellung des Feldes, in: dies. (Hg.): Ethnografie. Die Praxis der Feldforschung, München/Konstanz 2015, S. 45–70.

75 Sybille Frank: Grenzwerte. Zur Formation der „Heritage Industry" am Berliner Checkpoint Charly, in: Dorothee Hemme u. a. (Hg.): Prädikat „Heritage Industry". Wertschöpfungen aus kulturellen Ressourcen, Berlin 2007, S. 297–322, hier S. 298.

76 Ebd.

Berliner Schauspielstudenten zunächst als Volkspolizisten, später als US-amerikanische Soldaten verkleidet, vor einem nachgebauten Kontrollhäuschen der Alliierten von Tourist_innen ablichten lassen. Dies wiederum hatte den Unmut der Geschäftsführerin des privat geführten Museums Haus am Checkpoint Charlie auf sich zogen. Diese monierte – ebenso wie einige Stasi-Opferverbände – nicht nur eine Entwürdigung des geschichtsträchtigen Ortes durch den Auftritt der Schauspieler. Sie versuchte zudem auch, so Frank, unliebsame Mitbewerber_innen im Ringen um touristische Aufmerksamkeit und Konsum auszuschließen, indem sie kurzer Hand das Kontrollhäuschen verhüllen ließ. Dies wiederum rief aufgrund der internationalen Popularität dieses Gedenkorts nicht nur die Presse aus aller Welt auf den Plan, sondern erneut Kritik von Seiten einiger Opferverbände wie auch der Berliner Politik, die darin eine private und somit illegitime Aneignung des Checkpoints sahen. Die Auseinandersetzung wurde schließlich durch den Berliner Senat dahingehend geregelt, dass eine Enthüllung der Kontrollbaracke angeordnet und durch eine neue Verkehrsregelung die studentischen Darstellungen erschwert wurden. Was diese Auseinandersetzung aufzeigt, ist einerseits die Heterogenität der Akteur_innen infolge des Rückzugs staatlicher Stellen aus der öffentlichen Geschichtspflege und ihrer Öffnung für private Anbieter_innen sowie andererseits die damit einhergehende ökonomische Wertschöpfung. Gerade angesichts dieser Diversifizierung von Akteur_innen und Interessen braucht es unabhängig von normativ geprägten Vorstellungen eine methodische Offenheit, mittels derer Geschichtskultur als Resultat komplexer Aushandlungsprozesse untersucht werden kann.

Die Rüsen'schen Dimensionen der Geschichtskultur müssten demgemäß um die ökonomische Dimension ergänzt werden, da die Annahme, Geschichte konstituiere sich lediglich durch Gefühl, Wille und Verstand, zu kurz greift. Das privatwirtschaftlich betriebene Haus am Checkpoint Charlie allein anhand der ästhetischen, politischen und kognitiven Dimension nach Rüsen beschreiben zu wollen, stieße schnell an Grenzen. In diesen kommt kaum zum Ausdruck, wie sich die Bemühungen der Betreiber_innen, laufende Kosten beispielsweise für Miete und Personal zu decken, auf die Darstellung auswirken.

6.5.2.2 *Medienanalyse – oder: Wissenszirkulation in der Geschichtskultur*

Um sich massenmedialen Geschichtsdarstellungen – auch aus der Vergangenheit – anzunähern, bieten sich methodische Anleihen aus den Medienwissenschaften an. Dabei können grundsätzlich zwei Zugänge unterschieden werden: zum einen mit einem Fokus auf dem Produkt, das Geschichte darstellt. Beispielsweise können Radiobeiträge, Ausstellungen, (digitale) Spiele, Filme oder Bücher untersucht werden. Zum anderen kann auch die Produktion selbst, also der Prozess der Entstehung eines Produkts, im Zentrum der Analyse stehen. In beiden Fällen stellt sich die Frage, wie die Vergangenheit zu einer bestimmten Zeit von den Zeitgenoss_innen rezipiert, verhandelt und schließlich dargestellt wurde oder wird.

Untersuchungsgegenstand

Als Untersuchungsobjekte kommen jedwede massenmediale Darstellungen in Frage, die als „Spiegel der Gegenwart“[77] weniger über die dargestellte Epoche Auskunft geben als vielmehr darüber, wie diese zu einer bestimmten Zeit imaginiert wurde.[78] Die Produktionen erscheinen dabei als subjektive Sprechakte: Sie sind intendierte Konstruktionen vergangener Wirklichkeit, die darauf angelegt sind, eine bestimmte Vorstellung von der Vergangenheit zu transportieren, um ein möglichst großes Publikum anzusprechen. Die Analyse zielt vor allem auf die Rekonstruktion der Vorstellungen und Motivationen der Produzent_innen, also der Redakteur_innen, Regisseur_innen, Journalist_innen, beteiligten Wissenschaftler_innen etc. ab. Dazu fragt sie nach Leitbildern, Normen und Werten, die in den Produktionen implizit oder explizit zum Ausdruck kommen.[79] Ein solcher wissensgeschichtlicher Ansatz dient dazu, das Handeln und Denken der Zeitgenoss_innen unter den sich wandelnden Bedingungen von Raum, Zeit und Gesellschaft zu erschließen.

Analyse des Visuellen, Auditiven und Narrativen

Wie eine solche Medienanalyse angelegt sein kann, soll hier exemplarisch anhand von Fernsehdokumentationen nachgezeichnet werden. Für deren Analyse eignet sich eine hermeneutisch-interpretative Herangehensweise,[80] um „auch verborgene Bedeutungen innerhalb

77 Miriam Sénécheau: Neues vom Neandertaler? Ur- und Frühgeschichte in Unterrichtsfilmen, in: Geschichte in Wissenschaft und Unterricht 63/3–4 (2012), S. 187–213, hier S. 189; Patricia Rahemipour: Faszinierend Fremd. Einige Aspekte zum Bild des Fremden im Archäologiefilm, in: Kurt Denzer (Hg.): Funde, Filme, falsche Freunde. Der Archäologiefilm im Dienst von Profit und Propaganda, Kiel 2003, S. 191–200, hier S. 198.

78 Vgl. Günter Riederer: Den Bilderschatz heben – Vom schwierigen Verhältnis zwischen Geschichtswissenschaft und Film, in: Moshe Zuckermann (Hg.): Medien – Politik – Geschichte, Göttingen 2003, S. 15–39, hier S. 21.

79 Vgl. Tobias Ebbrecht: Geschichtsbilder im medialen Gedächtnis. Filmische Narrationen des Holocaust, Bielefeld 2011, S. 10; Nora Hilgert: Unterhaltung, aber sicher! Populäre Repräsentationen von Recht und Ordnung in den Fernsehkrimis „Stahlnetz“ und „Blaulicht“, 1958/59–1968, Bielefeld 2013, S. 43.

80 Vgl. Knut Hickethier: Film- und Fernsehanalyse, 5., erw. u. aktual. Aufl., Stuttgart/Weimar 2012, S. 32.

mehrdeutiger audiovisueller Werke zum Vorschein zu bringen und Strukturen der Gestaltung hervorzuheben".[81] Diese beruht auf einer Analyse des Visuellen, Auditiven und Narrativen als drei Ebenen, die in den Produktionen „kunstvoll ineinander[greifen] und [...] ein dichtes Netz von Bedeutungen" weben.[82] Die genaue Betrachtung dieser drei Ebenen, in denen Günter Riederer zufolge „Informationsteilchen [...] präzise so kombiniert werden können, dass sie eine einzige Bedeutung vermitteln",[83] geht dabei über die der rein inhaltlichen Ebene hinaus und fragt nach eben dieser Bedeutung, die das Publikum ansprechen soll.[84]

Fernsehen und Emotionen

Neben den gezeigten Bildern spielt in Fernsehdokumentationen der Klangteppich aus Musik, Geräuschen, Stimmen und Kommentar eine wesentliche Rolle. Denn die Kombination aus „Musik und Bilder[n], so die gängige Annahme, eigene[t] sich hervorragend, Gefühle im Hörer und Betrachter zu evozieren – Gefühle, die ihrerseits historische Erkenntnis und Reflexion anleiten oder blockieren".[85] Diese Gefühle sind es, die für das Fernsehen besonders attraktiv erscheinen.[86] Audiovisuelle Darstellungen erreichen schließlich nicht nur den Verstand, sondern sind vor allem „ein höchst wirksames Medium, um Spannung zu erzeugen und Gefühle zu erregen".[87] Aus dieser Wirkweise speist sich das Potenzial des Fernsehens, ein Massenpublikum anzusprechen. Auch Geschichtsdokumentationen mit einem Bildungsanspruch greifen auf dieses medienimmanente Potenzial zurück. Auch und gerade diese emotionale Qualität von Fernsehdokumentationen gilt es zu untersuchen.[88]

Fernsehen leistet Überzeugungsarbeit

Dabei ist zu berücksichtigen, dass die Verschränkung von Information und Emotion wesentlich für die narrative Gestaltung der Dokumentationen ist. Das Zusammenspiel von Bild und Ton mündet, so auch die Rhetoriker_innen Anne Ulrich und Joachim Knape, in ei-

81 Olaf Jacobs/Theresa Lorenz: Wissenschaft fürs Fernsehen. Dramaturgie – Gestaltung – Darstellungsformen, Wiesbaden 2014, S. 172.

82 Riederer: Bilderschatz, S. 26; vgl. Hilgert: Unterhaltung, S. 48.

83 Riederer: Bilderschatz, S. 29.

84 Vgl. Lothar Mikos: Qualitative Verfahren, in: Wolfgang Schweiger/Andreas Fahr (Hg.): Handbuch Medienwirkunsgsforschung, Wiesbaden 2013, S. 627–640, hier S. 635.

85 Ute Frevert/Anne Schmidt: Geschichte, Emotionen und die Macht der Bilder, in: Geschichte und Gesellschaft 37/1 (2011), S. 5–25, hier S. 14.

86 Vgl. Joan K. Bleicher: Fernsehen als Mythos. Poetik eines narrativen Erkenntnissystems, Opladen/Wiesbaden 1999, S. 287.

87 Riederer: Bilderschatz, S. 27.

88 Vgl. Frevert/Schmidt: Geschichte, S. 24.

nem besonderen rhetorischen Potenzial.[89] Auch die Historikerin Anke Hilgert ist überzeugt, dass sich Gehörtes und Gesehenes zu einem Narrativ verweben bzw. dass der Kompilation von Hör- und Sichtbarem eine – von den an der Produktion Beteiligten – konstruierte narrative Struktur zugrunde liegt,[90] die aus TV-Sendungen extrahiert werden kann. Hierzu werden ihre zeitspezifischen Bezugnahmen auf jeweils aktuelle Diskurse herausgearbeitet, die nicht zuletzt die Anziehungskraft des Mediums begründen.[91]

Medien als geschichtspolitische Akteure

Diese Form der Fernsehanalyse ermöglicht es schließlich, Aussagen über zeitgenössische Normen, Haltungen und Werte zu treffen.[92] Riederer vertritt dabei die Auffassung, dass wissenschaftliche Historiografie ebenso wie populäre Historienfilme Geschichtspolitik betreiben und jeweils für sich reklamieren, den Diskurs über die Vergangenheit zu organisieren.[93] Dazu kann auch die Frage gestellt werden, wie das Wissen über die Vergangenheit zwischen Wissenschaft und Fernsehen verhandelt wird. Wie wird es jeweils in einen zeitgenössischen Kontext und schließlich in die Dokumentationen eingelesen?

Eine Untersuchung von Fernsehdokumentationen zielt darauf ab, die Verflechtung von Bild, Ton und Narration dahingehend zu analysieren, welche Kausalitäten und Zusammenhänge beschrieben werden: Welches ausgesprochene oder auch unausgesprochene Fazit wird gezogen? Welche ‚Moral' wird präsentiert bzw. welche wertende Haltung lassen die Dokumentationen spürbar werden? Fernsehdokumentationen sind als Resultat der vorausgegangenen Wissenstransfers und als Ausgangspunkt nachfolgender Diskussionen und Produktionen anzusehen. Ihnen inhärente narrative Modellierungen können aus dem Kontext ihrer Entstehungszeit heraus erklärt und in einen gesellschaftlichen Zusammenhang gestellt werden.

89 Vgl. Anne Ulrich/Joachim Knape: Medienrhetorik des Fernsehens. Begriff und Konzepte, Bielefeld 2014, S. 20.

90 Hilgert: Unterhaltung, S. 51.

91 Vgl. ebd., S. 53.

92 Vgl. Riederer: Bilderschatz, S. 21. Aus europäisch-ethnologischer Perspektive: Michaela Fenske: Geschichte, wie sie Euch gefällt – Historische Doku-Soaps als spätmoderne Handlungs-, Diskussions- und Erlebnisräume, in: Andreas Hartmann u. a. (Hg.): Historizität. Vom Umgang mit Geschichte. Münster 2007, S. 85-105.

93 Riederer: Bilderschatz., S. 26.

6.6 Geschichtskultur als Schlüsselbegriff der Public History

Das aus der Geschichtsdidaktik stammende Konzept der Geschichtskultur hat sich in der deutschsprachigen Forschung als Überbegriff für den gesellschaftlichen Umgang mit Geschichte etabliert. Um der Public History als hilfreicher Terminus zu dienen, gilt es, die in seiner bisherigen Verwendung teils implizierte Dichotomie von Wissenschaft und Populär- und Unterhaltungskultur zu überwinden. Dies kann vor allem durch eine interdisziplinäre, methodisch-theoretische Öffnung gelingen, welche die Reflexion der komplexen, geschichtskulturellen Realität in ihrer ganzen Bandbreite umfasst, einschließlich ihrer ökonomischen und unterhaltungskulturellen Aspekte. Ein derart weiterentwickeltes Konzept von Geschichtskultur ist geeignet, als Schlüsselbegriff der Public History eine Auseinandersetzung mit der Konstruktion von Geschichte in vergangenen und gegenwärtigen Gesellschaften zu ermöglichen. Die vorhandenen und hier vorgestellten theoretischen Modellierungen stellen dabei eine Grundlage dar, die dazu anregt, Geschichtskultur als Konzept einerseits und die Erforschung von Geschichtskultur andererseits stetig weiterzuentwickeln sowie im interdisziplinären und internationalen Wissenschaftsdiskurs zu etablieren.

Einführende Literatur

Grever, Maria/Adriaansen, Robbert-Jan: Historical Culture: A Concept Revisited, in: Mario Carretero u. a. (Hg.): Palgrave Handbook of Research in Historical Culture and Education, Basingstoke 2016, S. 73–89.

Rüsen, Jörn: Was ist Geschichtskultur? Überlegungen zu einer neuen Art, über Geschichte nachzudenken, in: Klaus Füßmann u. a. (Hg.): Historische Faszination. Geschichtskultur heute, Köln 1994, S. 3–26.

Thünemann, Holger: Geschichtskultur revisited. Versuch einer Bilanz nach drei Jahrzehnten, in: Thomas Sandkühler/Horst Walter Blanke (Hg.): Historisierung der Historik. Jörn Rüsen zum 80. Geburtstag, Köln/Weimar 2018, S. 127–150.

7 Heritage und Kulturerbe

7.1 Einleitung

Jahrzehntelang waren die Häuser der Siedlung Königsmühle im tschechischen Erzgebirge dem Verfall preisgegeben. Die sechs Wohn- und Wirtschaftsgebäude, deren frühere Bewohner_innen der deutschsprachigen Minderheit in der Tschechoslowakei angehörten und infolge der deutschen Besetzung des Sudetenlandes und des Zweiten Weltkrieges das Land nach 1945 verlassen mussten, standen in unmittelbarer Nähe zur deutschen Grenze und verfielen zunehmend. Für die tschechischen Behörden quasi unsichtbar waren sie nicht einmal im Kataster erfasst. Erst als ein Prager Kulturwissenschaftler, der sich für die Aufarbeitung der deutschen Geschichte in der Region engagierte, zufällig auf sie aufmerksam wurde, begann ein Prozess, durch den die Ruinen die Zuschreibung als Kulturerbe erhielten. Ein seitdem jährlich stattfindendes internationales Landart-Festival inmitten der verfallenen Häuser dient dazu, die Geschichte des Grenzlandes und der komplexen deutsch-tschechischen Beziehungen im 20. Jahrhundert zu präsentieren und immer wieder aufs Neue auszuhandeln. Der Versuch, die Ruinen der Königsmühle in die inzwischen erfolgreiche UNESCO-Nominierung der Montanregion Erzgebirge/Krušnohoří zu integrieren und ihnen somit einen offiziellen Status als Kulturerbe zu verschaffen, scheiterte zwar; ein ehrenamtlicher Verein ist aber bemüht, die Königsmühle als nationales tschechisches Denkmal und Kulturerbe zu etablieren und damit auch den Erhalt der stark baufälligen Gebäude zu sichern.

Das Beispiel verweist auf die Verflechtung von Kulturerbe und Public History: Am Umgang mit der Königsmühle wird einerseits deutlich, wie sich ein Kulturerbe und die dazugehörige ‚Erbengemeinschaft' konstituieren und welche Praktiken und Techniken dabei zum Einsatz kommen; andererseits lässt sich aufzeigen, wie spezifische Interpretationen von Vergangenheit von unterschiedlichen Akteur_innen etwa geschichtspolitisch oder ökonomisch genutzt werden (vgl. Kap. 11 Rezeption). Im Folgenden werden wir Kulturerbe/Heritage als das Resultat sozialer Praktiken vorstellen, die sich an bestehenden Wert- und Normsetzungen orientieren. Kulturerbe ist somit ein grundsätzlich normatives Konzept. Welche theoretischen Zugriffsmöglichkeiten sich anbieten, erarbeiten wir zum einem mit Blick auf die Begriffsgeschichte und die Entwicklungsphasen des Konzepts, zum anderen, indem wir unterschiedliche disziplinäre Perspektiven auf Kulturerbe auffächern und seine Bedeutung als Forschungsgegenstand der Public History aufzeigen. Welche methodisch-analytischen Zugänge zu Heritage denkbar sind, zeigen wir anhand empirischer Arbeiten, bevor wir mit der Frage abschließen, wie sich Wissenschaftler_innen zu Kulturerbe und seinem normativen Gehalt positionieren können. Die Begriffe Kulturerbe und Heritage verwenden wir synonym, da auch das deutschsprachige Kulturerbe in seinem Verständnis maßgeblich von internationalen Policies – allen voran den Schutzbemühungen der UNESCO mit ihren entsprechenden Konventionen – geprägt ist. Dies entspricht auch ihrem Gebrauch im sowohl öffentlichen als auch wissenschaftlichen Diskurs.

7.2 Erbe(n) – oder was und wie ist Kulturerbe?

Der Begriff Erbe verweist auf eines der grundlegenden Konzepte menschlichen Lebens: „Erben und Vererben heißt Übertragen, Überliefern, Übereignen“.[1] Der Erbe-Begriff umfasst neben biologischen, rechtlichen und ökonomischen Aspekten – zu denken ist an Gene, die vererbt werden, an Rechtsvorschriften, die auf einer langen Tradition beruhen, an private Güter, die von einer zur anderen Generation weitergegeben werden – auch solche kultureller Art. Hierzu zählen etwa archäologische Bodendenkmäler (z. B. Wallanlagen), historische Schriftstücke, Kunstobjekte, Musikstücke oder tradierte und praktizierte Bräuche, Handwerkstechniken etc. Der Begriff beschreibt also etwas, das aus der Vergangenheit in eine je spezifische Gegenwart hineinragt; man könnte auch sagen: Erbe vermittelt zwischen Vergangenem, Gegenwärtigem und Zukünftigem, aber zugleich auch zwischen „Privatem und Öffentlichem, Natürlichem und Kulturellem“.[2]

1 Stefan Willer u. a.: Erbe, Erbschaft, Vererbung. Eine aktuelle Problemlage und ihr historischer Index, in: dies. (Hg.): Erbe. Übertragungskonzepte zwischen Natur und Kultur, Berlin 2013, S. 7–36, hier S. 7.

2 Ebd., 8 f.

Das Erben von Eigentum ist in der Regel unmittelbar mit der Zäsur des Todes verbunden und nicht selten von Konflikten begleitet. In gegenwärtigen kulturpolitischen Vorstellungen von Kulturerbe ist das Erben allerdings „in erster Linie optimistisch, ausgleichend und auf die Tilgung all der Ambivalenzen ausgerichtet, die der Erbe-Begriff mit sich führt".[3] Dabei hat sich das Konzept des kollektiven Erbens von Kultur in einem historischen Moment entwickelt, der von radikalen Umbrüchen und Prozessen der Ent- und Aneignung geprägt war: Maßgeblich für sein Entstehen war die Zeit nach der Französischen Revolution, als Privatsammlungen in öffentlichen Besitz übergingen und infolgedessen in Einrichtungen verwaltet und bewahrt werden mussten. Und schon damals galt das, was sich an unserem eingangs präsentierten Beispiel der Königsmühle besonders deutlich ablesen lässt: „Kulturerbe ist nicht, es wird."[4]

Kulturerbe als soziale Praxis

Diese in der interdisziplinären Kulturerbe-Forschung etablierte Ansicht verdeutlicht, dass es sich bei einem Kulturerbe nicht um ein Ding, sondern um eine soziale Praxis[5] handelt, bei der materielle und immaterielle kulturelle Fragmente aus ihrem bisherigen Kontext gelöst, neu arrangiert, inszeniert und somit in Wert gesetzt werden. Sie werden also mit Bedeutung aufgeladen, oder anders gesagt: es wird ihnen Wert zugesprochen. Diese Wertschätzung gründet auf der Absicht, Dinge der Vergangenheit sowie einstige Praktiken, Techniken, Riten und Ähnliches für die Allgemeinheit zu bewahren.[6] Das können beispielsweise kulinarische Spezialitäten und Essgewohnheiten sein, die als regionales Erbe geadelt werden,[7] oder Fabrikanlagen des 19. Jahrhunderts, die eine Transformation von einer Produktionsstätte in ein Weltkulturerbe erfahren.

3 Stefan Willer: Kulturelles Erbe. Tradieren und Konservieren in der Moderne, in: ders. u. a. (Hg.): Erbe. Übertragungskonzepte zwischen Natur und Kultur, Berlin 2013, S. 160–201, hier S. 160.

4 Regina Bendix: Kulturelles Erbe zwischen Wirtschaft und Politik. Ein Ausblick, in: Dorothee Hemme u. a. (Hg.): Prädikat „Heritage". Wertschöpfungen aus kulturellen Ressourcen, Berlin/Münster 2007, S. 337–356, hier S. 340.

5 Dazu Moritz Csáky/Monika Sommer (Hg.): Kulturerbe als soziokulturelle Praxis, Innsbruck u. a. 2005; Angela M. Labrador/Neil Asher Silberman: Introduction: Public Heritage as Social Practice, in: dies. (Hg.): The Oxford Handbook of Public Heritage Theory and Practice, Oxford 2018.

6 Astrid Swenson: „Heritage", „Patrimoine" und „Kulturerbe": Eine vergleichende historische Semantik, in: Dorothee Hemme u. a. (Hg.): Prädikat „Heritage". Wertschöpfungen aus kulturellen Ressourcen, Berlin/Münster 2007, S. 53–74, hier S. 70.

7 Bernhard Tschofen: Vom Geschmack der Regionen. Kulinarische Praxis, europäische Politik und räumliche Kultur – eine Forschungsskizze, in: Zeitschrift für Volkskunde 103 (2007), S. 169–196.

Doch trotz der vorherrschenden Bewahrungslogik befindet sich Kulturerbe stets in einem dynamischen Konstituierungsprozess. Dies lässt sich etwa an der neolithischen Anlage von Stonehenge und ihrer (Um-)Deutungen seit dem 17. Jahrhundert belegen – galt sie im 17. Jahrhundert noch als Zeugnis eines dezidiert britischen Druidentums, wird sie nach einigen Zwischenstufen nun von der UNESCO als Erbe der Menschheit gelistet.

Kulturerbe ist also nicht einfach da und es steht auch nicht still, sondern es ist das Ergebnis diskursiver Praktiken und kann somit als grundsätzlich immateriell beschrieben werden, da sich ein Kulturerbe-Status nicht aus der Materialität an sich ergibt, sondern allein aus den Wertzuschreibungen.[8] Kulturerbe hat einen räumlichen Bezugsrahmen, meist im regionalen und nationalen Zuschnitt, und kann sowohl identitätsstiftender Referenzpunkt sein als auch (tourismus-)wirtschaftlichen Zwecken dienen. Als spezifische Form, Geschichte mittels Praktiken, Performanzen und Repräsentationen zu kommunizieren, fällt die Erforschung von Kulturerbe in den Aufgabenbereich der Public History,[9] die sich allen geschichts- und erinnerungskulturellen Äußerungen in der und für die Öffentlichkeit sowie allen beteiligten Akteur_innen widmet.

7.3 Begriffsgeschichte

Kulturerbe und europäische Moderne

Der Begriff Kulturerbe ist ein Konzept der europäischen Moderne, auch wenn sich die damit verbundenen Mechanismen und Techniken eines ‚Gebrauchs der Vergangenheit' bis in die Antike zurückverfolgen lassen.[10] Die Vorstellung eines kollektiven Erbes entwickelte sich in erster Linie im Kontext der Begründung moderner Nationalstaaten, die für das Phänomen jeweils eigene Semantiken wie *patrimoine* oder *heritage* hervorgebracht haben.[11] Seine politische Bedeutung wird allerdings nicht nur in den Nationenbildungsprozessen vor allem des 19. Jahrhunderts, sondern auch in den totalitären Regimen des

8 Laurajane Smith: All Heritage is Intangible: Critical Heritage Studies and Museums, Amsterdam 2011.

9 Stefanie Samida/Cord Arendes: Public History und Kulturelles Erbe, in: Katrin Minner (Hg.): Public History in der Regional- und Landesgeschichte, Münster 2019, S. 29–51.

10 David C. Harvey: The History of Heritage, in: Brian Graham/Peter Howard (Hg.): The Ashgate Research Companion to Heritage and Identity, Farnham u. a. 2008, S. 19–36.

11 Swenson: „Heritage", „Patrimoine", „Kulturerbe".

20. Jahrhunderts deutlich.[12] Die UNESCO hat die Wirkmacht von Kulturerbe von seiner nationalen oder regionalen Verhaftung gelöst und zum globalen Phänomen weiterentwickelt, das jedoch eindeutigen Bezug auf die europäischen Vorläufer nimmt. Am deutlichsten zeigt sich dies an der Trennung von Naturerbe und Kulturerbe, die ihren Ursprung in den Wissenschafts- und Denktraditionen der europäischen Moderne hat und die die UNESCO-Welterbekonvention von 1972 maßgeblich beeinflusste.[13]

Entwicklungsphasen des Kulturerbe-Konzepts

Der Archäologe und Kulturerbe-Forscher Rodney Harrison spricht von drei großen Entwicklungsphasen, die das Kulturerbe-Konzept und die damit verbundenen Praktiken bis heute durchlaufen haben: In der ersten Phase entstanden im Nachgang der Französischen Revolution neue Expertise-Felder, die sich um den Schutz und die Konservierung von Objekten und Gebäuden nationaler Bedeutsamkeit entwickelten und neue Bürokratien, Professionen und Techniken hervorbrachten. So wurde das älteste staatliche Inventar historischer Stätten 1837 in Frankreich angelegt.[14]

Die zweite Phase, gemäß Harrison die Zeit zwischen dem Ende des 19. Jahrhunderts und der Verabschiedung der UNESCO-Welterbekonvention 1972, ist geprägt durch eine enorme Zunahme gesetzgeberischer und administrativer Vorgaben und eine Erweiterung dessen, was als schützenswertes Kulturerbe gilt. Alltagspraktiken und -objekte, die in ein definiertes, standardisiertes und kategorisiertes Kulturerbe oder Kulturgut (s.u.) transformiert wurden, gerieten zunehmend unter staatliche Kontrolle und erfuhren eine Aufladung mit nationaler Bedeutsamkeit und Wertigkeit.

Die dritte Phase seit 1972 ist durch eine globale Ausrichtung des Konzepts gekennzeichnet. Das ‚Erbe der Menschheit' hat die UNESCO – als Unterorganisation der Vereinten Nationen der weltweiten Friedenssicherung verpflichtet – in die Verantwortlichkeit aller Menschen gelegt, mit einer klaren Ausrichtung auf zukünftige Generationen. Doch gerade der universelle Anspruch reibt sich an den als eurozentristisch kritisierten Charakteristiken des Kulturerbes: Das bezieht sich sowohl auf die Natur-Kultur-Dichotomie als auch auf

12 Bernhard Tschofen: Antreten, ablehnen, verwalten? Was der Heritage-Boom den Kulturwissenschaften aufträgt, in: Dorothee Hemme u. a. (Hg.): Prädikat „Heritage": Wertschöpfungen aus kulturellen Ressourcen, Berlin/Münster 2007, S. 19–32.

13 Vgl. Rodney Harrison: Heritage. Critical Approaches, London/New York 2013, S. 204 f.

14 Ebd., 44 f.

die Fokussierung auf materielle Kultur und das Auswahlkriterium[15] der Authentizität (vgl. Kap. 2).

Kulturerbe und Authentizität

Die Debatten um das Kriterium der Authentizität verdeutlichen besonders eindrücklich, wie durch die UNESCO das Kulturerbe-Konzept globale Wirkmacht entfaltete und an welchen Stellen sich dadurch Konfliktpunkte ergaben: Wurde in den Jahren nach Inkrafttreten der Welterbekonvention Authentizität nur im Sinne einer im Expert_innendiskurs bestimmbaren Objektauthentizität verstanden, die mit spezifischen Modi der Konservierung verbunden ist, regte sich mit dem Beitritt vor allem nicht-westlicher Länder zunehmend Widerstand an dieser Definition. So lehnten verschiedene UNESCO-Mitgliedsstaaten diesen an philosophischen, ästhetischen und kunsthistorischen Diskursen europäisch-nordamerikanischer Prägung ausgerichteten Authentizitätsbegriff ab. Sie sahen dadurch alternative Vorstellungen von Echtheit und Praktiken der Erhaltung marginalisiert und somit auch Benachteiligungen bei der Einschreibung auf die Welterbe-Liste gegeben.[16] Im *Nara Document on Authenticity*, das Expert_innen 1994 der UNESCO vorlegten, wurde schließlich festgehalten, dass Authentizität nicht ein absoluter Wert sei, sondern eine „Kategorie von Kultur", die auch unterschiedliche Interpretationen erfahren könne. Diese kontextbezogene Definition weist deutlich in Richtung eines konstruktivistischen Authentizitätsverständnisses, obgleich, wie Markus Tauschek kritisch anmerkt, auch das Nara-Dokument weiterhin „an der (wertenden) Dichotomie zwischen Original und Kopie fest[hält]".[17] Nichtsdestotrotz wird das Nara-Dokument, das auch in den UNESCO-Guidelines Niederschlag gefunden hat, als Ausweis eines erweiterten Authentizitätsbegriffs gedeutet, von einer reinen Objektauthentizität hin zu Authentizität als Qualität einer Relation zwischen Objekt und wahrnehmendem Subjekt. Es gilt vor allem aber als Wegbereiter des *UNESCO-*

15 Gemäß den UNESCO-Regularien ist für die Aufnahme in die Welterbe-Liste eine Reihe von Voraussetzungen zu erfüllen, zu denen die Authentizität (historische Echtheit) und/oder die Integrität (Unversehrtheit) eines Objekts oder einer Stätte gehören, vor allem aber auch der „außergewöhnliche universelle Wert". Um diesen zu belegen, hat die UNESCO zehn Kriterien aufgestellt, von denen mindestens eines erfüllt sein muss. Die Anforderungen (i)–(vi) sind dabei für kulturelles Erbe maßgeblich, die Kriterien (vii)–(x) für Naturerbe, vgl. UNESCO Operational Guidelines 2019, § 77, https://whc.unesco.org/en/guidelines/, letzter Zugriff 19.1.2021.

16 Kritik wurde vor allem von Japan geäußert, das vergeblich dafür geworben hatte, dass der Ise-jingū, einer der bedeutendsten Shintō-Schreine im japanischen Ise, als Welterbe anerkannt würde. Dieser wird als einer der letzten Schreine traditionell alle 20 Jahre rückgebaut und mit neuen Materialien wiederaufgebaut. Damit erfüllt die Konservierungspraxis nicht die Authentizitätsvorgaben.

17 Markus Tauschek: Kulturerbe. Eine Einführung, Berlin 2013, S. 112.

Übereinkommens zur Erhaltung des immateriellen Kulturerbes 2003, das kulturelle Praktiken und Wissensbestände in den Fokus rückte und das Paradigma der Authentizität zurückdrängte. Damit wurde auch dem Kritikpunkt einer Fokussierung auf materielle Zeugnisse begegnet.

Für die Erforschung von kulturellem Erbe ist der Begriff der Authentizität in dreifacher Hinsicht von Bedeutung: Zunächst tritt er als Quellenbegriff auf, der in seiner Verwendung historisch, wissenschaftsgeschichtlich und transkulturell eingeordnet werden muss. Des Weiteren markiert er aus der Perspektive der Geschichtswissenschaft einen Übergang in einen anderen fachlichen Diskurs: in den der Konservierung und damit der Denkmalpflege. Auch dieser muss entsprechend wahrgenommen werden und verlangt eine transdisziplinäre Auseinandersetzung. Schließlich kann der Authentizitätsbegriff effektiv als Analyseinstrument eingesetzt werden, um das Verhältnis zwischen Gesellschaft und Objekt analysieren und interpretieren zu können und wird so nicht auf die Geschichte des Objektes selbst begrenzt. Letzteres gilt auch für den Aura-Begriff (vgl. Infobox in Kap. 2.3): Aura ist einem Objekt nicht inhärent, sondern sie entsteht im Wechselspiel von Mensch, Ding und Raum bzw. in der Rezeptionssituation. In diesem Sinne ist auch das von Dean MacCannell formulierte Konzept der *staged authenticity* zu verstehen.[18] Im Bereich der Tourismusforschung verweist dieser Begriff auf Inszenierungstechniken, die einen Ort als authentisch und damit als touristische Attraktion markieren sollen.

7.4 Denkmal – Monument – Kulturgut – Tradition

Kulturerbe bzw. Heritage stehen in der deutschsprachigen Debatte in Beziehung zu verwandten Begriffen wie Denkmal und Monument, Kulturgut und Tradition. Es ist daher sinnvoll, diese im Folgenden kurz vorzustellen.

Denkmal und Monument

Die Etymologie des Wortes Denkmal reicht im Deutschen bis ins 16. Jahrhundert zurück. Der Begriff erscheint erstmals 1523 in einer von Martin Luther übersetzten Fassung des Alten Testaments. Darin wird das griechische *mnemósynon* (lat.: *monumentum*) mit ‚Denkmal' im Sinne von ‚Gedächtnis'-/‚Erinnerungshilfe' bzw. ‚Gedächtnis'-/‚Erinnerungsstütze' übersetzt. Das lateinische *monumentum*, das so

18 Dean MacCannell: Staged Authenticity: Arrangements of Social Space in Tourist Setting, in: American Journal of Sociology 79/3 (1973), S. 589–603.

viel wie ‚Erinnerungszeichen', ‚Grabmal', ‚Urkunde' bedeutet, leitet sich wiederum vom Verb *monere* (‚erinnern', ‚mahnen', ‚ermahnen', ‚warnen') ab. Bis weit ins 19. Jahrhundert hinein wurden die lateinische und die deutsche Bezeichnung weitgehend synonym verwendet, ehe sich der Denkmalbegriff mehr und mehr durchsetzen konnte. Heute unterscheidet man in der Regel zwischen zwei Formen von Denkmalen: Als Denkmale im weiteren Sinn werden kulturgeschichtlich bedeutsame Zeugnisse bezeichnet (z. B. eisenzeitliche Grabhügel, römische Katakomben, Industrieanlagen des 19. Jahrhunderts) – und damit Dinge, die erst im Verlauf ihrer Existenz zu Denkmalen geworden sind; als Denkmale im engeren Sinn versteht man für gewöhnlich ein zum Zweck der Erinnerung an eine Person oder Ereignis errichtetes Monument wie beispielsweise Schillerdenkmale, Bismarcktürme, Kriegerdenkmale wie das Heldendenkmal der Roten Armee in Wien oder auch Mahnmale wie das 2005 in Berlin eingeweihte Denkmal für die ermordeten Juden Europas.[19]

Mit dem Aufkommen des Konzepts ‚Kulturerbe' im Kontext der nationalen Bewegungen im 19. Jahrhundert kam es zu einer semantischen Verschiebung. Kulturgüter aller Art wurden nun als kulturelles Erbe begriffen, und zwar in einem nationalstaatlich-territorialen und identitätsstiftenden Verständnis. Durchgesetzt hat sich der Begriff im Deutschen allerdings erst deutlich später. Bis weit ins 20. Jahrhundert hinein sprach man von Monument, Denkmal (z. B. Natur-, Kultur-, Kunstdenkmal) und Kulturgut. Erst als der Gedanke, bestimmte Objekte der Vergangenheit seien zu bewahren, immer populärer wurde – auch aufgrund internationaler und politischer Debatten um den Schutz materiellen Kulturgutes nach dem Zweiten Weltkrieg[20] – und die UNESCO mit der Welterbekonvention ihre Aktivitäten in diese Richtung forcierte, setzte ein Wandel in der Benennungspraxis hin zu kulturellem Erbe, Kulturerbe oder einfach nur Heritage ein.

Kulturerbe und Tradition

Kulturerbe meint jedoch nicht nur materielle Zeugnisse, sondern auch kulturelle Praktiken wie z. B. Bräuche, Feste, Rituale und Handwerkstechniken. Was früher unter dem Begriff der Tradition subsumiert wurde, gilt heute also zunehmend als Kulturerbe. Man könnte auch sagen: Es hat eine begriffliche Verschränkung beider Begriffe stattgefunden. Dies hat mehrere Gründe. Tradition und Kulturerbe können erstens als Ausdruck einer Praxis verstanden werden, d. h.,

19 Mehr zum Denkmal auch bei Stefanie Samida: Denkmal, in: dies. u. a. (Hg.): Handbuch Materielle Kultur: Bedeutungen, Konzepte, Disziplinen, Stuttgart/Weimar 2014, S. 189–192.

20 1954 wurde die *Haager Konvention zum Schutz von Kulturgut bei bewaffneten Konflikten* verabschiedet.

sie sind diskursiv hergestellt und werden aus einer konstruktivistischen Perspektive auf ihre Herstellung und ihre Nutzungsweisen hin untersucht.[21] Beide Konzepte weisen zweitens einen Vergangenheitsbezug auf; sie berufen sich auf Vorstellungen eines Ursprünglichen bzw. Anfänglichen, versprechen damit eine Art symbolische Reise zu den Wurzeln[22] und aktualisieren somit Vergangenheit. Beide Male finden sich, das ist der dritte Punkt, darüber hinaus Prozesse der Bedeutungs- und Wertlaufladung, wobei Traditionen im 19. Jahrhundert – wie Kulturerbe heute – als ‚Anker' oder Ruhepol in einer als beschleunigt wahrgenommenen Zeit galten.[23]

Tradition ist also ein dem Konzept des Kulturerbes verwandter Begriff. Bernhard Tschofen hat es so ausgedrückt: „Was der Moderne die Tradition, scheint der späten Moderne das Welterbe zu sein".[24] Die heutige Stilisierung alltagskultureller und lokaler Traditionen als Kulturerbe markiert aber noch eine weitere Bedeutungsverschiebung. Denn in früheren Zeiten war das, was wir heute als Tradition bezeichnen, alltägliche Routine; durch die Herauslösung aus dem „Status von Selbstverständlichkeiten" wird diese Routine zu einem Wert.[25]

7.5 Disziplinäre Zugänge zu Kulturerbe

Der Kulturerbe-Begriff ist facettenreich und wirft zahlreiche Probleme auf. Das spiegelt auch die wissenschaftliche Debatte wider, an der sich verschiedene Fächer beteiligen. Denn die Kulturerbe-Forschung als fachübergreifendes Forschungsfeld ist durch unterschiedliche disziplinäre Zugänge und Erkenntnisinteressen geleitet, von denen hier im Folgenden einige skizziert werden sollen.

Archäologie

Die Archäologie beschäftigt sich vor allem mit den materiellen Hinterlassenschaften bzw. dem materiell auf uns gekommenen Erbe, das sie in der Regel über Ausgrabungen ans ‚Tageslicht' befördern.

21 Die Historiker Eric Hobsbawm und Terence Ranger haben die Bedeutung von Traditionen bzw. ihrer Erfindung *(invented traditon)* für die Etablierung von Nationalstaaten herausgearbeitet, siehe Eric Hobsbawm/Terence Ranger (Hg.): The Invention of Tradition, Cambridge 2010 (engl. Orig. 1983).

22 Konrad Köstlin: Tradition, Erbe und gesellschaftliches Wissen: Thema mit Variationen, in: Karl C. Berger u. a. (Hg.): Erb.gut? Kulturelles Erbe in Wissenschaft und Gesellschaft, Wien 2009, S. 49–60, hier S. 58.

23 Tauschek: Kulturerbe, S. 82 f.

24 Tschofen: Antreten, ablehnen, verwalten?, S. 23.

25 Ingo Schneider: Wiederkehr der Traditionen? Zu einigen Aspekten der gegenwärtigen Konjunktur des kulturellen Erbes, in: Österreichische Zeitschrift für Volkskunde 59/1 (2005), S. 1–20, hier S. 19 f.

Die anschließende Analyse der Grabungsdokumentation, die Klassifikation und vergleichende formale und zeitliche Bestimmung der archäologischen Befund- und Fundkomplexe sowie deren Deutung gehören zu den genuinen Aufgaben von Archäolog_innen. Hinzu kommt die Sicherung und Bewahrung des kulturellen Erbes als zentraler Auftrag speziell der archäologischen Denkmalpflege.

Geschichtswissenschaft

Auch die Geschichtswissenschaft widmet sich dem kulturellen Erbe, schließlich ist laut Tauschek jeglichem Kulturerbe „Geschichte diskursiv eingelagert", oder anders gesagt: Über das Kulturerbe wird Wissen über Geschichte hergestellt, transportiert und sichtbar gemacht.[26] Der Blickwinkel der Geschichtswissenschaft auf das kulturelle Erbe ist in der Regel jedoch ein genuin historischer. Über die dezidiert historische Perspektivierung widmet sie sich etwa der Frage nach der Entstehung des Konzepts ‚Kulturerbe' im 19. Jahrhundert im Kontext nationalstaatlicher Unternehmungen oder der Geschichte des Denkmalschutzes. Die Auseinandersetzung mit dem Kulturerbe besitzt darüber hinaus in der lokal- und regionalhistorischen Forschung eine nicht unwichtige Bedeutung, gerade wenn es um Erinnerungskulturen (vgl. Kap. 4) und Identitätsfragen geht. Auch die Geschichtsdidaktik hat sich in den letzten Jahren zunehmend mit Aspekten des kulturellen Erbes als Teil der Geschichtskultur (vgl. Kap. 6) befasst. Allerdings wird hier eine andere Begrifflichkeit verwendet; man trifft weniger auf den Erbe-Begriff, sondern auf Bezeichnungen wie ‚historischer (Lern-)Ort', ‚außerschulischer Lernort' oder ‚historische Stätte' – das immaterielle Kulturerbe bleibt dabei häufig unbeachtet.[27]

Kulturanthropologie/-Ethnologie

Die Kulturerbe-Forschung ist auch ein wichtiges Arbeitsgebiet ethnologisch-kulturanthropologischer Forschung. Deren Perspektive fokussiert vor allem auf die Prozesse der Inwertsetzung eines Objektes oder einer Praxis als Kulturerbe sowie auf die Frage, wie und von wem dieses zu welchem Zweck genutzt wird. Mittels eines praxeologischen Zugriffs auf die komplexen Verflechtungen unterschiedlicher Akteursgruppen und Entitäten (z. B. Mensch, Ding, Organisationen) wird beispielsweise untersucht, wie sich in Bezug auf ein Kulturerbe soziale Gruppen formieren und spezifische Raumkonzepte herausbilden. Dabei gilt das Forschungsinteresse ebenso den Machtverhältnissen, die sich in der Auswahl, der Deutung und dem Umgang mit

26 Tauschek: Kulturerbe, S. 74.

27 Siehe z. B. Christian Kuchler: Historische Orte im Geschichtsunterricht, Schwalbach i. Ts. 2012; Josef Memminger (Hg.): Überall Geschichte! Der Lernort Welterbe – Facetten der Regensburger Geschichtskultur, Regensburg 2014.

einem Kulturerbe manifestieren, wie miteinander konkurrierenden Eigentumsansprüchen an einem Kulturerbe.

Tourismuswissenschaft

Eine andere Perspektive auf das kulturelle Erbe werfen vor allem stärker anwendungsorientierte Wissenschaften wie etwa die Tourismuswissenschaft und ihre verschiedenen Arbeitsfelder, z. B. die Tourismusökonomie. Kulturerbe lässt sich touristisch in Wert setzen, es geht um Angebot und Nachfrage bestimmter Destinationen (vgl. Infobox Geschichtstourismus und *dark tourism* in Kap. 7.7.2). Kulturerbe-Stätten als Teil unserer Gegenwart und Lebenswelt zählen zu beliebten Reisezielen bzw. lassen sich zu solchen machen, schließlich vermitteln sie zwischen Vergangenheit, Gegenwart und Zukunft, und das recht anschaulich: Sie sind nicht nur sichtbar, sondern vielfach erfahr- und begehbar wie etwa die ägyptischen Pyramiden, die kambodschanische Tempelanlage von Angkor Wat oder der Kölner Dom. Für die Tourismusindustrie sind sie daher nicht selten ein großer wirtschaftlicher Faktor.

Rechtswissenschaft

Kulturerbe-Forschung beschränkt sich aber nicht nur auf geschichts-, kultur- und wirtschaftswissenschaftliche Analysen. Auch die Rechtswissenschaft befasst sich mit dem Thema, wobei sie sowohl die Erarbeitung und Umsetzung des nationalen Kulturgüterschutzes als auch völkerrechtliche Abkommen in den Blick nimmt. Für Letzteres sind in erster Linie die UNESCO-Welterbekonvention und das Übereinkommen zur Erhaltung des immateriellen Kulturerbes relevant, aber auch völkerrechtliche Vereinbarungen, die sich mit der Restitution von Kulturgütern als Kriegsbeute bzw. aus früheren Kolonialgebieten befassen.[28] Dabei wird auch die Frage untersucht, welche Auswirkungen völkerrechtliche Abkommen auf innerstaatliche Zuständigkeiten und Befugnisse haben, etwa wenn sich durch den Status eines kulturellen Guts als nationales Erbe staatliche Zugriffsmöglichkeiten auf die Bereiche des Kulturschaffens ergeben, die bis hin zur Beschneidung künstlerischer Freiheit reichen können.[29]

28 Alper Tasdelen: Das völkerrechtliche Regime der Kulturgüterrückführung, in: Stefan Groth u. a. (Hg.): Kultur als Eigentum. Instrumente, Querschnitte und Fallstudien, Göttingen 2015, S. 225–268.

29 Sven Mißling: Die UNESCO-Konvention zum Schutz des immateriellen (Kultur-)Erbes der Menschheit von 2003. Öffnung des Welterbekonzepts oder Stärkung der kulturellen Hoheit des Staates?, in: Regina F. Bendix u. a. (Hg.): Die Konstituierung von Cultural Property: Forschungsperspektiven, Göttingen 2010, S. 91–113.

7.6 Kulturerbe als Forschungsgegenstand der Public History

Kulturerbe taucht in diversen und bisweilen überraschenden Kontexten der derzeitigen Wissenschaftslandschaft und des öffentlich-politischen Diskurses auf. Wissenschaftler_innen unterschiedlicher Fächer widmen sich dem Phänomen mit einem anwendungsbezogenen oder mit einem stärker analytischen und theoretisierenden Fokus.[30] Dass die Grenzen zwischen Theorie und Praxis fließend sind, wird nicht zuletzt daran deutlich, dass Vertreter_innen aus der Archäologie oder der Ethnologie/Kulturanthropologie häufig als Expert_innen konsultiert werden.

Eine der ersten, die sich der Theoretisierung von Kulturerbe gewidmet hat, ist die Kulturanthropologin Barbara Kirshenblatt-Gimblett. Sie hat verschiedene Merkmale von Kulturerbe herausgearbeitet, von denen die folgenden drei besonders bedeutend sind: (1) Sie versteht Kulturerbe als eine kulturelle Technik der Gegenwart, die jedoch stark auf die Vergangenheit verweise; (2) Kulturerbe produziere Wert und könne als eine „value added industry" umschrieben werden, die aus Historizität, Differenz oder Ursprünglichkeit Wert generiere; (3) die Heritage-Industrie stehe in einem engen Zusammenhang mit dem Tourismus, für und durch den kulturelles Erbe exportiert werde – kulturelles Erbe sei somit ein Medium, durch das Orte zu touristischen Destinationen werden können.[31]

Metakulturelle Operationen

Kirshenblatt-Gimblett führt die Denkfigur der „metakulturellen Operationen" ein, worunter sie den reflexiven Akt versteht, unhinterfragte kulturelle Fragmente aus ihren Zusammenhängen zu lösen und politisch und wirtschaftlich in Wert zu setzen.[32] Dabei wird nicht nur ‚Altes' und ‚Schönes' als schützenswert ausgezeichnet; im Zuge einer „zeitlichen Verdichtung"[33] wird auch Industrieanlagen und schwierigem bzw. ‚dunklem' Erbe wie etwa Zeugnissen der NS-Herrschaft[34]

30 Siehe Emma Waterton/Steve Watson (Hg.): The Palgrave Handbook of Contemporary Heritage Research, New York 2015.

31 Barbara Kirshenblatt-Gimblett: Theorizing Heritage, in: Ethnomusicology 39/3 (1995), S. 367–380, hier S. 369 ff. Markus Tauschek hat die Merkmale ins Deutsche übertragen: Tauschek: Kulturerbe, S. 128.

32 Barbara Kirshenblatt-Gimblett: Intangible Heritage as Metacultural Production, in: Museum International 56/1–2 (2004), S. 52–65.

33 Bendix: Kulturelles Erbe, S. 342.

34 Beispielsweise Sharon Macdonald: Difficult Heritage. Negotiating the Nazi Past in Nuremberg and Beyond, London/New York 2009; William Logan/Keir Reeves (Hg.): Places of Pain and Shame. Dealing with „Difficult Heritage", London/New York 2009.

„ein zweites Leben" als Tourismusdestination und identifikatorischer Referenzpunkt eingehaucht.[35]

Im Hinblick auf Prozesse der Inwertsetzung[36] lässt sich – bezugnehmend auf die Wirtschaftswissenschaftler Arjo Klamer und Peter-Wim Zuidhof – zwischen *valorization* und *valuation* unterscheiden.[37] Beide Formen von Inwertsetzung – *valorization* als symbolische Wertschöpfung eines Kulturgutes und *valuation* als ökonomische Wertschöpfung – befinden sich dabei in einem Wechselspiel, in dem das eine das andere nach sich ziehen kann.[38] Das zeigt sich insbesondere an der Beziehung von Tourismus und Kulturerbe, die nicht als getrennte Systeme zu verstehen, sondern auf vielschichtige und komplexe Weise miteinander verwoben sind.[39] Diese Verflechtung hat Kirshenblatt-Gimblett Mitte der 1990er Jahre als „Heritage-Industrie" beschrieben, die ihre Produkte vor allem über den Tourismus exportiere, etwa wenn Kulturerbe-Stätten zu Reisezielen umgewandelt und so wirtschaftlich rentabel würden. Der Tourismus vermag also neue Destinationen bzw. Reiseziele zu schaffen, während Heritage das Konsumieren und Erleben befördert, wie es auch für den Tourismus kennzeichnend ist.[40]

35 Kirshenblatt-Gimblett: Intangible Heritage, S. 56. Kritik am Konzept der metakulturellen Operationen übt Markus Tauschek. Die historische Entwicklung des von ihm untersuchten Karnevals im belgischen Binche hat gezeigt, dass metakulturelle und kulturelle Praktiken Hand in Hand gehen und eine lange Kette aus „re-invented traditions" (Dorothee Hemme) bilden. Das Konzept der metakulturellen Operationen sieht er daher mehr als heuristisches Hilfsmittel, um die Prozesse hervorzuheben, die neue Bedeutungsinhalte generieren, vgl. Markus Tauschek: Reflections on the Metacultural Nature of Intangible Cultural Heritage, in: Journal of Ethnology and Folkloristics 5/2 (2011), S. 49–64, das Zitat von Dorothee Hemme stammt aus ihrem Aufsatz: „Weltmarke Grimm". Anmerkungen zum Umgang mit der Ernennung der Grimmschen Kinder- und Hausmärchen zum „Memory of the World", in: dies. u. a. (Hg.): Prädikat „Heritage". Wertschöpfungen aus kulturellen Ressourcen, Berlin/Münster 2007, S. 225–251, hier S. 230.

36 Vgl. Markus Tauschek: Wertschöpfung aus Tradition. Der Karneval von Binche und die Konstituierung kulturellen Erbes. Berlin 2010.

37 Arjo Klamer/Peter-Wim Zuidhof: The Values of Cultural Heritage: Merging Economic and Cultural Appraisals, in: Marta de la Torre/Randall Mason (Hg.): Economics and Heritage Conservation. A Meeting Organized by the Getty Conservation Institute, Los Angeles 1999, S. 23–61.

38 Barbara Kirshenblatt-Gimblett: World Heritage and Cultural Economics, in: Ivan Karp u. a. (Hg.): Museum Frictions. Public Cultures/Global Transformations, Durham/London 2006, S. 161–202, hier S. 194 f.

39 Beispielsweise Dorothee Hemme: Märchenstraße – Lebenswelten. Zur kulturellen Konstruktion einer touristischen Themenstraße, Münster 2009; Burkhard Schnepel u. a. (Hg.): Kultur all inclusive. Identität, Tradition und Kulturerbe im Zeitalter des Massentourismus, Bielefeld 2013.

40 Kirshenblatt-Gimblett: Theorizing Heritage, S. 373, 371

Authorized heritage discourse

Studien, die auf den Konstruktionscharakter von Kulturerbe abheben und sowohl die eingelagerten Machtverhältnisse als auch die Nutzungsweisen von Kulturerbe herausarbeiten, lassen sich unter der Bezeichnung Critical Heritage Studies (CHS) subsumieren: Kulturerbe-Forscher_innen aus der Archäologie, der Ethnologie/Kulturanthropologie, der Geschichtswissenschaft, der Humangeografie und anderen Disziplinen haben sich 2012 in der Association of Critical Heritage Studies zusammengefunden, die in einem Manifest ihr Kulturerbe-Verständnis und ihre Herangehensweise pointiert dargelegt hat:

> Heritage is, as much as anything, a political act and we need to ask serious questions about the power relation that ‚heritage' has all too often been invoked to sustain. Nationalism, imperialism, colonialism, cultural elitism, Western triumphalism, social exclusion based on class and ethnicity, and the fetishising of the expert knowledge have all exerted strong influences on how heritage is used, defined and managed.[41]

Kulturerbe wird hier als eine Form politischen Handelns in einem weiten Sinne verstanden, das nicht auf die Aktivitäten politischer Entscheidungsträger_innen verengt ist, sondern gerade auch die besondere Bedeutung von Expert_innen hervorhebt: „Heritage makes politics precisely through expertise."[42] Die Bedeutung von Expert_innen oder Heritage Professionals in der Konstituierung eines Kulturerbes – seien es Architekt_innen, Archäolog_innen, Biolog_innen, Historiker_innen oder Kulturwissenschaftler_innen – hat Laurajane Smith hervorgehoben und dafür das Konzept des *authorized heritage discourse* (AHD) geprägt.[43] Mit dieser Begriffsschöpfung bezeichnet sie mit Rekurs auf Michel Foucault und die Kritische Diskursanalyse das Verhältnis von Macht, Wissen und Sprechen über Kulturerbe. Den AHD, dessen Entstehungskontext Smith in den professionellen Diskursen der Archäologie und Architektur im Europa des späten 19. und frühen 20. Jahrhunderts ausmacht, versteht sie als ein Set von Ideen dessen, was Kulturerbe ausmacht. Dazu gehören Beschreibungen wie „ästhetisch ansprechend", „materiell", „fragil" und „nicht erneuerbar", aber auch ein klarer moralischer Imperativ, dass ein Kul-

41 Manifest der Association of Critical Heritage Studies, einsehbar auf der Website des Centre for Heritage an Museum Studies, https://chms.cass.anu.edu.au/research/projects/association-critical-heritage-studies, letzter Zugriff: 1.1.2020.

42 Chiara De Cesari: Thinking Through Heritage Regimes, in: Regina F. Bendix u. a. (Hg.): Heritage Regimes and the State, Göttingen 2013, S. 399–413, hier S. 401.

43 Laurajane Smith: Uses of Heritage, London/New York 2006.

turerbe für zukünftige Generationen unverändert zu bewahren sei.[44] Der Diskurs weist nicht nur aus, was als Kulturerbe zu verstehen ist, sondern schafft auch neue Subjektpositionen: Neben den Heritage Professionals, die in erster Linie für den Schutz verantwortlich sind, gibt es die Gruppe der ,Erb_innen'. Letztere sollen für den Wert ihres kollektiven Erbes sensibilisiert werden und es sich aneignen, wobei die von Seiten der Expert_innen erarbeiteten Wertsetzungen und Umgangsformen gelten. In der Kulturerbe-Forschung wird dieser Prozess als eine Form gouvernementalen Regierens im Foucault'schen Sinne verstanden.[45] Obgleich auch im UNESCO-Kontext die Expertise und das Wissen der Heritage Professionals klar privilegiert wird, wird diesen in den Richtlinien zur Umsetzung der Konventionen zunehmend eine weitere Akteursgruppe zur Seite gestellt: die *local* oder *indigenous community*, d. h. die lokale Bevölkerung. Die UNESCO folgt damit internationalen Tendenzen, Teilhabe von *communities* (vgl. Infobox) an politischen Prozessen zu forcieren.

Community

Die Konstituierung eines Kulturerbes verbindet äußerst heterogene Akteur_innen, die räumlich, sozial und kulturell verschieden verortet sind, obgleich sie Teil einer sogenannten *community of practice* sind. Mit diesem aus der Lerntheorie entlehnten Begriff lässt sich die auf ein gemeinsames Ziel orientierte Formierung eines Kollektivs analytisch fassen. *Community* ist in diesem praxeologischen Verständnis entsprechend ein *doing*-Wort, eine Handlung und ein Prozess, in dem Grenzen immer neu ausgehandelt werden. Es bedarf allerdings einer Differenzierung zwischen der analytischen Verwendung des Begriffs und seinem Einsatz als politisch-normativer Kategorie (inzwischen auch im deutschsprachigen Raum), wenn es beispielsweise um Fragen von Teilhabe an Entscheidungsprozessen geht. So fordert die UNESCO inzwischen die Beteiligung der potenziell betroffenen *(local) communities* an der Nominierung und dem Management eines Kulturerbes ein, allerdings ohne diese näher zu definieren. Fragen danach, wie sich ein solches Kollektiv formiert, welche Grenzziehungen nach außen relevant sind – z. B. ethnisch, sozial oder politisch – und welche Eigentumsansprüche an einem Kulturerbe formuliert werden, beschäftigen die Forschung. Dabei wird das

44 Smith: All Heritage is intangible, S. 11.

45 Vgl. Regina Bendix/Valdimar Tr. Hafstein: Culture and Property. An Introduction, in: Ethnologia Europaea 39/2 (2009), S. 5–10, hier S. 7.

Konzept der *community* durchaus kritisch diskutiert: So betrachten Emma Waterton und Laurajane Smith die (Selbst-)Inszenierung einer *community* als Trägerin eines ‚besonderen' Kulturerbes als ambivalent, potenziert diese Darstellung doch nicht selten eine bereits bestehende Konstituierung als gesellschaftliche Andere. Damit können marginalisierte Gruppen, denen eine Anerkennung als Kulturerbe-*community* zuteil wird, zusätzlich exotisiert und homogenisiert werden, wobei Machtungleichheiten verschleiert und zugleich reproduziert werden.

Leseempfehlung
Adell, Nicolas u. a. (Hg.): Between Imagined Communities and Communities of Practice: Participation, Territory and the Making of Heritage, Göttingen 2015; Noyes, Dorothy: The Judgment of Solomon: Global Protections for Tradition and the Problem of Community Ownership, in: Cultural Analysis 5 (2006), S. 27–56; Waterton, Emma/Smith, Laurajane: The Recognition and Misrecognition of Community Heritage, in: International Journal of Heritage Studies 16/1–2 (2010), S. 4–15.

Kulturerbe und Gender

Über die Betrachtung (post-)kolonialer Beziehungsgeflechte, der Verfestigung sozialer Hierarchien und elitärer Ausschlussmechanismen oder der Privilegierung spezifischer Wissensformen hinaus fragt die kritische Kulturerbe-Forschung auch nach der Bedeutung von Gender in der Konstituierung von und dem Umgang mit Kulturerbe:[46] „Heritage is gendered. It is gendered in the way that heritage is defined, understood and talked about and, in turn, in the way it reproduces and legitimizes gender identities and the social value that underpin them."[47] So ist der Entstehungskontext des AHD als Exper*ten*-Diskurs Laurajane Smith zufolge maßgeblich von den klassen- und genderspezifischen Erfahrungen von Männern der englischen Oberschicht des 19. Jahrhunderts geprägt, die die Bewahrung historischer Monumente zu ihrer Aufgabe gemacht hätten. Durch die Inwertsetzung entsprechender Objekte und Monumente würden auch die damit assoziierten Geschlechterverhältnisse legitimiert und als positiv-identitätsstiftend kommuniziert, während Orte und Stätten,

46 Wera Grahn/Ross J. Wilson (Hg.): Gender and Heritage. Performance, Place and Politics, London/New York 2018; Laurajane Smith: Heritage, Gender and Identity, in: Brian Graham/Peter Howard (Hg.): The Ashgate Research Companion to Heritage and Identity, Farnham u. a. 2008, S. 159–178.

47 Smith: Heritage, Gender and Identity, S. 161.

die etwa für historische Lebenswelten von Frauen relevant waren und sind, bei der Auszeichnung als Kulturerbe vernachlässigt worden seien.[48] Dieser kritische Blick auf das Phänomen Kulturerbe in seiner historischen Entwicklung, seiner Bedeutung für die (Re-)Produktion spezifischer Machtverhältnisse und als Gegenstand unterschiedlicher Wissenskulturen leitet zahlreiche Forschungen der Critical Heritage Studies.

Material Culture Studies

Ein weiter wichtiger Ansatz der Kulturerbe-Forschung ist der Rückgriff auf die Forschungen der Material Culture Studies. Denn die Fixierung eines spezifischen materiellen Zustandes in der Biografie eines Artefakts, der als Ausgangspunkt für erinnerungskulturelle Praktiken genutzt wird, ist ein zentrales Merkmal von Kulturerbe und gibt Hinweise darauf, wer die Deutungsmacht darüber beansprucht. Daher ist es notwendig, auch die Materialität eines Kulturerbes in die Analyse einzubeziehen. Als analytisches Instrumentarium bietet sich dafür die Akteur-Netzwerk-Theorie (ANT) an. Die ANT entwickelte sich ab den 1970er Jahren im interdisziplinären Feld der Science and Technology Studies. Im Fokus standen zu Beginn daher auch vor allem Forschungsgegenstände aus dem Bereich der Wissenschafts-, Medizin- und Technikforschung. Die Fragestellung und Herangehensweise der ANT, die vor allem mit den Namen Bruno Latour, Madeleine Akrich und John Law verbunden ist, bezieht sich auf die Rekonstruktion der Konstituierungsprozesse von beispielweise neuen wissenschaftlich-technischen Objekten oder Konzepten, die als dynamisches Netzwerk bestehend aus menschlichen und nicht-menschlichen Akteur_innen verstanden werden. Über die Grenzen der Wissenschafts- und Technikforschung hinaus findet die ANT inzwischen aber auch in Bereichen der Material Culture Studies und der Museum und Heritage Studies[49] Anwendung. Das Verständnis davon, dass auch nicht-menschliche Entitäten – sogenannte Aktanten – ‚handeln', basiert auf einem Handlungsbegriff, der keine Intentionalität voraussetzt, sondern bereits das Setzen von Effekten als Handlungs- und Wirkmacht *(agency)* begreift.[50] Wenn also ein Museumsobjekt bei Besucher_innen ein bestimmtes Verhalten hervorruft, es beispielsweise nur aus der Distanz zu betrachten und nicht zu berühren, wird

48 Die UNESCO als für das Feld des Kulturerbes richtungsweisende Institution ist sich der Problematik bewusst, dass durch Kulturerbe-Praktiken asymmetrische Geschlechterverhältnisse zementiert werden können, UNESCO: Gender Equality. Heritage and Creativity, 2014, https://unesdoc.unesco.org/ark:/48223/pf0000229418, letzter Zugriff: 13.12.2020.

49 Harrison: Critical Heritage Studies, S. 112 f.

50 Bruno Latour: Reassembling the Social: An Introduction to Actor-Network Theory, Oxford 2007, hier S. 71.

ihm Wirkmacht und der Status eines handelnden Aktanten zugesprochen.

7.7 Kulturerbe als Prozess

In den bisherigen Ausführungen haben wir unser theoretisch-konzeptuelles Verständnis von Kulturerbe dargelegt: Wir betrachten Kulturerbe als das Resultat eines fortlaufenden Prozesses von Wertzuschreibungen durch Akteur_innen und ein damit einhergehendes Bündel an Praktiken, die von konservatorischen Bemühungen bis hin zu touristischem Konsum reichen und immer auch Ausdruck spezifischer Machtverhältnisse sind. Die darin unter Einschluss einer breiten Öffentlichkeit verhandelten Narrative von Geschichte machen es zu einem Aufgabenbereich der Public History.

7.7.1 Wie Kulturerbe entsteht

Die eingangs erwähnte verlassene Siedlung Königsmühle (tschech.: Králův mlyn) steht seit 2012 im Mittelpunkt eines internationalen Landart-Festivals von Künstler_innen. Das Festival basiert auf dem Ansatz, das Kulturerbe Königsmühle einerseits anzueignen und dabei andererseits zugleich hegemoniale Geschichtsnarrative zu unterlaufen.

Ethnografischer Zugang

Im Rahmen einer europäisch-ethnologischen Studie zur Konstituierung von Kulturerbe im Erzgebirge stand die deutsch-tschechische Nominierung der Montanregion Erzgebirge/Krušnohoří als UNESCO-Weltkulturerbe im Fokus.[51] Bei einem ethnografisch offenen Zugang ist das Forschungsfeld nicht a priori festgelegt. Es konstituiert sich erst im Laufe der Forschung, in dem die Forschenden Menschen, Objekten, Ideen oder Policies – zu Letzteren lässt sich der Schutz von Kulturerbe zählen – in Situationen und Kontexten nachfolgen, in denen sie handlungs- und wirkmächtig agieren. Im hier betrachteten Fall bedeutete dies für die Forschende, sich nicht allein auf den offiziellen Nominierungsprozess zu konzentrieren, sondern offen auch für andere soziale Situationen zu sein, in denen der Schutz von Kulturerbe diskutiert und mit anderen Themen verwoben wurde. Das Landart-Festival, das sich der künstlerischen Auseinandersetzung mit der Historie der Ruinen von Königsmühle

51 Ausführlich dazu Arnika Peselmann: Konstituierung einer Kulturlandschaft. Praktiken des Kulturerbens im deutsch-tschechischen Erzgebirge, Göttingen 2018.

und deren Unterschutzstellung als nationales Kulturerbe verpflichtet sieht, stellt eine solche Situation und auch einen ganz konkreten Ort dar.

Zwar waren Bemühungen gescheitert, die Siedlung Königsmühle in die offizielle erzgebirgische UNESCO-Nominierung zu integrieren, das änderte aber nichts an der Auffassung des Festival-Organisators und der vorwiegend deutschen und tschechischen Festivalteilnehmer_innen, dass es sich bei der Königsmühle um ein kollektives Erbe handele, das entsprechend zu schützen sei. Dabei ließen sich sowohl im Vorfeld als auch während des Festivals unterschiedliche Formen eines *doing heritage* beobachten, bei denen divergierende Wissensbestände zum Einsatz kamen: Wurden die Ruinen von professionellen Denkmalschützer_innen vermessen, kartiert und ihre Bausubstanz im Hinblick auf einen möglichen Schutzstatus überprüft, machten die Landart-Künstler_innen ganz anderen Gebrauch von dem Ort, etwa wenn Theaterleute die Ruinen als Kulisse für ein Stück nutzten, das auf den Erzählungen der letzten noch lebenden Zeitzeugin basierte, oder Bildhauer aus den Steinen eingestürzter Mauern neue Werke schufen.

Ein Verein, der sich im Nachgang des ersten Landart-Festivals 2012 gegründet hatte, subsumiert die unterschiedlichen Zugänge zu diesem Ort unter dem Begriff der „Dokumentalitäten“ (tschech.: *dokumentality*), worunter neue und individuelle Annäherungen zu „Erde, Landschaft, Architektur, Genius Loci und Kulturerbe im breiten Sinne des Wortes“ verstanden werden.[52] Mittels dieser subjektiven Zugänge wollen sie von hegemonialen Geschichtsdarstellungen Abstand nehmen, die das Sudetenland bestimmen und die nach Ansicht der Teilnehmer_innen in erster Linie der politischen Instrumentalisierung dienen. Diese Öffnung für individuelle Deutungen kann als eine Pluralisierung von Erinnerungskulturen und Heritage-Praktiken verstanden werden. Des Weiteren ist es aber auch eine Aneignung ebenso wie ein Teilen von Erbe (vgl. die folgende Infobox Sharing Heritage): Im Gegensatz zur letzten Zeitzeugin, die mit Königsmühle und dem verfallenen Haus ihrer Großeltern ein familiäres Erbe verbindet, betrachtet der Organisator die Gebäude als einen kollektiven Erinnerungsort (vgl. Kap. 4) für das gesamte tschechische Grenzland, den es zu bewahren gilt. Die Häuser sollen dafür allerdings nicht als eine Art Freilichtmuseum in ihren Zustand von vor 1945 zurückversetzt werden, sondern als Ruinen die tschechoslowakische Nachkriegspolitik

52 Webseite des Vereins DoKrajin e.V., dokrajin.cz/clanek/17-poslani/sess_22b793a337d8a1520b0feae469087f69/, letzter Zugriff 12.12.2019.

und die daraus resultierende landschaftliche Entwicklung repräsentieren. Im Fall der Königsmühle besitzen daher auch die Ruinen im Sinne der ANT *agency*, da sie Handlungen evozieren. Erst durch ihre Einbindung in ein semiotisch-materiales Netzwerk, das ontologisch unterschiedliche Akteur_innen und Aktanten – Menschen, Objekte, Regularien etc. – verbindet, wird aus den (zumindest im Kataster) nicht existenten Gebäuden ein Kulturerbe.

Die Netzwerk-Heuristik der ANT erlaubt es, den Konstituierungsprozess eines Kulturerbes über die menschlichen Handlungen hinaus nachzuvollziehen und so deutlich zu machen, welche Ideen und Interessen in einem Kulturerbe eingeschrieben sind. Der Prozess der Konstituierung eines Kulturerbes ist aber nicht damit abgeschlossen, dass ein nationaler Status oder ein UNESCO-Siegel verliehen wird. Ein Kulturerbe wird immer wieder aufs Neue angeeignet, wobei das touristische Erleben eine ganz besondere Rolle spielt.

Sharing Heritage

Die Debatte um und über kulturelles Erbe ist nicht statisch, sondern sehr dynamisch. Vor dem Hintergrund gesellschaftlicher Veränderungen wie Globalisierung und Migration, aber auch postkolonialer Debatten ist zunehmend die Frage „Whose heritage?“ (Hall 1999/2000) und nach den verschiedenen Erbe-Gemeinschaften in den Vordergrund gerückt. Über Kulturerbe kann zwar zweifellos der Zusammenhalt einer Gemeinschaft gestärkt und Identitätsangebote geschaffen werden, aber es werden häufig auch Prozesse von Aus- und Abgrenzungen und die Ausformung von kulturellem Eigentum *(cultural property)* befördert. Fragen nach Teilhabe, nach Begegnung, nach dem interkulturellen Dialog sowie nach der Weitergabe und Tradierung von (globalem) Kulturerbe stehen daher mittlerweile im Zentrum der Diskussion und damit auch ein neuer Begriff: Sharing Heritage/Shared Heritage. Beide Begriffsvarianten zielen auf ein geteiltes bzw. zu teilendes Erbe, wobei mit Sharing mehr das Aktive betont wird. Versteht man mit Thomas Thiemeyer Shared Heritage als kollektives Eigentum einer Staatengemeinschaft, dann werden damit sowohl Eigentumsrechte kollektiviert als auch die Teilhabe aller am kulturellen Erbe betont. Sharing Heritage/Shared Heritage zielt somit auf Partizipation breiter Bevölkerungsschichten. Doch Teilhabe ist nicht zwingend gleichbedeutend damit, dass Deutungen und Bedeutungen geteilt werden oder zu teilen sind. Geteiltes Erbe heißt nicht zwangsläufig gemeinsames Erbe.

Leseempfehlung
Groth, Stefan u. a.: Kultur als Eigentum. Instrumente, Querschnitte und Fallstudien, Göttingen 2015; Hall, Stuart: Whose Heritage? Un-settling ‚The Heritage', Re-Imagining the Post-Nation, in: Third Text 13/49 (1999/2000), S. 3–13; Thiemeyer, Thomas: Kulturerbe als „Shared Heritage"? (I). Kolonialzeitliche Sammlungen und die Zukunft einer europäischen Idee, in: Merkur 72/829 (2018), S. 30–44; Vinken, Gerhard: Sharing Heritage. Das Motto des Europäischen Kulturerbejahres kritisch befragt, in: uni.vers: Forschung. Das Magazin der Otto-Friedrich-Universität Bamberg, Mai 2018, S. 16–19.

7.7.2 Kulturerbe begegnen

Kulturerbe ist Resultat eines Inwertsetzungsprozesses. Dies zeigt sich besonders deutlich im Tourismus mit seinen vielfältigen Angeboten. Am Beispiel der prähistorischen Anlage von Stonehenge, UNESCO-Weltkulturerbe seit 1986, lässt sich das veranschaulichen. Für viele Besucher_innen ist das monumentale Bauwerk selbst und damit die Verbindung zur Vergangenheit zwar weiterhin ein bedeutender Anziehungspunkt; immer wichtiger werden aber Erfahrungen und Erlebnisse, die während eines Besuchs geschaffen werden – und die stellen sich für viele heute beispielsweise beim Posieren und Fotografieren vor dem Objekt und beim Akt des Kaufens im Museumsshop ein.[53] Nicht mehr das Objekt an sich, sondern das mit ihm verbundene Event ist wesentlich und damit das authentische Erlebnis.

Die Rezeption und Aneignung von Kulturerbe vollzieht sich heute somit mehr und mehr im „Modus des Erlebens, im Sinne einer ästhetisch gesteigerten Erfahrungsverdichtung", die nicht selten im Kollektiv geschieht; es rücken „Kategorien wie Wohlgefühl, Anmutung und Reiz" und damit Emotionen (vgl. Kap. 3) in den Vordergrund – Authentizität (vgl. Kap. 2) wird nicht mehr mit Echtheit assoziiert, sondern mit Stimmungen und Erwartungen.[54] Dieser Modus fügt sich in sozial- und gesellschaftswissenschaftliche Analysen ein, die einen

53 Beispielsweise Amy Gazin-Schwartz: Mementos of the Past: Material Culture of Tourism at Stonehenge and Avebury, in: Yorke Rowan/Uzi Baram (Hg.): Marketing Heritage. Archaeology and the Consumption of the Past, Walnut Creek 2004, S. 93–102; Stefanie Samida: Zwischen An- und Abwesenheit: Denkmäler in geschichtskulturellen Kontexten, in: Henner von Hesberg u. a. (Hg.): Die Bildmacht des Denkmals: Ikonisierung und Erleben archäologischer Denkmäler im Stadtbild, Regensburg 2021, S. 195–202, hier S. 198 ff.

54 Gottfried Korff: Denkmalisierung. Zum „Europäischen Denkmalschutzjahr" 1975 und seinen Folgen, in: Die Denkmalpflege 83/2 (2005), S. 133–144, hier S. 142.

Wandel unserer Gesellschaft in eine Erlebnisgesellschaft konstatieren, bei der die Erlebnisorientierung den wesentlichen Handlungsimperativ darstellt und das Erleben zur beherrschenden Wahrnehmungs- und auch Erfahrungsform (vgl. Kap. 5) wird.[55]

Fotografieren als touristische Praxis

Zur touristischen Praxis zählt heute mehr denn je das Fotografieren als performative Praxis mit einem ganz eigenen touristischen Blick.[56] War das Fotografieren bis zur Jahrtausendwende noch weitgehend analog geprägt, so ermöglichen mittlerweile digitale Endgeräte – allen voran das Smartphone – neue Möglichkeiten, auch im Umgang mit kulturellem Erbe. Das Wahrnehmen von Orten geschieht heute überwiegend über den Smartphone-Bildschirm, wodurch sich nicht nur das Bewegen im Raum und dessen Aneignung , sondern auch die Perspektive auf ihn verändert. Kennzeichnend für die heutige touristische Praxis ist zweifellos das Selfie und die dadurch zunehmende (Selbst-)Inszenierung und Selbstthematisierung über Social-Media-Plattformen (z. B. Instagram, Twitter) – und das dank des umgehenden Hochladens und Teilens der Bilder nahezu in Echtzeit. Wie frühere Fotos gilt das Selfie der Bestätigung nach dem Motto „Ich war da" und damit als Ausweis der Authentizität des Erlebten.[57] Zugleich zielt es aber auf Aufmerksamkeit und Anerkennung im digitalen Raum – ganz nach dem Motto „Hier bin ich" – und wird zu einer Art Währung (immer mehr Likes, Shares, Tweets etc.).[58] Gepostete Selfies lösen dabei nicht selten große gesellschaftliche Debatten aus, wenn sie an Orten gemacht werden, die mit Gewalt, Terror und Tod verbunden bzw. gesellschaftlich stark aufgeladen sind.[59] Hierzu gehören Kulturerbe-Stätten wie z. B. nationalsozialistische Konzentrationslager, aber auch einstige Arbeitslager, Schlachtfelder oder Sperrzonen wie die des havarierten Atomkraftwerks in Tschernobyl. Sie zählen

55 Beispielsweise Gerhard Schulze: Die Erlebnisgesellschaft. Kultursoziologie der Gegenwart, 2. Aufl., Frankfurt a.M./New York 2005.

56 Der Soziologe John Urry spricht von „tourist gaze" – Tourismus als Konsum von Zeichen und Bildern bzw. Produktion und Reproduktion von Bildern, siehe John Urry/Jonas Larsen: The Tourist Gaze 3.0, London 2011.

57 Yasmin Ibrahim: Self representation and the disaster event: Self-imaging, morality and immortality, in: Journal of Media Practice 16/3 (2015), S. 211–227, hier S. 212.

58 Magdalena Holdaska: Selfies at horror sites: Dark tourism, ghoulish souvenirs and digital narcissism, in: Zeszty Prasoznawcze 60/2 (2017), S. 405–423, hier S. 419.

59 Siehe Hodalska: Selfies at horror sites; Maria Zalewska: Selfies from Ausschwitz: Rethinking the Relationship Between Spaces of Memory and Places of Commemoration in the Digital Age, in: Studies in Russian, Eurasian and Central European New Media 18 (2017), S. 95–116; Oksana Hinka: Im Fokus: Gedenkstättenfotos in Sozialen Netzwerken, in: Thomas Thiemeyer u. a. (Hg.): Erinnerungspraxis zwischen gestern und morgen. Wie wir uns heute an NS-Zeit und Shoah erinnern. Ein deutsch-israelisches Studienprojekt, Tübingen 2018, S. 143–144.

zu den sogenannten *dark heritage sites* – ein Erbe, das als schwierig, dunkel und unbequem gilt (vgl. die folgende Infobox Geschichtstourismus und *dark tourism*). Das Selfie-Machen, das zum Alltag – vor allem junger Menschen – gehört und Teil der (digitalen) sozialen Praxis ist, überschreitet somit lang verinnerlichte Muster im Umgang mit solchen Stätten und fügt eingeübten Erinnerungspraktiken neue hinzu bzw. überschreibt diese.

Geschichtstourismus und *dark tourism*
Schon lange unternehmen Menschen Reisen an historische Orte oder solche, an denen sich Überreste der Vergangenheit finden. In der Regel folgten diese Reisen einem bestimmten Zweck, wie etwa die vor allem im Mittelalter aus religiösen Gründen durchgeführte Pilgerreise. Touristisches Reisen, das der Muße, Erholung und/oder Bildung dient, begegnet uns hingegen zuerst im 17. Jahrhundert in Form der Grand Tour, einer Bildungsreise junger Adeliger durch Europa, die dann besonders im 18. Jahrhundert populär wurde. Zu den beliebten Reisezielen gehörte neben Frankreich vor allem Italien mit seinen damals bekannten antiken Stätten, wie z. B. Herculaneum und Pompeji. Heute gibt es viele verschiedene Tourismussparten, etwa den Strandtourismus, Literaturtourismus, Kulturtourismus, aber auch den Geschichtstourismus oder – enger gefasst – den Kulturerbetourismus, wobei Kultur-, Geschichts- und Kulturerbetourismus häufig synonym verwendet werden. Angezeigt wird mit dieser Einteilung lediglich, dass Ziele angesteuert werden, an denen es im weitesten Sinne um Kultur und Geschichte geht (historische Museen, archäologische Stätten, historische Themenwanderwege etc.).
Fernab der ‚klassischen' Reiseziele geraten seit den 2000er Jahren vermehrt Destinationen in den Fokus von Tourist_innen und der Tourismusindustrie, die auf den ersten Blick nur wenig attraktiv erscheinen, nämlich Orte, die mit Gewalt, Krieg, Mord, Krankheit und Gräueltaten in Verbindung gebracht und als *dark sites* bezeichnet werden. Zu ihnen zählen beispielsweise Orte genozidaler Verbrechen, nationalsozialistische Konzentrationslager und sowjetische Arbeitslager, Bunkeranlagen und Küstenbatterien des Zweiten Weltkriegs, einstige Schlachtfelder. Bislang hat sich nahezu ausschließlich die englischsprachige Tourismusforschung mit diesen speziellen Orten beschäftigt und spricht in diesem Zusammenhang von *dark tourism*. Im Fokus der tourismuswissenschaftlichen Untersuchungen stehen vor allem die Angebotsseite, also die Destinationen selbst, und die Frage, was die Tourist_innen

zum Besuch motiviert. Doch die Fokussierung auf das vorfindbare Angebot und auf die Motivation ist nur wenig zielführend. Denn die Gründe, warum ein bestimmter Ort aufgesucht wird, sind in der Regel vielfältig und oft genug widersprüchlich.

Leseempfehlung
Groebner, Valentin: Retroland. Geschichtstourismus und die Sehnsucht nach dem Authentischen, Frankfurt a.M. 2018; Hooper, Glenn/ Lennon, John J. (Hg.): Dark Tourism. Practice and Interpretation, London/New York 2017; Samida, Stefanie: Schlachtfelder als touristische Destinationen: Zum Konzept des Thanatourismus aus kulturwissenschaftlicher Sicht, in: Zeitschrift für Tourismuswissenschaft 10/2 (2018), S. 267–290.

Das Beispiel verdeutlicht, dass der ‚richtige' Umgang mit diesem ‚dunklen' Erbe immer mehr in Frage gestellt wird. Es findet, wie in anderen Feldern auch, eine „Enthierarchisierung und Pluralisierung des ‚Elitenprojekts Erinnerungskultur'" statt.[60] Praktiken wie das Knipsen eines Selfies, aber auch das Drehen von privaten Kurzvideos, das immer beliebter wird, beeinflussen die Perspektive auf kulturelles Erbe. Sie irritieren und fordern heraus und können so neue Lesarten schaffen und den Diskurs verändern bzw. noch nicht dagewesene Diskurse initiieren. Diese Lesarten und Tendenzen gilt es wahrzunehmen und zu analysieren – hier ist vor allem die forschungsorientierte Public History (auf-)gefordert.

7.8 Positionierung

Kulturerbe wird sowohl ‚gemacht' als auch dekonstruiert. Es stellt sowohl ein Feld kulturpolitischer Arbeit als auch ein wissenschaftliches Forschungsfeld dar; dass dabei die Grenzen durchlässig sind, wird nicht zuletzt an personellen Überschneidungen – etwa wenn Kulturerbeforschende im Rahmen wissenschaftlicher Beratung bei Nominierungsprozessen tätig sind – sichtbar. Für manche Wissenschaftler_innen stellt die doppelte Rolle ein Dilemma und eine Gefährdung ihrer wissenschaftlichen Integrität dar. Diese Position lehnen manche

60 Marketa Spiritova: Performing Memories. Erinnerungspraktiken zwischen Geschichtspolitik und Populärkultur am Beispiel Tschechiens, in: Zeitschrift für Volkskunde 110/1 (2014), S. 91–111, hier S. 111.

nicht zuletzt aufgrund der politischen Verstrickung zahlreicher Disziplinen mit autoritären Regimen des 20. Jahrhunderts ab. Andere betrachten sie als eine Möglichkeit, nicht nur ihre Expertise zu einem Objekt, einer kulturellen Praktik oder einer Stätte einzubringen und damit auch immer wieder den AHD zu reproduzieren, sondern über ein (selbst-)reflexives *doing heritage* gerade auch ihre Kritik an den Auswahl- und Nutzungspraktiken eines Kulturerbes zu formulieren. Dazu kann das Hinterfragen der eigenen Rolle gehören, aber auch das Aufbrechen dominanter Konzepte des kulturpolitischen Diskurses, bei denen es sich nicht selten um Wiedergänger überkommener Begriffe der eigenen Disziplin handelt. Ein Beispiel dafür ist der Begriff der Gemeinschaft oder *community*, deren Teilhabe am Umgang mit ihrem Kulturerbe immer häufiger gefordert wird. Dabei wird der Begriff aber zumeist mit statischen, genealogischen und homogenisierenden Vorstellungen von Gemeinschaft verbunden. Durch Fragen nach der Repräsentanz (wer spricht für wen?) oder nach (konfligierenden) Eigentumsansprüchen (wer darf das Kulturerbe wie nutzen?) lassen sich diese unterkomplexen Definitionen aufbrechen und mit dem Verständnis einer *community of practice* oder *community of interest* differenzieren bzw. diversifizieren. Mit dem Bewusstsein, dass ein Kulturerbe erst wird und nicht ist, dass es ein politisches Instrument sowohl der Inklusion als auch der Förderung kultureller Diversität sein kann, aber auch eines der Exklusion und Diskriminierung, können und sollten Wissenschaftler_innen das Phänomen Kulturerbe kritisch begleiten.

Einführende Literatur

Harrison, Rodney: Heritage. Critical Approaches, London/New York 2013.

Kirshenblatt-Gimblett, Barbara: Theorizing Heritage, in: Ethnomusicology 39/3 (1995), S. 367–380.

Tauschek, Markus: Kulturerbe. Eine Einführung, Berlin 2013.

Waterton, Emma/Watson, Steve (Hg.): The Palgrave Handbook of Contemporary Heritage Research, New York 2015.

8 Historisches Denken

8.1 Einleitung

Die Künstlerin Elisabeth Daynès hat sich auf die Nachbildung von Frühmenschen in Lebensgröße spezialisiert. Ihre Figuren gehören mittlerweile zur Ausstattung zahlreicher Museen, bebildern Publikationen zur Urgeschichte des Menschen und können online als Fotografien aufgerufen werden. Vor jeder neuen Rekonstruktion, die die Künstlerin anfertigt, arbeitet sie sich sorgfältig in den aktuellen Wissenstand zu Spezies und konkretem Fund ein; dabei kooperiert sie eng mit Wissenschaftler_innen. Durch die Nutzung aufwändiger Techniken[1] zur Nachbildung der Gesichtszüge, der Muskeln und der Haut entstehen lebensecht wirkende Figuren, die den Betrachter_innen geradewegs in die Augen zu schauen scheinen. Zwei Dinge sind Daynès besonders wichtig: einerseits nach „bester wissenschaftlicher Einschätzung“ zu „vermitteln, wie diese menschlichen Verwandten aussahen“, und andererseits bei den Betrachtenden der Gegenwart eine emotionale Nähe zu den altsteinzeitlichen Menschen herzustellen:

> Wenn Menschen meine Figuren in einem Museum sehen, treffen sie diese mit uns verwandten Neandertaler, die vor tausenden von Jahren hier lebten, zum ersten Mal. Wenn eine von fünf Personen die Ausstellung mit einer emotionalen Verbindung zu ihnen verlässt, bin ich glücklich.[2]

Dabei ist es der Künstlerin wichtig, neue Bilder zu vermitteln:

> Meine Lieblingsfiguren sind die Neandertaler, weil man früher dachte, sie wären dumm, hässlich und brutal. Doch wir wissen jetzt, dass sie Steinwerkzeuge

1 Hierzu Bärbel Auffermann/Jörg Orschiedt: Die Neandertaler. Eine Spurensuche, Stuttgart 2002, S. 45.

2 Elisabeth Daynès/Rachel Feltman: How I reconstruct the faces of early ancestors, in: Popular Science 290/3 (2018), S. 128 (Übers. d. Verf.).

AN ANCESTOR: THE MAN OF TWENTY THOUSAND YEARS AGO.

THE MAN OF LA CHAPELLE-AUX-SAINTS: AN ACCURATE RECONSTRUCTION OF THE PREHISTORIC CAVE-MAN WHOSE SKULL WAS FOUND IN THE DEPARTMENT OF CORREZE.

Abb. 1 Rekonstruktion des Neandertalers von La-Chapelle-aux-Saints, Gemälde von František Kupka, 1909

> herstellten und die Ersten waren, die ihre Toten bestatteten. Ich schaue einen Menschen an, den ich nachgebildet habe, und ich weiß, er war mitfühlend, nicht dumm. Seine Augen sollen von Lebendigkeit und Intelligenz nur so funkeln.[3]

In der Tat weist die von Daynès auf der Grundlage der in La-Chapelle-aux-Saints gefundenen fossilen Reste eines männlichen Neandertalers entstandene Nachbildung auf den ersten Blick kaum Unterschiede zu uns heutigen Menschen auf – und steht damit in einem deutlichen Gegensatz zu früheren Darstellungen. Zu nennen ist hier vor allem die Rekonstruktionszeichnung des tschechischen Malers František Kupka, erschienen 1909 in einer Londoner Zeitung (Abb. 1),[4] um die Meldung und Erforschung des gleichen Fundes zu illustrieren: Das Bild zeigt ein affenähnliches Wesen mit fast grimmigem Blick, unbekleidet vor einer Höhle stehend, mit einem Stein in der einen und einer Holzkeule in der anderen Hand.

Die von Daynès geschaffene Figur (Abb. 2) steht sinnbildlich für den Anspruch vieler gegenwärtiger Museen: Wissen nach aktuellem Forschungsstand zu vermitteln und die Besucher_innen auch auf emotionaler Ebene zu adressieren. Angebote der Public History, die

3 Ebd.

4 The Illustrated London News, 27.2.1909, S. 312–313.

Abb. 2 Rekonstruktion des Neandertalers von La-Chapelle-aux-Saints, Figur von Elisabeth Daynès, 2009, mit freundlicher Genehmigung © Figur: Elisabeth Daynès / Foto: S. Entressangle

auf Konzepten aus der Geschichtsdidaktik basieren, gehen noch darüber hinaus, indem sie Chancen für Historisches Lernen im Sinne von Historischem Denken bieten. Wir möchten mit diesem Beispiel Perspektiven auf ein Feld eröffnen, dem die verschiedenen hier angeklungenen, miteinander verbundenen Begriffe angehören: Es geht einerseits um Geschichtsvermittlung und den Bildungsanspruch verschiedener Institutionen der Public History und andererseits um die eher in der Geschichtsdidaktik angesiedelten Begriffe des Geschichtsbewusstseins, des Historischen Lernens und des Historischen Denkens.

Geschichtsvermittlung

'Geschichtsvermittlung' ist als Begriff in der Public History allgegenwärtig. Dabei ist dieser so schillernd wie vieldeutig, changiert zwischen Mission und augenscheinlich werbewirksamen Seriositätsversprechen. Viele Museen, etwa das Deutsche Historische Museum, haben eigene Abteilungen für 'Bildung und Vermittlung'; Gleiches gilt für Gedenkstätten, die sich der 'Vermittlungsarbeit' verpflichtet fühlen.[5] Entsprechend platzieren Irmgard Zündorf und Martin Lücke

5 Deutscher Bundestag: Unterrichtung durch den Beauftragten der Bundesregierung für Kultur und Medien. Fortschreibung der Gedenkstättenkonzeption des Bundes. Verantwortung wahrnehmen, Aufarbeitung verstärken, Gedenken vertiefen, Drucksache 16/9875, 19.6.2008, S. 3, https://dipbt.bundestag.de/dip21/btd/16/098/1609875.pdf, letzter Zugriff: 26.12.2020; vgl. u. a. Habbo Knoch: Gedenkstätten

den Vermittlungsbegriff auch zentral in ihrem Handbuch zur Public History, indem sie „die Lehre und Analyse der Vermittlung von geschichtswissenschaftlichen Erkenntnissen an eine breite Öffentlichkeit" als ihren zentralen Gegenstand benennen.[6] Vermittlung ist ganz allgemein eine maßgebliche Aufgabe von Bildungsinstitutionen und Public Historians, allerdings wird diese ganz unterschiedlich aufgefasst. Zahlreiche Akteur_innen vertreten explizit den Anspruch historischer oder historisch-politischer Bildung; viele Angebote verstehen sich als ‚Lernorte' oder ‚Lernangebote' und müssen mit entsprechenden Zuschreibungen umgehen.

Was ist eigentlich unter der Vermittlung von Geschichte zu verstehen? In der Regel finden wir in Fachlexika aus dem Bereich der Bildungswissenschaften und der Geschichtsdidaktik keinen Eintrag zu diesem eher aus der Alltagssprache stammenden Begriff, der nur unzureichend in andere Sprachen übersetzbar ist. Lücke und Zündorf fassen darunter „das Bereitstellen von fachlich fundierten Angeboten, mit denen sich Individuen Vergangenheit in ihrer Lebenswelt als Geschichte aneignen können".[7] Damit grenzen sie sich bewusst ab von einem einseitigen, Komplexität reduzierenden Verständnis von Vermittlung als einem Prozess des Transfers wissenschaftlicher Erkenntnisse aus der akademischen in die nicht-akademische Welt. Oft wird ‚Vermittlung' jedoch gerade im Sinne einer bloßen Weitergabe von Wissen durch Lehrende bzw. einer Belehrung,[8] einer ‚Übersetzung' oder auch einer Wissenschaftspopularisierung gemäß einem Top-down-Modell verwendet.[9] Ein solches Verständnis ist aus unserer Sicht für viele Bereiche der Public History ungeeignet.

Geschichtsvermittlung als Förderung Historischen Denkens

Letztlich geht es um die Weitergabe historischer Erkenntnisse in mal mehr und mal weniger strukturierten Lernsettings. Darum schlagen wir vor, Theorien und Begriffe der Geschichtsdidaktik heranzuziehen und für die Public History fruchtbar zu machen. Die Geschichts-

---

(Version: 1.0), in: Docupedia-Zeitgeschichte, 11.9.2018, DOI: https://dx.doi.org/10.14765/zzf.dok.2.1221.v1.

6 Martin Lücke/Irmgard Zündorf: Einführung in die Public History, Göttingen 2018, hier S. 37, zit. n. Irmgard Zündorf: Zeitgeschichte und Public History (Version: 2.0), in: Docupedia-Zeitgeschichte, 6.9.2016, DOI: https://doi.org/10.14765/zzf.dok.2.699.v2.

7 Lücke/Zündorf: Einführung, S. 38.

8 Vgl. Hans-Jürgen Pandel: Geschichtsdidaktik. Eine Theorie für die Praxis, Schwalbach i. Ts. 2013, S. 42–46.

9 Vgl. hierzu Astrid Schwabe: Geschichtskulturelle Prozesse – Beobachtungen zum Verhältnis von historischer Fachwissenschaft und „Public History", in: Uwe Danker/Astrid Schwabe (Hg.): Die NS-Volksgemeinschaft. Zeitgenössische Verheißung, analytisches Konzept und ein Schlüssel zum historischen Lernen?, Göttingen 2017, S. 49–67, insbes. S. 50 f. und S. 65 f.

didaktik versteht sich als Wissenschaft, die „historische Bildung" und ihre „besonderen Strukturen und Intentionen" fokussiert,[10] „als Theorie und Praxis des historischen Lernens".[11] Wenn Public-History-Angebote historische Lernprozesse anstoßen wollen, gilt es, die entsprechenden mentalen Operationen theoriegesättigt und möglichst auf empirischer Basis in den Blick zu nehmen. Denn nur wenn die Anbieter_innen solcher Angebote eine adäquate Vorstellung davon haben, was sich hinter den Ideen der historisch-politischen Bildung bzw. der Förderung Historischen Denkens verbirgt, können sie Konzepte entwickeln, die diese essenziellen Voraussetzungen einbeziehen.

Wissenspopularisierung und Wissenschaftspopularisierung

Wissens- und Wissenschaftspopularisierung werden in der Wissenschaftssoziologie seit vielen Jahren erforscht. Dabei stehen Fragen dazu im Mittelpunkt, wie wissenschaftliche Erkenntnisse in populären Formen aufbereitet werden, welche Akteur_innen entsprechende Kommunikationsprozesse auf welche Weise gestalten und welche Medienstrategien besonders erfolgversprechend sind. Damit einher gehen Debatten über zugrunde liegende Verständnisse von Wissenspopularisierung. Carsten Kretschmann beschreibt zwei dominante Ansätze, mit denen Prozesse der Wissenspopularisierung erfasst werden sollten: der vor allem in älteren Forschungen zu findende diffusionistische Ansatz und jener der *expository science*. Ersterer geht von einem entlang von Hierarchien verlaufenden Wissenstransfer aus, also von einem top-down-Prozess, bei dem Expert_innenwissen einem Laienpublikum zugänglich gemacht wird. Ab den späten 1970er Jahren wurde diesem Ansatz die *expository science* entgegengestellt: Diese versteht Prozesse von Wissensproduktion und -transfer als interaktionistisches, wechselseitiges Geschehen zwischen Öffentlichkeit, Kommunikator_innen und Expert_innen und ist damit – obwohl wenig belastbar im Sinne einer wissenschaftlichen Kategorienbildung – gewinnbringend für die Public History. Denn gerade historische Forschungen zur Public History haben gezeigt, dass Repräsentationen von Geschichte und die diesbezügliche

10 Vgl. u. a. Ulrich Mayer: Qualitätsmerkmale historischer Bildung. Geschichtsdidaktische Kategorien als Kriterien zur Bestimmung und Sicherung der fachdidaktischen Qualität des historischen Lernens, in: Wilfried Hansmann/Timo Hoyer (Hg.): Zeitgeschichte und historische Bildung. Festschrift für Dietfrid Krause-Vilmar, Kassel 2005, S. 223–243, hier S. 225.

11 Ulrich Baumgärtner: Wegweiser Geschichtsdidaktik. Historisches Lernen in der Schule, Paderborn 2015, S. 28.

öffentliche Meinung oftmals nicht (nur) von Expert_innen gestaltet werden.

Leseempfehlung
Ash, Mitchell G.: Literaturbericht: Wissenschaftspopularisierung und bürgerliche Kultur im 19. Jahrhundert, in: Geschichte und Gesellschaft 28 (2002), S. 322–334 (als Überblick zur frühen historischen Forschung); Kretschmann, Carsten: Einleitung: Wissenspopularisierung – ein altes, neues Forschungsfeld?, in: ders. (Hg.): Wissenspopularisierung. Konzepte der Wissensverbreitung im Wandel, Berlin 2003, S. 7–22.

Im Folgenden möchten wir das Konzept des Historischen Lernens eingebunden in einen größeren theoretischen Rahmen skizzieren, in dessen Zentrum das Geschichtsbewusstsein steht. Wir erläutern, worin Produktivität und Wert des Konzepts für die Public History in analytischer und anwendungsorientierter Hinsicht liegen. Die theoretischen Überlegungen zum Historischen Lernen bzw. – in der von uns vertretenen Lesart des Konzepts – zur Förderung Historischen Denkens sollen im Hinblick auf den gesellschaftlichen Umgang mit Geschichte helfen, Kriterien zur Bewertung von Geschichtsdarstellungen zu entwickeln sowie Ansprüche an ‚gute' Repräsentationen sowohl im Allgemeinen wie auch in spezifischen (Lern-)Kontexten zu formulieren. Das Konzept des Historischen Denkens eröffnet Möglichkeiten, Praktiken zu verbreiten, die den Charakter von Geschichte als Rekonstruktion von Vergangenheit offenlegen und somit ein kritisch-reflexives Geschichtsbewusstsein fördern können. Damit geben wir der in der Einleitung dieses Buches angesprochenen pragmatischen und normativen Dimension von Public History eine Struktur.

Konzept des Historischen Denkens

Zugleich hält das Konzept des Historischen Denkens Instrumentarien zur empirischen Erforschung von Public History bereit. Es bietet gerade auf Grundlage seiner expliziten – und damit transparenten – Normativität Potenziale, Geschichtsvermittlung zu konkretisieren und zu operationalisieren. Im Fokus stehen Fragen danach, was idealerweise passieren kann, wenn wir Geschichte (denken) lernen bzw. uns historisch bilden. Das Konzept des Historischen Denkens gestaltet folglich den allgemeinen Bildungsbegriff domänenspezifisch aus, also konzentriert auf ein bestimmtes Feld, nämlich hier die Geschichte. Es kann damit den Bereich der Wirkungsforschung für Angebote der Public History deutlich bereichern.[12]

Die komplexen mentalen Operationen, die Individuen vollziehen, wenn sie sich mit Geschichte beschäftigen, sind weder direkt zu beeinflussen noch direkt zu erheben, denn: Lernen bleibt „in seiner eigentlichen Form unsichtbar".[13] Auch komplexe Forschungssettings erlauben es in der Regel nur, aus erhobenen Daten mögliche mentale Aneignungsprozesse und Wirkungen abzuleiten. Dennoch bietet uns die Geschichtsdidaktik Modelle, die durchaus begründete und plausible Aussagen über den Umgang von Individuen mit Geschichte erlauben, auch weil sie die zugegeben wenigen zum Gegenstandsbereich vorliegenden empirischen Erkenntnisse berücksichtigt.

Geschichte als Re-Konstruktion vergangener menschlicher Praxis

Die deutschsprachige Geschichtsdidaktik verortet sich explizit als Teildisziplin der Geschichtswissenschaft; ihre Theorien beruhen maßgeblich auf einem konstruktivistischen Geschichtsbegriff. Dieser basiert auf dem Verständnis von Geschichte als (Re-)Konstruktion vergangener menschlicher Praxis aus einer gegenwärtigen Perspektive und Motivation mittels Auswahl und Deutung historischer Überlieferungen in einer sinnbildenden Narration. Geschichte stellt insofern eine spezifische Form des Denkens und der Wirklichkeitsbetrachtung dar.[14] Die enge Bezugnahme auf Geschichtswissenschaft und Geschichtstheorie führte zu eigenen, sogenannten domänenspezifischen Begriffen und Konzepten, die oft weder in anderen bildungswissenschaftlichen oder pädagogischen Disziplinen verbreitet sind noch in anderen Sprach- und Kulturräumen Entsprechungen finden.[15]

Im Folgenden skizzieren wir zunächst den in außeruniversitären und außerschulischen Feldern präsenteren allgemeinen Bildungsbegriff, bevor wir in kompakter Form die zentralen geschichtsdidaktischen Konzepte zum Geschichtsbewusstseins und Historischen

12 Vgl. hierzu einführend etwa Hermann Schäfers Studie über die Dauerausstellung des Hauses der Geschichte Bonn. In ihr zeigt sich Besuchendenforschung zwar dezidiert als Analyse des Raums, in dem Geschichte ausgestellt wird, deren spezifische Rezeption wird jedoch nicht erfasst. Hermann Schäfer: Besucherforschung und Psychologie, in: Martin Schuster/Hildegard Ameln-Haffke (Hg.): Museumspsychologie. Erleben im Kunstmuseum, Göttingen 2006, S. 49–60.

13 Ute Clement/Bernd Martens: Effizienter Lernen durch Multimedia? Probleme der empirischen Feststellung von Ursachen des Lernerfolgs, in: Zeitschrift für Pädagogik 46/1 (2000), S. 97–112, hier S. 102.

14 Vgl. u. a. Klaus Bergmann: „So viel Geschichte wie heute war nie" – historische Bildung angesichts der Allgegenwart von Geschichte (1993), in: ders.: Geschichtsdidaktik. Beiträge zu einer Theorie historischen Lernens, 3. Aufl., Schwalbach i. Ts. 2008, S. 13–31, hier S. 26 f.

15 Vgl. hierzu auch Jörg van Norden: Geschichte ist Bewusstsein. Historie einer geschichtsdidaktischen Fundamentalkategorie, Frankfurt a.M. 2018, S. 343.

Denken vorstellen. In einem letzten Schritt operationalisieren wir diese Konzeptionen für die Public History.

8.2 Historische Bildung – eine begriffliche Annäherung

In der Geschichtsdidaktik wurde der von der Pädagogik und der allgemeinen Erziehungswissenschaft besetzte Begriff ‚Bildung' lange kaum verwendet, erschien er doch fachspezifisch wenig hilfreich. Dennoch war und ist Bildung, insbesondere historisch-politische Bildung, ein zentrales Tätigkeits- und Kommunikationsfeld der Public History, etwa in Museen, Gedenkstätten oder Stiftungen. Die folgende Annäherung an den komplexen und vielschichtigen Bildungsbegriff soll somit den Brückenschlag in die Praxis der Geschichtsvermittlung jenseits von Schule und Hochschule erleichtern und seine Beziehung zum Konzept des Historischen Lernens offenlegen.

Zum Bildungsbegriff

Bildung stellt im Deutschen unbestritten einen pädagogischen Grund- oder Schlüsselbegriff dar, der – allen Kontroversen und zwischenzeitlichen Abgesängen zum Trotz – über Epochen kaum an Bedeutung verloren hat. Der aus einer starken geistesgeschichtlichen Tradition stammende Begriff ist dabei schwer zu übersetzen.[16] Die verschiedensten Wissenschaftsdisziplinen nutz(t)en den Bildungsbegriff im Zeitverlauf sehr unterschiedlich, weshalb nach Yvonne Ehrenspeck keine klare Definition möglich ist: „Bildung ist [...] zunächst immer etwas Unbestimmtes."[17] Diese Offenheit sei zugleich die Stärke des Konzepts: Im Gegensatz zu präzisen wissenschaftlichen Begriffen erlaube sein „semantische[r] Überschuss" ein jeweils zeitgemäßes Verständnis – wir deuten dies als Ergebnis von Aushandlungsprozessen –, ohne dass ein stabiler Kern verloren ginge. Ehrenspeck beschreibt das Konzept „als Deutungsmuster", das sich mit „Subjekt-Welt-Relation[en]" auseinandersetzt.[18] Bildung beschreibt

16 In den meisten Sprachen wird anders als im Deutschen nicht zwischen Bildung und Erziehung unterschieden, die beide als bedeutende Teilaspekte der Entfaltung der individuellen Persönlichkeit des Subjekts diskutiert wurden und werden. Vgl. hierzu u. a. Werner Wiater: Bildung und Erziehung, in: Uwe Sandfuchs (Hg.): Handbuch Erziehung, Bad Heilbrunn 2012, S. 18–21, hier S. 20.

17 Yvonne Ehrenspeck: Bildung, in: Heinz-Hermann Krüger/Cathleen Grunert (Hg.): Wörterbuch Erziehungswissenschaft, Opladen 2006, S. 64–70, hier S. 67.

18 Ebd., S. 64. Heinz-Elmar Tenorth spricht vom „Platzhalter für das Unsagbare" (zit. n. ebd., S. 65). Vgl. auch Heinz-Elmar Tenorth: Bildung, in: ders./Rudolf Tippelt (Hg.): Beltz Lexikon Pädagogik, Weinheim/Basel 2012, S. 92–95; Benno Hafener: Bildung und Lernen in der Gesellschaft des 21. Jahrhunderts, in: Michele

dabei sowohl den Prozess der lebenslangen kritischen Auseinandersetzung des Individuums mit sich und der Welt, die über die erlernte Anpassung an die gegenwärtige Umwelt hinausgeht, wie auch das Ziel dieses Prozesses.

Diese Auffassung von Bildung als geistige Auseinandersetzung basiert auf der noch heute bedeutsamen Prägung des Neuhumanismus um 1800 und führt formale Bildung (die Entfaltung der dem Menschen eigenen inneren Kräfte) mit materialer Bildung (Allgemeinwissen) zusammen. Bildung umfasst so die Entwicklung von Werten und Einstellungen, die das freie Individuum zu eigenständigem, mündigem und gesellschaftlich verantwortungsbewusstem Handeln anleiten. Bildung impliziert dabei stets auch die Hoffnung auf das Infragestellen existierender gesellschaftlicher (Macht-)Strukturen und Normen, in die sie zugleich aber einführen will, sowie die Bewältigung von noch unbekannten Herausforderungen.[19] Dieses idealistische Bildungsverständnis geriet im 20. Jahrhundert immer wieder in die Kritik.[20] Doch auch aktuelle Diskursbeiträge setzen sich mit normativen Fragen nach „Selbstbestimmung und Urteilskraft, Emanzipation und Kritikfähigkeit, Autonomie und Verantwortung" auseinander.[21]

Operationalisierung des Bildungsbegriffs

Der Bildungsbegriff bleibt als Prozess und Ziel übergreifend und zugleich unbestimmt und ist dadurch kaum zu operationalisieren. Daher wird versucht, alle die Bildung umfassenden aktiven individuellen Prozesse unter anderem durch den Begriff des Lernens zu konkretisieren. In der allgemeinen Didaktik wird Lernen meist über Verhaltensänderungen von Individuen definiert, die diese – bewusst oder unbewusst – auf Basis von Erfahrungen vornehmen, um sich an Umweltbedingungen anzupassen. Voraussetzung ist dabei die Speicherung erfolgreicher Anpassungen im Gedächtnis und deren

Barricelli/Martin Lücke (Hg.): Handbuch Praxis des Geschichtsunterrichts, Bd. 1, Schwalbach i. Ts. 2012, S. 25–41.

19 Vgl. hierzu u. a. Ursula Frost: Bildung als pädagogischer Grundbegriff, in: Gerhard Mertens (Hg.): Handbuch der Erziehungswissenschaft 1. Allgemeine Erziehungswissenschaft I, Studienausgabe, Paderborn 2011, S. 303–317, hier S. 303.

20 Aktuelle Debatten greifen den Bildungsbegriff z. B. vor dem Hintergrund des *postcolonial turn* auf. Vgl. hierzu u. a. María do Mar Castro Varela: Von der Notwendigkeit eines epistemischen Wandels. Postkoloniale Betrachtungen auf Bildungsprozesse, in: Thomas Geier/Katrin U. Zaborowski (Hg.): Migration: Auflösungen und Grenzziehungen, Wiesbaden 2015, S. 43–49.

21 Franz-Josef Wehnes: Theorie der Bildung – Bildung als historisches und aktuelles Problem, in: Leo Roth (Hg.): Pädagogik. Handbuch für Studium und Praxis, München 2012, S. 277–292, hier S. 277, vgl. auch S. 282–285.

neuerlicher Abruf.[22] Verschiedene Lerntheorien modellieren diese inneren Prozesse unter anderem als Organisation und Re-Organisation von Wissensbeständen, als „die Gesamtheit aller im Gedächtnis gespeicherter Informationen" bzw. Vorstellungen.[23] Sie unterscheiden teilweise in deklaratives Wissen (Wissen, dass ...) und prozedurales Wissen (Wissen, wie ...). Zudem werden oft auch meta-kognitives Wissen (Wissen über das eigene Wissen) und vor allem spezifisches Wissen (Wissen über einen bestimmten Bereich der Umwelt) differenziert.[24] Der Begriff Lernen erlaubt folglich, die domänenspezifischen Denkoperationen als Voraussetzung für Bildung in den Blick zu nehmen.

Was bedeutet es, historisch denken zu lernen?

Historisch (denken) zu lernen bedeutet also, die Denkoperationen der spezifischen geschichtlichen Weltaneignung verstehen und anwenden zu können, um sich als Subjekt selbst-bewusst und reflektiert mit der menschenlichen Vergangenheit und ihren Deutungen als Geschichte(n) auseinandersetzen zu können. Dies geschieht idealerweise mit dem Ziel der individuellen Autonomie in Gegenwart und Zukunft oder, wie Uwe Danker schreibt, der „historischen Mündigkeit".[25] Entsprechend dem skizzierten Verständnis macht diese Zielsetzung historische Bildung aus die für Peter Gautschi auch „ausdifferenzierte [ ] personale [ ] und soziale Identitäten" umfasst.[26] Nach Johannes Meyer-Hamme ist historische Bildung „jene Form eines solchen [Transformations-]Prozesses, in der durch Historisches Denken das Welt- und Selbstverhältnis reflektiert und grundlegend modifiziert wird".[27] In der historisch-politischen Bildung hingegen wird

22 Vgl. Alfred K. Treml: Lernen, in: Heinz-Hermann Krüger/Cathleen Grunert (Hg.): Wörterbuch Erziehungswissenschaft, 2. Auf., Opladen 2006, S. 288–292, hier S. 288.

23 Hilke Günther-Arndt: Historisches Lernen und Wissenserwerb, in: dies./Meik Zülsdorf-Kersting (Hg.): Geschichtsdidaktik. Praxishandbuch für die Sekundarstufe I und II, Berlin 2014, S. 24–49, hier S. 40 f.

24 Vgl. ebd.

25 Uwe Danker: Das Flensburger Modell des Lehramtsstudiums im Fach Geschichte: Schulischer Geschichtsunterricht als Sonderfall historischen Lernens, in: ders. (Hg.): Geschichtsunterricht – Geschichtsschulbücher – Geschichtskultur. Aktuelle geschichtsdidaktische Forschungen des wissenschaftlichen Nachwuchses, Göttingen 2017, S. 15–27, hier S. 18.

26 Vgl. Peter Gautschi: Was Public History am meisten beeinflusst, in: Public History Weekly 7/19 (2019), DOI: dx.doi.org/10.1515/phw-2019-13911; vgl. auch ders.: Integrationsmodelle – zur Einführung in das Schwerpunktthema, in: Zeitschrift für Didakik der Gesellschaftswissenschaft 10/1 (2019), S. 9–19, hier S. 10 ff.

27 Johannes Meyer-Hamme: Subjektorientierte historische Bildung. Geschichtslernen in der Auseinandersetzung mit widersprüchlichen Deutungsangeboten zur DDR-Geschichte, in: Deutschland Archiv 6 (2012), https://www.bpb.de/geschichte/zeitgeschichte/deutschlandarchiv/139259/subjektorientierte-historische-bildung, letzter Zugriff: 2.6.2019.

stärker der Aspekt der mündigen Partizipation an demokratischen Gesellschaften im Sinne „der Erziehung zum mündigen Staatsbürger“[28] betont.

Angewandt auf das eingangs besprochene Beispiel der Darstellung von Neandertalern würde dies etwa in einem Museum, einer filmischen Dokumentation oder einer Unterrichtssituation bedeuten, den aktuellen Kenntnisstand zum Leben der Neandertaler weder in Form eines geschlossenen Geschichtsbildes noch in einem Top-down-Prozess zu vermitteln, sondern dazu anzuregen, den Konstruktionscharakter von Geschichte denkend zu ergründen. Beispielsweise kann eine Gegenüberstellung von älteren und neueren Neandertaler-Rekonstruktionen dazu anreizen, Fragen zu stellen: Welches Bild des Neandertalers kommt der vergangenen ‚Realität‘ bezogen auf den heutigen Forschungsstand näher? Wie lassen sich die Unterschiede erklären? Welche gesellschaftlichen Veränderungen spiegeln die Rekonstruktionen wider? Weshalb werden Neandertaler – anders als früher – heute uns ähnlich dargestellt? Was hat das mit Identitätsbildung zu tun, mit Vorurteilen über fremde oder doch nicht fremde Kulturen und Lebensweisen?

Aneignung

Der Begriff ‚Aneignung‘ ist semantisch nur schwer zu fassen und abhängig von der jeweiligen z. B. künstlerischen, historischen, ethnologischen oder philosophischen Perspektive. Nicht zu verwechseln ist er mit dem, was wir an anderer Stelle als *uses of the past* (vgl. Kap. 11.3) vorgestellt haben. Während *uses of the past* mehr auf den Gebrauch und Nutzen von Vergangenheit zielt – eine deutsche Übersetzung ist schwierig –, meint Aneignung stets eine Form der Transformation. Der Aneignungsprozess ist ein konstruktiver Prozess und eine Praxis, in der sich sowohl das Angeeignete als auch die Aneignenden verändern, indem sie ihre eigenen Zwecke und Bestimmungen in das Angeeignete hineinlegen (Jaeggi 2002, S. 62). Dinge, Institutionen, Normen etc. gelangen durch Aneignungen in neue Kontexte und werden dabei umgeformt, umgearbeitet und umgedeutet bzw. transformiert. Wenn wir von Aneignung sprechen, meinen wir also keinen linearen Prozess, der ausschließlich in eine Richtung verläuft und damit einseitig wäre: Aneignung ist vielmehr ein wechselseitiger und kreativer Prozess, bei dem sich ein

28 Gerhard Henke-Bockschatz u. a.: Historische Bildung als Dimension eines Kerncurriculums moderner Allgemeinbildung, in: Geschichte in Wissenschaft und Unterricht 56/12 (2005), S. 703–710, hier S. 706.

Spannungsverhältnis zwischen „Vorgegebenem und Gestaltbarem" auftut (ebd., S. 63). Aneignung von Vergangenheit bedeutet somit Übernahmen bzw. Nachahmungen sowie kreative Neuschöpfungen, wie z. B. die Verwendung archäologischer oder rekonstruierter Objekte in neuen Kontexten, die wiederum neue Vergangenheitsdeutungen nach sich ziehen.
Kulturelle Aneignung in einem solchen Verständnis ist daher nicht per se problembehaftet. Kultur ist ein offenes und dynamisches Konzept und kann nicht auf bestimmte Merkmale wie Sprache, Artefakte, Werte reduziert werden. Kultur ist ständig im Wandel begriffen, wird stets neu hergestellt. Auch kulturelle Aneignung geschieht permanent – etwa, wenn man eine Sprache lernt. Problematisch wird Aneignung immer dann, wenn dabei ungleiche Machtverhältnisse zum Tragen kommen.

Leseempfehlung
Blume, Judith u. a.: Aneignung | Appropriation 1960–1990 – Materialien, Programme, Verfahren, in: Reinhard Johler u. a. (Hg.): Kultur_Kultur: Denken. Forschen. Darstellen, Münster u. a. 2013, S. 152–159; Jaeggi, Rahel: Aneignung braucht Fremdheit, in: Texte zur Kunst 12/46 (2002), S. 61–69; Moller, Sabine/Bauer, Matthias (Hg.): Thema: Kulturelle Aneignung von Vergangenheit, in: Literatur in Wissenschaft und Unterricht 46/2–3 (2013), S. 89–103.

8.3 Geschichtsbewusstsein als geschichtsdidaktischer Schlüsselbegriff

Geschichtsbewusstsein

Zum Verständnis des Historischen Lernens aus geschichtsdidaktischer Perspektive ist der Begriff des (individuellen) Geschichtsbewusstseins zentral. Nach seiner Etablierung durch Rolf Schörken und Karl-Ernst Jeismann in den 1970er Jahren[29] gilt Geschichtsbewusstsein spätestens seit den 1980er Jahren vielen Autor_innen als Fundamentalkategorie der Disziplin.[30] Sie stellt einerseits die Zielbe-

29 Rolf Schörken: Geschichtsdidaktik und Geschichtsbewusstsein, in: Hans Süssmuth (Hg.): Geschichtsunterricht ohne Zukunft? Zum Diskussionsstand der Geschichtsdidaktik in der Bundesrepublik Deutschland, Bd. 1, Stuttgart 1972, S. 87–101; Karl-Ernst Jeismann: Geschichtsbewußtsein, in: Hans Süssmuth (Hg.): Geschichtsdidaktische Positionen, Paderborn 1980, S. 179–222.

30 Kritiker_innen des Begriffs sprechen von einer „Leerformel" (Joachim Rohlfes: Geschichtsbewußtsein: Leerformel oder Fundamentalkategorie?, in: Ursula Be-

stimmung aller Bemühungen reflektierter und bewusst gesteuerter Vermittlungsprozesse, genauer noch von Lehr-Lern-Prozessen im Feld der Geschichte, und andererseits ihre Voraussetzung dar. Geschichtsbewusstsein fußt auf dem menschlichen Bestreben, basierend auf der Kenntnis der Vergangenheit Gegenwart zu verstehen und Zukunft zu gestalten.[31] Beschrieben als individuelle mentale Struktur beinhaltet es neben Erkenntnissen in Bezug auf die Vergangenheit – also Wissen – auch Auslegungen, Bewertungen, Stellungnahmen und Identifikationen. Als normativer Begriff setzt Geschichtsbewusstsein das „Wissen voraus, dass die Rekonstruktion von Vergangenheit notwendig an die Erkenntnismöglichkeiten, die Deutungswünsche, die lebensweltlichen Fragegestellungen einer Gegenwart gebunden ist".[32] Diese Standortgebundenheit hat Jörn Rüsen pointiert in der Begriffsbestimmung von Geschichtsbewusstsein als mentalem Prozess der narrativen „Sinnbildung über Zeiterfahrung" erfasst, die sich im Erzählen manifestiert und handlungsleitend einen Beitrag zur Lebenspraxis leistet.[33]

Modellierungen von Geschichtsbewusstsein

Zur Ausdifferenzierung der komplexen Kategorie des Geschichtsbewusstseins existieren mehrere Modelle, unter anderem von Bodo von Borries und Bernd Schönemann.[34] All diese Modelle verstehen

cher/Klaus Bergmann [Hg.]: Geschichte – Nutzen oder Nachteil für das Leben?, Düsseldorf 1986, S. 92–95) oder, wie zuletzt Jörg van Norden in seiner umfassenden historischen Auseinandersetzung, von einem „weder in theoretischer noch in normativer Hinsicht gut erschlossen[en]", also zu unpräzisen „Containerbegriff", ohne jedoch bisher überzeugende Alternativen anbieten zu können, van Norden: Geschichte ist Bewusstsein, hier S. 12 f. und S. 342. Zu einer konzisen Begriffsgeschichte vgl. zuletzt auch Sebastian Bracke u. a.: Theorie des Geschichtsunterrichts, Frankfurt a.M. 2018, S. 79–93; Bernd Schönemann: Geschichtsbewusstsein – Theorie, in: Michele Barricelli/Martin Lücke (Hg.): Handbuch Praxis des Geschichtsunterrichts, Bd. 1, Schwalbach i. Ts. 2012, S. 98–111; und sehr pointiert Pandel: Geschichtsdidaktik, S. 129–136.

31 Vgl. Jörn Rüsen: Historisches Lernen. Grundlagen und Paradigmen, 2. Aufl., Schwalbach i. Ts. 2008, S. 132.

32 Karl-Ernst Jeismann: Geschichtsbewußtsein – Theorie, in: Klaus Bergmann u. a. (Hg.): Handbuch der Geschichtsdidaktik, 5. Aufl., Seelze-Velber 1997, S. 42–44, hier S. 42.

33 U.a. Rüsen: Historisches Lernen, S. 132. Vgl. hier und im Folgenden auch die Zusammenfassung bei Astrid Schwabe: Historisches Lernen im World Wide Web: Suchen, flanieren oder forschen? Fachdidaktisch-mediale Konzeption, praktische Umsetzung und empirische Evaluation der regionalhistorischen Website Vimu.info, Göttingen 2012, hier S. 44–47.

34 Vgl. Bodo von Borries: Geschichtsbewusstsein, in: Stefan Jordan (Hg.): Lexikon Geschichtswissenschaft. 100 Grundbegriffe, Stuttgart 2002, S. 104–108, S. 104 f.; Schönemann: Geschichtsbewusstsein – Theorie, S. 102–111. Während von Borries auf die Differenz eines erkenntnistheoretischen, normativen oder empirisch gesättigten Begriffsverständnisses verweist, ordnet Schönemann die Konzeptionen

Geschichtsbewusstsein als „Sinnbildungsmodus“[35] und, wie von Borries schreibt, als veränderliches „mentales Phänomen“ bzw. „präsente und relevante Vergangenheit in narrativer Struktur mit erklärendem und sinnstiftendem Charakter“.[36] Zudem erlauben alle Ansätze, Modi der Stimulation zu formulieren und damit Lernprozesse als Impulse zum Aufbau eines reflektierten Geschichtsbewusstseins zu beschreiben, und so historische Bildung anzustreben.

Modell des Geschichtsbewusstseins nach Hans-Jürgen Pandel

Der kritische Diskurs um diese Modelle soll anhand eines Ansatzes exemplarisch nachvollzogen werden: anhand von Hans-Jürgen Pandels strukturanalytischem Ansatz, der sich für die Praxis historischer Bildung und die empirische Forschung als fruchtbar erwiesen hat.[37] Als Geschichtsbewusstsein bezeichnet Pandel eine veränderliche mentale Struktur zur Erfassung von Zeit und Gesellschaft.[38] Sie umfasst sieben miteinander vernetzte „Bewusstseinsformen“,[39] die sich wechselseitig beeinflussen: Die drei Basiskategorien sind das Temporal-, das Wirklichkeits- und das Historizitätsbewusstsein; sie ermöglichen eine Unterscheidung von ‚früher – heute/morgen‘, ‚real/historisch – imaginär‘ und ‚statisch – veränderlich‘. Den vier gesellschaftlichen Kategorien Identitätsbewusstsein, politisches, ökonomisch-soziales und moralisches Bewusstsein lassen sich die Gegensatzpaare ‚wir – ihr/sie‘, ‚oben – unten‘, ‚arm – reich‘ und ‚richtig – falsch‘ zuordnen. Durch die komplexe Kombination dieser sieben Dimensionen ermöglicht das Geschichtsbewusstsein dem Individuum die Wahrnehmung und Bewertung der Strukturen einer sich wandelnden Gesellschaft und die eigene Verortung. Angewandt auf unser Eingangsbeispiel können Lernende z. B. durch den Besuch einer Ausstellung über Neandertaler gemäß den Basiskategorien des Geschichtsbewusstseins erkennen, dass Neandertaler früher (in

---

später einem strukturanalytischen (Jeismann und Pandel), einem funktionstypologischen (Rüsen) und einem genetischen Ansatz (von Borries) zu.

35 Hans-Jürgen Pandel: Geschichtsbewusstsein, in: Ulrich Mayer u. a. (Hg.): Wörterbuch Geschichtsdidaktik, Schwalbach i. Ts. 2014, S. 80–81, hier S. 81.

36 Borries: Geschichtsbewusstsein, S. 104.

37 Vgl. als aktuelle kritische Würdigung Barbara Hanke: Dimensionen des Geschichtsbewusstseins 2.0 – ein Vorschlag, in: Zeitschrift für Didaktik der Gesellschaftswissenschaften 10/1 (2019), S. 126–136, hier S. 128 f.

38 Vgl. zur folgenden Darstellung des Modells Hans-Jürgen Pandel: Dimensionen des Geschichtsbewusstseins. Ein Versuch, seine Struktur für Empirie und Pragmatik diskutierbar zu machen, in: Geschichtsdidaktik. Probleme, Projekte, Perspektiven 12/2 (1987), S. 130–142; ders.: Geschichtlichkeit und Gesellschaftlichkeit im Geschichtsbewusstsein. Zusammenfassendes Resümee empirischer Untersuchungen, in: Bodo von Borries u. a. (Hg.): Geschichtsbewusstsein empirisch, Pfaffenweiler 1991, S. 1–23; zuletzt überarbeitet in Pandel: Geschichtsdidaktik, S. 137–160.

39 Hanke: Dimensionen, S. 127.

der Altsteinzeit) lebten, heute aber ausgestorben sind; dass Rekonstruktionen neben wissenschaftlichen Grundlagen auch imaginierte Elemente beinhalten (und welche diese sind) und dass sich seit dem Leben der Neandertaler vieles in der Kulturgeschichte des Menschen verändert hat, es aber auch bestimmte Konstanten gibt. Public Historians, die in ihren Geschichtsangeboten unter anderem gezielt den Rekonstruktionscharakter von Geschichte offenlegen, tragen damit also zur Förderung des Geschichtsbewusstseins der Rezipierenden bei.

Kritik am Modell Pandels

Pandels Modell ist breit rezipiert, allerdings im Laufe der Zeit auch kritisiert und ergänzt worden. Ein Kritikpunkt betrifft die bewusst offene Beschreibung der vier gesellschaftlichen Dimensionen in Gegensatzpaaren, ohne dass diese epistemologisch näher gefüllt würden. Das beginnt mit der Frage, ob soziale Ungleichheit mit finanzieller und politischer Einflussnahme ausreichend beschrieben ist, streift aber auch die Frage, ob die moralischen Kategorien ‚richtig – falsch' (und nicht etwa ‚gut – schlecht') bereits auf eine leitende Ethik verweisen, die dann gleichsam unhinterfragt zu einem anthropologischen Standard erhoben würde. Martin Lücke und anschließend Barbara Hanke haben vorgeschlagen, zeitgemäßere Kategorien zu entwickeln. Lücke verweist auf ein Konzept von Diversität, welches Intersektionalitäten auf der Mikro-, Meso- und Makroebene von Gesellschaften berücksichtigt,[40] während Hanke konkret für die Kategorien Differenz-, Identitäts- und Wertebewusstsein plädiert.[41] Solche Differenzierungen passen das Pandel'sche Modell an den gegenwärtigen Forschungsstand und Erfahrungen aus der Praxis an. Problematisch bleibt jedoch, dass empirische Forschung auf Basis dieses Modells ohne eine Graduierung der Kategorien nur bedingt möglich ist. Gleichzeitig verweisen diese Neumodellierungen auf ein wichtiges Momentum: Dieses und andere Modelle zum Geschichtsbewusstsein sind in westlichen Gesellschaften der 1980er und 1990er Jahre entstanden; sie repräsentieren damit nicht nur mehr oder weniger transparent den Stand der Geschichts- und im weiteren Sinne der Bildungswissenschaften, sondern auch die Wertvorstellungen dieser Zeit und Regionen. Das Geschichtsbewusstsein sollte daher nicht als anthropologische Konstante verstanden werden, dafür fehlen hinreichende empirische Belege.

40 Vgl. Martin Lücke: Diversität und Intersektionalität als Konzepte der Geschichtsdidaktik, in: Michele Barricelli/Martin Lücke (Hg.): Handbuch Praxis des Geschichtsunterrichts, Bd. 1, Schwalbach i. Ts. 2012, S. 136–146.

41 Vgl. Hanke: Dimensionen, S. 130–135.

Zusammenfassend lässt sich festhalten: Die Ausprägung von Geschichtsbewusstsein regelt, wie ein Individuum historische Sachverhalte wahrnimmt und verarbeitet. Dabei führt der Wortbestandteil ‚Bewusstsein' leicht in die Irre: Jeder Mensch entwickelt, wohl ab dem Kindesalter, Geschichtsbewusstsein, auch ohne sich dessen bewusst zu sein. Aber Geschichtsbewusstsein kann gefördert werden, worauf der Ausdruck „reflektiertes Geschichtsbewusstsein" verweist.[42] Grundsätzlich ist Geschichtsbewusstsein dynamisch und von frühester Kindheit bis ins hohe Erwachsenenalter ständigen Wandlungen unterworfen. Seine Genese unterliegt den unterschiedlichsten individualpsychologischen und sozio-kulturellen Faktoren: Es entsteht zum einen über einen intellektuellen Zugang, nämlich durch die bewusste, kognitive Auseinandersetzung mit Geschichte in Schule und Hochschule. Zum anderen aber wird Geschichtsbewusstsein durch lebensweltliche Erfahrungen generiert, die auf eigenem Erleben beruhen können, auf Erzählungen anderer wie auch auf ganz anderen historischen Bezügen, denen Subjekte im Alltag begegnen.

Die verschiedenartigen Repräsentationen von Geschichte in der Gesellschaft werden mit dem Konzept der Geschichtskultur (vgl. Kap. 6) erfasst, der zweiten geschichtsdidaktischen Fundamentalkategorie. Geschichtskultur und Geschichtsbewusstsein beeinflussen sich gegenseitig, sie bilden „zwei Seiten einer Medaille".[43]

Historical consciousness und *historical thinking*

Im englischsprachigen Raum hat sich in den letzten Jahren als Entsprechung zum Geschichtsbewusstsein der Begriff *historical consciousness* durchgesetzt, der allerdings bisher nicht so stark konzeptionalisiert worden ist.[44] Gut anschlussfähig an den internationalen Diskurs ist die direkte Übersetzung des Begriffs des Historischen Denkens als *historical thinking*.[45] Gerade dieser Begriff verweist auf die durchgehend starke Betonung der Kognition in den entsprechenden Konzepten. In den letzten Jahren wurde diese Setzung immer

42 Vgl. Waltraud Schreiber: Reflektiertes und (selbst-)reflexives Geschichtsbewusstsein durch Geschichtsunterricht fördern – ein vielschichtiges Forschungsfeld der Geschichtsdidaktik, in: Zeitschrift für Geschichtsdidaktik 1 (2002), S. 18–43.

43 Bernd Schönemann: Geschichtskultur als Forschungskonzept der Geschichtsdidaktik, in: Zeitschrift für Geschichtsdidaktik 1 (2002), S. 78–86, hier S. 79.

44 Siehe etwa Anne Brædder: Public History in Scandinavia: Uses of the Past, in: Paul Ashton/Alex Trapeznik (Hg.): What is Public History Globally? Working with the Past in the Present, London 2019, S. 121–130.

45 Einen Überblick ermöglichen: Mario Carretero u. a. (Hg.): Palgrave Handbook of Research in Historical Culture and Education, Basingstoke 2016; Klas-Göran Karlsson: Making Sense of Lessons of the Past. Theoretical Perspectives on Historical Learning, in: Holger Thünemann u. a. (Hg.): Begriffene Geschichte – Geschichte begreifen, Frankfurt a.M. 2016, S. 101–126.

wieder herausgefordert und nach dem Raum für Emotionen (vgl. Kap. 3) wie auch für Erlebnisse (vgl. Kap. 5) gefragt.[46]

8.4 Historisches Denken fördern

Historische Bildung zielt darauf ab, das individuelle Geschichtsbewusstsein von Lernenden in einer Art zu stimulieren, die es ihnen ermöglicht, sich reflektiert mit dargebotener Geschichte auseinanderzusetzen, also historisch denken zu lernen. Wie oben skizziert, sind Konzepte Historischen Denkens hochgradig normativ, sie betrachten es als das in westlich-demokratischen Gesellschaften anerkannte Ziel historischer Lehr-Lern-Prozesse, dass diese zur Herausbildung aufgeklärter autonomer Subjekte beitragen. Dazu gibt es in der Geschichtsdidaktik verschiedene Modelle, die sich entsprechend dem jeweils zugrunde liegenden Verständnis von Geschichtsbewusstsein im Detail unterscheiden.[47] Gemeinsam ist allen jedoch das Verständnis, dass Historisches Denken neben Wissen und Kenntnissen vor allem Fertigkeiten und Fähigkeiten respektive „Denkzeuge“ umfasst,[48] wie beispielsweise die historisch-kritische Methode (Quellenkritik).

Historische Kompetenzen
In den letzten Jahren ist der Kompetenzbegriff in Tätigkeits- und Zielbeschreibungen historischer Lernangebote vor allem in Schulen und Hochschulen immer präsenter geworden; die meisten Lehrpläne sind mittlerweile ‚kompetenzorientiert'. Der Paradigmenwechsel von der Lernziel- zur Kompetenzorientierung hat vielfältigste historische Kompetenzmodelle (u. a. von Hans-Jürgen Pandel und Peter Gautschi) hervorgebracht, die nun nicht länger Lerninhalte beschreiben, sondern eine erwartete Leistung der Lernenden. Diese auch nur in Ansätzen zu skizzieren, würde hier zu weit führen. Generell werden unter Kompetenz spezifische Fähigkeiten, Fertigkeiten und Bereitschaften verstanden, die das

46 Exemplarisch für diesen Diskurs steht Bärbel Völkels Ansatz, der pointiert nach inklusiven Modellen von Geschichtsbewusstsein fragt, die für schulisches und außerschulisches Lernen von wachsender Bedeutung sind, Bärbel Völkel: Inklusive Geschichtsdidaktik, Schwalbach i. Ts. 2017.

47 Siehe hierzu z. B. Waltraud Schreiber u. a.: Historisches Denken. Ein Kompetenz-Strukturmodell, 2. Aufl., Neuried 2006; Peter Gautschi: Guter Geschichtsunterricht. Grundlagen, Erkenntnisse, Hinweise, Schwalbach i. Ts. 2009, hier S. 48–54; und zuletzt Bracke u. a.: Theorie, S. 93–106; vgl. für einen Überblick ebd., S. 74–93.

48 Günther-Arndt: Historisches Lernen, S. 40.

Individuum gezielt einzusetzen vermag, „um bestimmte Probleme zu lösen“ (Franz E. Weinert 2001). Eines der elaboriertesten historischen Kompetenzmodelle, jenes der rund um Waltraud Schreiber konstituierten Gruppe „FUER Geschichtsbewusstsein“ („Förderung und Entwicklung von reflektiertem Geschichtsbewusstsein“), rekurriert auf Jörn Rüsen und das hier vorgestellte Modell Historischen Denkens von Wolfgang Hasberg und Andreas Körber: Im Modell der FUER-Gruppe wird Historisches Denken als Ensemble vielfältiger Kompetenzen aus den Bereichen Frage-, Methoden-, Orientierungs- und Sachkompetenz konzipiert. Kompetenzmodelle, die jeweils das lernende Subjekt fokussieren, lassen sich nicht nur auf den Geschichtsunterricht, sondern auch auf andere lebensweltliche Situationen anwenden. Insofern können sie auch wichtig für die Public History werden, um Zielvorstellungen historischer Bildung zu postulieren. Eine erfolgreiche Förderung von Kompetenzen im außerschulischen Bereich ist jedoch schwer evaluierbar.

Leseempfehlung
Barricelli, Michele u. a.: Historische Kompetenzen und Kompetenzmodelle, in: Michele Barricelli/Martin Lücke (Hg.): Handbuch Praxis des Geschichtsunterrichts, Schwalbach i. Ts. 2009, S. 207–235; Heil, Werner: Kompetenzorientierter Geschichtsunterricht, 2., vollst. neu überarb. u. erw. Aufl., Stuttgart 2012.

Der Regelkreis Historischen Denkens von Jörn Rüsen

Gewinnbringend für die Public History ist unserer Ansicht nach ein Modell, das auf den drei Schritten ‚historische Wahrnehmung‘, ‚historische Deutung‘ und ‚historische Orientierung‘ beruht. Mit der Bedeutung der Orientierungsfunktion von Geschichte hat sich insbesondere der Geschichtsdidaktiker Jörn Rüsen auseinandergesetzt: Sein Regelkreis Historischen Denkens[49] (Grafik 1) basiert auf der Annahme, Geschichte manifestiere sich nicht nur in der Fachwissenschaft, sondern auch in der Lebenspraxis. Hier entstehen für jeden Menschen „Bedürfnisse nach Orientierung in der Zeit“. Die institutionalisierte Geschichtswissenschaft bietet hierfür Deutungen an, die auf wissenschaftlichen Theorien und Methoden beruhen, und

49 Jörn Rüsen: Historische Vernunft. Grundzüge einer Historik I: Die Grundlagen der Geschichtswissenschaft, Göttingen 1993, hier S. 29. Weiterentwickelt zu einer „Matrix“ des historischen Denkens u. a. in ders.: Historisches Lernen, S. 140–143; auch ders.: Historik. Theorie der Geschichtswissenschaft, Köln u. a. 2013, S. 66–69.

Grafik 1 Spirale Historischen Denkens[51]

stellt sie als narrative Re-Konstruktionen, also Geschichten, in unterschiedlichen Darstellungsformen zur Verfügung. Diese Repräsentationen übernehmen nun wiederum Orientierungsfunktionen in der gesellschaftlichen Lebenspraxis, in der sich Menschen bewegen und aufgrund ihres Bedürfnisses nach Orientierung oder ihres Interesses neue Fragen an die Geschichte stellen. Dabei werden historische Gegenstände durch Individuen aber jeweils ihren Haltungen und Wertungen entsprechend wahrgenommen, also selektiv und subjektiv.[50]

Wolfgang Hasberg und Andreas Körber haben den von Rüsen vorgestellten Regelkreis Historischen Denkens erweitert und den Vorgang in Spiralform modelliert, um somit den Fokus auf die individuelle Kompetenz, sich historisch zu orientieren, zu legen.[52] Sie

50 Vgl. Manuel Köster: Vom Holocaust lesen. Textverstehen im Spannungsfeld von Darstellungstext und Identitätsbedürfnissen, in: Zeitschrift für Geschichtsdidaktik 11 (2012), S. 116–130, S. 122.

51 Eigene Darstellung basierend auf Wolfgang Hasberg/Andreas Körber: Geschichtsbewusstsein dynamisch, in: Andreas Körber (Hg.): Geschichte - Leben - Lernen, Schwalbach i. Ts. 2003, S. 177–200, hier S. 187; Gautschi: Guter Geschichtsunterricht, S. 51; Norbert Parschalk: Geschichte und Identität. Konstruktiver Geschichtsunterricht in Zeiten globaler Veränderungen, Brixen 2012, S. 94.

52 Vgl. hier und im Folgenden Hasberg/Körber: Geschichtsbewusstsein dynamisch, S. 187.

verorten dabei den individuellen Prozess Historischen Denkens zwischen einem durch Verunsicherung ausgelösten Orientierungsbedürfnis – wenn „die bisherigen Vorstellungen über Geschichte [...] nicht mehr ausreichen" – und der fragegeleiteten Re-Konstruktion in Form einer historischen Narration, aber auch der kritischen, methodengeleiteten Auseinandersetzung mit existierenden Narrationen bzw. Darstellungen, der sogenannten De-Konstruktion. Individuelle Auseinandersetzungen führen dann, gegebenenfalls unterstützt oder angeregt durch pädagogische bzw. wissenschaftliche Praktiken, zu neuen Erkenntnissen und damit zum Aufbau modifizierter „Vorstellungen und Einstellungen zur Vergangenheit",[53] die eine bessere Orientierung für die Gegenwart bieten. Damit wird die historische Methode der Geschichtswissenschaft für das selbstbestimmte Individuum (potenziell) nutzbar. Dabei ist die Operation des Dekonstruierens von Deutungen, die uns in Form historischer Narrationen dargeboten werden, besonders bedeutsam, weil Menschen in ihrem Alltag deutlich häufiger auf solche Darstellungen als auf historische Quellen treffen und mit diesen ja überwiegend ohne fachkundige Anleitung umgehen müssen.

Was leistet das Konzept Historischen Denkens für die Public History?

Der Regelkreis des Historischen Denkens – vereinfacht gesprochen von der historischen Frage über die Analyse und Bewertung historischer Quellen und eben vor allem Darstellungen hin zur Orientierung – beschreibt folglich idealtypisch, wie sich Menschen jenseits des Erinnerns (vgl. Kap. 4) eigenständig und selbst-bewusst Geschichte aneignen (vgl. Infobox Aneignung in Kap. 8.2), um sich ihrer Position in der Gesellschaft zu versichern. Damit widerspricht das Konzept des Historischen Denkens explizit der Vorstellung eines Top-down-Prozesses bei der Vermittlung von Geschichte. Vielmehr fokussiert es – bewusst in hohem Maße normativ – den positiven Wert der selbstständigen, kritischen Auseinandersetzung mit in verschiedenen Formen repräsentierter Geschichte in einer freien und demokratischen Gesellschaft, und zwar ausgehend von Impulsen, die genauso von einem Museumsbesuch wie von einem Film, einem Tweed oder einem Ausflug in die Natur ausgehen können.[54] Das Konzept des Historischen Denkens eröffnet also für die Public History eine domänenspezifische Ausprägung des allgemeinen Verständnisses von Vermittlung oder Bildung. Dieser Ansatz hilft, Geschichte

53 Vgl. ebd.

54 Marko Demantowsky: Public History auf Abwegen. Heimatgeschichte als Einladung, in: Merkur. Deutsche Zeitschrift für europäisches Denken 834 (2018), S. 30–40, hier S. 43 f.

als gedeutete Rekonstruktion der Vergangenheit, als „Bewusstseinskonstrukt“[55] in den Blick zu nehmen und sich vom positivistischen Verständnis, Geschichte zeige, ‚wie es eigentlich gewesen‘, abzugrenzen. Für Museen bedeutet dies beispielsweise, sich in der Darstellung historischer Zusammenhänge nicht auf faktologische ‚Wissensbestände‘ wie Namen, Daten, Orte zu beschränken, sondern auch auf die Forschungsgeschichte einzugehen, unterschiedliche Deutungen oder Rekonstruktionen zum gleichen Ereignis oder Ort anzubieten und den historischen Erkenntnisprozess selbst, beispielsweise durch Erläuterung der Forschungsfragen und -methoden, abzubilden.

Zur normativen Dimension Historischen Denkens

In der expliziten und offengelegten Normativität der skizzierten geschichtsdidaktischen Theorien und Modelle liegt eines ihrer Potenziale für die Public History. Denn: Sie erlauben – zunächst unabhängig von Ausformung, Medium oder Institution – die Ableitung von Kriterien zur Bestimmung der geschichtsdidaktischen Qualität von Public History. Sie ermöglichen uns, begründete Ansprüche zu formulieren, die für historische Repräsentationen unverzichtbar sind, damit diese zum Aufbau eines reflektierten Geschichtsbewusstseins beitragen und historische Orientierung bieten können, etwa den Anspruch auf einen expliziten Hinweis auf den Konstruktionscharakter der dargestellten Inhalte. Dabei sollen die vertretenen Werte stets transparent sein; sie können – und müssen – somit in einer pluralistischen Gesellschaft immer wieder neu verhandelt werden, was dann ebenso für alle Public Historians gilt, die einen Vermittlungsanspruch verfolgen.

8.5 Operationalisierungen und Konkretionen

Aktuelle, oft sehr aufwändige Forschungsprojekte suchen zunehmend, die „Elemente und Strukturen des [historischen] Denkens“[56] und damit die Aneignungsprozesse geschichtskultureller Phänomene in den Blick zu nehmen. Wir wollen im Folgenden im Sinne des skizzierten pragmatischen Zugangs den Fokus vom lernenden Subjekt und seinen Denkprozessen hin auf die Angebote der Public History lenken –

55 Karl-Ernst Jeismann: „Geschichtsbewußtsein“ als zentrale Kategorie der Didaktik des Geschichtsunterrichts, in: ders. (Hg.): Geschichte und Bildung. Beiträge zur Geschichtsdidaktik und zur historischen Bildungsforschung, Paderborn u. a. 2000, S. 46–72, hier S. 51.

56 Julia Thyroff: Facetten des Denkens im Museum – methodischer Zugang, empirische Befunde, in: Didacta Historica 3 (2017), S. 1–11, https://codhis-sdgd.ch/wp-content/uploads/2020/03/Didactica-3_2017_Thyroff.suppl%C3%A9mentaire.pdf, letzter Zugriff: 11.12.2020.

seien es Produkte oder Kommunikationsangebote. Dafür nehmen wir Ableitungen aus den theoretischen Modellen und ihren normativen Setzungen vor und formulieren diese als Gütekriterien für Public History. Diese Kriterien können einer Analyse von Public-History-Produkten dienen, die darauf zielt, in den Angeboten transportierte Botschaften zu entschlüsseln. Die Ergebnisse einer solchen Analyse erlauben kriteriengeleitete Aussagen über die Qualität eines Public-History-Angebots und damit eine Bewertung nach festgelegten, transparenten Maßstäben. Zugleich ermöglichen entsprechende Kriterien in bewusst normativer Pragmatik die Entwicklung von Best-Practice-Angeboten der Geschichtsvermittlung, bieten also konkrete Hilfe für die Vermittlungspraxis.

8.5.1 Prinzipien der Förderung Historischen Denkens

Für die konkrete und pragmatische Entwicklung entsprechender Kriterienraster sind neben direkten Ableitungen aus den vorgestellten Modellen Adaptionen von für schulisches Lernen formulierten Prinzipien Historischen Lernens hilfreich.[57] Diese vielfältigen und durchaus ergänzbaren Prinzipien dienen nach Pandel als Orientierungsrahmen für die „Gestaltung von Lernbedingungen"; sie sind unterschiedlich intensiv reflektiert worden und sind natürlich Gegenstand eines wissenschaftlichen Diskurses.[58] Ein Großteil der Prinzipien findet sich zudem in Form von Kriterien für und Ansprüchen an Angebote in der Museums- und Gedenkstättenpädagogik wieder.[59]

Wissenschaftsorientierung

Wissenschaftsorientierung umfasst das Prinzip, nach dem alle „Bildungsgegenstände in ihrer Bedingtheit und Bestimmtheit durch die Wissenschaften" anzuerkennen und entsprechend zu präsentieren sind.[60] Dabei geht es nicht darum, alle Angebote Historischen Lernens unter den Primat der Forschung zu stellen oder gar permanent geschichtswissenschaftliche Arbeitsweisen zu verordnen, sondern vielmehr darum zu verdeutlichen, dass und inwiefern Erkenntnisse

57 Vgl. Ulrich Mayer u. a. (Hg.): Handbuch Methoden im Geschichtsunterricht, 5. Aufl., Schwalbach i. Ts. 2016, Teil 1: Prinzipien (S. 14–134).

58 Vgl. Pandel: Geschichtsdidaktik, S. 268 f., S. 331–360 (Zitat S. 311); diskurseinführend zudem Michael Sauer: Geschichte unterrichten. Eine Einführung in Methodik und Didaktik, 10. Aufl., Seelze 2012, S. 76–91.

59 Einführend: Tobias Nettke: Was ist Museumspädagogik? Bildung und Vermittlung in Museen, in: Beatrix Commandeur u. a. (Hg.): Handbuch Museumspädagogik. Kulturelle Bildung in Museen, München 2016, S. 31–42.

60 Bodo von Borries: Wissenschaftsorientierung, in: Ulrich Mayer u. a. (Hg.): Handbuch Methoden im Geschichtsunterricht, 5. Aufl., Schwalbach i. Ts. 2016, S. 30–48, hier S. 30. Der Autor zitiert hier aus dem vom Deutschen Bildungsrat herausgegebenen *Strukturplan für das Bildungswesen* von 1972.

über die Vergangenheit durch die Wissenschaft und ihre Methodik bestimmt sind. Wissenschaftsorientierung verpflichtet folglich zu einer Abkehr von positivistischen Präsentationen und fordert, die eigene Ausgangslage, Fragestellungen, Quellen, Forschungsmethoden und Konzepte wie auch die Reichweite der eigenen Interpretation offenzulegen. Solche Ansätze finden sich seit geraumer Zeit z. B. in Comics oder Graphic Novels. Gerade wenn diese auf realen Ereignissen beruhen, wird oftmals versucht, dies über einen entsprechenden Anhang mit Stadtplänen, Abbildungen, Interviews, manchmal auch Bibliografien und ähnlichen Hinweisen zu verdeutlichen. Teilweise werden sogar Fußnoten eingesetzt. Eine der ersten Comicproduktionen dieser Art war 1995 *Prisca et Silvanus* von Dorothée Šimko und Roloff, eine museumspädagogische Produktion des Römermuseums Augst zur Geschichte Augusta Rauricas. Hier können die Leser_innen sogar Gebrauchsgegenstände im Comic über ein entsprechendes Verzeichnis als archäologische Fundstücke identifizieren.[61]

Multiperspektivität

Multiperspektivität trägt ein zentrales Element der historischen Methode als Lehrprinzip an den Prozess Historischen Denkens heran. Perspektivität wird als „Grundsachverhalt menschlicher Wahrnehmung“ anerkannt, weshalb zunächst für die Beantwortung einer historischen Frage Quellen aus unterschiedlichen Perspektiven zu Rate gezogen werden müssen.[62] In Forschung und Vermittlung gilt es deswegen eine begründete Auswahl an Quellen zu treffen, die die Situation bzw. Haltung von historischen Akteur_innen aus unterschiedlichen (politischen, sozialen, ökonomischen etc.) Gruppen repräsentieren, und diese entsprechend einzuordnen. Dazu gehört auch, Leerstellen als solche kenntlich zu machen, wenn es etwa ‚stumme Gruppen‘ gibt, von denen keine Zeugnisse überliefert sind. Während der Geschichtsdidaktiker Klaus Bergmann bei der Einführung von Multiperspektivität als geschichtsdidaktischem Prinzip vor allem die unterschiedlichen sozialen Positionen betont hat, wird heute

61 Zu *Prisca et Silvanus* siehe etwa: Christine Gundermann: Jenseits von Asterix. Comics im Geschichtsunterricht, Schwalbach i. Ts. 2007, S. 103–110. Hier zeigen sich aber auch Fallstricke, denn oftmals wird Wissenschaftlichkeit lediglich inszeniert, ohne dass tatsächlich wissenschaftsorientiert gearbeitet wurde; dies fasst man dann unter dem Phänomen der Authentizitätssimulation, vgl. dies.: Inszenierte Vergangenheit oder wie Geschichte im Comic gemacht wird, in: Hans-Joachim Backe u. a. (Hg.): Ästhetik des Gemachten. Interdisziplinäre Beiträge zur Animations- und Comicforschung, Berlin 2018, S. 257–283.

62 Klaus Bergmann: Multiperspektivität, in: Ulrich Mayer u. a. (Hg.): Handbuch Methoden im Geschichtsunterricht, 5. Aufl., Schwalbach i. Ts. 2016, S. 65–77, hier S. 65.

ein weiteres Verständnis von Diversität angesetzt, das gesellschaftliche Ungleichheiten differenzierter erfassen und Leerstellen sowie Intersektionalitäten gezielt identifizieren kann.[63]

Kontroversität und Pluralität

Verlassen wir die Ebene der Quellen, setzt sich Multiperspektivität auf der Ebene der Darstellungen in Form von Kontroversität fort: Historiografien bieten unterschiedliche Deutungen der Vergangenheit an, die es in der Vermittlung in ihrer Kontroversität offenzulegen gilt. In einer demokratischen Gesellschaft führt die Auseinandersetzung mit kontroversen Geschichtsdarstellungen auf einer dritten Ebene wiederum zu pluralen Geschichtsbildern. Multiperspektivität, Kontroversität und Pluralität stellen folglich einen Dreiklang dar. In der musealen Praxis finden sich oft Ansätze, bei denen z. B. über Zeitzeugnisse eine zweite Perspektive eingebracht wird, die die eigentliche Leiterzählung erweitert und manches Mal auch herausfordert, wie etwa in der im Deutschen Hygiene-Museum Dresden 2018/19 gezeigten Ausstellung *Rassismus. Die Erfindung der Menschenrassen*. Hier wurde eindrucksvoll Multiperspektivität auf mehreren Ebenen inszeniert: etwa auf Quellenebene, indem die zum Forschungsobjekt der westeuropäischen Forschenden gemachten Menschen wieder Namen und wenn möglich Biografien erhielten, entsprechende Leerstellen aber auch benannt wurden. Auf der Ebene der Darstellung sicherten farblich abgehobene ‚Interventionen' bei Thementexten eine Sichtbarkeit von Interpretationen nicht-weißer und erst später hinzugezogener Mitglieder des Kurator_innenteams.[64]

Problemorientierung

Problemorientierung als ein Prinzip von Lehr-Lern-Prozessen basiert auf der Annahme, dass das Einüben bloßer Handlungsroutinen keine hinreichende Bedingung zur Ausprägung eines reflektierten Geschichtsbewusstseins sei. Sie kann als Lehrstrategie und als Erkenntnisweise verstanden werden. Dabei verweist Problemorientierung darauf, dass für die Beschäftigung mit Geschichte das Stellen einer historischen Frage notwendig ist, die einerseits eine motivationale Grundbedingung Historischen Denkens ist und andererseits der wissenschaftsorientierten Annäherung an Geschichte entspricht. Ein historisches Problem zu lösen, bedeutet demnach auch, über den Erkenntnisweg Rechenschaft ablegen zu können.[65] So ist es z. B. ein

63 Vgl. Martin Lücke: Multiperspektivität, Kontroversität, Pluralität, in: Michele Barricelli/Martin Lücke (Hg.): Handbuch Praxis des Geschichtsunterrichts, Bd. 1, Schwalbach i. Ts. 2012, S. 281–288, hier S. 284.

64 Vgl. Susanne Wernsing u. a.: Vermessung, Abformung und Ausstellung, in: dies. u. a. (Hg.): Rassismus. Die Erfindung von Menschenrassen, Ausst.-Kat., Göttingen 2018, S. 48–55.

65 Vgl. Michele Barricelli: Problemorientierung, in: Ulrich Mayer u. a. (Hg.): Handbuch Methoden im Geschichtsunterricht, 5. Aufl., Schwalbach i. Ts. 2016, S. 78–90.

Unterschied, ob ein Museum bei der Darstellung der Mittelsteinzeit schlicht als zentral gewertete Ereignisse (Klimaerwärmung) sowie deren Folgen für Mensch und Umwelt (Veränderung von Flora und Fauna, Entwicklung der Sesshaftigkeit) fokussiert oder ob es eine Problemstellung formuliert, die als roter Faden durch die gesamte Epoche führt. Die aus unserer Gegenwart heraus generierte Frage beispielsweise, warum das Mammut ausgestorben ist (und heute nur noch unbehaarte Elefanten existieren), eröffnet – ausgehend von einem konkreten ‚historischen Problem' – den Raum für eine vielschichtige Erörterung von Ursachen und Folgen. Die Beantwortung der Frage führt erkenntnisorientiert durch relevante Aspekte des Themas hindurch und gibt diesen eine an die Gegenwart gebundene Kongruenz. Ähnlich verhält es sich mit Fragen wie „Woher wissen wir, dass …?" oder „Welche Folgen hatte …?". Offene Bildungsangebote, in denen Besuchende z. B. mit einer eigenen Fragestellung, die nicht zwangsläufig in der historischen Darstellung schon thematisiert ist, selbst historische Materialien erkunden können, rekurrieren auf dieses Prinzip.

Gegenwarts-, Lebenswelt- und Erfahrungsbezug

Große Bedeutung für das Historische Lernen schreibt die Geschichtsdidaktik dem Gegenwarts-, Lebenswelt- und Erfahrungsbezug zu. Der Gegenwartsbezug, bei dem der Zukunftsbezug zugleich mitzudenken ist, verweist auf eine grundsätzliche (soziale) Funktion von Geschichte, die wir bereits skizziert haben: ihre Orientierungsfunktion.[66] Gegenwartsbezug verweist damit auf das Moment der individuellen Verunsicherung, welches in der Spirale des Historischen Denkens ein Orientierungsbedürfnis auslöst. Der Lebensweltbezug wiederum stellt eine Kalibrierung dieses Gegenwartsbezugs dar, indem er die konkreten gesellschaftlichen Gefüge, in denen sich Lernende befinden, fokussiert. Ihnen soll also ermöglicht werden, das präsentierte historische Phänomen an die eigene, individuelle Erfahrungswelt anzubinden.[67] Gegenwartsbezüge sind für gewöhnlich in Print- und Bildmedien anhand bestimmter Medienlogiken gut zu erkennen. Am häufigsten und offenkundigsten wird der Bezug zwischen Gegenwart und Vergangenheit in Form von Jubiläen inszeniert.[68] Einen Gegenwarts- und Lebensweltbezug jenseits von

66 Vgl. Klaus Bergmann: Gegenwarts- und Zukunftsbezug, in: Ulrich Mayer u. a. (Hg.): Handbuch Methoden im Geschichtsunterricht, 5. Aufl., Schwalbach i. Ts. 2016, S. 91–112.

67 Vgl. hierzu auch Pandel: Geschichtsdidaktik, S. 353 f.

68 Siehe einführend Susanne Kinnebrock: Why Napoleon is exciting time after time: media logics and history, in: Susanne Popp u. a. (Hg.): Commercialised History. Popular History Magazines in Europe, Frankfurt a.M. 2015, S. 147–163.

‚Gedenktagsjournalismus' herzustellen, ist gerade bei den heterogenen Zielgruppen der meisten Public-History-Angebote weitaus schwieriger. Insoweit er aber tatsächlich auf das Orientierungspotenzial der Geschichte verweist und sich nicht in Nostalgie (vgl. Infobox in Kap. 2.1) ergeht, ist er umso wichtiger. Eine mittlerweile gängige museale Praxis ist etwa – beispielsweise im Deutschen Auswandererhaus Bremerhaven – die Aufbereitung von historischen Biografien, deren Protagonist_innen die Besuchenden durch die Ausstellung begleiten. So soll über individualisierte Identifikationsangebote eine Brücke von der Vergangenheit in die Gegenwart geschlagen werden. Auch im Einführungsbereich von historischen Ausstellungen wird oftmals dezidiert ein Gegenwartsbezug des Themas herausgestellt. Teilweise ermöglichen Geschichtsinstitutionen aber auch ihren Besuchenden, solche Transferschritte über Fragestellungen selbst zu ziehen. Das Anne-Frank-Haus in Amsterdam z. B. experimentiert schon länger mit verschiedenen analogen und digitalen Formaten und fragt beispielsweise die Besuchenden im Anschluss an den Ausstellungsbesuch nach eigenen Erfahrungen im Hinblick auf Handlungsspielräume in bedrohlichen Situationen oder nach ihrer Haltung zur Meinungsfreiheit in demokratischen Gesellschaften.

Forschend-entdeckendes Lernen

Die drei folgenden, ebenfalls in engem Zusammenhang miteinander stehenden Kriterien zur Beurteilung von Produkten der Public History entstammen unterschiedlichen Didaktiken sind folglich nicht domänenspezifisch, dennoch haben sie den geschichtsdidaktischen Diskurs nachhaltig geprägt. Forschend-entdeckendes Lernen ist eng an die Prinzipien der Wissenschafts- und Problemorientierung angelehnt, mit diesen jedoch nicht deckungsgleich. Es zollt vor allem der Beobachtung Rechnung, wie Menschen ohne Schule lernen, nämlich erlebnis- und interessenorientiert und eben auch unsystematisch. Beim forschend-entdeckenden Lernen steht die Neugier, das intrinsische Moment der Motivation, sich einem historischen Phänomen zu nähern, im Mittelpunkt, und damit auch das Subjekt, welches mit dem Gegenstand in Interaktion tritt. Allerdings sind Hands-on-Situationen oder beobachtbare Experimente wie in den Naturwissenschaften in historischen Lehr-Lern-Zusammenhängen sehr selten; hier geht es meist um den Erwerb von durchaus komplexen methodischen Fähigkeiten, die es ermöglichen, sich selbstständig und systematisch einer historischen Frage von persönlichem Interesse zu nähern und diese zu beantworten.[69] Dies kann zur Erarbeitung

69 Vgl. Heike Wolters: Forschend-entdeckendes Lernen im Geschichtsunterricht, Frankfurt a.M. 2018, S. 23.

neuer empirischer Forschungsergebnisse führen, sich aber auch auf die Entstehung von als neu wahrgenommenen und persönlich bedeutsamen Erkenntnissen und Bewertungen beziehen. Als Beispiel forschend-entdeckenden Lernens an der Schnittstelle zwischen schulischer Geschichtsvermittlung und Public History kann der von der Körber-Stiftung durchgeführte Geschichtswettbewerb des Bundespräsidenten dienen: Jugendliche entwickeln zu einem vorgegebenen Thema eine eigene historische Fragestellung, die sie forschend – und gegebenenfalls unter Anleitung – in einer eigenen Narration zu beantworten suchen.[70] Natürlich sind auch weniger aufwändige Formen des forschend-entdeckenden Lernens verbreitet, gerade in digitalen Medien, wie beispielsweise die historische Online-Ausstellung *du bist anders?*, die auffordert, Biografien von Jugendlichen während der NS-Zeit in einem interaktiven Format zu erkunden.[71]

Handlungsorientierung

Handlungsorientierung als Maxime beruht auf der Erkenntnis, dass wir leichter und besser verstehen, was wir handelnd entwickeln.[72] Dieser eng an Konzepte des ganzheitlichen Lernens geknüpfte pädagogische Zugang wird als Ergänzung zum rein intellektuellen Arbeiten verstanden; im Fokus pädagogischer Bemühungen stehen nicht mehr ausschließlich kognitive Prozesse. Handlungsorientierung als Kriterium ‚guter', also aus didaktischer Perspektive als wertvoll betrachteter Public History soll vor allem den Dualismus von Denken und Handeln auflösen; dem Tun wird eine wichtige Rolle zugesprochen, wohl aber unter der Prämisse, dieses Tun anschließend zu reflektieren. Indem das lernende Subjekt in seiner Körperlichkeit in den Lernprozess einbezogen wird, stellt Handlungsorientierung auch eine Brücke zum inklusiven Lernen her.[73] Empirische Befunde zeigen, dass eigene Handlungen länger als rein kognitive Prozesse erinnert werden.[74] Ansätze von Handlungsorientierung finden sich oftmals in Living-History- und Reenactment-Veranstaltungen, die den Besuchenden das Machen und Mit-Machen ermöglichen, aber auch kulturgeschichtliche Museen setzen auf solche Angebote. So kann man etwa im LVR-Industriemuseum Papiermühle Alte Dombach nicht

70 https://www.koerber-stiftung.de/geschichtswettbewerb, letzter Zugriff: 30.5.2019.

71 https://dubistanders.de/, letzter Zugriff: 20.5.2019; vgl. hierzu auch Uwe Danker/Astrid Schwabe: Geschichte im Internet, Stuttgart 2017, S. 86 f.

72 Vgl. Bärbel Völkel: Handlungsorientierung, in: Ulrich Mayer u. a. (Hg.): Handbuch Methoden im Geschichtsunterricht, 5. Aufl., Schwalbach i. Ts. 2016, S. 49–64.

73 Vgl. Völkel: Inklusive Geschichtsdidaktik.

74 Vgl. Martin Schusters Ausführungen zu episodischem Lernen im Museum, Martin Schuster: Lernen im Museum, in: ders./Hildegard Ameln-Haffke (Hg.): Museumspsychologie. Erleben im Kunstmuseum, Göttingen 2006, S. 84–102, hier S. 85 f.

nur selbst Papier schöpfen, sondern auch mit den Museumsmitarbeitenden Teile der Papiermasse, der Gulpe, anrühren, das geschöpfte Papier dann gautschen und pressen. So entsteht bei den Handelnden ein körperliches Erlebnis, das nicht nur historische Imagination und damit die Auseinandersetzung mit historischen Subjekten fördert, sondern auch hilft, den Herstellungsprozess zeitlich zu verorten und diesen mit industrialisierten Produktionstechniken zu vergleichen, die dann anhand entsprechender Maschinen visualisiert und demonstriert werden. Fachwissenschaftlich solide erscheint Handlungsorientierung in solchen Kontexten Historischen Lernens unseres Erachtens vor allem dann, wenn eine größtmögliche Authentizität schon bei den nachvollzogenen Arbeitsweisen und den eingesetzten Materialen gewährleistet wird. So sollte es beispielsweise in museumspädagogischen Angeboten zur Schmuckherstellung nicht darum gehen, mit heutigen Mitteln Schmuck früherer Zeiten nachzubilden, weil dann allein das Produkt als Ziel im Fokus steht und nicht eine Auseinandersetzung mit damaligen technischen Möglichkeiten.

Bedürfnisorientierung

Bedürfnisorientierung ist aktuell noch kein allgemein anerkanntes Prinzip in der Public History. Dennoch soll sie hier aufgeführt werden, weil sie seit etwa einer Dekade eine immer größere Rolle bei der Gestaltung von kulturellen Produkten spielt. Ursprünglich wurde dieses Prinzip für die Entwicklung nutzer_innenfreundlicher Software genutzt; heute bestimmt sie als leitendes Kriterium etwa die Gestaltung von Ausstellungen in Museen. Dabei werden (Lern-)Angebote auf die Interessen, Fähigkeiten und Voraussetzungen ihrer Zielgruppe zugeschnitten. Während die Geschichtsdidaktik ihrem schulischen Fokus gemäß zunächst von Alters- und Schulstufendifferenzierung sprach,[75] gilt es, diese Ausrichtung vor dem Hintergrund lebenslangen Lernens für die Public History zu erweitern. Die Museum Studies schlagen z. B. vor, nicht länger von Besucher_innen-, sondern von Bedürfnisforschung zu sprechen, wie sie etwa der Arbeit mit dem Personas-Konzept zugrunde liegt.[76] Der Personas-Ansatz stammt aus dem Feld der IT-Entwicklung. Hier werden vor der Gestaltung von Programmoberflächen bereits Typologien von Nutzer_innen erstellt,

75 Vgl. Bodo von Borries: Alters- und Schulstufendifferenzierung, in: Ulrich Mayer u. a. (Hg.): Handbuch Methoden im Geschichtsunterricht, 5. Aufl., Schwalbach i. Ts. 2016, S. 113–134.

76 Spezifische Literatur zur Bedürfnisorientierung, dem Personas-Konzept und Bereichen der Public History gibt es aktuell noch nicht. Bettina Lambertz hat die erste fachwissenschaftliche Arbeit zu diesem Thema verfasst: Bettina Lambertz: Personas im Museum. Historische Ausstellungskonzeptionen und Bedürfnisorientierung am Beispiel des MiQua. LVR-Jüdisches Museum im Archäologischen Quartier Köln, Masterarbeit, Universität zu Köln, 2018.

deren unterschiedliche Bedürfnisse und Interessen so besser berücksichtigt werden können. Seit den 2010er Jahren greifen immer mehr Museen auf dieses Konzept zurück. So können schon bei der Konzeption von musealen Angeboten die – intellektuellen, interessen- und handlungsbezogen, körperlichen etc. – Bedürfnisse der anvisierten Zielgruppe(n) berücksichtigt werden. Dabei sind Lernende nicht als Querschnitt statistischer Daten anzusehen; vielmehr sind individuelle Bedürfnisse hinter diesen Daten wahrzunehmen und entsprechende Lösungen für möglichst große Schnittmengen anzubieten. Bedürfnisorientierung kann so nicht jedes Angebot für alle Nutzer_innen öffnen, jedoch für jede_n Nutzer_in spezifische Angebote kreieren. Im konzeptionellen Zusammenspiel lassen sich auf diese Weise viel leichter inklusive und integrative Angebote schaffen. Allerdings liegen bisher nur wenige empirische Daten zu Bedürfnissen von Nutzer_innen spezifischer Medien und Institutionen vor. Werden solche Bedürfnisse lediglich angenommen und nicht empirisch eruiert, können sie in ein deutliches Spannungsverhältnis zu anderen Kriterien treten, wie beispielsweise zur Wissenschaftsorientierung.

Die hier vorgestellten Prinzipien zur Förderung Historischen Denkens im Feld der Public History sind in keinem wie auch immer gearteten historischen (Lern-)Angebot vollständig umzusetzen, zumal sie sich teilweise in einem Spannungsverhältnis zueinander und vor allem zu anderen, in der Regel durch die Strukturmerkmale des Angebotsmediums bestimmten Bedingungen befinden. Dennoch bieten sie Orientierung und können helfen, ein geschichtsdidaktisch ‚wertvolles' Public-History-Angebot zu analysieren bzw. es selbst zu gestalten.

8.5.2 Normative Raster aus der Geschichtsdidaktik als Basis für die Analyse und Gestaltung von Public-History-Angeboten

In der Literatur finden sich mittlerweile einige Vorschläge entsprechender Raster zur Analyse historischer Medienangebote, die aus der Theorie abgeleitete geschichtsdidaktische Gütekriterien zusammenstellen. Diese Raster unterscheiden sich zwar im Detail, stimmen aber grundsätzlich in vielem überein. So haben sowohl Dietmar von Reeken als auch Hilke Günther-Arndt und Janine Kemnitz Instrumente zur Bewertung historischer Jugendliteratur aus geschichtsdidaktischer Perspektive entwickelt.[77] Krešimir Matijević und Astrid Schwabe[78] wiederum haben sich dem historischen Kindersachbuch zugewendet und aus dem Modell historischer Kompetenzen der Gesellschaft für die Didaktik des Sachunterrichts, das aus dem FUER-Modell abgeleitet ist,[79] einen diesbezüglichen Fragekatalog erarbeitet. Zentral für entsprechende Bewertungsraster ist die Berücksichtigung der jeweiligen medialen Strukturmerkmale, die prägen, wie Geschichte im konkreten Fall überhaupt zu erzählen ist, denn Inhalt und Form sind in der Public History als gleichwertig anzusehen.

Wir wollen hier beispielhaft ein normatives fachdidaktisches Raster vorstellen, das als idealtypischer Katalog für die Gestaltung eines aus geschichtsdidaktischer Perspektive gelungenen digitalen Public-History-Angebots entwickelt wurde, welches grundsätzlich Historisches Denken fördern soll.[80] Der geschichtsdidaktische Kriterienkatalog von Uwe Danker und Astrid Schwabe (Grafik 2) gliedert sich in die vier Bereiche „(Historische) Soziale Welt“, „Geschichtlichkeit“, „(Re-)Konstruktion von Vergangenheit“ und „Vermittlung“.

Die ersten beiden Säulen „(Historische) Soziale Welt“ und „Geschichtlichkeit“ gründen auf dem oben skizzierten Modell des Geschichtsbewusstseins von Pandel, erweitert um den zentralen Raum-

77 Dietmar von Reeken: Das historische Jugendbuch, in: Hans-Jürgen Pandel/Gerhard Schneider (Hg.): Handbuch Medien im Geschichtsunterricht, 5. Aufl., Schwalbach i. Ts. 2010, S. 69–83, bes. S. 78 f.; Hilke Günther-Arndt/Janine Kemnitz: Schreiben um zu lehren? – Geschichtsdidaktische Kategorien in der historischen Jugendliteratur, in: Staatsbibliothek zu Berlin – Preußischer Kulturbesitz (Hg.): Geschichtsbilder. Historische Jugendbücher aus vier Jahrhunderten, Ausst.-Kat., Berlin 2000, S. 240–254, bes. S. 244–252.

78 Krešimir Matijević/Astrid Schwabe: Bikinis in der römischen Therme? Erkundungen im geschichtskulturellen Feld der historischen Kindersachbücher, in: Zeitschrift für Geschichtsdidaktik 16 (2017), S. 107–121.

79 Gesellschaft für Didaktik des Sachunterrichts (Hg.): Perspektivrahmen Sachunterricht, 2. Aufl., Bad Heilbrunn 2013.

80 Vgl. Uwe Danker/Astrid Schwabe: Normative fachdidaktische Anforderungen an virtuelle Geschichtspräsentationen. Möglichkeiten und Grenzen der Umsetzung am Projektbeispiel eines ‚Virtuellen Museums‘, in: dies. (Hg.): Historisches Lernen im Internet. Geschichtsdidaktik und ‚Neue Medien‘, Schwalbach i. Ts. 2008, S. 60–89; weiterentwickelt bei Schwabe: Historisches Lernen im World Wide Web, S. 54–72. Vgl. dort weitere Literaturangaben. Der Kriterienkatalog erhebt den Anspruch, für jede Form der Geschichtsvermittlung Gültigkeit zu besitzen, und diente zunächst als Leitlinie für die Entwicklung des konkreten regionalhistorischen virtuellen Museums Vimu.info zur Geschichte der deutsch-dänischen Grenzregion von 1830 bis heute, www.vimu.info/general_01.jsp, letzter Zugriff: 26.12.2020. In einem weiteren Schritt wurden daraus konkrete Fragen zur Bewertung historischer Online-Angebote bzw. von Digital Public History aus geschichtsdidaktischer Perspektive abgeleitet, vgl. Danker/Schwabe: Geschichte im Internet, bes. S. 31 ff. u. S. 47–57.

81 Vgl. Schwabe: Historisches Lernen im World Wide Web, S. 57.

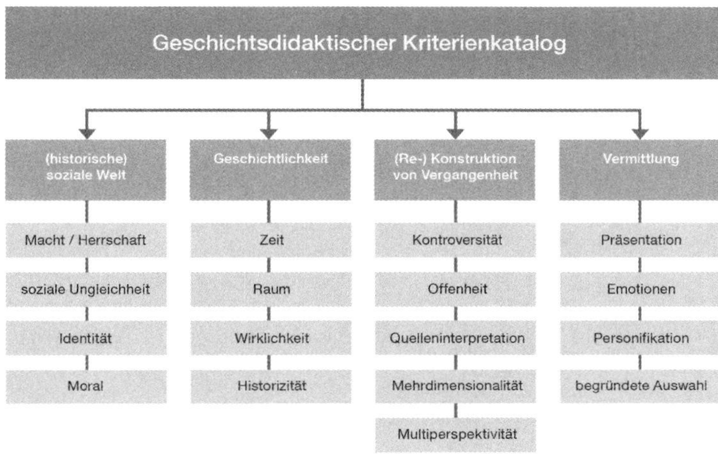

Grafik 2 Geschichtsdidaktischer Kriterienkatalog nach Danker und Schwabe[81]

bezug der Geschichte, und fokussieren vor allem auf die Inhalte der historischen Darstellung. Die dritte Säule „(Re-)Konstruktion von Vergangenheit" rekurriert auf den konstruktivistischen Geschichtsbegriff, aus dem sich neben dem vorgestellten Kriterium der Multiperspektivität die Kriterien der Kontroversität, der Offenheit, der Quelleninterpretation und der Mehrdimensionalität ableiten. Letzteres fordert die Vermittlung der vergangenen sozialen Welt durch mehrdimensionale Zugänge, die weit über reine Politikgeschichte hinausgehen, also Aspekte der Gesellschafts-, Kultur-, Wirtschafts- und Alltagsgeschichte berücksichtigen. Der Zugang zu diesen Dimensionen soll über Quellen und ihre der historischen Methode entsprechende Interpretation erfolgen. Zentral ist, dass die Quellen auch für die Rezipierenden nachvollziehbar in die Darstellungen eingebunden und kontextualisiert werden. Das Kriterium der Offenheit fordert, dass die der Darstellung immanenten Deutungen keinen absoluten Wahrheitsanspruch vertreten und Rezipierende durch die kritische Auseinandersetzung mit den präsentierten Quellen und Darstellungen zu eigenen Bewertungen gelangen können, also zum Historischen Denken stimuliert werden. Wir sehen hier die enge Verbindung unter anderem zum Prinzip der Wissenschaftsorientierung. Unter „Vermittlung" als vierter Säule sind Kriterien gefasst, die vor allem eine zielgruppenadäquate, dabei kritisierbare und triftige Präsentation von bedeutsamen Inhalten und die Offenlegung der Auswahlprozesse betreffen (wir sprachen oben von Gegenwarts- und Lebensweltbezug bzw. Bedürfnisorientierung). Hierzu zählt auch der Zugang über eine personifizierte Darstellung, die historische Sachverhalte aus der Perspektive ‚normaler' Menschen zeigt, die stellvertretend für verschiedene soziale Gruppen stehen und auf diese Weise gegebenenfalls auch zurückhaltende Identifikationsangebote beinhalten. Denn das Kriterium der Emotionen fordert neben der Darstellung und Reflexion der Bedeutung von Emotionen in der Geschichte im Besonderen den umsichtigen, reflektierten Einsatz von Emotionen in der Vermittlung und den Verzicht auf emotionale Überwältigungsstrategien.

8.6 Konkretisierung

Kommen wir noch einmal auf das eingangs vorgestellte Beispiel zurück: die beiden so unterschiedlichen Neandertaler-Rekonstruktionen zum gleichen Fund (dem Skelett von La-Chapelle-aux-Saints) aus dem frühen 20. bzw. dem frühen 21. Jahrhundert. Bezogen auf das geschichtsdidaktische Modell der Spirale des Historischen Denkens lassen sich die beiden geschichtskulturellen Darstellungen als Impulsgeber in Form einer ‚Begegnung mit dem Universum des Historischen' nach Peter Gautschi nutzen. Rekonstruktion 1 (das affenähnliche, ‚primitiv' wirkende Wesen) und Rekonstruktion 2 (der uns scheinbar ganz nahe ‚Verwandte') können an Vorstellungen der Betrachter_innen über die Evolutionsgeschichte des Menschen anknüpfen und sehr unterschiedliche Assoziationen wecken. Dabei können sie aufgrund ihrer Gegensätzlichkeit verunsichern und damit Interesse für die historische Frage – warum auf der Grundlage ein und desselben Fundes zwei so verschiedenartige Repräsentationen entstanden sind – hervorrufen. Von dieser Irritation ausgehend lassen sich Vermutungen formulieren, die mittels einer vertieften Auseinandersetzung mit den historischen Quellen und Darstellungen zur Thematik verifiziert oder falsifiziert werden können. Es ist einerseits möglich, den Prozess der Re-Konstruktion von Geschichte (hier über die Auswertung der Aussagekraft eines Neandertalerskeletts und seiner Interpretation in verschiedenen Jahrhunderten) nachzuvollziehen. Andererseits erwerben die sich damit auseinandersetzenden Individuen durch diesen Prozess die Fähigkeit, die beiden Neandertaler-Rekonstruktionen auf Quellen basierend zu dekonstruieren, d. h. kritisch zu hinterfragen und in ihre Entstehungshorizonte einzuordnen. Dies führt idealerweise sowohl zu modifizierten Vorstellungen über den Neandertaler, seine Lebensweise und seinen Charakter als auch darüberhinausgehend zu veränderten Einstellungen gegenüber der Aussagekraft von Produkten der Geschichtskultur. Auf der Basis der modifizierten individuellen Vorstellungen von und Einstellungen zur Vergangenheit beginnt der Kreislauf Historischen Denkens mit dem nächsten Impuls, der diese Thematik berührt, von Neuem. Ausgehend vom individuellen wie kollektiven Orientierungsbedürfnis in Bezug auf Vergangenheit und Gegenwart (Bedeutung des Neandertalers für uns heute) zielt historisches Lernen in dieser Art auf strukturierte, methodenorientierte Zugänge zu Geschichte und Repräsentationen von Geschichte ab (durch die Auswertung von Quellen und Darstellungen) und kann zu einer eigenständigen, reflektierten Aneignung von Geschichte in der Auseinandersetzung mit Geschichte führen.

Solche didaktischen Prinzipien anzuwenden, könnte die Public History bereichern. Wir wollen im Folgenden ein Beispiel vorstellen, dass uns in dieser Hinsicht sehr gelungen erscheint: der französische Film *Le fils de Néandertal ou le secret de nos origines.*[82] In dem Film bekommt es ein Team aus Wissenschaftler_innen als ‚Begegnung mit dem Universum des Historischen' mit einem außergewöhnlichen Fund zu tun: Auf dem Dachboden eines baskischen Bauern taucht ein weibliches Menschenskelett auf, das während einer Ausgrabung als Block geborgen worden war, d. h. mit dem umgebenden Erdreich, in dem es dadurch nach wie vor gut konserviert ist. Die Forscher_innen werden darauf aufmerksam, weil es im Internet zum Verkauf angeboten wird, und reisen zu dem Bauern. Der Fund offenbart nach seiner Sicherstellung eine Überraschung: Die Steinzeit-Frau, Angehörige der Gattung Homo sapiens (Jetztmensch), birgt im Beckenraum die Knochen eines Fötus mit eindeutigen Neandertaler-Merkmalen. Aus archäologischer Perspektive ist das eine Sensation. Denn die lange Zeit vorherrschende Vorstellung, Homo sapiens und Neandertaler hätten sich nicht miteinander fortgepflanzt, wird durch dieses Beweisstück eindeutig widerlegt. Der Fötus zeigt: Der Vater war ein Neandertaler. Diese Erkenntnis erschüttert bisherige Erklärungsmuster zum Aussterben der Neandertaler sowie zur Art des Nebeneinander- oder Miteinanderlebens mit den frühen Jetztmenschen. Zusammen mit den Wissenschaftler_innen durchlaufen die Zuschauer_innen den Prozess der Hypothesenbildungen und des Fragenstellens, der Auswertung von Quellen bzw. Datenmaterial und der Konfrontation mit vorhandenen Wissensbeständen. Wie eng sind wir heutige Menschen mit den Neandertalern verwandt? Und wie ließe sich eine Mischung der beiden Genpools beweisen? Die dokumentarischen

82 F 2016, R.: Jacques Mitsch, Prod.: GEDEON programmes, Arte.

Szenen scheinen klare und glaubwürdige Antworten auf diese Fragen zu liefern. Die im Film dokumentierten Recherchen knüpfen noch in anderer Weise an das Orientierungsbedürfnis des Publikums an: indem sie das Bild bewusst die Umwelt schonender Neandertaler entstehen lassen, deren Denk- und Lebensweise uns in Zeiten der Klimakrise als Vorbild dienen könnte.

Der Film ist so gestaltet, dass sich modifizierte Vorstellungen von Vergangenheit, hier über die Altsteinzeit und die Neandertaler, bei den Zuschauer_innen einstellen. Er endet jedoch mit einer unerwarteten Wendung, die einen sehr deutlichen neuen ‚Impuls' setzt und neue ‚Verunsicherung' hervorruft: Nach einer aufwändigen Indiziensuche, die das Publikum hat mitfiebern lassen, spüren die Wissenschaftler_innen den ursprünglichen Fundort der spektakulären Entdeckung auf. Und dort, in einer Höhle, offenbart sich die ganze Geschichte am Ende als Farce, entpuppt sich die vermeintliche Dokumentation als Dokufiktion: Die beteiligten Wissenschaftler_innen haben ihr Tun fiktionalisiert und archäologische Forschung und sich selbst in ihrer interpretierenden Tätigkeit aufs Korn genommen. Damit stellt dieses Produkt der Public History den wissenschaftlichen Erkenntnisprozess selbst ein Stück weit in Frage und regt die Zuschauenden, indem es sie im Nachhinein zur Dekonstruktion des Gezeigten befähigt, zu kritischem Historischen Denken bezüglich ihrer Vorstellungen über Wissenschaft an. Darüber hinaus tangiert der Film auf einer Metaebene verschiedene Kategorien, die auch im weiter oben vorgestellten geschichtsdidaktischen Kriterienkatalog aufgeführt sind: Er hinterfragt Deutungsmacht in der Wissenschaft, bietet Identifikationsmöglichkeiten mit den Personen und dem Sujet, thematisiert Geschichtlichkeit in den Dimensionen Zeit und Raum, insbesondere in Bezug auf Fakt und Fiktion, und fordert durch seine (gespielte) Monoperspektivität und geschlossene Quelleninterpretation geradezu zu kritischem Denken heraus. Zudem hält er bezüglich der Art der Vermittlung über Emotionalisierung, Personifizierung und eine begründet ausgewählte Fallstudie genügend Gestaltungsmerkmale bereit, die das Zuschauen und Teilhaben schlichtweg zu einem Vergnügen werden lassen.

Einführende Literatur

Bracke, Sebastian u. a.: Theorie des Geschichtsunterrichts, Frankfurt a.M. 2018.

Barricelli, Michele/Lücke, Martin (Hg.): Handbuch Praxis des Geschichtsunterrichts, Schwalbach i. Ts. 2012.

Commandeur, Beatrix u. a. (Hg.): Handbuch Museumspädagogik. Kulturelle Bildung in Museen, München 2016.
Mayer, Ulrich u. a. (Hg.): Handbuch Methoden im Geschichtsunterricht, 5. Aufl., Schwalbach i. Ts. 2016.

9 Historische Imagination

9.1 Einleitung

Im Dezember 1964 reiste Peter Weiss, der in Schweden lebende deutsche Autor jüdischer Herkunft, unter dem Eindruck des Frankfurter Auschwitzprozesses zum ersten Mal nach Oświęcim. Sein Ziel waren die Gedenkstätte und das Museum Auschwitz. Die Eindrücke dieser Begegnung, die ihn auch mit einem schmerzhaften Teil seiner eigenen Familiengeschichte konfrontierte, verarbeitete der Autor in einem eindrücklichen literarischen Essay.[1] Darin schildert Weiss seinen Versuch, sich mit allen seinen Sinnen am historischen Ort ein Bild vom millionenfachen Mord zu machen. Das Bild, das er im Kopf hat und in Worte fasst, ist ein anderes als das, was die deutsche Öffentlichkeit zur gleichen Zeit im Frankfurter Gerichtssaal vermittelt bekommt. Es zeugt nicht von objektiver Bestandsaufnahme oder exakter Beschreibung der Ausmaße des Verbrechens, sondern von dem Ringen darum, dem Erleben der Opfer so nah wie möglich zu sein. Weiss versucht, sich in die Menschen hineinzuversetzen, die an diesem Ort litten und starben. Für dieses empathische Imaginieren nutzt er sein eigenes Wissen, seine eigenen Assoziationen genauso wie die vor Ort markierten historischen Spuren. Peter Weiss hört auf dem Bahnhof von Auschwitz die einfahrenden Güterzüge und die Pfiffe der Lokomotiven, er riecht den „polternden Rauch", er spürt den „wäßrigen Nebel" in den Baracken und er sinkt immer wieder in der „sumpfigen Erde" ein.[2] Seine Imaginationen beziehen ihre Anschaulichkeit auch aus den Fotos, die 1944 im Lager von der SS aufgenommen wurden und, in großformatigen Reproduktionen, die Gedenkstättenbesucher_innen bis heute auf ihren Weg durch das

1 Peter Weiss: Meine Ortschaft, in: ders.: Rapporte, Frankfurt a.M. 1981, S. 113–124.

2 Ebd., S. 115, S. 118 u. S. 121.

ehemalige Lager Birkenau begleiten, etwa „das Bild von Frauen und Kindern, die dort lagern, eine Frau trägt den Säugling an der Brust und im Hintergrund zieht eine Gruppe zu den unterirdischen Kammern".[3] Neben diesen bekannten Bild-Ikonen nutzt der Autor seine eigenen Vorstellungsbilder und verknüpft sie mit seiner Gegenwart: „Hier sind sie gegangen in langsamem Zug, kommend aus allen Teilen Europas, dies ist der Horizont, den sie noch sahen."[4]

Grenzen der Imagination

Während sich jedoch die Fotos als geschichtskulturelle Repräsentationen mit den eigenen Vorstellungsbildern zu dieser Imagination von vergangenem Leiden vermischen, bleibt dem Autor bewusst, dass die Kluft zwischen der vergangenen Zeit und seiner eigenen Gegenwart letztendlich unüberwindbar ist. Diese Erkenntnis verweist auf die Alteritätserfahrung als Kern der Begegnung mit Geschichte, auf die Grenzen dessen, was Imagination im Prozess der Auseinandersetzung mit der Vergangenheit zu leisten vermag. Dementsprechend ist das Fazit des Autors, das das Spannungsverhältnis zwischen Imagination und Realität betont, ernüchternd:

> Ein Lebender ist gekommen, und vor diesem Lebenden verschließt sich, was hier geschah. Der Lebende, der hierher kommt, aus einer andern Welt, besitzt nichts als seine Kenntnisse von Ziffern, von niedergeschriebenen Berichten, von Zeugenaussagen, sie sind Teil seines Lebens, er trägt daran, doch fassen kann er nur, was ihm selbst widerfährt.[5]

Obwohl die Geschichte der Vernichtung des europäischen Judentums für Peter Weiss als Sohn eines assimilierten deutschen Juden eine besondere biografische Relevanz hat (so nennt er Auschwitz „eine Ortschaft, für die ich bestimmt war und der ich entkam"[6]), beschreibt sein Essay in plastischer Weise die Grenzen seiner historischen Imagination. So wie der Holocaust die Grenzen der Repräsentation deutlich macht,[7] stößt man in der Auseinandersetzung mit dieser Geschichte auch in besonderer Weise an die Grenzen des Verstehens. Der Autor kann sich zwar lebhaft vor Augen führen, was die Menschen in Auschwitz erlitten. Angesichts der Ausmaße des Massenmordes jedoch bleibt ihm ein Verstehen verwehrt.

Die Grenzen der Imagination sind im Hinblick auf die Geschichte des Holocausts besonders eng gezogen. Grundsätzlich gilt jedoch,

3 Ebd., S. 122.
4 Ebd., S. 123.
5 Ebd., S. 124.
6 Ebd., S. 114.
7 Vgl. Saul Friedlaender (Hg.): Probing the Limits of Representation. Nazism and the „Final Solution", Cambridge (MA)/London 1992.

dass die Imagination eine Annäherung an Geschehenes ermöglicht, jedoch kein Nacherleben, kein Nachfühlen. Diese Einsicht unterstreichen Beobachtungen aus der Emotionsgeschichte (vgl. Kap. 3). Die Grenzen des Nachfühlens wie auch die Grenzen der Imagination sind im historischen Wandel begründet. Die Menschen von heute verfügen nicht über den gleichen (nicht einmal notwendigerweise über einen ähnlichen) „Erfahrungsraum und Erwartungshorizont" wie Menschen der Vergangenheit.[8] Historische Imaginationen, also Imaginationen in der Begegnung mit Geschichte, ermöglichen daher nur eine begrenzte Annäherung an die Vergangenheit.

9.2 Historische Imagination und historische Sinnbildung

Imagination als Vorstellung des Abwesenden

Immanuel Kant definiert die Einbildungskraft in der *Kritik der reinen Vernunft* zunächst ganz basal als „das Vermögen, einen Gegenstand auch *ohne dessen Gegenwart* in der Anschauung vorzustellen".[9] Da die Vergangenheit ihrer Natur nach abwesend und die Geschichte das Produkt ihrer Vergegenwärtigung ist, spielt die Imagination für die Beschäftigung mit Geschichte immer schon eine zentrale Rolle. Zu fragen bleibt, wie historische Sinnbildung im Prozess der historischen Imagination im Detail erfolgt. Für einen analytischen Nahblick scheint es sinnvoll, sich den Prozess der Imagination als ein Zusammenspiel von subjektiven und gesellschaftlich vorstrukturierten Bedingungen und Produkten vorzustellen.

Individuelle Vorstellungen und geschichtskulturelle Produkte als Bedingungen von Imagination

Grundsätzlich bedarf es für den Prozess der Imagination der Anteilnahme und des Interesses. An Peter Weiss' Ringen um Vorstellungsbilder zeigt sich der subjektive und intuitive Anteil an der Imagination; sie speist sich aus individuellen Erinnerungen, Emotionen und Weltwahrnehmungen, aus dem – sinnbildlich gesprochen – mentalen Gepäck, das ein_e jede_r in die Begegnung mit Geschichte einbringt. Dieses strukturiert den Blick auf die Vergangenheit vor. Weiterhin zeigt sich, dass die Imagination gesellschaftlich vorgeprägt ist. Nicht nur, dass das mentale Gepäck mit Alltagsvorstellungen

8 Reinhart Koselleck: Vergangene Zukunft. Zur Semantik geschichtlicher Zeiten, Frankfurt a.M. 1979, S. 349.

9 Zit. n. Jochen Schulte-Sasse: Einbildungskraft/Imagination, in: Karlheinz Barck (Hg.): Ästhetische Grundbegriffe, Bd. 2: Dekadent–Grotesk, Stuttgart u. a. 2010, S. 88–120, hier S. 114.

von Geschichte, mithin Präkonzepten bestückt ist,[10] es braucht für den Prozess der Imagination auch Anregungen, an denen sich die Vorstellungskraft entzünden kann. Als solche Trigger sollen im Folgenden alle geschichtskulturellen Formen, also Produkte der Public History, gelten. Individuelle Vorstellungen lassen sich erfragen, genauso wie gesellschaftlich spezifische Rezeptionsmuster rekonstruiert werden können. Über Peter Weiss beispielsweise erfahren die Leser_innen, dass er selbst aus einer jüdischen Familie stammt und allein mit dem Titel „Meine Ortschaft" kenntlich macht, wie sehr er Auschwitz-Birkenau als seinen persönlichen Schicksalsort sieht.

Imaginationsprozesse finden in einer Black Box statt

Während sich die Bedingungen der Imagination beschreiben lassen, ist der mentale Prozess der Imagination selbst nur schwer zu rekonstruieren. Bisher gibt es kaum empirische Instrumente, um den Imaginationen in der Begegnung mit Repräsentationen von Geschichte auf den Grund zu gehen, denn der Prozess lässt sich nicht sichtbar machen, er spielt sich gleichsam in einer Black Box ab.

Geschichtsbilder sind Ergebnisse historischer Imagination

Genauso wie die Bedingungen können aber die Ergebnisse individueller Imagination sehr wohl erkennbar sein, gerade wenn sie so ausdrucksstark in Worte gefasst werden wie von Peter Weiss. Diese Ergebnisse sollen im Folgenden als Geschichtsbilder bezeichnet werden, die sich in verschiedenen medialen Formaten materialisieren. Geschichtsbilder sind zu verstehen als ein Gefüge von Vorstellungen und Deutungen der vergangenen Wirklichkeit, denen eine Person oder eine Gruppe von Menschen Gültigkeit zuschreibt. Sie sind demzufolge Momentaufnahmen der subjektiven Deutungen vergangener Wirklichkeit auf der Basis historischer Vorstellungen und vermeintlich sicheren historischen Wissens, das von Gruppen kommuniziert und geteilt wird. So gesehen ist „Meine Ortschaft" ein Beispiel für das Geschichtsbild des deutsch-schwedischen Autors Peter Weiss aus dem Jahr 1964, gespeist aus der eigenen Familiengeschichte und den öffentlichen Narrativen um den Frankfurter Auschwitz-Prozess, mithin dem zeitlich spezifischen kommunikativen Gedächtnis. Damit sind zentrale Elemente von Geschichtsbildern benannt, die zugleich Bedingungen der historischen Imagination sind: persönliche historische Vorstellungen (geprägt unter anderem durch Familiennarrative) und öffentlich kommunizierte und repräsentierte Vorstellungen von Geschichte.

10 Vgl. Monika Fenn: Conceptual Change von Vorstellungen über epistemologische Basiskonzepte bei Grundschülerinnen und -schülern fördern? Ergebnisse einer explorativen Interventionsstudie, in: dies. (Hg.): Frühes Historisches Lernen. Projekte und Perspektiven empirischer Forschung, Frankfurt a. M. 2018, S. 146–199, hier S. 146.

Diese Betrachtung der Imagination ermöglicht es, den individuellen, produktiven und eigensinnigen Anteil historischer Sinnbildungsleistungen in den Blick zu bekommen. Imagination soll dabei als ein hybrider Aneignungsprozess betrachtet werden. Er speist sich aus individuellen Emotionen und Erfahrungen und wird von gesellschaftlich und kulturell spezifischen Rezeptionsmustern und -produkten beeinflusst. In der Summe entsteht damit eine historische Sinnbildung, die eigensinnig und zugleich gesellschaftlich strukturiert ist. Des Weiteren ist die historische Imagination eine produktive Sinnbildungsleistung, denn erst in ihren Ergebnissen, den Geschichtsbildern (welcher medialen Verfasstheit auch immer), kommt die Imagination als Aneignungsprozess zum Tragen. Insofern ist Imagination ein zwar schwer darstellbarer, dennoch entscheidender Prozess, der im Spannungsfeld zwischen der Wahrnehmung der Angebote öffentlich dargestellter Geschichte und der persönlichen Aneignung und Verarbeitung stattfindet. Imagination weist daher eine Nähe zu den Schlüsselbegriffen Erlebnis/Erfahrung (vgl. Kap. 5), Rezeption (vgl. Kap. 11), Emotionen (vgl. Kap. 3), Historisches Denken (vgl. Kap. 8) und Performativität (vgl. Kap. 10) auf.

Der produktive und eigensinnige Anteil von historischer Sinnbildung

Die Produktivkraft des Konzeptes der Imagination für die Public History ergibt sich daraus, dass einerseits Public-History-Produkte als Trigger des Imaginationsprozesses gelten können und andererseits die Geschichtsbilder als Ergebnisse des Imaginationsprozesses in Public-History-Formate einfließen können bzw. deren Erstellung beeinflussen.

Im Folgenden gilt es zunächst herauszuarbeiten, was unter Imagination zu verstehen ist und wie Imagination in der Vergangenheit transdisziplinär konzeptualisiert wurde. In einem zweiten Schritt werden bisherige Überlegungen aus der Geschichtsdidaktik und Geschichtstheorie zusammengetragen, um darauf aufbauend historische Imagination als Erkenntnismethode der Public History zu beschreiben.

9.3 Imagination in der Geschichtstheorie

Bis zum späten 18. Jahrhundert diente der Begriff der Imagination (lat.: *imaginatio*, griech.: *phantasia*, dt.: Einbildungskraft) zur Kennzeichnung einer „niedrigen Fähigkeit“ des psychischen Vermögens.[11] Als niedrig galt sie deshalb, weil sie als von den Sinnen abhängig und

Imagination war bis um 1800 erkenntnistheoretisch fragwürdig

11 Schulte-Sasse: Einbildungskraft/Imagination, S. 94.

damit gegenüber der reinen Vernunft (lat.: *ratio*) als eingeschränkt erschien.[12] Zugleich fand in diesem frühen Verständnis von Imagination eine begriffsgeschichtliche Anbindung an Sinne und Emotionen statt, eine Verbindung, die bis heute besteht. Im *Grimmschen Wörterbuch* wird genau diese Beziehung stark gemacht. Dort heißt es:

> Fichte, Schelling und andere mehr gebrauchen das wort in weitem sinn und verstehen darunter alle erzeugung von vorstellungen, auch den unwillkürlichen und durch die sinne erregten. man sagt, *er hat eine lebhafte einbildungskraft*, wo das blosze *einbildung* oder *phantasie* genügte. die phantasie ist eine kraft, ein vermögen der seele.[13]

In diesem Verständnis galt Imagination als erkenntnistheoretisch und moralisch fragwürdig. Das änderte sich um 1800.

Die Aufwertung von Imagination als kreatives Entwurfsvermögen

Mit dem Aufkommen der modernen Bewusstseinsphilosophie und der damit einhergehenden Subjektorientierung kam es zu einer Umwertung des Imaginationsbegriffs, die sich in der Emanzipation der Sinnlichkeit von der Ratio äußerte und das kreative Moment der Orientierung in der Welt stark machte. Ästhetisches und sinnliches Empfinden wurde demnach zu einer eigenständigen, gleichwertigen Form der Weltwahrnehmung. Der Einbildungskraft kam eine besondere Bedeutung zu als ein Entwurfsvermögen, eine Fähigkeit, in Vergangenheit und Zukunft zu denken. Dies entsprach, so Jochen Schulte-Sasse, einer grundsätzlichen Veränderung „menschliche[r] Orientierung in Raum und Zeit".[14] Der Einbildungskraft wurde das Potenzial zugeschrieben, „die Diskrepanz von Wirklichkeit und imaginierter Möglichkeit zu überbrücken". Sie konnte „dem Realen etwas ein[bilden]" und damit „Vergangenheit, Gegenwart und Zukunft zusammenbringen".[15] Mit dieser neuen Dimensionierung wurde Imagination nicht nur zur „Kehrseite eines chronologischen Begriffs der Zeit", sondern – konsequent weitergedacht – auch zu einem zentralen heuristischen Verfahren von Geschichtsschreibung.[16] Denn was wäre das historische Verstehen ohne die Möglichkeit, sich vergangenen Lebenswelten durch die Vorstellung, die Imagination anzunähern? Ohne die Fähigkeit der imaginativen Vergegenwärtigung ist Geschichte und Geschichtsschreibung nicht denkbar.

---

12 Ebd.
13 Jacob Grimm/Wilhelm Grimm: Deutsches Wörterbuch, Bd. 3, Sp. 153, München 1984.
14 Schulte-Sasse: Einbildungskraft/Imagination, S. 98.
15 Ebd.
16 Alle Zitate ebd., S. 101.

Historisches Verstehen bei Wilhelm Dilthey

Die wichtigsten theoretischen Voraussetzungen für ein Konzept historischer Imagination gehen daher auf den Historismus zurück. Selbst wenn Wilhelm Dilthey den Begriff der Einbildungskraft nur am Rande benutzt,[17] ist hier dennoch an dessen geisteswissenschaftliche Methodologie und seinen Verstehensbegriff zu erinnern. Denn nach Dilthey kann das Verstehen, ähnlich wie die Imagination, eine Brücke zwischen Gegenwart und Vergangenheit schlagen, um sich dem fremden Vergangenen anzunähern. Der Verstehensprozess beruhte nach Dilthey auf einer grundsätzlichen Gleichartigkeit zwischen Verstehendem und Verstandenem. Diese Gleichartigkeit erlaube ein „Hineinversetzen" in und „Nachbilden" (Dilthey) von fremden Gefühlen und ermögliche damit ein Nacherleben fremder Erfahrungen. Dilthey wies dadurch den Gefühlen im Verstehensprozess eine erkenntnistheoretische Bedeutung zu.[18]

Paul Ricœur und die Imagination als Grundlage historischer Erkenntnis

Von diesen Überlegungen ist es kein weiter Schritt zur Einsicht in die Bedeutung der Imagination für die historische Erkenntnis – eine Einsicht, die insbesondere in geschichtsphilosophischen Überlegungen des 20. Jahrhunderts ausformuliert wurde. Der französische Philosoph Paul Ricœur charakterisierte drei verschiedene Arten, Vergangenheit zu denken: als „Nachvollzug" (im Zeichen des Selben), als „negative Ontologie" (im Zeichen des Anderen) und als „tropologischen Zugang" (im Zeichen des Analogen).[19] Allen drei Arten sei gemein, dass sie auf das „Repräsentieren, im Sinne von sich vorstellen", setzen.[20]

„Der Nachvollzug" bestehe darin, der Vergangenheit „den Stachel der zeitlichen Distanz" zu nehmen. Es geht dabei also um eine Form der „De-distanzierung" und dementsprechend der „Identifizierung mit dem, was einst war".[21] Als Gewährsmann für den Prozess des „Nachvollzugs" führt Ricœur Robin George Collingwood an. Hauptargument von dessen Geschichtsphilosophie ist, dass Geschichtsschreibung alles andere als objektiv und neutral, sondern sprachlich verfasst und damit von den eigenen Vorstellungswelten

17 Vgl. Wilhelm Dilthey: Die Einbildungskraft des Dichters. Bausteine für eine Poetik, in: Philosophische Aufsätze. Eduard Zeller zu seinem fünfzigjährigen Doctor-Jubiläum gewidmet, Leipzig 1887, S. 303–482.

18 Vgl. Daniel Morat: Verstehen als Gefühlsmethode. Zu Wilhelm Diltheys hermeneutischer Grundlegung der Geisteswissenschaften, in: Uffa Jensen/Daniel Morat (Hg.): Rationalisierungen des Gefühls. Zum Verhältnis von Wissenschaft und Emotionen 1880–1930, München 2008, S. 101–117.

19 Paul Ricœur: Die erzählte Zeit, Bd. 3: Übergänge, München 1991, S. 222–252 (Kap.: „Die Wirklichkeit der historischen Vergangenheit").

20 Ebd., S. 223.

21 Ebd., S. 225.

und Geschichtsbildern geformt ist. Bei Collingwood erscheint die historische Imagination als zentraler Ausgangspunkt aller historischen Erkenntnis. „Historische Einbildungskraft" habe die Vergangenheit als Objekt: „kein Objekt der möglichen Wahrnehmung, da es ja nicht in der Gegenwart existiert, sondern ein Objekt, das eben durch die Betätigung der Vorstellung Gegenstand unseres Denkens werden kann".[22] Auf diesen Überlegungen basiert seine Konzeptionalisierung des Reenactments.[23]

> Das Bild, das der Historiker von seinem Gegenstand entwirft – mag es sich nun um eine Aufeinanderfolge vergangener Ereignisse oder einen Zustand der Vergangenheit handeln –, erscheint also als eine Konstruktion der Einbildung, die gleich einem Gewebe zwischen bestimmten von den Quellenberichten festgelegten Punkten ausgespannt ist.[24]

Der Nachvollzug der Vergangenheit, so Ricœur, sei bei Collingwood das Resultat, auf das „die Interpretation der Dokumente und die Konstruktionen der Einbildungskraft hinarbeiten".[25]

Imagination als Distanznahme zur Vergangenheit

Im Fall der „negativen Ontologie", die Riceour im „Zeichen des Anderen" verortet, setzt das Vorstellungsvermögen auf Differenz, Fremderfahrung und „Bekenntnis zur Alterität".[26] Die Imaginationsleistung besteht in diesem Fall darin, das Vergangene als das Fremde, das Andere wahrzunehmen. Ricœur sieht diese Form der Imagination als Akt der „Distanznahme"; das Vergangene wird in seiner Gesamtheit als das Andere verstanden, das zum Eigenen im Gegensatz steht. Radikal zu Ende gedacht, würde diese Form der Erkenntnis der Vergangenheit ausblenden, dass es Spuren der Vergangenheit auch in der eigenen Gegenwart noch gibt. „[D]as Rätsel der zeitlichen Distanz [scheint] am Ende dieses Großreinemachens paradoxerweise dunkler als je zuvor."[27]

Imagination als analoges Verstehen

Als vermittelndes Moment zwischen der Identifizierung mit der Vergangenheit und der kompletten Distanzierung zum vergangenen Geschehen führte Ricœur als dritten Modus Operandi die Imagination als „tropologischen Zugang" im „Zeichen des Analogen" ein.[28] Um das Vergangene vorstellbar zu machen, mithin zu repräsentieren,

22 Robin G. Collingwood: Philosophie der Geschichte, Stuttgart 1955, S. 254.
23 Vgl. William H. Dray: History as Re-Enactment. R. G. Collingwood's Idea of History, Oxford 1995, S. 191.
24 Collingwood: Philosophie der Geschichte, S. 254.
25 Ricœur: Die erzählte Zeit, S. 226.
26 Ebd., S. 233.
27 Ebd., S. 241.
28 Ebd.

bräuchte man narrative Strukturen und Modelle. Durch die „sprachlich präfigurierte Vergangenheit" bleibe keine andere Möglichkeit, als Geschichte im „Zeichen des Analogen" darzustellen.[29]

Aus diesen grundsätzlichen Überlegungen Ricœurs zur historischen Imagination ergeben sich zwei zentrale Herausforderungen für das Historische Denken: zum einen das ambivalente Spannungsverhältnis von Identifizierung und Distanzierung, in dem die Auseinandersetzung mit der Vergangenheit stattfindet, und zum anderen der Umstand, dass die Produkte historischer Imagination sprachlich verfasst sind, Geschichte(n) erzählen, mithin per se Deutungen und Sinnbildungen sind. Diese beiden Einsichten sind zentral für die Operationalisierung historischer Imagination in der Geschichtsdidaktik.

9.4 Historische Imagination als geschichtsdidaktisches Konzept

Spannungsverhältnis zwischen Vertraut-Machen und Distanzerfahrung

Im eingangs zitierten Beispiel hat sich Peter Weiss um dieses aktive Nachbilden und Nacherleben bemüht: Er verwendet ihm vertraute Signale und Empfindungen, wie z. B. die Pfiffe einer Lokomotive oder das Frieren in der klammen Kälte, als Stimuli für den Prozess seines Nachfühlens. Diese sinnlichen Reize entstammten seiner eigenen Lebenswelt oder, um mit Dilthey zu sprechen, „der eigenen Lebendigkeit" des Verstehenden.[30] Anders als beim historischen Verstehen, durch das Dilthey die Distanz zwischen dem Selbst und dem Fremden durch ein Gemeinsames überwunden sah, erlebte Weiss bei diesem Versuch allerdings die Unmöglichkeit der Überbrückung des Abstands nur umso schmerzlicher.

Das Scheitern der Gefühlsmethode bei Weiss markiert deutlich die Grenzen des Verstehens und des Vertraut-Machens der hermeneutischen Methode nach Dilthey. Aus welchem Reservoir subjektiver lebensweltlicher Erfahrungen und Gefühle sollte der Verstehende heute schöpfen, um sich die unfassbar fremde Geschichte des millionenfachen Mordes zu vergegenwärtigen? Aus seiner_ihrer „eigenen Lebendigkeit" heraus fände der_die Verstehende schwerlich einen

29 Ebd., S. 244. An dieser Stelle argumentiert Ricœur mit Hayden White und der sprachlichen Verfasstheit der Geschichte in rhetorischen Figuren; vgl. dazu Hayden White: Tropics of Discourses. Essays in Cultural Criticism, Baltimore 1978.

30 Wilhelm Dilthey: Die Entstehung der Hermeneutik, in: ders.: Die geistige Welt. Einleitung in die Philosophie des Lebens. Erste Hälfte: Abhandlung zur Grundlegung der Geisteswissenschaften (Gesammelte Schriften, Bd. 5), Göttingen 1961 (1900), S. 317–338, hier S. 318.

einfühlenden Zugang zu diesem Vernichtungsgeschehen. Daher stellt das historische Verstehen nach Dilthey nur einen Ausgangspunkt dar, der darauf hinweist, dass die Begegnung mit Geschichte subjektive Vorstellungswelten aufruft. Mit deren Hilfe kann Sinnbildung funktionieren, die weniger auf Nachfühlen setzt, sondern vielmehr auf die Imagination als eine Kraft, die „dem Realen etwas einbildet", als Entwurfsvermögen, als „disziplinierte Phantasie",[31] die mitbedenkt, dass in der historischen Imagination immer auch die Erfahrung von Alterität mit angelegt ist und nicht zwangsläufig aufgelöst werden muss.

Geschichtsbilder sind narrative Sinnbildungsangebote

Aus den Überlegungen Collingwoods wird deutlich, dass Historiker_innen die Zwischenräume, die Lücken, die von der Überlieferung gelassen werden, durch die eigene Vorstellungskraft ausfüllen müssen. Angetrieben werden sie dabei von der je eigenen A-priori-Imaginationsleistung, der Collingwood einen besonders künstlerischen und kreativen Anteil zuschreibt.[32] Das bedeutet in der Konsequenz, dass alle Präsentationen der Vergangenheit Geschichtsbilder und damit Produkte spezifischer historischer Imaginationen sind. Das trifft auf die akademische Geschichtsschreibung genauso zu wie auf historische Romane oder Filme. Diese Produkte unterscheiden sich grundsätzlich in ihrer empirischen Fundiertheit, dennoch sind sie Ergebnisse historischer Imaginationen. „Manchmal sind Historiker durch ein Schweigen in den Quellen gezwungen, ihre Vorstellungskraft zu verwenden", so Natalie Zemon Davis. Zugleich ist aber auch klar, dass Historiker_innen diesen imaginativen Gehalt ihrer Darstellungen kenntlich machen sollten. „Um den Wahrheitsgehalt unserer Aussagen für andere erkennbar zu machen, verwenden wir Worte wie ‚mutmaßlich' oder ‚wir können uns vorstellen' oder versehen unsere Verben mit Wendungen wie ‚könnte', ‚möglicherweise'".[33] Davis hebt hier auf den bewussten Akt des Vorstellbar-Machens ab, um Lücken im Quellenbestand mit wahrscheinlichen Herleitungen aus Parallelüberlieferungen zu füllen. Es lässt sich jedoch auch weitergehend behaupten, dass grundsätzlich Imagination der zentrale Denkmodus ist, in dem Vergangenheit zur Geschichte wird.

Rolf Schörken und die Imagination als „historische Methode"

Angesichts dieser elementaren Bedeutung von Imagination für die Geschichtsschreibung erstaunt es, dass sich die Geschichtsdidaktik so wenig mit der Imagination beschäftigt. Als wichtige Ausnahme

31 Schulte-Sasse: Einbildungskraft/Imagination, S. 101.

32 Dazu auch weiter Dray: History as Re-Enactment.

33 Natalie Zemon Davis: Imagination, in: Mario Wimmer/Anne Kwaschik (Hg.): Von der Arbeit des Historikers. Ein Wörterbuch zu Theorie und Praxis der Geschichtswissenschaft, Bielefeld 2010, S. 107–110, hier S. 109.

ist hier der Geschichtsdidaktiker Rolf Schörken zu nennen, von dem einschlägige Überlegungen zum Thema stammen und der seit Mitte der 1990er Jahre versuchte, historische Imagination als zentrale Kategorie in der Geschichtsdidaktik zu etablieren.[34] Für Schörken ist die Imagination ein „deutender Denkakt" und damit eine „historische Methode".[35]

Schörken versteht die Imagination als „geistiges Vermögen",[36] das bei allen kognitiven Akten der Deutung, der Rezeption und der Rekonstruktion von Vergangenheit immer schon beteiligt ist. Damit rückt er sie nicht nur an den Anfang, sondern sogar in den „geheiligten Kern strenger geschichtswissenschaftlicher Verfahren".[37] Im Prozess der historischen Imagination entstehen „innere Vorstellungsbilder, die mit der Rezeption von Geschichte verbunden sind. Sie sind ein – freilich schwer greifbares – Grundelement für das Erfassen von Geschichte".[38] Das Vergegenwärtigen bedeutet, etwas Vergangenes „vorstellbar machen".[39] Das Ziel dieser historischen Vergegenwärtigung sei es, sich das Vergangene vertraut zu machen, der „Vergangenheit die Qualität einer neuen Bewußtseins-Wirklichkeit zu geben und sie zu einem Erlebnis- und Erfahrungsraum zu machen, in dem man sich wie in einer anderen Gegenwart aufhalten und verhalten kann"[40] (vgl. Kap. 5 Erlebnis und Erfahrung).

Zusammenfassend ist herauszustellen, dass die historische Imagination der Motor der historischen Erkenntnis ist und daher die Vergegenwärtigung von Geschichte – sei es, um sie nahezubringen und ihr den „Stachel des Fremden" zu nehmen oder um Geschichte als das Andere zu konstruieren – der zentrale Erkenntnismodus ist, in dem einerseits die Aneignung und andererseits die Darstellung von Vergangenheiten erfolgt. Damit ist der mentale Prozess der „Sinnbildung über Zeiterfahrung" (Jörn Rüsen) des Geschichtsbewusstseins charakterisiert.

Die Spuren der Vergangenheit als Ausgangspunkt der Imagination

Die Aufgabe und Herausforderung, die sich wie im Fall von Peter Weiss bei der Begegnung mit Geschichte stellt, ist die der imaginativen

34 Vgl. Rolf Schörken: Historische Imagination und Geschichtsdidaktik, Paderborn u. a. 1994; ders.: Begegnungen mit Geschichte. Vom außerwissenschaftlichen Umgang mit der Historie in Literatur und Medien, Stuttgart 1995; ders.: Imagination und geschichtliches Verstehen, in: Neue Sammlung. Vierteljahres-Zeitschrift für Erziehung und Gesellschaft 38/2 (1998), S. 203–212.

35 Schörken: Historische Imagination, S. 13 u. S. 16.

36 Schörken: Imagination und geschichtliches Verstehen, S. 207.

37 Ebd., S. 204.

38 Schörken: Historische Imagination, S. 34.

39 Schörken: Begegnungen mit Geschichte, S. 12.

40 Ebd., S. 14.

Vergegenwärtigung einer nicht selbst erlebten Zeit, ob diese nun 2000 oder erst 70 Jahre zurückliegt, ob es um alltägliches Erleben geht oder um Krieg und Massenmord. Es handelt sich dabei um vergangenes Geschehen. Die Vergangenheit selbst aber ist nicht wahrnehmbar, an den historischen Orten gibt es in der Regel nur spärliche materielle Reste und Anhaltspunkte für das, was sich dort einmal abgespielt hat. Schörken bedient sich in diesem Zusammenhang des Begriffs der Spur von Paul Ricœur, die zu einer „nicht vorhandenen Wirklichkeit" führe und mithilfe derer es gelingen könne, der Vergangenheit habhaft zu werden.[41] Die Spur verweise demnach auf etwas Vergangenes, was wortwörtlich „vorübergegangen ist" und sich mehr oder weniger sichtbar materialisiert habe.[42] Die Spur hat eine „Vertretungs- oder Repräsentanzfunktion".[43]

Für Schörken sind alle Formen von Überresten und Quellen Spuren, die auf etwas Vergangenes verweisen. Erst wenn eine Spur als solche hervorgehoben oder markiert wird, lädt sie dazu ein, Rückschlüsse zu ziehen, nach ihrer Bedeutung zu fragen und damit den Prozess der Sinnbildung anzuregen. Die Vorstellungskraft der Betrachtenden entzündet sich an der Spur. Sie ist der Ausgangspunkt der Imagination, aus der historische Vorstellungsbilder als „vorgestellte Lebenszusammenhänge" entstehen. Die von der Imagination gestützte historische Vergegenwärtigung besteht nach Schörken in dem konstruktiven Akt, „eine vorgestellte Welt mit Leben [zu] erfüllen, also mit Figuren [zu] bevölkern, mit Lokalitäten [zu] versehen, mit Ereignissen und Handlungen, mit Zusammenhängen, Bedeutungen, mit Problemen und deren Lösung zu bestücken".[44] Schörkens Konzept des vorgestellten Lebenszusammenhanges verweist auf den intuitiven, emotionalen und konstruktiven Anteil, der in jeglicher Rezeption und Rekonstruktion von Vergangenem enthalten ist. Die dafür jeweils verfügbaren Vorstellungsbilder gehen dabei, anders als bei Dilthey, nicht nur auf subjektives Erleben zurück, sondern auch auf mediale Repräsentationen, kulturelle Prägungen und historische Deutungen, mit denen die Lebenswirklichkeit der Verstehenden immer schon durchwirkt ist.

41 Schörken: Historische Imagination, S. 16.
42 Ricœur: Die erzählte Zeit, S. 191.
43 Ebd., S. 232.
44 Alle Zitate von Schörken: Begegnungen mit Geschichte, S. 14.

9.5 Imagination in der Public History

Die Art der Spuren entscheidet über die Intensität der Imagination

Mit diesen medialen Repräsentationen und kulturellen Deutungen sind wir auf dem Feld der Public History angekommen. Ausgehend von den bisher dargestellten theoretischen Überlegungen soll daher abschließend nach dem Potenzial des Konzepts historischer Imagination für eine Theorie der Public History gefragt werden. Zu diesem Zweck kommen wir noch einmal auf den Begriff der Spur zurück. Denn die historische Spur, die zum Auslöser der historischen Imagination wird, kann gegebenenfalls schwach sein: eine Münze, die auf vergangene Kultur verweist, Bruchstücke antiker Säulen, die die Anwesenheit eines Tempels markieren. Manch einem_einer Kenner_in mögen diese Spuren als Trigger der historischen Imagination ausreichen. Zumeist braucht es aber Hinweise, Deutungen, zusätzliche Erklärungen und Interpretationsangebote, die Aufmerksamkeit gegenüber und Interesse an der Spur begründen können. Damit werden die Spuren zu geschichtskulturellen Repräsentationen, zu Produkten der Public History, in die dann gesellschafts- und kulturspezifische Deutungen eingeflochten sind. Dabei entscheidet die Art der historischen Spuren und ihrer Kommentierung über die Art der erforderlichen Imaginationsleistung. Es macht einen großen Unterschied, ob Besucher_innen einer antiken Ausgrabungsstätte sich ausschließlich anhand von Säulenresten das Leben in einer römischen Stadt vorstellen sollen, ob Erklärtafeln beschreiben, wie es dort in früheren Zeiten möglicherweise ausgesehen haben mag, oder ob die Betrachter_innen mithilfe einer Virtual-Reality-Anwendung quasi selbst über die antiken Straßen schlendern und das digital erschaffene Alltagsleben beobachten dürfen. Der Säulenrest fordert eine andere Art von historischem Vorstellungsvermögen, da er mehr Raum für kreative, eigensinnige historische Sinnbildungsleistungen lässt. Die Virtual-Reality-App lädt eher zum Konsumieren ein und präsentiert vorgefertigte Geschichtsbilder. Je weniger eindeutig die Spuren markiert und kontextualisiert werden, umso größer ist die Anforderung an die individuelle Vorstellungsleistung, die historischen Zusammenhänge mit Personen, Handlungen oder Bedeutungen aufzufüllen.

Imagination und Sprache

In den geschichtsdidaktischen Überlegungen von Rolf Schörken ist dieses Mehr oder Weniger an bildlicher Vorprägung der Imagination mit einer klaren Wertung versehen. So bevorzugt er sprachliche Repräsentationen der Vergangenheit eindeutig gegenüber bildlichen Darstellungen. Texte seien hinreichend offen, um Bilder im Kopf entstehen zu lassen, während bildliche Darstellungen und besonders Filme die Imagination stark einschränken würden: „Beim Betrachten eines Filmes ist die eigene Hervorbringungsmöglichkeit von inneren

Bildern stillgelegt."[45] Diese Privilegierung von Texten und von Sprache im Zusammenhang mit Imagination hat in erster Linie damit zu tun, dass sich Schörken stark an der literaturwissenschaftlichen Rezeptionstheorie von Wolfgang Iser orientiert, die das Lesen als aktiven und konstruktiven Vorgang konzeptualisiert hat. Des Weiteren spielt dabei die Diskussion um die Narrativität von Geschichte eine Rolle. Nicht zufälligerweise heißt Hayden Whites Leitwerk für diese Diskussion, *Metahistory*, im Untertitel „The Historical Imagination in Nineteenth-century Europe".[46] Im Schreiben und Narrativieren von Geschichte dichten Historiker_innen immer etwas dazu. Dieses Mehr ist für White das Ergebnis historischer Imagination. Für Schörken bleiben jedoch auch in einer solchen narrativen Geschichtsdarstellung noch immer genug offene Stellen für die eigene Imagination der Leser_innen.

Produkte der Public History als Ergebnis und als Auslöser von Imagination

Dieser Interpretation von Schreibe- und Leseweisen historischer Darstellungen wollen wir uns hier anschließen. Sie bedeutet jedoch nicht, dass beim Erstellen und Betrachten historischer Bilder nicht ganz ähnliche Mechanismen am Werk sein können bzw. dass umgekehrt historische Imagination immer sprachlich verfasst sein muss.[47] Auch bildliche oder filmische Darstellungen von Geschichte sind als das Ergebnis historischer Imagination anzusehen und lösen bei den Betrachter_innen ihrerseits historische Vorstellungsbilder aus, die über das Gezeigte hinausgehen. Dabei ist noch einmal der schon genannte Doppelcharakter von Produkten der Public History als Ausgangspunkt wie auch als Ergebnis historischer Imagination hervorzuheben. Das Ergebnis der historischen Imagination einer Person A – also etwa das Gemälde eines Historienmalers aus dem 19. Jahrhundert oder das Geschichts-Computerspiel einer Programmiererin aus dem Jahr 2020 – kann Auslöser der historischen Imagination für eine Person B sein – also für die Betrachterin des Gemäldes oder den Gamer. Die Produkte der Public History, die selbst das Ergebnis

45 Schörken: Imagination und geschichtliches Verstehen, S. 211.

46 Vgl. Hayden White: Metahistory. The Historical Imagination in Nineteenth-century Europe, Baltimore/London 1973 (dt.: Metahistory. Die historische Einbildungskraft im 19. Jahrhundert in Europa, Frankfurt a.M. 1991). In dem einflussreichen Werk entfaltet White den Begriff der historischen Imagination allerdings kaum in theoretischer Hinsicht. Er steht für ihn eher allgemein für das Poetische in der Geschichtsschreibung im Unterschied zum Rationalen, Wissenschaftlichen; vgl. dazu Herman Paul: Hayden White. The Historical Imagination, Cambridge 2011.

47 Vgl. dazu auch Lars Deile: Historische Imagination, in: Sebastian Barsch u. a. (Hg.): Handbuch Diversität im Geschichtsunterricht, Schwalbach i. Ts. 2020, S. 223–235, hier S. 225.

historischer Imaginationen sind, stellen somit eine Art Ausgangsmaterial und in ihrer Gesamtheit ein Repertoire, einen Fundus für die historische Imagination ihrer Rezipient_innen dar (vgl. Kap. 11 Rezeption).

Bilder und Filme als Auslöser historischer Imagination

Produkte der Public History sind daher einerseits auf die in ihnen waltenden Mechanismen historischer Imagination hin zu analysieren: Was wird hier wie ins Bild gesetzt? Was beruht auf historischem Wissen, was ist wie dazuerfunden worden, etwa auf dem oben erwähnten Historiengemälde aus dem 19. Jahrhundert? Andererseits ist zu fragen, auf welche Art und Weise sie die historische Imagination anregen und zum Ausgangspunkt für neue Vorstellungswelten bei den Rezipient_innen werden können. Dabei ist zu beachten, dass – wie schon gesagt – auch Bilder und Filme nicht vollständig geschlossen sind, sondern genug Leerstellen und Anknüpfungspunkte für die Vorstellungstätigkeit der Betrachter_innen lassen. Vor allem Bilder, die nur einen Moment in der Zeit darstellen – bzw. im Fall der Fotografie festhalten –, können dazu anregen, sich die dargestellte Situation in ihrem Ablauf vorzustellen, sie in der Imagination gleichsam zu verlebendigen. Aber auch Filme sind keineswegs so hermetisch, dass sie die Vorstellungskraft der Betrachtenden vollständig stillstellen würden, wie Schörken annimmt. Sie laden dazu ein, sich das vorzustellen, was gerade nicht gezeigt oder bei einem Schnitt übersprungen wird. Filmgeschichten können nach ihrem Ende in der Fantasie weitergesponnen werden. Vor allem aber liefern sie Bilder und Stimmungen, die im Sinne des oben genannten Repertoires bei anderen Gelegenheiten wieder aktiviert und weitergedacht werden können, wenn man z. B. ein Buch über dieselbe Epoche liest, zu der man zuvor bereits einen Film gesehen hat. Filme und Bilder leben in unserer Imagination weiter und prägen die Art und Weise, wie wir uns die Vergangenheit vorstellen.

Historische Imagination im Museum

Die aus der Leseforschung abgeleitete ‚Lückentheorie' historischer Imagination, nach der Leerstellen in der Darstellung durch die eigene Vorstellungstätigkeit gefüllt werden, ist auch auf weitere Formen der Geschichtsdarstellung und der Geschichtsaneignung anwendbar. Im Museum können historische Artefakte Auslöser historischer Imagination sein, gerade weil sie aus ihrem ursprünglichen Kontext herausgelöst wurden und nun isoliert in der Vitrine stehen. Ausstellungen sind als räumliche Arrangements von Objekten, Bildern, Texten und Tönen per se deutungsoffen, sie geben ihre Interpretation weniger klar vor als ein linear geschriebener Text. Sie leben davon, Assoziationsräume zu eröffnen und dadurch auch Rezeptionsweisen zu ermöglichen, die von den Kurator_innen im Zweifelsfall gar nicht geplant waren oder vorhergesehen werden konnten. Ausstellungen seien

Abb. 3 Die Napoleon-Vitrine in der Dauerausstellung des Deutschen Historischen Museums in Berlin © Foto: D. Morat

deshalb eine „offene und sinnliche Form der Wissensvermittlung", so Annemarie Hürlimann: „Sie wollen in ihrer sinnlichen Anmutung Schaulust fördern und die historische Neugierde und Einbildungskraft beflügeln."[48]

Das Bedürfnis der Besucher_innen, sich den historischen Kontext und Gebrauch eines im Museum gezeigten Objekts vorzustellen, kann durch die Art der Inszenierung besonders angeregt werden. Das Deutsche Historische Museum in Berlin präsentiert in seiner

48 Annemarie Hürlimann: Zum Umgang mit Dingwelten in der aktuellen Ausstellungspraxis. Ein Plädoyer für die Schaulust, den geduldigen Blick und die Phantasie, in: Olaf Hartung (Hg.): Museum und Geschichtskultur. Ästhetik – Politik – Wissenschaft, Bielefeld 2006, S. 60–71, hier S. 60.

Dauerausstellung einen von Napoleon getragenen Zweispitz in einer sehr reduzierten Vitrine (vgl. Abb. 3). Der Hut sitzt auf einer Stange, die etwa die Größe Napoleons hat. Etwa auf Hüfthöhe hängt ein Säbel. Auf dem Boden der Vitrine liegen zwei Sporen, ungefähr da, wo die Füße gewesen wären. Durch diese schlichte Anordnung entsteht im Kopf der Besucher_innen unwillkürlich ein Bild der Person, die hier durch Hut, Säbel und Sporen eingefasst wird. Das wird noch dadurch erleichtert, dass die Mehrzahl der Besucher_innen schon andere Bilder Napoleons kennt und von seiner geringen Körpergröße weiß. Auch hier ergänzt die Vorstellung also das, was fehlt, was nicht anwesend ist.

Historische Imagination in der Living History

Diese Art der Reduktion in der musealen Präsentation ist jedoch keine notwendige Voraussetzung für das Wirken der historischen Imagination. Auch dort, wo historische Kontexte sehr detailliert rekonstruiert werden wie in Freilichtmuseen oder historischen Themenparks, bedarf es noch eines Akts der Vorstellungskraft, um in die inszenierte Vergangenheit einzutauchen. Denn die Besucher_innen wissen ja, dass sie sich nicht wirklich im Jahr 1774 befinden, wenn sie Colonial Williamsburg im US-Bundesstaat Virginia betreten, wo das Leben am Vorabend der Amerikanischen Revolution nachgestellt wird.[49] Aber sie sollen sich vorstellen, es wäre so. Raphael Samuel bezeichnet die Besuche von solchen Orten der Living History deshalb als „exercises in historical make-believe".[50] Das Reenactment historischer Ereignisse bzw. Lebenswelten, das dort in der Regel stattfindet, kann dabei besonders anregend für die Imagination der Zuschauer_innen sein. So berichtete ein englischer Schüler nach einem Thementag zum Englischen Bürgerkrieg: „I thought the best part of the day was the re-enactors because they helped me imagine what people would have been like during the civil war."[51] Die Akteur_innen des Reenactments selbst bedienen sich ebenfalls ihrer Vorstellungskraft, wenn sie eine historische Schlacht oder den Alltag in einem Feldlager nachstellen. Selbst wenn dabei häufig historische Artefakte zum Einsatz kommen und die Reenactments an historischen Orten stattfinden, knüpft sich die historische Imagination hier in erster Linie an das eigene Tun (vgl. Kap. 10 Performativität).

49 Vgl. https://www.colonialwilliamsburg.org, letzter Zugriff: 25.9.2020.

50 Raphael Samuel: Theatres of Memory, Past and Present in Contemporary Culture, 2. Aufl., London/New York 2012, S. 177.

51 Zit. n. Berit Pleitner: Kundschafter in einer anderen Welt? Überlegungen zur Funktion der Emotionen in Living-History-Darstellungen, in: Juliane Brauer/Martin Lücke (Hg.): Emotionen, Geschichte und historisches Lernen. Geschichtsdidaktische und geschichtskulturelle Perspektiven, Göttingen 2013, S. 223–238, hier S. 234.

Historische Imagination an authentischen Orten

Beim Besuch historischer Orte ist es wiederum das Abwesende, das Auslöser historischer Imagination sein kann, jedenfalls dann, wenn dort das historische Wissen um das einst dort Vorgefallene mit der heutigen Leere und häufig auch Stille des Ortes zusammenkommt, wie das zumeist in Gedenkstätten der Fall ist. Damit sind wir wieder bei Peter Weiss, der in Auschwitz versucht, sich das Leiden der Häftlinge zu vergegenwärtigen. Der gleiche Mechanismus greift jedoch nicht nur in Gedenkstätten, sondern auch an anderen historischen Orten. Das, was als Authentizität (vgl. Kap. 2) des Ortes wahrgenommen wird, ist dann zumeist auch das, was die Fantasie anregt. Wer etwa im Deutsch-Russischen Museum in Karlshorst-Berlin im großen Saal des ehemaligen Offizierskasinos der Pionierschule steht, in dem am 8. Mai 1945 das Oberkommando der deutschen Wehrmacht vor den Vertretern der vier Alliierten die bedingungslose Kapitulation unterzeichnete, stellt sich dieses historische Ereignis unwillkürlich in seiner räumlichen Umgebung vor. Und wer alte Schlösser oder Burgen besucht, stellt sich vor, wie Menschen vor Hunderten von Jahren hier ihrem Alltag nachgingen.

9.6 Fazit

Imagination ist ein wesentlicher Bestandteil jeder Form von Geschichtsaneignung und eine wichtige Voraussetzung für die subjektive Anteilnahme am Geschehen der Vergangenheit. Sie erlaubt eine Annäherung an die Vergangenheit durch Vergegenwärtigung, ohne zwangsläufig in einem Nacherleben oder Nachfühlen (vgl. Kap. 5 und Kap. 3) aufgehen zu müssen. Denn Imagination ist eben nicht die Ineinssetzung von Gegenwart und Vergangenheit, sondern bedeutet, eine persönliche Beziehung zur Vergangenheit herzustellen, zu der auch die Wahrnehmung von Andersartigkeit gehört. Imagination hat daher auch immer einen eigensinnig-kreativen Anteil, denn sie ist von kulturellen Präkonzepten genauso geprägt wie vom ganz persönlichen mentalen und emotionalen Gepäck derjenigen, die sich mit einem vergangenen Geschehen beschäftigen.

Zu verweisen ist hier noch einmal auf das Eingangsbeispiel von Peter Weiss, das nicht nur für die Individualität der Imagination steht, sondern zugleich auch deren Grenzen verdeutlicht. Selbst wenn man, anders als Weiss, diese Grenzen nicht unmittelbar als ein Scheitern der eigenen Annäherung an die Vergangenheit erlebt, darf die imaginative Vergegenwärtigung von Geschichte in der Vorstellung nicht mit einem tatsächlichen Wiederaufleben der Vergangenheit verwechselt werden. Denn bei der historischen Imagination handelt es sich um mentale und emotionale Vorstellungsbilder der Vergangenheit, die zunächst einmal nicht empirisch fundiert sein müssen, was zugleich heißt, dass sie durch historische Forschung korrigiert werden können. Anders gesagt: Die Vorstellungsbilder verraten viel mehr über die Bedeutung von Geschichte für die je eigene Gegenwart als über abfragbares historisches Faktenwissen.

Mit Blick auf die Operationalisierung des Konzepts historischer Imagination für die Analyse von Praktiken und Produkten der Public History haben wir argumentiert, dass der Prozess der Imagination, so wie er sich im Individuum abspielt, zwar schwer zu greifen ist, dass man sich ihm aber über die gesellschaftlich und geschichtskulturell geprägten Bedingungen und Ergebnisse annähern kann. Produkte der Public History sind dabei beides: Aus Sicht der Produzent_innen sind sie ein Ergebnis ihrer Vorstellungskraft, für die Rezipient_innen sind sie Ausgangspunkt ihrer Vorstellungstätigkeit. In ihrer Gesamtheit stellen die materiellen und performativen Manifestationen der historischen Imagination ein Repertoire von Geschichtsbildern und -vorstellungen dar, das im gesellschaftlichen Prozess weitergesponnen (vgl. Kap. 11 Rezeption) und dadurch zum Ausdruck von Geschichtskultur (vgl. Kap. 6) wird.

Einführende Literatur

Davis, Natalie Zemon: Imagination, in: Mario Wimmer/Anne Kwaschik (Hg.): Von der Arbeit des Historikers. Ein Wörterbuch zu Theorie und Praxis der Geschichtswissenschaft, Bielefeld 2010, S. 107–110.

Deile, Lars: Historische Imagination, in: Sebastian Barsch u. a. (Hg.): Handbuch Diversität im Geschichtsunterricht, Schwalbach i. Ts. 2020, S. 223–235.

Schörken, Rolf: Historische Imagination und Geschichtsdidaktik, Paderborn u. a. 1994.

10 Performativität

10.1 Einleitung

Geschichte im Schlachtenpanorama ist immersiv

Im Herbst 1884 besuchte der US-Unionsgeneral und Gettysburg-Veteran John Gibbon das *Battle-of-Gettysburg*-Panorama des französischen Malers Paul Philippoteaux, das kurz zuvor in Chicago eröffnet worden war. Auch wenn er von der Präzision der militärischen Detaildarstellungen im Bild nicht wirklich überzeugt war, zeigte er sich begeistert über den immersiven Effekt des Panoramas. Dieses war offenbar in der Lage, das Publikum aus dem urbanen Chicago der 1880er Jahre auf die Felder Gettysburgs zu versetzen, mitten hinein in das Getümmel der dreitägigen Schlacht im Juli 1863, die schon zeitgenössisch als entscheidend für den weiteren Verlauf des US-Bürgerkriegs bewertet wurde. Seine Eindrücke von dem Besuch schilderte Gibbon in einem Brief an den ehemaligen Artillerie-Chef der Unionsarmee, Henry J. Hunt, ebenfalls ein Gettysburg-Veteran. Gibbon hob dabei insbesondere den Realitätseffekt des Panoramas hervor: Er habe sich kaum von dem Eindruck befreien können, schrieb er, tatsächlich am Ort des Geschehens zu sein.[1]

Geschichte wird im Panorama körperlich erfahren

Panoramen zählten im 19. Jahrhundert in Europa und den USA zu den beliebten urbanen Freizeitattraktionen. Insbesondere Schlachtenpanoramen, also Panoramen in denen zeitgenössische oder historische Schlachten der Nationalgeschichte gezeigt wurden, erreichten seit dem frühen 19. Jahrhundert als eine Form der Unterhaltungshistoriografie ein breites, überwiegend städtisches Publikum. Die Besucher_innen wurden vor dem Eintritt in die Rotunde regelrecht auf die Begegnung mit dem Panoramabild vorbereitet: Nach dem Kauf der Eintrittskarte mussten sie zunächst einen verdunkelten Gang

1 John Gibbon an Henry Jackson Hunt, 6.9.1884, Gilder Lehrman Collection: GLC02382.52.

durchqueren. Unter dem Panoramabild hindurch leitete dieser zu einer Treppe, die auf eine Aussichtsplattform im Inneren der Rotunde führte. Auf der Plattform sahen sich die Besucher_innen dann gänzlich umgeben von der durch die Aufhängung hyperbolisch geformten 360-Grad-Darstellung des Panoramabildes. Die Plattform schränkte die Bewegungsfreiheit ein, um einen bestimmten Abstand zum Bild nicht zu unterschreiten, der für die Erzeugung der räumlichen Illusion benötigt wurde. Technische Maßnahmen verhinderten zudem einen freien Blick auf die obere und untere Begrenzung des Bildes: Oberhalb der Plattform wurde der Blick durch eine Dachkonstruktion eingeschränkt, unterhalb befand sich das sogenannte *faux terrain*: ein dreidimensionales Diorama, bestehend aus thematisch passenden Objekten und Landschaftsimitationen, das die zweidimensionale Bilddarstellung in den dreidimensionalen Innenraum der Rotunde hinein bis zur Besucher_innen-Plattform verlängerte. Die gesamte technische Anlage des Panoramas, das schon Ende des 18. Jahrhunderts durch Robert Barker patentiert wurde, zielte darauf, den Besucher_innen ein möglichst realistisches Erlebnis der gezeigten Szenerie zu verschaffen und ein Eintauchen (vgl. Infobox Immersion in Kap. 5.3) in die Darstellung zu befördern.[2] Das galt nicht nur visuell, sondern auch inhaltlich: Beim Gettysburg-Panorama positionierte der Maler Philippoteaux die Betrachter_innen mitten in den Reihen der Nordstaatensoldaten, die sich dem Ansturm konföderierter Truppen ausgesetzt sahen. Die Besucher_innen wurden so zu eindeutig positionierten Akteur_innen innerhalb der dargestellten Geschichte. Durch die immersiven Techniken (vgl. Kap. 5 Erlebnis und Erfahrung) erlebten sie den Besuch als eine Art Aufführung, in die sie als Akteur_innen allerdings deutlich intensiver eingebunden wurden als etwa bei einem zeitgenössischen Theaterbesuch. Der Besuch des Schlachtenpanoramas als visueller Historiografie ermöglichte eine entschärfte, von Gewaltdarstellungen weitgehend befreite, gefahrlose und zugleich – von Veteranen bestätigt – authentische Teilhabe am Kriegserlebnis in Friedenszeiten.[3] Das Schlachtenpanorama lässt sich daher als eine besondere Form der Aufführung von Geschichte verstehen, die eine möglichst intensive Partizipation des Publikums schon durch die technische Gestaltung der Apparatur ermöglichte und eine körperliche Aneignung des Gezeigten durch Begehung des Panoramas einforderte.

2 Anon.: The Cyclorama, in: The Scientific American, 6.11.1886, S. 296.

3 Thorsten Logge: Updating the Past. The Absence of Atrocities in the „Battle of Gettysburg" Cyclorama, in: International Panorama Council 3 (2019), S. 61–68.

Nicht nur technisch, auch inhaltlich war die Herstellung eines Geschichts- oder Schlachtenpanoramas mit erheblichem Aufwand verbunden: Zu Beginn der Produktion unternahmen die Maler Ortsbegehungen und topografische Studien und ließen Geländefotografien anfertigen, um eine möglichst präzise Landschaftsdarstellung zu befördern. Über Recherchen in Museen und Archiven und durch Zeitzeug_innengespräche erarbeiteten sich die ausführenden Künstler den Schlachtenverlauf und machten sich mit den visuellen Aspekten der eingesetzten militärischen Gerätschaften vertraut. Auf unterschiedliche Darstellungsinhalte spezialisierte Maler fertigten Studien und Skizzen von Soldaten in unterschiedlichen Kampfposen an. Anschließend wurde, gern im fortlaufenden Austausch mit Veteranen der dargestellten Schlacht, das Panorama als Großgemälde hergestellt und schließlich in den eigens dafür errichteten Rotunden der Öffentlichkeit präsentiert.[4] Nicht nur der Besuch, auch die Produktion eines Geschichts- oder Schlachtenpanoramas war also verbunden mit einer Reihe körperlicher Praktiken, in deren Vollzug sich die Akteur_innen das historische Ereignis aneigneten.

Geschichte entsteht durch körperliche Praktiken

Wie jede Historiografie ist auch das Schlachtenpanorama nicht in der Lage, die historische Wirklichkeit der dargestellten Schlacht zu reproduzieren. Das wäre auch wenig unterhaltsam und jeder Versuch hätte die körperliche Unversehrtheit der Besucher_innen stark gefährdet. Das Panorama zeigt eine ästhetisch geeignete Auswahl und visuelle Interpretation des Schlachtgeschehens, das durch seine Reduktion von der historischen Wirklichkeit abweicht. Es inszeniert somit ein Ereignis, das es in dieser Form nur im Rundbild gibt: Das Panorama stellt das Ereignis her, das es vermeintlich nur abbildet. Die Ausstellung und Präsentation von Geschichte lässt sich – wie hier am Beispiel des Panoramas – auch als Aufführung verstehen, als eigenständiges Ereignis, das stets zeitlich, räumlich und sozial spezifisch ist und diversen Besucher_innengruppen eine aktive und produktive Auseinandersetzung mit der präsentierten Geschichte ermöglicht, deren Rezeption jedoch nicht gänzlich vorherbestimmt werden kann.

Geschichte *macht* das Ereignis, von dem es berichtet

Geschichte, so ist zu betonen, wird also stets gemacht, ihre Produktion wie auch ihre Rezeption ist performativ. Mit der Performativität von Geschichte lässt sich ganz grundsätzlich die Wirkungsmacht von Geschichtsrepräsentation in Vergangenheitsdiskursen diskutieren. Eine forschungsorientierte Public History, die sich mit der Produktion, Repräsentation, Distribution, Exhibition und Rezeption von

Geschichte ist performativ

4 Zeitgenössische Beschreibungen der Panoramenproduktion finden sich u. a. bei Anon.: The Cyclorama; Theodore R. Davis: How a Great Battle Panorama is Made, in: St. Nicholas: An Illustrated Magazine for Young Folks 14/2 (1886), S. 99–112.

Geschichte in der Öffentlichkeit beschäftigt, kann von performativitätstheoretischen Überlegungen profitieren. Indem sie das Geschichtemachen und die Repräsentationen von Geschichte in unterschiedlichen Öffentlichkeiten in den Mittelpunkt ihrer Forschungen stellt, macht sie diese als Aufführungen von Geschichte erschließbar.

10.2 Begriffe und Forschungsfelder

Sprechen stellt Wirklichkeit her

Der Begriff ‚performativ' ist eine Schöpfung des Philosophen John L. Austin, der ihn in seiner sprachphilosophischen Vorlesung *How to Do Things with Words* (1955) einführte.[5] Er leitete den Begriff vom englischen Verb *to perform* (‚vollziehen') ab. Austin wollte deutlich machen, dass Sprache nicht nur beschreibenden Charakter besitzt, sondern dass mit ihr – im Akt des Sprechens – auch Handlungen vollzogen werden, es also performative Äußerungen gibt. Ein anschauliches Beispiel hierfür ist die Taufe eines Schiffes, die üblicherweise mit dem Wurf einer Flasche gegen den Schiffsrumpf und mit den Worten „Ich taufe dieses Schiff auf den Namen XYZ" vollzogen wird. In diesem Fall wird kein bestehender Sachverhalt dargestellt, sondern im und durch das Sprechen ein neuer erzeugt. Austin bezog den Begriff zwar ausschließlich auf Sprechakte, seit den 1990er Jahren wird er aber auch auf körperlich vollzogene Handlungen angewendet.

Die Sprechakttheorie sieht die bedeutungskonstituierende Instanz dabei nicht primär in den Sprechenden. Sie geht stattdessen davon aus, dass Bedeutung „erst im Augenblick der Rezeption von den Rezipientinnen und Rezipienten generiert" wird.[6] In der Performativitätstheorie kommt nun der Aufführung eine zentrale Rolle zu. Aus den Theaterwissenschaften kommend, bezog sich die Performativitätstheorie zunächst vorrangig auf Aufführungen im Theaterkontext,

5 John L. Austin: Zur Theorie der Sprechakte (How to do things with Words), Stuttgart 2010.

6 Jürgen Martschukat/Steffen Patzold: Geschichtswissenschaft und „performative turn". Eine Einführung in Fragestellungen, Konzepte und Literatur, in: dies. (Hg.): Geschichtswissenschaft und „performative turn". Ritual, Inszenierung und Performanz vom Mittelalter bis zur Neuzeit, Köln u. a. 2003, S. 1–32, hier S. 6 mit Verweis u. a. auf Michel Foucault: Was ist ein Autor? (1969), in: ders.: Schriften in vier Bänden. Dits et Ecrits, Bd. 1: 1954–1969, hg. v. Daniel Defert/François Ewald, Frankfurt a.M. 2001, S. 1003–1041; Roland Barthes: Der Tod des Autors, in: Uwe Wirth (Hg.): Performanz. Zwischen Sprachphilosophie und Kulturwissenschaften, Frankfurt a.M. 2002, S. 129–139; Wolfgang Iser: Das Modell der Sprechakte (1976), in: Uwe Wirth (Hg.): Performanz. Zwischen Sprachphilosophie und Kulturwissenschaften, Frankfurt a.M. 2002, S. 104–110.

hat ihren daran geschulten Blick aber inzwischen auf potenziell alle menschlichen Praktiken ausgeweitet. Diese werden stets zugleich *aus*geführt und *auf*geführt *(to perform)* und daher als Aufführungen verstanden, die im Zusammenspiel von Darsteller_innen und Publikum Sinn und Bedeutung im Moment der Aufführung (*in actu*) generieren. Aufführungen sind somit insbesondere durch die leibliche Ko-Präsenz aller Aufführungsbeteiligten geprägt und betonen die aktive Beteiligung der Zuschauer_innen an der Generierung von Sinn und Bedeutung.

Performativität verweist auf sozialkonstruktivistische Perspektiven

Über die Sprechakttheorie trägt die Performativitätstheorie somit seit ihren Anfängen eine sozialkonstruktivistische Komponente in sich, insofern sie betont, dass mit, in und durch Sprache Deutung und Bedeutung generiert, soziale Wirklichkeit also sprachlich hergestellt wird. Sie verweist damit direkt auf (gegenwärtige wie historische) soziale Praktiken, in denen Sinn und Bedeutung kommunikativ verhandelt werden, wie beispielsweise politische Feste oder Rituale. Zudem besteht eine hohe Anschlussfähigkeit an die von Peter L. Berger und Thomas Luckmann in den 1960er Jahren begründete sozialkonstruktivistische Wissenssoziologie.[7] Nicht zuletzt zeigt sich hier die Notwendigkeit, den Öffentlichkeitsbegriff zu klären und zu differenzieren, um die kommunizierenden, gegebenenfalls massenmedial erweiterten Versammlungsöffentlichkeiten beschreibbar zu machen, in denen und durch die Geschichte hergestellt und verhandelt wird.

Öffentlichkeit(en)

Bei der Untersuchung von öffentlichen Geschichtsrepräsentationen ist es sinnvoll, einen differenzierten Öffentlichkeitsbegriff zum Einsatz zu bringen. Da die Unterscheidung zwischen dem ‚Privaten' und dem ‚Öffentlichen' die Diversität von Produzent_innen und Rezipient_innen in vergangenheitsbezogenen Diskursen nicht angemessen abbildet, sind zur Vermessung der kommunikativen Räume und den in ihnen kommunizierenden Aktanten unterschiedliche Öffentlichkeiten zu differenzieren. Auf diese Weise wird es gleichermaßen möglich, den Raum, die Reichweite und die Beteiligten der historischen Sinnbildung zu identifizieren und ihr kommunikatives Handeln darin zu beschreiben.

Jörg Requate versteht Öffentlichkeit als gesellschaftliche Sphäre, die in erster Linie durch Kommunikation konstituiert wird. Gesell-

7 Peter L. Berger/Thomas Luckmann: Die gesellschaftliche Konstruktion der Wirklichkeit. Eine Theorie der Wissenssoziologie, 26. Aufl., Frankfurt a.M. 2016.

schaftliche Teilbereiche wie Wissenschaft, Religion, Vereinsleben, Sport oder Kultur bringen unterschiedliche vertikale Teilöffentlichkeiten hervor, die jeweils für sich zu untersuchen sind. Im Anschluss an die Soziologen Jürgen Gerhards und Friedhelm Neidhardt unterscheidet Requate zudem horizontal voneinander getrennte Öffentlichkeiten, die sich durch unterschiedliche Reichweiten und eine mehr oder weniger ausgeprägte Permanenz unterscheiden lassen:
1. *Kleine Öffentlichkeiten* oder *Encounter-Öffentlichkeiten*: Alle Kommunikation von Menschen, die mehr oder weniger zufällig aufeinandertreffen – bei Gesprächen im Bus oder in der Kneipe, am Gartenzaun oder im Supermarkt. Im Feld der Public History gehört hierzu vergangenheitsbezogene Kommunikation (z. B. Kommentierungen von aktuellen Ereignissen durch historische Vergleiche, Austausch von Kindheitserfahrungen) oder mithilfe von Aktanten (Wandbilder, Denkmäler, Plakate usw.). Öffentliche Geschichtsrepräsentationen können bewusst in Form von Aktanten im öffentlichen Raum hinterlegt werden, um Encounter-Öffentlichkeiten zu generieren, in denen vergangenheitsbezogene Kommunikation stattfindet.
2. *Versammlungsöffentlichkeiten*: Kommunikation von Menschen, die in spezifischen Räumen zu definierten Zeiten aufeinandertreffen. Hierzu gehören im Feld Public History z. B. Filmvorführungen, Ausstellungen, Theateraufführungen, Vorträge, Seminare, Feste und Feiern, Reenactments usw., in denen historische Sachverhalte thematisiert bzw. aufgeführt werden.
3. *Massenmediale Öffentlichkeit*: Kommunikation, die sich durch eine gewisse Permanenz auszeichnet, von einem technischen und professionellen Apparat getragen wird und ein eher abstraktes Publikum hat, das zudem in seinen Reaktionsmöglichkeiten beschränkt bleibt. Hierzu gehören etwa Pressewesen, TV, Radio oder auch crossmedial über das Internet nutzbare Formen und Formate. Gebhard und Neidhardt verstehen unter der (massenmedialen) Öffentlichkeit „ein intermediäres System, dessen politische Funktion in der Aufnahme (Input) und Verarbeitung (Throughput) bestimmter Themen und Meinungen sowie in der Vermittlung der aus dieser Verarbeitung entstehenden öffentlichen Meinungen (Output) einerseits an die Bürger, andererseits an das politische System besteht" (Gerhards/Neidhardt 1991, S. 32 f.; vgl. Requate 1999, S. 13).

Die vertikal zu differenzierenden Teilöffentlichkeiten lassen sich nun mit den horizontalen, medialen Öffentlichkeiten verbinden. Öffentlichkeit stellt sich dann als eine sektoral vielfach unterteilte Sphäre dar, in der sich auch die Teilöffentlichkeiten horizontal

differenzieren lassen – von der Encounter-Öffentlichkeit bis hin zur massenmedialen Öffentlichkeit.
Auch öffentliche Geschichtsrepräsentationen lassen sich als Medien der Geschichte gleichermaßen horizontal wie vertikal verorten. Während die horizontale Zuordnung primär nach Reichweiten und Zugänglichkeiten fragt, definiert die vertikale Zuordnung die Diskursgemeinschaften, in denen die spezifische Geschichtsrepräsentation im vergangenheitsbezogenen Diskurs zur historischen Sinnbildung beiträgt.

Leseempfehlung
Requate, Jörg: Öffentlichkeit und Medien als Gegenstände historischer Analyse, in: Geschichte und Gesellschaft 25/1 (1999), S. 5–32; Gerhards, Jürgen/Neidhardt, Friedhelm: Strukturen und Funktionen moderner Öffentlichkeit. Fragestellungen und Ansätze, in: Stefan Müller-Doohm/Klaus Neumann-Braun (Hg.): Öffentlichkeit, Kultur, Massenkommunikation. Beiträge zur Medien- und Kommunikationssoziologie, Oldenburg 1991, S. 31–89.

Der Begriff des Performativen gehört heute nicht nur zum grundlegenden Vokabular der Theaterwissenschaft/Performance Studies, sondern hat mit der theaterwissenschaftlichen Diskussion eine wesentliche Erweiterung und Ausdifferenzierung erfahren. Im deutschsprachigen Kontext hat sich die Berliner Theaterwissenschaftlerin Erika Fischer-Lichte als eine der Ersten mit dem Performativen und dem Konzept der Performativität auseinandergesetzt. Mit zahlreichen Beiträgen hat sie die Debatte zum Thema stark geprägt und zudem dazu beigetragen, sie in die Geschichts- und Kulturwissenschaften hineinzutragen.[8]

Definition des Performativen

Das Performative bezeichnet nach Fischer-Lichte

> bestimmte symbolische Handlungen, die nicht etwas Vorgegebenes ausdrücken oder repräsentieren, sondern diejenige Wirklichkeit, auf die sie verweisen, erst hervorbringen. Sie entsteht, *indem* die Handlung vollzogen wird. Ein performativer Akt ist ausschließlich als ein verkörperter zu denken.[9]

Wenn wir über das Performative sprechen, dann sprechen wir über wirklichkeitskonstituierende körperliche Handlungen, die in zeit-

8 Hier sei lediglich auf zwei zentrale Monografien verwiesen: Erika Fischer-Lichte: Ästhetik des Performativen, Frankfurt a.M. 2004; dies.: Performativität. Eine Einführung, Bielefeld 2012.
9 Fischer-Lichte: Performativität, S. 44 (Herv. i. Orig.).

lich und räumlich spezifischen Situationen vollzogen werden und im Zusammenspiel von Darsteller_innen und Publikum soziale Wirklichkeit konstituieren. Die dabei hergestellte Bedeutung ist fragil und besteht nur im Moment der Aufführung, die selbst als ein Ereignis (also als einzigartig, außeralltäglich, kommunikativ und transformativ) beschrieben werden kann. Sie ist nicht reproduzierbar – die Aufführung ist in ihrer Konfiguration und in ihrem Ablauf stets einmalig –, kann aber durch Wiederholung als Zitat eine gewisse Stabilität erlangen. Der Begriff verweist nicht nur auf die Handlungen, die vollzogen werden, sondern stets auch auf ihren Aufführungscharakter.

Die Aufführung ist ein Ereignis

Der Terminus ‚Theatralität' und die eng mit ihm verbundenen Begriffe ‚Performance'/‚Aufführung', ‚Inszenierung', ‚Körperlichkeit' und ‚Wahrnehmung' sind entsprechend zentral für eine auf das Performative ausgerichtete kulturwissenschaftliche Forschung. Zum zentralen Charakteristikum der Aufführung gehört die „leibliche Ko-Präsenz von Akteuren und Zuschauern", die sich zu einer bestimmten Zeit und an einem bestimmten Ort treffen, um dort eine Situation gemeinsam miteinander zu erleben.[10] Sie wird dabei besonders von den Konfrontationen und Interaktionen zwischen den Beteiligten bestimmt, denn was immer Akteur_innen tun, hat Auswirkungen auf die Zuschauer_innen und umgekehrt. Die Aufführung entsteht also erst in ihrem Verlauf, ist deshalb nicht planbar, sondern „einmalig und unwiederholbar" und ist damit als Ereignis zu charakterisieren, das sich gleichfalls nicht festhalten lässt, ja flüchtig ist.[11] Aufführungen kann man also nur einmal erfahren und das heißt, dass auch die Bedeutung nur einmal erfahren werden kann, oder anders gewendet: Die Bedeutung entsteht mit und in jeder Aufführung von Neuem.

Zwischen Inszenierung und Aufführung

Von der Aufführung ist der Begriff der Inszenierung zu unterscheiden. In einem engen Verständnis ist damit zunächst einmal ‚vorbereiten', ‚bearbeiten', ‚einstudieren' oder auch ‚künstlerisch gestalten' gemeint. Als ästhetischer Terminus lässt er sich jedoch durchaus weiter fassen und meint dann „Kulturtechniken und Praktiken, mit

10 Erika Fischer-Lichte: Einleitung: Theatralität als kulturelles Modell, in: dies. u. a. (Hg.): Theatralität als Modell in den Kulturwissenschaften, Tübingen/Basel 2004, S. 7–26, hier S. 11.

11 Erika Fischer-Lichte: Performance, Inszenierung, Ritual. Zur Klärung kulturwissenschaftlicher Schlüsselbegriffe, in: Jürgen Martschukat/Steffen Patzold (Hg.): Geschichtswissenschaft und „performative turn". Ritual, Inszenierung und Performanz vom Mittelalter bis zur Neuzeit, Köln u. a. 2003, S. 33–54, hier S. 39; mehr zur Ereignishaftigkeit: dies.: Performativität, S. 67 f. Zur Ereignistheorie siehe auch Andreas Suter/Manfred Hettling: Struktur und Ereignis – Wege zu einer Sozialgeschichte des Ereignisses, in: dies. (Hg.): Struktur und Ereignis, Göttingen 2001, S. 7–32.

denen etwas zur Erscheinung gebracht wird".[12] Die ‚Inszenierung' besitzt aber auch eine anthropologische Komponente: Als schöpferischer Prozess vermag sie Imaginäres, Fiktives und Reales zueinander in Beziehung zu setzen.[13] Während die Aufführung unkontrollierbar ist, weil ihr Verlauf nicht gänzlich planbar ist, kennzeichnet die Inszenierung das intendierte Handeln, das in einem abgegrenzten Raum für ein Publikum bestimmt und auf Wirkung bedacht ist.[14] Inszenierung meint also das Absichtsvolle und ist damit – anders als die Aufführung – wiederholbar.

Körperlichkeit ist zentral für Aufführungen

Eine Aufführung ist nicht ohne die Körper der Beteiligten denkbar. Die leiblichen Bewegungen der einen drücken Emotionen aus, die wiederum bei anderen emotionale und leibliche Reaktionen und Zustände provozieren.[15] Von besonderem Interesse ist hier das Konzept der Verkörperung *(embodiment)*, das den phänomenalen Körper (Leib) als Ausgangspunkt kultureller Produktionen herausstellt. Erst im gemeinsamen Erleben und dem damit verbundenen Prozess der Verkörperung werden Bedeutungen hervorgebracht.[16] Allerdings lassen sich auch die Darstellung und Rezeption von Texten, die Betrachtung von Bildern oder die Nutzung von Dingen als performative Akte betrachten.[17]

In der ‚Wahrnehmung' vereinen sich gleichzeitig ablaufende körperliche, kognitive, emotionale, imaginative, memorative und weitere Prozesse.[18] Im performativen Rahmen wird danach gefragt, wie und als was etwas wahrgenommen wird, sowie nach der Wirkung der Wahrnehmung auf die Wahrnehmenden.[19] Die hier eingenommene Perspektive stärkt somit die Rolle des Publikums und richtet den Blick auf Prozesse der Rezeption.

Das Performative in der Ritualforschung

Die bereits skizzierten Begriffe spielen auch in der Ritualforschung eine zentrale Rolle. Der Sozialanthropologe Victor Turner griff das Performative, Dramatische und Theatralische auf und ging den vielfältigen Beziehungen „zwischen sozialem Drama und Bühnendrama,

12 Erika Fischer-Lichte: Theatralität und Inszenierung, in: dies. u. a. (Hg.): Inszenierung von Authentizität, Tübingen/Basel 2007, S. 9–28, hier S. 19.

13 Vgl. Fischer-Lichte: Theatralität und Inszenierung, S. 21.

14 Vgl. Josef Früchtl/Jörg Zimmermann: Ästhetik der Inszenierung: Dimensionen eines gesellschaftlichen, individuellen und kulturellen Phänomens, in: dies. (Hg.): Ästhetik der Inszenierung. Dimensionen eines künstlerischen und gesellschaftlichen Phänomens, Frankfurt a.M. 2001, S. 9–47, hier S. 21.

15 Vgl. Fischer-Lichte: Theatralität als kulturelles Modell, S. 20.

16 Vgl. ebd., S. 21.

17 Vgl. Fischer-Lichte: Performativität, S. 135–178.

18 Vgl. Fischer-Lichte: Theatralität als kulturelles Modell, S. 23.

19 Vgl. Fischer-Lichte: Performativität, S. 65.

dramatischem Ritual und rituellem Drama, Theaterspielen im Alltag und Alltagsleben im Theater" nach.[20] In Anlehnung an die Arbeiten des Ethnologen Arnold van Gennep beschäftigte sich Turner zu Beginn der 1950er Jahre insbesondere mit Übergangsriten.

Die drei Phasen von Übergangsriten

Van Gennep erstellte in seinem 1909 erschienenen Buch *Les rites de passage* ein dreigliedriges Modell zur Einordnung ritueller Praktiken und unterschied zwischen Trennungsriten *(rites de séparation)*, Schwellen- bzw. Umwandlungsriten *(rites de marge)* und Angliederungsriten *(rites d'agrégation)*.[21] Trennungsphasen sind demnach geprägt von Riten, mit denen der alte Zustand beendet bzw. in denen von ihm Abschied genommen wird; die Schwellen-/Übergangsphase gilt als ein ‚Dazwischen', während die Angliederungsphase den neuen Status festigt. Turner legte seinen Fokus konkret auf van Genneps ‚Schwellen'- bzw. ‚Transformationsphase', die als die am stärksten ausgestaltete im Rahmen der Übergangsrituale gilt, und entwickelte vor dem Hintergrund seiner Forschungen bei den Ndembu in Sambia den Begriff des Liminalen. Das Liminale stellt nach Turner eine Phase des „betwixt and between" dar,[22] in der die im Übergang befindlichen Personen weder hier noch dort sind und in der besondere Regeln gelten. Die Beteiligten erleben diese Phase als durchaus bedrohlich, zugleich aber auch als „Quelle der Kreativität, Spontanität und Humanität",[23] die eine Art mystische Solidarität hervorrufen bzw. zu einer Erfahrung der sozialen Unmittelbarkeit der Akteur_innen untereinander führen.[24] Die Gruppe ist daher von einer Verbundenheit geprägt, in der jegliche hierarchische Strukturen aufgehoben sind.[25] Turner hat hierfür den Begriff der *communitas* eingeführt, der ein Gemeinschaftsgefühl gleichberechtigter Individuen und eine enge Verbundenheit der das Ritual Durchlaufenden beschreibt, bei dem eine neue Identität hergestellt wird.[26]

---

20 Erika Fischer-Lichte: Einleitung: Zur Aktualität von Turners Studien zum Übergang vom Ritual zum Theater, in: Victor Turner: Vom Ritual zum Theater. Der Ernst des menschlichen Spiels (engl. 1982), Frankfurt a.M./New York 2009, S. i–xxiii, hier S. ii.

21 Arnold van Gennep: Übergangsriten, Frankfurt a.M./New York 2005 (frz. Orig. 1909), S. 21.

22 Victor Turner: The Ritual Process. Structure and Anti-Structure, Ithaca (NY) 1969, S. 95.

23 Barbara Stollberg-Rilinger: Rituale, Frankfurt a.M./New York 2013, S. 25.

24 Victor Turner: Betwixt and Between: The Liminal Period in *Rites de Passage* (1964), in: William A. Lessa (Hg.): Reader in Comparative Religion. An Anthropological Approach, New York u. a.: 1979, S. 234–243, hier S. 243.

25 Ebd., S. 238.

26 Die Anthropologin Edith Turner, Victor Turners Ehefrau und Forschungspartnerin, hat *communitas* später so beschrieben: „The participants are all in the same boat, as

Freiwilligkeit in Ritualen der Moderne

Was Turner bei den Ritualen der Ndembu beobachtete und als liminale Transformation und *communitas*-Erleben charakterisierte, übertrug er auf moderne Gesellschaften und führte dazu den Begriff ‚liminoid' ein. Anders als die durch einen verpflichtenden Charakter geprägten liminalen Phänomene traditioneller Gesellschaften, zeichnen sich liminoide Phänomene der Moderne durch Freiwilligkeit aus: „Das eine ist Spiel, Unterhaltung, das andere eine tief ernste, selbst furchterregende Sache".[27] Auch wenn in modernen Gesellschaften sakrale Rituale weitgehend verschwunden sind, leben sie in „performativen Genres und Nischen" etwa der Massen-, Pop-, Volks- und Subkultur weiter.[28] Spiel und Sport, so Turner, seien die „liminoiden Metagattungen unserer Gesellschaft".[29] Rituale existieren also auch in heutigen westlichen Gesellschaften und begegnen uns als Erlebnisse und Grenzerfahrungen beispielsweise in Kunst und Unterhaltung sowie Sport und Spiel.[30]

Geschichtsrezeption als Ritual

Auch der Besuch eines Schlachtenpanoramas lässt sich mit den Begriffen der Ritualforschung beschreiben: Der Weg durch den dunklen Gang hin zum Aufstieg auf die Aussichtsplattform entkoppelt in einer Art Trennungsphase die Besucher_innen von ihrem Alltag und sorgt für einen Moment der Unbestimmtheit und Desorientierung.[31] Mit dem Betreten der Plattform beginnt die Schwellen- oder Transformationsphase: Die immersiven Techniken der Illusionserzeugung im Panorama sorgen dafür, dass die Besucher_innen idealerweise nicht mehr unterscheiden können zwischen Wirklichkeit und Illusion. Das Panorama vermittelt den Besucher_innen das Gefühl, an einen anderen Ort und in eine andere Zeit versetzt zu sein und positioniert sie als Akteur_innen in der dargestellten Erzählung. Der

---

it were; they are all going through a change. Teenagers, students, trainees, travelers, those with the new jobs, those in disaster conditions develop this unlikely sense, which seems to be jogged into being by the circumstances. Communitas is thus a gift from liminality, the state of being betwixt and between. During this time, people find each other to be just ordinary people after all, not the anxious prestige-seeking holders of jobs and positions they often seem to be. And people like feeling this in themselves." Edith Turner: Communitas. The Anthropology of Collective Joy, New York 2012, S. 4.

27 Victor Turner: Vom Ritual zum Theater. Der Ernst des menschlichen Spiels (engl. 1982), Frankfurt a.M./New York 2009, S. 66. Ausführlich beschreibt er die Unterschiede ebd., S. 83–87.

28 Peter J. Bräunlein: Zur Aktualität von Victor W. Turner. Einleitung in sein Werk, Wiesbaden 2012, S. 149.

29 Turner: Vom Ritual zum Theater, S. 88.

30 Bräunlein: Zur Aktualität von Victor W. Turner, S. 156.

31 Anon.: The Cyclorama.

Hyperrealismus des Panoramas und der durch ihn angestrebte emotional aufwühlende, liminoide Zustand der Besucher_innen während des Panoramabesuchs wurde bereits im 19. Jahrhundert beschrieben und auch als zentraler Unterhaltungseffekt vermarktet – trotz aller Einschränkungen, die sich aus der fehlenden Bewegtheit der Darstellung als eingefrorene Momentaufnahme ergaben.[32] Der Ausgang aus dem Rundbild (Angliederungsphase) führt schließlich durch den dunklen Gang wieder zurück in den Alltag, in den die Besucher_innen – unter Umständen – verändert zurückkehren. Ob und inwieweit dabei eine nachhaltige Transformation der Besucher_innen oder ihres Geschichtsbewusstseins erfolgt, ist bislang wenig erforscht.

Grundsätzlich lassen sich alle Auseinandersetzungen mit Geschichte aus dieser Perspektive beschreiben – beim Panorama oder auch beim Dokumentar- oder Zeitzeugnistheater[33] sind sie besonders auffällig: Die Rezeption von Geschichte beginnt mit dem Verlassen des Alltags und dem Einnehmen einer spezifischen Rezeptionshaltung, die von der medialen Form der Geschichtsrepräsentation mitbestimmt wird. Dazu kann das Aufsuchen bestimmter Orte gehören (Theater, Panorama, Kino, Museum, Gedenkstätte usw.) oder auch die Verwendung eines bestimmten Mediums (Buch, Magazin, Hörbuch, Podcast, Computerspiel usw.). Die Rezeption der Geschichte erfolgt dann in mehr oder weniger kommunikativen Settings. Schließlich wird der Rezeptionsmodus wieder verlassen und die Betrachter_innen kehren mit einem bestärkten, erschütterten oder transformierten historischen Bewusstsein zurück in ihren Alltag.

10.3 Performativität in der Geschichtswissenschaft

In der Geschichtswissenschaft wurden performativitätstheoretische Überlegungen vergleichsweise spät aufgegriffen, eine selbstverständliche und breite Nutzung kann über Einzelstudien hinaus auch heute noch nicht festgestellt werden.[34] Programmatisch bedeutsam bleibt –

32 Bernard Comment: Das Panorama. Die Geschichte einer vergessenen Kunstform, Berlin 2000, S. 104–109.

33 Zeitzeugnistheater bezeichnet eine Form des Dokumentartheaters, das sich auf Vergangenheiten bezieht, die vor allem über historische Dokumente und Zeitzeugnisse repräsentiert werden. Vgl. auch Nils Steffen: „Ich wusste nicht, dass es so war!" Authentizität im Zeitzeugnistheater, in: Thorsten Logge u. a. (Hg.): Geschichte im Rampenlicht. Inszenierungen historischer Quellen im Theater, Berlin 2020, S. 145–163.

34 Vgl. auch Doris Bachmann-Medick: Cultural Turns. Neuorientierungen in den Kulturwissenschaften, 6. Aufl., Reinbek bei Hamburg 2018, S. 104–143.

neben Ansätzen zur Kulturgeschichte des Politischen, die sich unter anderem mit politischen Symbolen, symbolischem Handeln und Ritualen befassen[35] – weiterhin der 2003 von Jürgen Martschukat und Steffen Patzold herausgegebene Sammelband *Geschichtswissenschaft und „performative turn"*, an dem auch Erika Fischer-Lichte beteiligt war.[36]

Die von Martschukat und Patzold in die Geschichtswissenschaft importierte Performativitätstheorie richtet den Blick auf Rituale, Symbole und symbolische Kommunikationen sowie Inszenierungen aller Art, die in der Geschichtswissenschaft auch schon zuvor, vor allem in der Mediävistik und der Frühen Neuzeit, thematisiert wurden. Beklagten die Herausgeber 2003 noch eine auffällige Zurückhaltung, hat seither auch in der Neueren und Neuesten Geschichte die Beschäftigung mit Symbolen, symbolischen und performativen Praktiken zugenommen.[37]

Moderne Gesellschaften verständigen sich in Performances

Martschukat und Patzold gehen davon aus, dass sich (auch) moderne Gesellschaften in hohem Maße in Performances, Aufführungen, Inszenierungen und Ritualen verständigen, sich darin ihrer selbst versichern und ihre Wertordnungen aushandeln und festlegen. Auf Grundlage der von Sprachphilosophie (John L. Austin, John Searle), Theaterwissenschaft (Erika Fischer-Lichte), Ritualforschung (Victor Turner) und Geschlechterforschung (Judith Butler) geteilten sozialkonstruktivistischen Annahme, dass Bedeutung „erst im Augenblick des Äußerns, Aufführens oder sich Verhaltens hervorgebracht" werde,[38] könnten Historiker_innen der produktiven, bedeutungskonstituierenden Kraft von menschlichen Handlungsweisen nachspüren

35 Siehe u. a. Achim Landwehr: Diskurs, Macht, Wissen. Perspektiven einer Kulturgeschichte des Politischen, in: Archiv für Kulturgeschichte 35 (2003), S. 71–117; Barbara Stollberg-Rilinger: Was heißt Kulturgeschichte des Politischen?, Berlin 2005; Ute Frevert/Heinz-Gerhard Haupt (Hg.): Neue Politikgeschichte. Perspektiven einer historischen Politikforschung, Frankfurt a.M. 2005; Thomas Mergel: Überlegungen zu einer Kulturgeschichte der Politik, in: Geschichte und Gesellschaft 28/4 (2003), S. 574–606.

36 Martschukat/Patzold: Geschichtswissenschaft und „performative turn".

37 Siehe beispielsweise Klaus Hödl: Wiener Juden – jüdische Wiener. Identität, Gedächtnis und Performanz im 19. Jahrhundert, Innsbruck 2005; Jürgen Martschukat: „His chief sin is being a negro. Next he whipped a white man. Next he married a white woman". Sport, Rassismus und die (In)Stabilität von Grenzziehungen in den USA um 1900, in: Historische Anthropologie 15 (2007), S. 259–280; Frank Bösch/Patrick Schmidt (Hg.): Medialisierte Ereignisse. Performanz, Inszenierung und Medien seit dem 18. Jahrhundert, Frankfurt a.M. 2010; Janine Schemmer: Hafenarbeit erzählen. Erfahrungsräume im Hamburger Hafen seit 1950, München 2018.

38 Martschukat/Patzold: Geschichtswissenschaft und „performative turn", S. 10.

und durch Quellen belegte Praktiken zugleich „als eine Art Sonde nutzen, um die sich wandelnden kulturellen Figurationen zu erforschen, in die sich die einzelnen Akte einfügten und in denen bzw. durch die sie erst eine spezifische Bedeutung hervorbrachten".[39] Dieser Ansatz wurde auch in der Geschlechterforschung insbesondere in den Arbeiten von Judith Butler formuliert und mit der Ritualtheorie verbunden. Geschlecht werde demnach durch ritualhaft wiederholte große wie kleine Aufführungen in Performances des Männlichen und des Weiblichen geäußert und über diese Äußerungen erst hergestellt. Butler zufolge ist Geschlecht also nicht körperlich determiniert, sondern wird vielmehr im Moment seiner Aus- und Aufführung performativ hervorgebracht – in Praktiken also, die unter dem Schlagwort des *doing gender* gefasst werden können.[40]

Performativität ist eine Perspektive unter anderen

Auch wenn Performativität in den Geistes- und Sozialwissenschaften inzwischen als *umbrella term* dient und von performativer Kultur und Kulturen des Performativen gesprochen wird:[41] Das vorherrschende Text-Paradigma ist durch das Modell ‚Kultur als Performance' keineswegs ersetzt worden.[42] Der *performative turn* löst – wie alle ‚Wenden'[43] seit dem *linguistic turn* – andere Ansätze nicht ab. Vielmehr bestehen verschiedene Perspektiven zeitgleich nebeneinander und erweitern so das Sichtfeld. Auch der *performative turn* ist als eine solche Ergänzung zu verstehen. Durch ihn haben sich neue Schwerpunkte herausgebildet, die nun nicht mehr von einer sprach- und textbasierten Gesellschaft ausgehen, sondern die Bedeutung von Aufführungen hervorheben und ‚Kultur als Performance' betrachten. Damit wird ein weiterer Aspekt von Kultur ins Zentrum der wissen-

39 Ebd., S. 11.

40 Judith Butler: Performative Akte und Geschlechterkonstitution. Phänomenologie und feministische Theorie, in: Uwe Wirth (Hg.): Performanz. Zwischen Sprachphilosophie und Kulturwissenschaften, Frankfurt a.M. 2002, S. 301–320; dies.: Das Unbehagen der Geschlechter, Frankfurt a.M. 1991; dies.: Körper von Gewicht, Berlin 1995; dies.: Hass spricht, Berlin 1998.

41 Jörg Volbers: Performative Kultur. Eine Einführung, Wiesbaden 2014. Von 1999 bis 2010 förderte die Deutsche Forschungsgemeinschaft den Sonderforschungsbereich 447 „Kulturen des Performativen – Performative Turns im Mittelalter, in der Frühen Neuzeit und in der Moderne", der sich in interdisziplinären Teilprojekten mit unterschiedlichen Aspekten von Performativität beschäftigte, https://gepris.dfg.de/gepris/projekt/5482988, letzter Zugriff: 14.9.2020.

42 Bachmann-Medick: Cultural Turns, S. 106.

43 Andreas Reckwitz hat die Rede von den *turns* als „strategische Dramatisierung und Vereinfachung" charakterisiert, Andreas Reckwitz: Affektive Räume: Eine praxeologische Perspektive, in: Elisabeth Mixa/Patrick Vogl (Hg.): E-Motions. Transformationsprozesse in der Gegenwartskultur, Wien/Berlin 2012, S. 23–44, S. 25.

schaftlichen Betrachtung gerückt, der lange Zeit unbeachtet geblieben war.

Performative Historiografie

So lässt sich auch Geschichte und Geschichtsschreibung (oder in einem weiteren Sinne: Geschichtsproduktion) unter performativitätstheoretischen Perspektivierungen betrachten. Ihre Aussagen über die Vergangenheit, die vor allem in der Wissenschaft auf der Grundlage eines komplexen, hoch entwickelten und bewährten Regelsystems hergestellt werden, stellen nicht einfach fest und berichten lediglich, was gewesen sei: Sie *machen* die historischen Ereignisse in und durch Geschichte. Der Theaterwissenschaftler Freddie Rokem hat die performativitätstheoretische Perspektive auf grundsätzlich jede Form von Historiografie übertragen und dadurch erweitert. Ihm zufolge ist „jedes Verfahren, eine Version dessen, was geschehen ist, zu erzählen oder aufzuschreiben, eine Form, Geschichte aufzuführen und jene Vergangenheit zu neuem Leben zu erwecken".[44]

10.4 Zugänge zu Aspekten des Performativen

10.4.1 Praktiken: Reenactment

Die Begriffe ‚Aufführung', ‚Inszenierung', ‚Körperlichkeit' und ‚Wahrnehmung' lassen sich als analytische Kategorien verstehen, die als Ausgangspunkt einer auf das Performative ausgerichteten Public History dienen können. Am Beispiel von Reenactments in populären geschichtskulturellen Kontexten lässt sich das gut verdeutlichen.[45] Bei diesen Nachstellungen bzw. verkörperten Vergegenwärtigungen historischer Ereignisse geht es häufig um Schlachten und militärische Konflikte.[46] Im Reenactment versucht eine wachsende Zahl unserer Zeitgenoss_innen – jedenfalls zeitweise –, in die Vergangenheit einzutauchen, sie zu inkorporieren, um sie so ‚leibhaftig' und mit allen

44 Freddie Rokem: Geschichte aufführen. Darstellungen der Vergangenheit im Gegenwartstheater, Berlin 2012, S. 34.

45 Zum Reenactment siehe grundlegend Ulrike Jureit: Magie des Authentischen. Das Nachleben von Krieg und Gewalt im Reenactment, Göttingen 2020; Vanessa Agnew u. a. (Hg.): The Routledge Handbook of Reenactment Studies. Key Terms in the Field, London/New York 2020; zu Reenactments im Rahmen künstlerischer Performances siehe die Beiträge in Jens Roselt/Ulf Otto (Hg.): Theater als Zeitmaschine. Zur performativen Praxis des Reenactments. Theater- und kulturwissenschaftliche Perspektiven, Bielefeld 2012.

46 Erika Fischer-Lichte: Die Wiederholung als Ereignis: Reenactment als Aneignung von Geschichte, in: Jens Roselt/Ulf Otto (Hg.): Theater als Zeitmaschine. Zur performativen Praxis des Reenactments, Bielefeld 2012, S. 13–52, hier S. 13.

Sinnen zu erfahren. Solche Immersionsversuche (vgl. Infobox Immersion in Kap. 5.3) stützen sich dabei in hohem Maße auf die materielle Kultur – Kleidung, Ausrüstung, Überreste historischer Stätten.

Reenactments sind *cultural performances*

Zugleich sind Reenactments *cultural performances* und eröffnen vielfältige Handlungs- und Erfahrungsräume – Räume, in denen das Erleben in den Vordergrund rückt –, wie wir sie aus dem Theater und von Ritualen kennen. Als Wiederholungen eines vergangenen Geschehens können Reenactments jedoch niemals mit dem identisch sein, „was sie wieder holen, d. h. leiblich ins Gedächtnis zurückholen".[47] Sie sind vielmehr kulturelle Konstrukte und spiegeln singuläre Ereignisse im Hier und Heute und damit unsere zeitgenössische Lebenswelt wider.

Dem Reenactment kann man sich auf verschiedenen Wegen nähern. Das Phänomen lässt sich beispielsweise auf der Objektebene betrachten, wobei die Funktionen und Bedeutungen materieller Kultur in den Blick geraten. Diese stellt, wie schon erwähnt, ein zentrales Element des immersiven Geschehens dar, verleiht sie den Akteur_innen doch das Gefühl, Vergangenheit unmittelbar – leiblich – zu erfahren. Damit eng verknüpft ist der Aspekt der Authentizität (vgl. Kap. 2). Diese wird ebenfalls vor allem über die Objektebene, über das begreifbare Erleben der Materialität geschaffen.[48] Eine prozessuale Perspektive wiederum fokussiert auf die performativen Elemente, denen bei erlebnisorientierten Zugängen zur Geschichte eine besondere Funktion zukommt. Sie vermag die zufälligen Momente des ‚Werdens' in den Blick zu nehmen sowie die Verschränktheit von Individuen bzw. Akteur_innen, Dingen, Räumen und Atmosphären zu berücksichtigen. Über eine solche Betrachtungsweise lassen sich wiederum mögliche komplementäre oder einander bedingende Zusammenhänge sowie strukturelle Gemeinsamkeiten mit anderen theatralen Praktiken herausarbeiten. Die oben genannten Analysekategorien sind geeignet, diese komplementären Zusammenhänge sowohl ab- als auch eine gewisse Systematik auszubilden.

Reenactments sind Aufführungen

Reenactments sind Aufführungen. Dabei stellen Akteur_innen bzw. Reenactors zu einer bestimmten Zeit an einem bestimmten Ort ein Ereignis vor Publikum nach. Das Reenactment der Völkerschlacht bei Leipzig im Jahr 2013 war beispielsweise solch eine Aufführung; mehrere tausend Akteur_innen kamen hier zusammen bzw. trafen

47 Ebd.

48 Ulf Otto: Die Macht der Toten als das Leben der Bilder. Praktiken des Reenactments in Kunst und Kultur, in: Jens Roselt/Christel Weiler (Hg.): Schauspielen heute. Die Bildung des Menschen in den performativen Künsten, Bielefeld 2011, S. 185–201, hier S. 191.

aufeinander, um die Schlacht – unter den Augen von über 30.000 Zuschauer_innen – nachzuspielen.[49] Inwieweit bei so großen Veranstaltungen Interaktionen zwischen dem weit entfernten, in Leipzig auf einem Podium sitzenden Publikum und den Akteur_innen zustande kommen und die Aufführung verändern, ist noch nicht eingehend untersucht. Die von Fischer-Lichte beschriebene ‚leibliche Ko-Präsenz' und das im Reenactment von allen Beteiligten gemeinsam Erlebte, wird man aber nicht verneinen können. Die enge Verbindung von Publikum und Akteur_innen verdeutlicht ein anderes Beispiel, das ebenfalls 2013 stattfand. Unter Federführung der Living-History-Gruppe Numerus Brittonum machte sich ein aus rund 25 Männern und Frauen bestehender Trupp auf den Weg, die etwa 140 Kilometer lange, wissenschaftlich rekonstruierte Strecke des 213 n. Chr. von Kaiser Caracalla durchgeführten Germanienfeldzugs zwischen den Limesorten Aalen und Osterburken nachzuvollziehen, wobei ihre Ausrüstung – soweit möglich – originaltreu nachgebildet wurde.[50] Der neuntägige Marsch wurde von zahlreichen ‚zivilen' Begleiter_innen aus der Jetztzeit eskortiert. Begonnen hatte der Marsch auf dem Freilichtgelände des Limesmuseums Aalen mit einer ‚Motivationsrede' des Caracalla-Darstellers an seine Truppe und einer Opferzeremonie, bei der ein als römischer Priester verkleideter Akteur an einem Steinaltar göttlichen Beistand beschwor. Begleitet wurde die Zeremonie von einem Flötisten, wodurch die Szenerie zusätzlich atmosphärisch aufgeladen wurde. Im Publikum wurde es, als der Flötist zu spielen begann, merklich leiser, bis es schließlich ganz still war. Die Zuschauer_innen spürten, dass dies ein bedeutender und in gewisser Weise auch erhebender Moment ist. So entstand die Bedeutung des Geschehens in der Interaktion, dem wechselseitigen (Re-)Agieren aller Beteiligten im Zuge der Aufführung.

Reenactments sind natürlich auch Inszenierungen, also absichtsvoll eingeleitete und wiederholbare Handlungen. Sie bringen etwas zur Erscheinung, nämlich ein Bild der vergangenen historischen Ereignisse, also z. B. der Völkerschlacht bei Leipzig, eines Feldzugs nach

49 Bertram Haude: Krieg als Hobby? Das Leipziger Völkerschlacht-Reenactment und der Versuch einer Entgegnung, in: Forum Kritische Archäologie 4 (2015), S. 1–12, DOI: doi.org/10.6105/journal.fka.2015.4.1.

50 Ausführlich dazu Stefanie Samida: Aneignung von Vergangenheit durch körperliches Erleben?, in: Literatur in Wissenschaft und Unterricht 46/2–3 (2013), Themenheft: Kulturelle Aneignung von Vergangenheit, S. 105–122; dies.: Per Pedes in die *Germania magna* oder Zurück in die Vergangenheit? Kulturwissenschaftliche Annäherungen an eine performative Praktik, in: Sarah Willner u. a. (Hg.): Doing History. Performative Praktiken in der Geschichtskultur, Münster/New York 2016, S. 45–62.

Germanien oder der Varusschlacht. In diesen Inszenierungen wird jeweils Reales, Imaginäres und Fiktives miteinander in Beziehung gesetzt: Ausrüstung und historischer Ort (Reales), Gefechtsformationen (Imaginäres = so könnte es gewesen sein) und Agieren auf dem Schlachtfeld (Fiktives = frei erfunden).

Der Körper bringt Bedeutungen hervor

Reenactments sind aber nicht nur Aufführungen und Inszenierungen von Geschichte. Auch die leiblich-affektiven Erfahrungen der beteiligten Akteur_innen zeigen sich auf unterschiedlichen Ebenen. Ein banales Beispiel körperlicher Erfahrung hängt mit dem Wetter sowie der Kleidung und den Ausrüstungsgegenständen zusammen: Ungewohnte Kleidung kratzt, Schuhe drücken, Hitze oder Kälte führen zu körperlichen Reaktionen. Darüber hinaus vermag der Prozess der Verkörperung und die emotionale Unmittelbarkeit im Geschehen ein Präsenzerlebnis zu erzeugen, das dem von Turner als „betwixt and between" beschriebenen Zustand nicht unähnlich ist und als liminoide Grenzerfahrung begriffen werden kann. Im Rahmen von Reenactments haben sich hierfür die Bezeichnungen *period rush* oder *time warp* etabliert.[51] Die transformative Kraft des Performativen zeigt sich aber nicht nur im Präsenzerlebnis, sie äußerst sich auch im Erleben der Turner'schen *communitas*. Die Teilnehmer_innen, gerade wenn sie sich in Gruppen organisiert haben, sind durch das gemeinsam Erlebte aufs Engste miteinander verbunden, in den Worten Edith Turners: „[T]hey are all going through a change".[52]

Die Berücksichtigung des Anteils aller Aufführungsbeteiligten an der Produktion von Sinn und Bedeutung macht Geschichte als einen kommunikativen Prozess in unterschiedlichen medialen Settings beschreibbar. Das gilt grundsätzlich für alle Aufführungen von Geschichte, nicht nur bei einem Reenactment oder auf der Aussichtsplattform eines Schlachtenpanoramas. Die Bandbreite reicht hierbei von Geschichte auf der Theaterbühne[53] über dokumentarische Praktiken in Film und Fernsehen bis hin zur universitären Geschichtsschreibung.

Historische Sinnbildung ist performativ

Historische Sinnbildung vollzieht sich aus dieser Perspektive in performativen Akten. Hier wird somit noch einmal besonders augenfällig, dass sie nicht als Top-down-Prozess im Sinne eines linearen Vermittlungsaktes betrieben werden kann und stets auch die Möglichkeit einer kreativ-subversiven Aneignung beinhaltet. Fragen danach,

51 Dazu z. B. Rebecca Schneider: Performing Remains. Art and War in Times of Theatrical Reenactment, London/New York 2011, S. 50 f.

52 Turner: Communitas, S. 4.

53 Thorsten Logge u. a. (Hg.): Geschichte im Rampenlicht. Inszenierungen historischer Quellen auf der Bühne, Berlin 2020.

welche Rolle die Unvorhersehbarkeit und in einem gewissen Maße immer gegebene Unplanbarkeit von Geschichtsaufführungen spielt und wie adaptive, adoptive und transgressive Rezeptionen[54] sich auf das Geschichtsbewusstsein der Rezipierenden auswirken, müssen daher in die Forschungsperspektive einer performativitätstheoretisch orientierten Public History eingehen.

10.4.2 Objekte: Dinge in der Geschichtskultur

Dinge umgeben uns überall. Wir können sie sehen, hören, tasten, riechen und schmecken, also mit all unseren Sinnen ihre Farbe, Form, Beschaffenheit usw. wahrnehmen. Sie übernehmen auch in den vielfältigen performativen Praktiken der Geschichtskultur eine wichtige Funktion, wie beim Reenactment oder bei historischen Festzügen, Stadtjubiläen, Mittelaltermärkten und anderem mehr.

Materielle Kultur wird erforscht

Nachdem das Interesse an Dingen bzw. materieller Kultur in der Forschung lange Jahre eher gering und auf wenige Fächer wie etwa die Kulturanthropologie beschränkt war, erfährt das Thema seit gut drei Jahrzehnten in den Kultur- und Sozialwissenschaften ein wachsendes Interesse. In Großbritannien hat sich seit den 1990er Jahren hierzu sogar eine eigene Disziplin herausgebildet, die Material Culture Studies.[55] Erstaunlicherweise haben sich aber weder die Material Culture Studies noch Fächer wie die Kulturanthropologie bisher ausführlicher mit den Dingen, ihrem Gebrauch und ihrer Bedeutung in der geschichtskulturellen Praxis beschäftigt. Erst in letzter Zeit beginnt sich hier langsam etwas zu ändern.[56] Einführungen in die Public History beschäftigen sich mit Dingen wiederum vorwiegend im musealen Kontext, in dem Exponate vornehmlich in ihrer Funktion als

54 Gemeint sind hier verschiedene Arten oder Modi von Aneignung des Vorgefundenen: *adaptiv* im Sinne von (Selbst-)Anpassung, *adoptiv* im Sinne von Annahme oder Übernahme und *transgressiv* im Sinne einer ‚regelwidrigen' oder ‚kreativen' Ver- und Bearbeitung.

55 Dan Hicks/Mary C. Beaudry (Hg.): The Oxford Handbook of Material Culture Studies, Oxford 2010; Christopher Tilley u. a. (Hg.): Handbook of Material Culture, London 2006; mit Blick auf die deutschsprachige Forschung: Stefanie Samida u. a. (Hg.): Handbuch Materielle Kultur. Bedeutungen, Konzepte, Disziplinen, Stuttgart/Weimar 2014.

56 Z.B. Mads Daugbjerg: ‚As Real as it Gets': Vicarious Experience and the Power of Things in Historical Reenactment, in: Sarah Willner u. a. (Hg.): Doing History. Performative Praktiken in der Geschichtskultur, Münster/New York 2016, S. 151–171; Petra Tjitske Kalshoven: Things in the Making, in: Etnofoor 22/1 (2010), S. 59–74; Dawid Kobialka: The Mask(s) and Transformers of Historical Re-Enactment: Material Culture and Contemporary Vikings, in: Current Swedish Archaeology 21 (2013), S. 141–161.

Zeichenträger betrachtet werden.[57] Eine solche Sicht auf die Dinge greift jedoch dann zu kurz, wenn ihnen ein reiner Objektstatus zugewiesen und damit Passivität unterstellt wird. Dinge sind weit mehr als „bloße Objekte einer Semantisierung oder Symbolisierung".[58] In der sozial- und kulturwissenschaftlichen Diskussion zur materiellen Kultur bilden besonders der französische Philosoph und Soziologe Bruno Latour und die Akteur-Netzwerk-Theorie (ANT), die er im Kontext der Wissenschaftsforschung bzw. von Laborstudien Ende der 1970er Jahre begründet hat, einen wichtigen Referenzpunkt.

Dinge haben Handlungspotenzial

Latour weist den Dingen, die in einem Netzwerk mit anderen Dingen, Menschen und Hybriden etc. verbunden sind, Handlungspotenzial zu und bezeichnet die so verstandenen Dinge als „Aktanten".[59] Damit hebt er sie gewissermaßen auf eine Stufe mit sozialen Akteur_innen, sie stehen nicht mehr „unterhalb der Menschen und ihrem Denken, sondern ihnen gegenüber".[60] Gemäß dem von Latour entworfenen, alle und alles miteinander in Wechselwirkungen verstrickenden Geflechts treten uns permanent Dinge entgegen und zwingen uns in ihrer Qualität als Aktanten ständig zum Handeln, zur Reaktion.[61] Tatsächlich zeichnet sich unser Umgang mit Dingen jedoch eher dadurch aus, dass wir ihnen unterschiedliche Formen von Aufmerksamkeit zukommen lassen, ja sie durchaus auch mit Nicht-Beachtung ‚strafen'.[62] Diese unterschiedlichen Aufmerksamkeitsökonomien finden wir in der Alltagswelt, aber auch in der populären Geschichtskultur wie z. B. bei den gegenwärtig beliebten Schwertern. Sie treten uns nicht nur in Kinderbüchern oder in verschiedenen Sets von Playmobil-Ritterburgen bis hin zu ‚echten' Holz- oder futuristischen Lichtschwertern entgegen. Auch (junge) Erwachsene sind begeistert von Repliken der Schwerter von Held_innen und Bösewichten aus Action- und Fantasyfilmen, von Schwertrepliken, die im Live Action Role Playing (LARP) zum Einsatz kommen, sowie von ‚echter' mittelalterlicher und asiatischer Schwertkampfkunst.

57 Siehe z. B. Martin Lücke/Irmgard Zündorf: Einführung in die Public History, Göttingen 2018, S. 61–65.

58 Karl H. Hörning: Was fremde Dinge tun: Sozialtheoretische Herausforderung, in: Hans Peter Hahn (Hg.): Vom Eigensinn der Dinge. Für eine neue Perspektive auf die Welt des Materiellen, Berlin 2015, S. 163–176, hier S. 170.

59 Bruno Latour: On Actor-Network Theory: A Few Clarifications, in: Soziale Welt 47/4 (1996), S. 369–381, hier S. 369.

60 Hans Peter Hahn: Dinge als Herausforderung – Einführung, in: ders./Friedemann Neumann (Hg.): Dinge als Herausforderung. Kontexte, Umgangsweisen und Umwertungen von Objekten, Bielefeld 2018, S. 9–32, hier S. 13.

61 Ebd., S. 14.

62 Ebd.

Hier muss die Public History ansetzen und intensiver als bisher nach den Mensch-Ding-Beziehungen fragen: Welche Dinge sind wie in geschichtskulturelle Praktiken eingebettet? Wie und in welchen Kontexten werden sie genutzt? Wie ist die Beziehung von Mensch und Ding? Welche Rolle übernehmen die Dinge im performativen Setting? Wie beeinflussen sie die Performance und die Akteur_innen? Welche Bedeutungen rufen sie hervor? Es ist also nicht nur nach Gestalt, Material und Funktion von Dingen – etwa der (Ver-)Kleidung und Ausrüstung – zu fragen, sondern das konkrete Handeln (im Kontext der Aufführung) in den Blick zu nehmen. Es geht um die Wechselbeziehung von Mensch und Ding bzw. um das oben erwähnte Netzwerk und damit um die Frage nach der Wirkungs- und Handlungsmacht der Dinge einerseits sowie um ihre kulturelle und symbolische Bedeutung andererseits.

Dinge in der musealen Geschichtsdarstellung

Bei der Betrachtung von Geschichtsrepräsentationen im öffentlichen Raum müssen die Dinge und ihre Performativität ebenfalls stärker beachtet werden.[63] Das gilt insbesondere auch im Kontext von Geschichtsausstellungen und in historischen Museen. Hier werden Dinge in Form von Exponaten eingesetzt, um die im dreidimensionalen Raum entfaltete museale Geschichtsdarstellung zu objektivieren und die Authentizität des Erzählten über materielle Spuren zu erzeugen. Was aber macht ein Ding zum Museumsobjekt? Wie werden Ausstellungstexte und Objekte miteinander verflochten? Wie generieren Besucher_innen historisches Wissen durch die Begegnung mit den ausgestellten Dingen? Welche Funktion übernehmen Dinge als Museums- und Ausstellungsobjekte und wie werden sie durch die Aufnahme in Sammlungen transformiert und im Zuge ihrer musealen Präsentation autorisiert und auratisch aufgeladen? Und nicht zuletzt: Wie werden sie zu Evidenzen historischer Erzählungen und Argumentationen? Eine performativitätstheoretisch erweiterte Historiografiegeschichte kann hier ertragreiche Fragestellungen generieren, die auf die Erforschung des Wirkens der Dinge bis hin zu ihrem Einsatz als referenzierte Spuren und Quellen in universitärer Historiografie abzielen.

10.5 *Doing history*

Wenn Geschichte als eine soziale Praxis verstanden wird, die aus einer stets gegenwärtigen Perspektive (Jörn Rüsen) Spuren von Vergan-

63 Fischer-Lichte: Performativität, S. 161–178.

genheit auswählt, ordnet und narrativ aufbereitet, dann sind grundsätzlich alle Praktiken des Geschichtemachens als performative Akte beschreibbar. Sie unterscheiden sich primär in der medialen Repräsentation, den Konventionen und Bedingungen ihrer Produktion und Rezeption, in den avisierten und tatsächlichen Öffentlichkeiten sowie den zielgruppenbezogenen Darstellungsmodi und den damit zusammenhängenden Authentisierungs- und Authentifizierungsverfahren.

Aufgabe einer forschenden Public History ist, die vielfältigen performativen Praktiken des *doing history* zu identifizieren, zu untersuchen und zu erschließen, auch um gegenwärtige und zukünftige Geschichtsproduktionen so zu projektieren und zu reflektieren, dass intentionale Sinngebungsmotivationen und -ziele in der Herstellung von historischen Deutungsangeboten expliziert werden (können). Geschichte wird gemacht – und das Machen von Geschichte ist der zentrale Gegenstand einer geschichts- und kulturwissenschaftlich orientierten Public History.

Einführende Literatur

Fischer-Lichte, Erika: Performativität. Eine Einführung, Bielefeld 2012.

Martschukat, Jürgen/Patzold, Steffen (Hg.): Geschichtswissenschaft und „performative turn". Ritual, Inszenierung und Performanz vom Mittelalter bis zur Neuzeit, Köln 2003.

Willner, Sarah u. a. (Hg.): Doing History. Performative Praktiken in der Geschichtskultur, Münster/New York 2016.

Wirth, Uwe (Hg.): Performanz. Zwischen Sprachphilosophie und Kulturwissenschaften, Frankfurt a.M. 2002.

11 Rezeption

11.1 Einleitung

Moderne Darstellungen von griechischen Tempeln weisen in der Regel ein gemeinsames Merkmal auf: Sie zeigen immer weiße Peripteral- oder Ringhallentempel. Dies gilt für die Rekonstruktion des athenischen Parthenon, die 1897 in Nashville, Tennessee, angefertigt wurde, für die gezeichneten Tempel im Comic *Asterix bei den Olympischen Spielen*[1] wie auch für die filmischen Repräsentationen in *Clash of the Titans* (USA 2010, R.: Louis Leterrier). Und dennoch stellen Peripteraltempel nur eine von vielen möglichen Formen der antiken griechischen Sakralarchitektur dar und nur selten waren die griechischen Tempel weiß: Ihre Polychromie ist nicht nur wissenschaftlich gesichert (dies schon seit dem 19. Jahrhundert),[2] sondern häufig auch auf populärwissenschaftlicher Ebene bekannt.

Warum werden sie dann in medialen Produkten mit einem historischen Thema immer noch und immer wieder als rein weiße Gebäude dargestellt? Der Hauptgrund ist ganz einfach: Weil sie immer so dargestellt wurden. Die weiße Farbe, die aufgrund ihrer Assoziation mit Reinheit, Einfachheit, Strenge eine zentrale Bedeutung in der philhellenischen Ästhetik des 18. und 19. Jahrhunderts hatte, sowie ihre konsequente Adoption in der neoklassischen Architektur, die sich von diesen Idealen inspirieren ließ, haben die Verbildlichung der antiken griechischen Architektur so stark beeinflusst, dass der weiße Tempel fast zu einer Ikone geworden ist, deren Wert im hohen Grad in seiner (Wieder-)Erkennbarkeit liegt. Die meisten Menschen, die ein weißes Gebäude mit sechs oder acht Säulen und einem Ziergiebel

1 René Goscinny/Albert Uderzo: Asterix bei den Olympischen Spielen, München 1972 (frz. Orig. 1968).

2 David T. van Zanten: The Parthenon Imagined Painted, in: Panayotis Tournikiotis (Hg.): The Parthenon and Its Impact in Modern Times, Athen 1994, S. 259–277.

sehen, realisieren sofort, dass die Kulisse auf die klassische Antike und insbesondere auf das antike Griechenland hinweist; denselben Effekt würde man mit der wissenschaftlich korrekten (also blaue, rote, gelbe und schwarze Elemente aufweisenden) Rekonstruktion des Parthenon nicht erreichen.[3] Ganz im Gegenteil würde dieses Bild mit dem kollidieren, was man von einer Darstellung des griechischen Tempels erwartet, und daher manche Betrachter_innen nachhaltig irritieren.

Geschichtsrezeption als Stereotypisierung

Hinter dieser Ikone stecken Mechanismen der Geschichtsrezeption. Dieser Begriff bezeichnet die Prozesse, durch die historische Kulturen, Ereignisse und Persönlichkeiten, aber auch kulturelle Produkte aus der Vergangenheit über kürzere oder längere Zeiträume in der jeweiligen Geschichtskultur (vgl. Kap. 6) genutzt und zum Bestandteil eines verbreiteten und geteilten ‚Populärwissens' werden. Da diese Prozesse in jedem kulturellen Kontext zur Entwicklung breit vorhandener Vorkenntnisse führen, die letztendlich den Charakter eines Gemeinplatzes annehmen (und daher auch als Klischees definiert werden können), ist die Geschichtsrezeption auch, aber nicht nur, im Sinne eines Prozesses der Stereotypisierung zu verstehen. Wie schon am Beispiel der Polychromie der griechischen Tempel gezeigt, sind die Erwartungen, die die Rezipient_innen an bestimmte historische Darstellungen haben, von wissenschaftlichen Erkenntnissen und philologischen Rekonstruktionen unabhängig; sie gründen eher in der Darstellungsgeschichte der jeweiligen Ereignisse, Figuren und Kulturen. Geschichtsrezeption definiert in diesem Sinne das, was in verschiedenen kulturellen Kontexten *pastness* ausmacht. *Pastness* – als Qualität, die das bezeichnet, was unabhängig vom Alter historisch aussieht und als historisch erkannt wird und daher auch das, was ‚authentisch historisch' wirkt – wird in der Tat eben gerade solchen Objekten zugeschrieben, die den erwähnten Erwartungshorizonten entsprechen (vgl. die folgende Infobox *pastness*).

Während der Begriff der Geschichtsrezeption in der Geschichtswissenschaft bisher wenig geläufig ist, wird er in den Altertumswissenschaften in Untersuchungen der Persistenz von antiken Themen, Narrativen oder Charakteren in nachantiken Epochen seit einigen Jahrzehnten verwendet. Dennoch ist der Begriff auch in allen anderen Bereichen der Geschichtswissenschaft sehr bedeutsam als heuristisches Mittel, um die Mechanismen der (An-)Erkennung von

3 Filippo Carlà-Uhink: Representations of Classical Greece in Theme Parks, London/New York 2020, S. 18 f.

Geschichtsdarstellungen durch das jeweilige (Ziel-)Publikum zu untersuchen, bzw. ist er in der Planung von Public-History-Angeboten zu berücksichtigen. Die Relevanz für die Public History sollte schon auf den ersten Blick offenkundig sein: Durch die Geschichtsrezeption bilden sich in der Tat in jedem kulturellen Kontext Erwartungsstrukturen und Erwartungshorizonte an die Geschichte – z. B. die Erwartung, dass griechische Tempel weiß sind. Diese Erwartungsstrukturen definieren die Erkennbarkeit von Bildern, Texten usw. als ‚historisch' und ihre Zuordnung zu einer gewissen vergangenen Kultur – bzw. bedingen das Nicht-Erkennen eines farbigen Tempels als Bestandteil einer antiken griechischen Stadt.

Pastness

Das englische Wort *pastness* wurde schon im 19. Jahrhundert benutzt, nahm aber erst im 20. Jahrhundert seine heutige Bedeutung an. Nur schwerlich ins Deutsche zu übertragen, bezeichnet *pastness* die Qualität, die Aura oder den Status von etwas, das als Überrest der Vergangenheit oder ihr anderweitig zugehörig angesehen wird. Seit den 2000er Jahren ist der Begriff im Kontext der Authentizitätsdebatte (vgl. Kap. 2) fest verankert und bezeichnet dort spezifisch die Qualität von Dingen, die aufgrund ihrer äußeren Erscheinung den Eindruck erwecken, aus einer anderen Epoche zu stammen. Gebäude, denen *pastness* zugeschrieben wird, müssen daher nicht notwendigerweise alt sein – sie müssen alt aussehen bzw. als alt empfunden werden. Den Ruinen eines griechischen Tempels, wie beispielsweise diejenigen in Agrigent oder Paestum (beide Italien), ist *pastness* zu eigen, denn ihr baulicher Zustand verdeutlicht ihre Herkunft aus einer vergangenen Epoche. Künstliche Ruinen, die im 18. und 19. Jahrhundert errichtet wurden, etwa der Potsdamer Ruinenberg von 1748, sind im Moment ihrer Konstruktion zwar neue Bauten, strahlen aber ebenfalls *pastness* aus. Denn diese Ruinen werden von uns stets als historische Gebäude imaginiert (vgl. Kap. 9). Gleichzeitig weist alte Architektur nicht immer *pastness* auf, da sie nicht zwingend als antik oder alt empfunden wird. *Pastness* hat also drei zentrale Merkmale: (1) Es ist eine Eigenschaft, die eng mit Materialität verwoben ist (*pastness* erkennt man an materiellen Objekten); (2) *pastness* entsteht nur in Resonanz mit Vorkenntnissen und Erwartungen der Betrachter_innen; (3) *pastness* bedarf eines glaubwürdigen Narrativs, das Vergangenheit und Gegenwart verbindet (in anderen Worten, die Präsenz eines historisch aussehenden Artefakts muss glaubwürdig und erklärbar sein: Eine ägyptische Pyramide in Australien bleibt z. B. ohne *pastness*, wenn keine Erzählung erklärt, wie sie dorthin gekommen ist). Wichtig ist zu betonen, dass *pastness* als sichtbares und spürbares ‚Vergangensein' eine Qualität ist, die zugeschrieben wird und sich daher auch stetig ändert; gleichzeitig bezeichnet *pastness* aber auf einer übergeordneten Ebene die Summe aller Vergangenheiten, die in der Gegenwart existieren. Die Relevanz dieses Begriffs für die Public History besteht darin, dass Public Historians in der Lage sein müssen, diese *pastness* zu erkennen bzw. im Kontext von Ausstellungen oder anderen Präsentationen dafür zu sorgen, dass die Historizität der gezeigten Dinge glaubhaft vermittelt wird.

Leseempfehlung
Holtorf, Cornelius: The Presence of Pastness: Themed Environments and Beyond, in: Judith Schlehe u. a. (Hg.): Staging the Past. Themed Environments in Transcultural Perspective, Bielefeld 2010, S. 23–40; Holtorf, Cornelius: On Pastness: A Reconsideration of Materiality in Archaeological Object Authenticity, in: Anthropological Quarterly 86/2 (2013), S. 427–443.

11.2 Begriffsgeschichte

Rezeption bezeichnet laut Duden zum einen die „Auf-, Übernahme fremden Gedanken-, Kulturguts", zum anderen die „verstehende Aufnahme eines Kunstwerks, Textes durch den Betrachtenden, Lesenden oder Hörenden".[4] Die letztere Bedeutung bezieht sich im Kontext der Public History auf das Verständnis und die interpretative Einordnung der Reaktionen der Besucher_innen oder Beobachter_innen von Public-History-Produkten, die z. B. durch Befragungen gemessen und analysiert werden können („empirische Rezeptionsforschung").[5] Da dieser Band aber Public-History-Produkte und ihre Entstehung aus der Perspektive der Historiker_innen und der Praktiker_innen fokussiert, werden hier die spezifischen Formen und Methoden solcher Untersuchungen, die mit Statistik, Psychometrie, Datenverarbeitung

4 Rezeption, in: Duden online, https://www.duden.de/rechtschreibung/Rezeption, letzter Zugriff: 18.12.2019.

5 In Bezug auf die Rezeption literarischer Werke vgl. Achim Barsch: Rezeptionsforschung, empirische, in: Ansgar Nünning (Hg.): Metzler Lexikon Literatur- und Kulturtheorie. Ansätze – Personen – Grundbegriffe, 5. Aufl., Stuttgart 2013, S. 652–654.

etc. zu tun haben, nicht weiter thematisiert. Der Fokus liegt im Folgenden auf einem Verständnis von Rezeption als Auf- oder Übernahme des Gedanken- oder Kulturguts anderer Menschen, Kulturen und Epochen.

Literaturwissenschaftliche Ursprünge

Diese Bedeutung von ‚Rezeption' wurde zunächst im Bereich der Literaturwissenschaft entwickelt und dann in der Geschichtswissenschaft und anderen Geisteswissenschaften übernommen und angepasst. Den Auftakt bildete die Rezeptionsästhetik, die in den 1960er/1970er Jahren entstand.[6] Hans-Georg Gadamer, dessen Werk zu Recht zu den Inspirationsquellen der Rezeptionsästhetik gezählt wird,[7] hatte 1960 in *Wahrheit und Methode* die historische Natur – und daher die Veränderlichkeit und Kontextualität – des Verstehens herausgearbeitet. Diese Sichtweise impliziert auch, dass Texte weder eine essentielle Bedeutung, noch dass sie überhaupt nur eine einzige Bedeutung haben. Bedeutung ist vielmehr konstruiert in einer stetigen Verflechtung von Vergangenheit und Gegenwart und steht immer unter dem Einfluss von ‚Vorurteilen'.[8] Gegen das damals dominante Verständnis der Literaturgeschichte als Reihung von gut definierbaren und beschreibbaren Epochen begann nun die Rezeptionsästhetik bei literaturwissenschaftlichen Untersuchungen die Wahrnehmung durch die Leser_innen ins Zentrum zu rücken. Ein Verständnis der Geschichtlichkeit in der Literaturgeschichte beruhte demnach auf einem Verständnis von Literatur und Kunst als Prozess, in dem die ‚Wechselwirkung' zwischen Autor_innen und Publikum eine zentrale Rolle spielt.[9] Die Bedeutung eines literarischen Werks konstituiert sich nach diesem Ansatz im Moment seiner Rezeption, wenn die Leser_innen den Text anhand ihrer Vorkenntnisse und ‚Erwartungshorizonte' (ein Begriff, den der Romanist Hans Robert Jauß, einer der Gründer der Rezeptionsästhetik, ins Zentrum seiner Methodologie

6 Im englischsprachigen Raum ist dieser Ansatz als „reader-response criticism" bekannt. Zur Vorgeschichte des Begriffs vgl. Hans Robert Jauß: Rezeption, Rezeptionsästhetik (1992), in: Joachim Ritter/Karlfried Gründer (Hg.): Historisches Wörterbuch der Philosophie, Bd. 8: R–Sc, Darmstadt 2019, S. 996–1004. Für die Darstellung einiger möglicher Differenzen zwischen den zwei Begriffen vgl. auch Robert C. Holub: Reception Theory. A Critical Introduction, London/New York 1984, S. xii–xiv.

7 Holub: Reception Theory, S. 36–45.

8 Hans-Georg Gadamer: Wahrheit und Methode. Grundzüge einer philosophischen Hermeneutik (Gesammelte Werke, Bd. 1), Tübingen 1990 (1960), S. 270–312; vgl. Hans-Helmuth Gander: Erhebung der Geschichtlichkeit des Verstehens zum hermeneutischen Prinzip (GW 1, 270–311), in: Günter Figal (Hg.): Hans-Georg Gadamer. Wahrheit und Methode, Berlin 2007, S. 105–125.

9 Holub: Reception Theory, S. 53–58.

stellte)[10] wahrnehmen, verstehen, interpretieren und wiedergeben. Die Rezeption ist daher nicht nur eine passive Aufnahme, sondern ein konstruktiver Produktionsakt, der sinngebende Akt schlechthin, denn nur die Rezeption des Texts gibt dem Text selbst einen Sinn: Derselbe Text wird in unterschiedlichen Momenten und aufgrund unterschiedlicher Erwartungshorizonte unterschiedlich verstanden, beurteilt und rezipiert, genauso wie Dinge in unterschiedlichen Momenten auf unterschiedliche Weise mit *pastness* aufgeladen werden können.

New Historicism

Zentral für die Fragen und Ansätze der Rezeption ist auch eine weitere literaturwissenschaftliche Theorie, die ab den 1980er Jahren insbesondere von Stephen Greenblatt entwickelt wurde: der New Historicism.[11] Statt einer Fokussierung auf die Autor_innen und ihre Ziele rückt dieser den kulturhistorischen Kontext ins Zentrum, in dem der jeweilige Text entstand, und fordert, dass man „die Berücksichtigung des historisch-kulturellen Umfeldes nicht länger als die Antwort begreifen darf, sondern als die Frage begreifen muss".[12] Der Kontext wird dabei als das historisch und kulturell spezifische Gefüge von Texten bzw. als diskursives Netz betrachtet. Da auch Geschichte nur als Text vermittelt werden kann[13] und somit nur in demselben Gefüge, in dem auch literarische Texte produziert und vermittelt werden, impliziert der New Historicism, dass die „Geschichtlichkeit von Texten" eng mit der „Textualität von Geschichte" verwoben ist[14] und dass das zu untersuchende Gefüge zudem immer aus geschichtskulturellen Strukturen und Elementen besteht. Auch historische Ereignisse spielen in der Tat eine Rolle, insofern sie weiter wahrgenommen, verarbeitet, memorialisiert, oder als Grund für Entscheidungen her-

10 Hans Robert Jauß: Literaturgeschichte als Provokation der Literaturwissenschaft (1967), in: Rainer Warning (Hg.): Rezeptionsästhetik. Theorie und Praxis, München 1975, S. 126–162, hier S. 130–141; vgl. Holub: Reception Theory, S. 58–63.

11 Der New Historicism hat, trotz seiner Bezeichnung, die vor allem in Abgrenzung zum New Criticism entstanden ist, nichts mit dem Historismus zu tun – teilweise wird daher auch eher von „Kulturpoetik" gesprochen, vgl. Claudius Sittig: „Was ernst an ihm ist, kann sie schon". Die deutsche Literaturwissenschaft und der New Historicism aus der Neuen Welt, in: Rebekka Habermas/Rebekka von Mallinckrodt (Hg.): Interkultureller Transfer und nationaler Eigensinn. Europäische und angloamerikanische Positionen der Kulturwissenschaften, Göttingen 2004, S. 87–106, hier S. 98.

12 Moritz Baßler: New Historicism – Literaturgeschichte als Poetik der Kultur, in: ders. (Hg.): New Historicism. Literaturgeschichte als Poetik der Kultur, 2. Aufl., Tübingen/Basel 2001, S. 7–28, hier S. 12.

13 Hayden White: Metahistory. The Historical Imagination in Nineteenth Century Europe, Baltimore 1973; vgl. Holub: Reception Theory, S. 161 f.

14 Baßler: New Historicism, S. 8; Sittig: Die deutsche Literaturwissenschaft, S. 93.

angezogen werden.[15] Durch diesen Ansatz – um es vereinfacht zu formulieren – kann sich damit der Forschungsfokus von der Rezeption eines literarischen Werks durch eine_n Leser_in zur Rezeption von älteren Texten in der Tätigkeit der Schriftssteller_innen verschieben, die die ‚Vergangenheit' überformen und weiter vermitteln.

Anwendungen in der Geschichtswissenschaft

Wenn man Medienprodukte und Kultur überhaupt als Texte und entsprechend Intertextualität als Merkmal umfassender medialer und kultureller Netzwerke versteht,[16] kann der Ansatz des New Historicism jenseits der Literaturgeschichte auch auf Formen der Wahrnehmung und Reproduktion von Geschichte angewendet werden. Es entstehen Bilder der Vergangenheit, die sich, von Text zu Text (d. h. von Medium zu Medium) übertragen und wiederholt, verfestigen und die oben genannten Erwartungshorizonte bilden. An dieser Stelle, durch die Untersuchung solcher Bilder und ihrer Relevanz in der Vermittlung und im Verständnis der Geschichte, kann der Begriff der Rezeption ins Feld der Geschichts- und Erinnerungskultur übernommen werden, um die Entstehung, Verfestigung und Vermittlung ‚historischer Klischees' zu analysieren. Darauf aufbauend hat der Historiker Harold Marcuse 2005 den Begriff der *reception history* in die Diskussion eingebracht,[17] verstanden als „the history of the meanings that have been imputed to historical events".[18] Anstelle von Texten nimmt Marcuse historische Ereignisse oder Persönlichkeiten in den Blick und fragt danach, wie diesen in zeitgenössischen und späteren historischen bzw. historiografischen Interpretationen Bedeutung zugeschrieben wird. Dabei trennt er diese Seite der Rezeption im Sinne der Darstellung *(„portraiture")* historischer Geschehnisse von der Art und Weise, wie größere Gruppen dieselben historischen Ereignisse verstehen und ‚einbetten' *(„perception")*. Damit wird die Geschichtsrezeption zur Analyse der Weitergabe-Prozesse bestimmter Deutungen historischer Ereignisse und daher zur Analyse der Schaffung jener verbreiteten Vorkenntnisse, von denen oben die Rede war. Sie eröffnet somit wichtige Felder für die Untersuchung und die Praxeologie der Public History.

Verwendung in den Altertumswissenschaften

Der Begriff der Rezeptionsgeschichte, wie er von Marcuse vorgeschlagen wurde, hat in der Geschichtswissenschaft bisher wenig

15 Holub: Reception Theory, S. 67.

16 Baßler: New Historicism, S. 15.

17 Nicht zu verwechseln mit dem bibelwissenschaftlichen Begriff der *reception history*, der sich auf die Transmission, Übersetzung, Exegese und eventuell Änderung der biblischen Texte durch die Jahrhunderte bezieht.

18 Vgl. die der Rezeptionsgeschichte gewidmete Unterseite von Marcuses offizieller Universitäts-Website, marcuse.faculty.history.ucsb.edu/receptionhist.htm, letzter Zugriff: 28.5.2019.

Resonanz erfahren. Demgegenüber wurde der Rezeptionsbegriff aber in den Altertumswissenschaften mit Interesse aufgenommen, insbesondere im englischsprachigen Raum, wo die theoretische Diskussion über *reception*, insbesondere *classical reception*, inzwischen eine sehr hohe Reflexionsebene erreicht hat.[19] Vor allem in diesem Bereich hat die deutsche Rezeptionsästhetik die englischsprachige Forschung beeinflussen können.[20]

Seit den 2000er Jahren hat sich *classical reception* auch immer stärker als Fachgebiet mit eigenen Publikationsorganen, wie z. B. dem 2009 gegründeten *Classical Reception Journal*, etabliert.[21] In den 2010er Jahren ließ sich zudem eine wachsende Zusammenarbeit zwischen Rezeptionsforscher_innen und Praktiker_innen (etwa Schriftsteller_innen, Künstler_innen, Regisseur_innen), die zu antiken Themen und Figuren arbeiten, feststellen, was die altertumswissenschaftlichen Rezeptionsanalysen wiederum exemplarisch für die Public History macht: In immer mehr Publikationen beschreiben die Praktiker_innen ihren Bezug zur Vergangenheit und stehen in einem Dialog mit den Wissenschaftler_innen, die ihre Werke untersuchen.[22] Die altertumswissenschaftliche Debatte hat mittlerweile wieder den deutschsprachigen Raum erreicht, wo sie auch in den bekanntesten Nachschlagewerken einen Niederschlag gefunden hat. *Der Neue Pauly. Enzyklopädie der Antike* umfasst z. B. mittlerweile drei Bände zur Rezeptions- und Wissenschaftsgeschichte sowie eine wachsende Anzahl an Supplementbänden, die sich mit der Rezeption einzelner Themengebiete aus der Antike beschäftigen. Diese Bände sind für Rezeptionsforscher_innen und Praktiker_innen von großem Wert, denn sie schildern auch für ein nicht spezialisiertes Publikum die Rezeptionsgeschichte einzelner Themen und Figuren aus der Antike

19 Vgl. z. B. Lorna Hardwick/Christopher Stray: Introduction: Making Connections, in: dies. (Hg.): A Companion to Classical Receptions, Malden u. a. 2008, S. 1–9.

20 Charles Martindale: Introduction: Thinking Through Reception, in: ders./Richard F. Thomas (Hg.): Classics and the Use of Reception, Malden/Oxford 2006, S. 1–13, hier S. 3 f.

21 Hardwick/Stray: Introduction, S. 2.

22 Vgl. z. B. die Publikationen des Comic-Autors E. Shanower, in denen er über seine Graphic Novel *Age of Bronze* reflektiert: Twenty-First Century Troy, in: George Kovacs/C. W. Marshall (Hg.): Classics and Comics, Oxford 2011, S. 195–206; ders.: Trojan Lovers and Warriors: The Power of Seduction in Age of Bronze, in: Marta García Morcillo/Silke Knippschild (Hg.): Seduction and Power. Antiquity in the Visual and Performing Arts, London/New York 2013, S. 57–70. Ein weiteres Beispiel bildet Charlayn Solms, die eine Reihe von zwölf Skulpturen, die von den homerischen Epen inspiriert wurde, vorgestellt hat und ihren Umgang mit dem antiken Stoff, der Sekundärliteratur und vorherigen Rezeptionsformen erklärt hat: A Homeric Catalogue of Shapes. The Iliad and Odyssey Seen Differently, London/New York 2019.

und helfen daher, die entsprechenden Erwartungshorizonte besser zu verstehen.

Rezeption als Transkulturalität

Besonders nützlich, um die Mechanismen der Geschichtsrezeption besser zu begreifen und die Analysemethoden zu verfeinern, wäre die Entwicklung eines Modells der Rezeption, das einen breiten wissenschaftlichen Konsens erreicht. Das ist bisher nicht geschehen, und die hier dargestellte Begriffsgeschichte sollte verdeutlichen, dass dies in den oben dargelegten begrifflichen Schwierigkeiten begründet ist. Ein Versuch, in diese Richtung zu gehen und den Begriff auch für die Public History produktiv zu machen, besteht darin, den Begriff der Geschichtsrezeption mit dem Modell der Transkulturalität zusammenzudenken.[23]

Transkulturalität bezeichnet eine reziproke Verflechtung von Kulturen, die verschiedene Verbreitungsgebiete haben.[24] Wenn die unterschiedlichen Verbreitungsgebiete zeitlich und nicht örtlich verstanden werden, kann man nicht nur von einer synchronen Transkulturalität, also dem *entanglement* zweier zeitgenössischer Kulturen, sondern auch von einer diachronen Form der Transkulturalität sprechen. Betrachtet wird dabei, wie die Elemente, Narrative, Persönlichkeiten etc. einer spezifischen Kultur sich in die rezipierende Kultur einschreiben. Selbstverständlich funktioniert der wechselseitige Austausch im Falle der diachronen Transkulturalität nicht auf der Ebene der persönlichen Kommunikation; Informationen über die rezipierte Kultur werden lediglich durch Quellen – und daher Darstellungen – erworben. Und dennoch ist die Verflechtung beidseitig: Auch die rezipierte Kultur ändert sich, insofern sie im spezifischen kulturellen Kontext der rezipierenden Kultur neu erzählt und verstanden wird.[25]

Als Beispiel sei der sogenannte ‚Römergruß' genannt. Diese Geste entspricht eigentlich keiner Form der antiken römischen Begrüßung. Inspiriert von der Geste, mit der die Redner die Aufmerksamkeit des Volkes auf sich zogen, und die von antiken Skulpturen überliefert ist, wurde der ‚Römergruß' als Interpretation dieser Geste an der Wende vom 19. zum 20. Jahrhundert erfunden. Der Stummfilm spielte in diesem Zusammenhang eine große Rolle; es ging darum, wie man

23 Filippo Carlà: Historische Quellen, literarische Erzählungen, phantasievolle Konstruktionen. Die vielen Leben der Theodora von Byzanz, in: Jutta Ernst/Florian Freitag (Hg.): Transkulturelle Dynamiken. Aktanten – Prozesse – Theorien, Bielefeld 2015, S. 31–62, hier S. 33–38.

24 Wolfgang Welsch: Was ist eigentlich Transkulturalität?, in: Lucyna Darowska/Claudia Machold (Hg.): Hochschule als transkultureller Raum? Kultur, Bildung und Differenz in der Universität, Bielefeld 2010, S. 39–66.

25 Hardwick/Stray: Introduction, S. 4; Lorna Hardwick: Reception Studies, Oxford 2003, S. 4.

die Begrüßung zweier sich begegnender Römer rein filmisch, also ohne Ton darstellt. Durch die Übernahme im faschistischen Italien, mit der die Relevanz des römischen Erbes in der nationalistischen Geschichtskultur der Diktatur hervorgehoben werden sollte, wurde der ‚Römergruß' dann zum Symbol einer rechtsextremen Gesinnung – in dem Glauben, dass die ‚antiken' Ursprünge authentisch seien. Jede filmische oder bildliche Darstellung des antiken Roms muss daher den Erwartungshorizont eines Publikums berücksichtigen, dass zu wissen meint, wie zwei Römer sich begrüßen. Somit ist der ‚Römergruß' ein Produkt des 20. Jahrhunderts und ein anschauliches Beispiel dafür, wie das 20. Jahrhundert die Wahrnehmung des antiken Roms verändert hat.[26]

11.3 Verwandte Konzepte

Aufgrund der oben geschilderten Entstehungsgeschichte und der unterschiedlichen akademischen Kulturen, in denen die Entwicklung zentraler Aspekte des Rezeptionsbegriffs stattgefunden hat, wurden in bestimmten Disziplinen oder auch innerhalb bestimmter Schulen teilweise andere Konzepte formuliert. Die entsprechenden Begriffe finden heute zum Teil synonym mit ‚Rezeption' Verwendung – häufig ohne einen klaren Verweis auf alternative Begrifflichkeiten. Einige Geisteswissenschaftler_innen haben versucht, Ordnung in dieses Feld zu bringen und unterschiedliche Termini so zu definieren, dass sie verschiedene Anwendungsbereiche haben können und auf diese Weise eine größere Präzision erreichen.

Rezeption, Tradition und Wirkung

Schon am Anfang des 20. Jahrhunderts wurde der Begriff der Tradition verwendet, um das Nachleben der klassischen Literatur zu bezeichnen.[27] Einige Autor_innen benutzen daher z. B. Rezeption und Tradition als Synonyme,[28] während andere die beiden Begriffe differenzieren: Das Konzept der Tradition lenkt demnach den Blick eher auf die antiken Modelle und die mit ihnen verbundenen Formen, wie sie über die Generationen und Epochen ‚nach unten' durchgesickert sind. Das heißt, die Traditionsforschung widmet sich mit einer größeren Aufmerksamkeit den Wegen und Spielarten, wie diese Modelle geändert wurden – teilweise mit der mehr oder minder

26 Martin M. Winkler: The Roman Salute. Cinema, History, Ideology, Columbus 2009.

27 Felix Budelmann/Johannes Haubold: Reception and Tradition, in: Lorna Hardwick/Christopher Stray (Hg.): A Companion to Classical Receptions, Malden u. a. 2008, S. 13–25, hier S. 13 f.

28 Budelmann/Haubold: Reception, S. 14 u. S. 23–25.

impliziten Annahme, dass die antiken Modelle eine objektive Bedeutung hätten, die verstanden und wiedergegeben wurde oder nicht.[29] Dieser hauptsächlich im englischsprachigen Raum so verwendete Begriff von Tradition findet eine deutsche Entsprechung im Begriff der Wirkung: Mit Wirkungsgeschichte bezeichnet man in der Regel die Untersuchung des Einflusses eines literarischen Werks, oder auch einer historischen Figur oder historischer Ereignisse, auf spätere Generationen.[30] Die Wirkungsgeschichte der Königin Kleopatra stellt daher die Arten und Weisen dar, wie und zu welchen Zwecken das Leben der Ptolemäerkönigin in späteren Epochen narrativiert worden ist, jenseits der historiografischen Rekonstruktion ihres tatsächlichen Wirkens und Handelns.

Das Konzept der Rezeption blickt hingegen eher aus der Gegenwart in die Vergangenheit, geht vom ‚rezipierenden Produkt' aus und rekonstruiert, welche Inspirationsquellen und Vorbilder identifiziert werden können. Die Vorstellung, dass die Analyse von Rezeptionsphänomenen dabei helfen könne, den ‚wahren Kern' der historischen Figuren, Ereignisse oder Texte zu erkennen, wäre demnach ein Fehlschluss. Vielmehr geht es darum, zu verstehen, dass es diesen ‚Kern' gar nicht gibt und dass solche geschichtlichen Elemente nur in ihrer stetigen Darstellung, Narrativierung und Verflechtung in den folgenden Zeiten existieren.[31]

Transformation

Im deutschsprachigen Raum wurde in den 2000er Jahren der Begriff der Geschichtstransformation eingeführt, der große Überscheidungen mit dem Begriff der Geschichtsrezeption aufweist und sich von Anfang an nicht nur mit dem Nachleben der Antike, sondern generell mit dem aller historischen Epochen, Strukturen, Figuren usw. beschäftigte. Mit diesem Begriff bezeichnet man die Perspektivierung von vergangenen Ereignissen und Persönlichkeiten aus einer zeitlich späteren Position, gemäß den herrschenden Geschichtsbewusstseinsformen und Geschichtskulturen.[32] Der Begriff der Transformation bezeichnet einen Wandlungsprozess, der zwischen einem Referenzbereich und einem Aufnahmebereich stattfindet;[33] er betont den Akt der Aufnahme eines Modells, dessen Verständnis dann dem neuen

29 Hardwick: Reception Studies, S. 2 f.; Hardwick/Stray: Introduction, S. 4 f.

30 Holub: Reception Theory, S. xii f.

31 Martindale: Introduction, S. 12.

32 Sonja Georgi u. a.: Geschichtstransformationen. Medien – Verfahren – Funktionalisierungen, in: dies. (Hg.): Geschichtstransformationen. Medien, Verfahren und Funktionalisierung historischer Rezeption, Bielefeld 2015, S. 17–28, hier S. 17 f.

33 Lutz Bergemann u. a.: Transformation. Ein Konzept zur Erforschung kulturellen Wandels, in: Hartmut Böhme u. a. (Hg.): Transformation. Ein Konzept zur Erforschung kulturellen Wandels, München 2011, S. 39–56, hier S. 39.

Kontext angepasst wird. Auch in Bezug auf die visuelle Kultur bezeichnet man den Schritt, der dem Transfer (d. h. der Selektion und Annahme) älterer Modelle folgt, als Transformation.[34] Wie von den Übersetzungswissenschaften betont, existiert letztlich kein Transfer ohne Transformation.[35]

Der größte Unterschied zwischen dem Begriff der Rezeption und dem der Transformation liegt in den Implikationen der Wortauswahl: Während Rezeption üblicherweise in der Alltagssprache mit Passivität assoziiert wird und daher Handlungen evoziert,[36] die eher das Modell aus der Vergangenheit in den Fokus rücken, ruft Transformation die Vorstellung einer (pro-)aktiven Handlung hervor und betont somit hauptsächlich die Rolle der Autor_innen der ‚historisierenden' Produkte. Allerdings kann der Begriff der Transformation die Idee befördern, dass solch eine (pro-)aktive Handlung der Verbildlichung oder Darstellung historischer Epochen immer bewusst und absichtlich sei, und dadurch verschleiern, dass bestimmte Darstellungen der Vergangenheit im kollektiven Geschichtsbewusstsein so fest verankert sind, dass sie auch auf der individuellen Ebene als alternativlos gelten: Sie werden in diesem Sinne von den Rezipient_innen nicht ausgewählt, sondern übertragen. Ein Beispiel hierfür sind die oben genannten Darstellungen antiker griechischer Tempel. Zeichner_innen, Bühnenbildner_innen, Geschichtskommunikator_innen entscheiden sich in den meisten Fällen nicht bewusst dafür, einen griechischen Tempel als weißen Peripteraltempel darzustellen; vielmehr sind sie in eingefahrenen Erwartungshorizonten verhaftet und reproduzieren sie. In diesem Sinne können Geschichtstransformationen als eine Unterkategorie des breiteren Phänomens der Geschichtsrezeption verstanden werden.

Uses of the past

Die Implikation einer aktiven Rolle stellt auch den größten Unterschied zwischen dem Begriff der Rezeption und dem der *uses of the past* dar; schon das Wort *use* deutet sofort auf eine aktive und bewusste Handlung hin. Der Begriff *uses of the past*, der im englischsprachigen Raum sehr verbreitet ist und sich nur schwer ins Deutsche übertragen lässt, bezeichnet Handlungen, durch die die Vergangenheit gedeutet wird, um bestimmte Ziele zu erreichen, denn „accounts

34 Laura Bieger: Ästhetik der Immersion. Raum-Erleben zwischen Welt und Bild. Las Vegas, Washington und die White City, Bielefeld 2007, S. 52; Filippo Carlà/Florian Freitag: Strategien der Geschichtstransformationen in Themenparks, in: Sonja Georgi u. a. (Hg.): Geschichtstransformationen. Medien, Verfahren und Funktionalisierung historischer Rezeption, Bielefeld 2015, S. 131–149, hier S. 131–135.

35 Sittig: Die deutsche Literaturwissenschaft, S. 90.

36 Siehe aber Martindale: Introduction, S. 11, laut dem *reception* nicht passiv, sondern aktiv zu verstehen sei, was sie von *tradition* und *heritage* unterscheide.

of the past serve present purposes; histories have innumerable functions and are of countless types".[37] Friedrich Nietzsche plädierte 1874 für eine ‚nützliche' Geschichte (und Geschichtswissenschaft), die zur Gestaltung der Zukunft beiträgt,[38] und im Positivismus spielte die Idee einer Geschichtswissenschaft, die nach Mustern sucht, die der Orientierung in der Gegenwart dienen, eine zentrale Rolle. Andere Autor_innen haben den Begriff benutzt, um die Pflicht von Historiker_innen hervorzuheben, für breite Schichten der Gesellschaft zu sprechen und daher gesamtgesellschaftlich ‚nützlich' zu werden: Als Aufruf zur Kommunikation außerhalb der akademischen Welt enthält der Terminus somit gewissermaßen das Programm der Public History.[39] Seit der Krise der positivistischen Ansätze werden die *uses of the past* hauptsächlich im Sinne der identitätsstiftenden Funktion bzw. Auswirkung der historischen Narrative untersucht: als Geschichtsbilder, die ‚verwendet' werden, um Bilder vom Selbst und von den Anderen zu schaffen, um dadurch lokale, regionale, nationale usw. Identitäten zu stärken.[40] Es sei betont, dass *uses of the past* nicht negativ konnotiert ist – es geht nicht um eine Ausnutzung oder Aneignung von Geschichte (vgl. Infobox Aneignung in Kap. 8.2), sondern um ihre Anwendung oder Indienstnahme. Dies ist besonders eindeutig in der englischen Sprache, in der die *uses* der Geschichte gerne mit den *abuses*, also den Missbräuchen, Fälschungen und Instrumentalisierungen der Vergangenheit, kontrastiert werden.[41] Die *uses of the past* bezeichnen daher Narrative und Darstellungen von Geschichte, die bewusst angeboten werden – und nicht die Erkennungsmechanismen, die im Zusammenhang mit den Erwartungshorizonten stehen.

37 Jorma Kalela: Making History. The Historian and the Uses of the Past, New York 2012, S. 1.

38 Friedrich Nietzsche: Unzeitgemäße Betrachtungen. Zweites Stück: Vom Nutzen und Nachtheil der Historie für das Leben, in: ders.: Sämtliche Werke. Kritische Studienausgabe, Bd. 1: Die Geburt der Tragödie. Unzeitgemäße Betrachtungen I–IV. Nachgelassene Schriften 1870–1873, hg. v. Giorgi Colli/Mazzino Montinari, 2. Aufl., München 1988, S. 243–334.

39 So William J. Bouwsma: The Usable Past. Essays in European Cultural History, Berkeley u. a. 1990, S. 1–3.

40 Z.B. Constance de Saint-Laurent/Sandra Obradović: Uses of the Past: History as a Resource for the Present, in: Integrative Psychology and Behavioral Science 53/1 (2019), S. 1–13; hier wird die Untersuchung davon, „how the past is transformed and mobilised *for* the present […], as a resource to give meaning to present actions and groups as well as to imagine collective futures" (ebd., S. 1 f.), mit dem Begriff des kollektiven Gedächtnisses in Zusammenhang gebracht.

41 Vgl. Margaret Macmillan: The Uses and Abuses of History, London 2009, S. xiii; Andreas Körber: ‚Uses' and ‚Ab-Uses' of History. Possible Consequences for History Teaching at Schools, Frankfurt a.M. 2012, https://www.pedocs.de/frontdoor.php?source_opus=6626, letzter Zugriff: 16.10.2020.

Vielmehr rückt man die Möglichkeit unterschiedlicher Deutungen ins Zentrum, die zu unterschiedlichen Identitätskonstruktionen führen und daher potenziell miteinander in Konflikt stehen. Dabei besteht die Gefahr, *uses of the past* nur der nicht-akademischen Geschichtsschreibung und -erzählung zuzuordnen, um so die verbreitete Annahme zu bekräftigen, dass wissenschaftliche Arbeiten von solchen Instrumentalisierungen frei seien.[42] Dies ist gerade im Hinblick auf die Public History zentral, denn solche Trennungen zwischen einer ‚guten' bzw. ‚richtigen' und einer ‚schlechten' bzw. ‚falschen' Verwendung der Geschichte müssen überwunden werden, und zwar in dem Bewusstsein, dass akademische Geschichte, Public History und populärwissenschaftliche Geschichte in einem steten Dialog miteinander stehen.[43]

11.4 Methodik der Rezeptionsanalysen

Rezeptionsanalysen haben eine eigene Methodik hervorgebracht, um die Genealogie der Produkte der Rezeptionsprozesse und die Erwartungshorizonte der unterschiedlichen Publika untersuchen zu können. Aus einer akademischen Perspektive geht es daher hauptsächlich darum, die Entstehung und die Wirksamkeit von Rezeptionsprodukten, ihre Einbettung in die betrachteten Geschichtskulturen (vgl. Kap. 6) und ihre Interaktion mit anderen Rezeptionsprodukten zu verstehen. Rezeptionsanalysen können aufgrund der Komplexität der Rezeptionsgefüge im Prinzip nur exemplarisch sein: Es wäre unmöglich, alle Verbindungen in einem gegebenen kulturellen Kontext zu rekonstruieren; „überzeugen" kann ein solcher Ansatz laut Moritz Baßler daher „nur da, wo er Einzelverbindungen aufzeigt, einzelne Diskursfäden in verschiedenen Regionen des historisch-kulturellen Gewebes verfolgt".[44] Auch aus einer praxeologischen Perspektive ist dies sehr bedeutsam: Nur ein adäquates Verständnis der Mechanismen der Rezeptionsprozesse erlaubt eine produktive Einschätzung der Erwartungshorizonte eines Zielpublikums, wie wir im Abschnitt „Operationalisierung" noch zeigen werden.

Rezeptionsketten

Rezeptionsanalysen zielen keinesfalls darauf ab, Ungenauigkeiten oder Fehler in historischen Darstellungen zu entlarven. Ein solcher Ansatz würde nicht betrachten, was das Publikum erwartet und was

42 Kalela: Making History, S. 2 f.
43 Ebd., S. 3.
44 Baßler: New Historicism, S. 19.

für jedes spezifische Publikum in der jeweiligen Geschichtskultur sofort erkennbar ist. Eine solche Suche nach historischen Fehlern würde implizieren, dass es *eine* korrekte Geschichtsdarstellung gibt, die in jedem kulturellen Kontext dieselbe sein müsste. Diese normative Vorstellung würde zugleich auf der Annahme basieren, dass Geschichtsdarstellungen immer auf einer Unmittelbarkeit beruhten, also auf dem direkten Kontakt mit dem historischen Objekt, Ereignis oder der historischen Persönlichkeit, ohne weitere Einflüsse oder Zwischenstufen. Dies ist aber nicht der Fall: Jede textliche oder auch visuelle Form der Darstellung der Vergangenheit ist Produkt einer sehr langen Kette, deren Glieder aus einzelnen Rezeptionsepisoden bestehen.[45] Keine heutige Darstellung von Gaius Julius Cäsar beruht z. B. auf einem direkten Kontakt mit ihm, einer unmittelbaren Anschauung seiner Person und seiner Handlungen. Bewusst oder unbewusst: Unser Bild von Cäsar ist geprägt von dem, was wir im Schulunterricht gehört, in Comics wie *Asterix* gelesen, in Filmen oder in Theaterstücken gesehen haben (man denke an Shakespeares Drama *Julius Caesar*). Die Auswahl von Schauspielern, die Cäsar verkörpern sollen, wird häufig von diesen bildlichen Erwartungshorizonten beeinflusst – wie im Fall des nordirischen Schauspielers Ciarán Hinds, der den römischen Diktator in der erfolgreichen TV-Serie *Rome* (HBO, 2005–2007) spielte und dessen Gesichtszüge stark an frühere Cäsar-Darstellungen (inklusive der Zeichnungen in *Asterix*) erinnern. Auch diese Rezeptionsprodukte, aus denen wir unsere Vorkenntnisse von Cäsar herleiten, stammen von früheren Kunstwerken, literarischen Überlieferungen, geschichtswissenschaftlichen Produkten etc. bis hin zu den zeitgenössischen Quellen, insbesondere den antiken Porträts des Diktators. Aber auch Cäsars eigene Texte oder andere zeitgenössische Quellen bieten keinen direkten Zugang zu Cäsar, sondern eben nur zu seiner Selbstdarstellung bzw. zu Darstellungen von Zeitgenossen, die bereits erste Formen von Geschichtsrezeption beinhalten.

Pictorial turn und Ikonologie

Jede Form der Geschichtsdarstellung, jede Episode der Geschichtsrezeption ist daher in eine komplizierte Verflechtung von unterschiedlichen Visualisierungen, Narrationen etc. einzubetten und nur so zu verstehen: Narrative Elemente sowie Formen der Visualisierung evozieren bei den Rezipient_innen historische Phasen, Epochen, Kulturen oder Persönlichkeiten. Dabei ist auch und gerade die Verbildlichung von Geschichte als zentrales Moment historischer Rezeptionsanalysen zu betonen: Ein kleiner oder übergewichtiger

45 Budelmann/Haubold: Reception, S. 16 f.

Cäsar würde die Erwartungshorizonte eines westlichen Publikums vermutlich stark irritieren. In diesem Sinne sind die Rezeptionsanalysen auch stark im Bereich der Bildwissenschaften bzw. der Visual Culture Studies verortet – es ist kein Zufall, dass ihre Entwicklung am Ende des 20. Jahrhunderts im Zusammenhang mit dem sogenannten *pictorial turn* steht.[46] Die Methoden der Erforschung der Geschichtsrezeption orientieren sich dementsprechend an denen der ikonologischen Forschung. Mit dieser wird davon ausgegangen,

> dass sich das menschliche Gedächtnis als universeller Erinnerungsspeicher eignet, der es erlaubt, Bildwerke – seien sie zwei- oder dreidimensional – willentlich zu erinnern oder unbewusst an diese erinnert zu werden. Es ist daher weit mehr als ein Spiel unter Kunsthistoriker_innen, Bildformen und visuelle Stereotypen auf ältere Beispiele zurückzuführen und Ableitungen bewusster oder unbewusster Natur ausfindig zu machen.[47]

Dieser Ansatz steht eng im Zusammenhang mit dem Werk des Kulturwissenschaftlers Aby Warburg, der ihn im Rahmen einer Recherche über die Rolle der klassischen Motive in der Kunst der Renaissance entwickelte.[48] Die Überzeugung Warburgs, dass sich Kunstwerke nur im historischen Kontext ihrer Entstehung erklären lassen und dass sie durch ihr Nachleben weiterhin die Kunstformen der folgenden Jahrhunderte prägen (vgl. Kap. 4 Erinnerung und Gedächtnis), ist den Grundideen der Geschichtsrezeption sehr nah. Seine Hauptmethode demonstrierte Warburg im *Mnemosyne-Atlas*, einem letztlich nie fertiggestellten Projekt, das es hätte erlauben sollen, der Wanderung der Bildmotive durch die Epochen zu folgen.[49] Solche Prozesse finden sich nicht nur bei absichtlichen und expliziten Zitaten (etwa bei den Zeichnungen aus den *Asterix*-Comics, in denen die Charaktere berühmte Skulpturen und Gemälde aus unterschiedlichen Epochen nachahmen und parodieren).[50] Vielmehr muss man außer-

46 Willibald Sauerländer: Iconic turn? Eine Bitte um Ikonoklasmus, in: Christa Maar/Hubert Burda (Hg.): Iconic turn. Die neue Macht der Bilder, Köln 2004, S. 407–426, hier S. 408–410.

47 Stefan Schweizer: Aby M. Warburgs Renaissance: archäologische Bemerkungen, in: Rebekka Habermas/Rebekka von Mallinckrodt (Hg.): Interkultureller Transfer und nationaler Eigensinn. Europäische und angloamerikanische Positionen der Kulturwissenschaften, Göttingen 2004, S. 157–174, hier S. 157.

48 Ebd., S. 158.

49 Siehe die Aufsätze Warburgs im Abschnitt „Mnemosyne: Zwischen Evolutionstheorie und Bilderatlas" sowie die Vorbemerkung der Herausgeber_innen in: Aby Warburg: Werke in einem Band, hg. v. Martin Treml u. a., Frankfurt a.M. 2010, S. 603–659.

50 Carlà-Uhink: Receptions, S. 173.

dem an die Übernahme von früheren Darstellungen, die vorherigen Erwartungshorizonten entsprachen, denken.

Während Warburgs Ikonologie[51] daher zentrale Impulse für Untersuchungen im Bereich der Geschichtsrezeption gibt – insbesondere durch die Betonung des unbewussten Charakters vieler Mechanismen der Entstehung von Erwartungshorizonten –, sind zwei Aspekte aus geschichtswissenschaftlicher Perspektive heute als problematisch anzusehen: Gemeint ist erstens die Annahme, dass die menschliche Natur „Konstanten" aufweise,[52] weswegen bestimmte Bildmotive mit einem hohen emotionalen Gehalt (Warburgs „Pathosformeln") in allen Epochen ähnliche Reaktionen hervorrufen würden (Funktion der Kunstwerke war laut Warburg demnach auch, zur Bändigung solcher Affekte beizutragen).[53] Das zweite, für die Methodik der Geschichtsrezeption größere Problem ist Warburgs Rekonstruktion der Genealogie einzelner Motive anstelle einer Analyse der komplexen Verflechtungen, die jeder Geschichtsdarstellung zugrunde liegen. Die fundamentale Transdisziplinarität der Warburg'schen Untersuchungen[54] ist aber auch heute zentral für alle Rezeptionsanalysen, die sich auf bildlicher und textueller Ebene durch unterschiedliche Medien, Kulturen und Epochen bewegen müssen.[55]

Relevant für Geschichtsrezeption und Public History ist auch das dreistufige Analysemodell des Kunsthistorikers Erwin Panofsky. Mit der gleichen Methode, mit der Panofsky Bilder zunächst aus einer semantischen Perspektive betrachtet, können auch Geschichtsdarstellungen zuerst darauf hin untersucht werden, was in ihnen präsentiert wird. In einer zweiten Stufe folgt die ikonografische Analyse, die danach fragt, wie das Präsentierte dargestellt wird (hier werden unter anderem Typen gebildet: Ein Mann mit einem Löwenfell und einer Keule stellt z. B. Herkules dar). Die letzte Stufe ist die ikonologische

51 Aby Warburg benutzt die Begriffe Ikonografie und Ikonologie synonym, vgl. Peter Schmidt: Aby M. Warburg und die Ikonologie, Wiesbaden 1993, S. 24–26.

52 Schweizer: Warburgs Renaissance, S. 164 f. Warburg wurde in diesem Sinne sehr stark von Darwins Evolutionstheorie beeinflusst, siehe Martin Treml u. a.: Vorbemerkung der Herausgeber (zu Teil I: Genese der ‚Pathosformel'), in: Aby Warburg: Werke in einem Band, hg. v. Martin Treml u. a., Frankfurt a.M. 2010, S. 31–38, hier S. 32.

53 Treml u. a.: Vorbemerkung; Schweizer: Warburgs Renaissance, S. 165 f.

54 Martin Treml/Sigrid Weigel: Einleitung, in: Aby Warburg: Werke in einem Band, hg. v. Martin Treml u. a., Frankfurt a.M. 2010, S. 9–29; Schweizer: Warburgs Renaissance, S. 162 f.

55 Charles Martindale untersucht die Rezeption von Ovid in Titians Werk und plädiert für eine Durchbrechung der Mediengrenzen, Charles Martindale: Redeeming the Text. Latin Poetry and the Hermeneutics of Reception, Cambridge 1993, S. 60–64.

Untersuchung, die die Darstellung deutet.[56] Panofsky betont ebenfalls, dass diese Analyse transdisziplinär sein muss, und fordert, dass Dokumente sehr unterschiedlicher Natur herangezogen werden – ein zentrales methodisches Prinzip auch der Geschichtsrezeption. Panofsky hebt zudem ganz ähnlich wie die Rezeptionsästhetik hervor, dass die Urheber_innen von Kunstwerken keine Kontrolle über die „dritte Ebene" haben, also über die Schlüsse, die aus ihren Werken gezogen werden.[57]

Am Beispiel eines Reenactments kann Panofskys Modell durchgespielt werden: So könnte die Betrachtung einer Gruppe von Teilnehmenden auf der semantischen Ebene etwa zu der Feststellung führen, dass die Reenactors sich in einer nicht-alltäglichen Situation befinden, es sich bei allen um Männer handelt und sie Waffen tragen. Auf der ikonografischen Ebene kann dann daraus geschlossen werden, dass sie eine Armee darstellen; anhand ihrer Kostüme und Waffen kann eine beobachtende Person, die über die Kenntnis der dargestellten Typen verfügt und deren Erwartungshorizonte somit passend sind, schließlich eine moderne bzw. präziser eine napoleonische Armee identifizieren. Auf der ikonologischen Ebene wird danach gefragt, wieso sich diese Männer in diesen Kostümen an diesem Ort trafen, welche Bedeutung die Inszenierung einer vor über 200 Jahren geschlagenen Schlacht für sie hat. Daran anschließend kann dann weiter gefragt werden: Welche Rolle spielt das napoleonische Zeitalter in der Geschichtskultur der Teilnehmer? Wo und wie haben sie ihre Kenntnisse zum napoleonischen Zeitalter und zur napoleonischen Kriegsführung erworben? Welche bildlichen Modelle haben ihre Erwartungshorizonte geprägt? Welche identitätsstiftende Funktion spielen Napoleons Kriege in der Region des Reenactments und für die einzelnen Teilnehmer?[58] Zur Beantwortung dieser Fragen sind andere Informationen, andere Methoden und andere Disziplinen heranzuziehen – von der Kunst- und Filmgeschichte über die Schulbuchanalyse bis hin zur Untersuchung der politischen Diskurse, um nur einige Beispiele zu nennen.

56 Erwin Panofsky: Ikonographie und Ikonologie. Bildinterpretation nach dem Dreistufenmodell, Köln 2006.

57 Ders.: Zum Problem der Beschreibung und Inhaltsdeutung von Werken der bildenden Kunst (1932), in: ebd., S. 5–32, hier S. 26 f.

58 Für ein Beispiel, bezogen auf weibliche Rollen im Reenactment des alltäglichen Lebens im antiken Rom, vgl. Filippo Carlà-Uhink/Danielle Fiore: Performing Empresses and Matronae: Ancient Roman Women in Reenactment, in: Archäologische Informationen 39 (2016), S. 195–204.

Von der Rezeptionskette zum Rezeptionspolyeder

All dies verdeutlicht, dass der Begriff der Rezeptionskette eigentlich unzureichend ist, denn er impliziert, dass jedes Rezeptionsprodukt Folge eines vorherigen und Ursache eines nächsten ist. Die Einflüsse sind aber so vielfältig, multimedial, vielschichtig und vernetzt (ein Rezeptionsprodukt kann z. B. auf zwei Quellen rekurrieren, von denen eine wiederum auf die andere verweist), dass keine Darstellung in zwei oder auch drei Dimensionen die Komplexität dieses ‚multidimensionalen Rezeptionspolyeders', das sich ständig erneuert, veranschaulichen kann. Dies bestärkt nochmals die Forderung, interdisziplinär zu arbeiten, denn Untersuchungen, die sich auf nur ein Medium oder eine Medienart als Quelle fokussieren, wie Film, Comics, Malerei usw., sind nicht in der Lage, die Breite und Tiefe dieser Verflechtungen zu erkennen, und dies führt teilweise zur Vernachlässigung von Medien und Darstellungen, die sehr große Publika ansprechen.[59]

Ein Beispiel kann das verdeutlichen: Die Darstellung der Kaiserin Theodora von Byzanz im Videospiel *Civilization V* (2010) beruht zum einen auf ihrem Mosaik-Porträt in der Kirche San Vitale in Ravenna, von dem die Krone und die Ohrringe übernommen wurden; sie beruht aber auch auf ihrer Darstellung im Gemälde *L'imperatrice Théodora au Colisée* (1886) von Jean-Joseph Benjamin-Constant. Wie im Gemälde sitzt die Kaiserin in einer Loge, umgeben von Rosenblättern, und auch ihr Kleid entspricht dem im Bild.[60] Während Benjamin-Constants Kaiserin aber aus ihrer Loge im Kolosseum zuschaut, wie wilde Tiere Menschen zerfleischen, sitzt die Kaiserin im Videospiel vor dem byzantinischen Gebäude, das für die meisten Spieler_innen erkennbar ist (d. h. ihren Erwartungshorizonten entspricht): der Hagia Sophia, historisch korrekt ohne Minarette dargestellt. Hier finden wir daher drei Stränge: das einzige sichere Porträt der Kaiserin aus dem 6. Jahrhundert; das Gemälde, ein bekanntes Werk der historischen Malerei des 19. Jahrhunderts, das immer wieder gerne als Buchcover verwendet wird und daher sehr populär ist; die Hagia Sophia als ikonisches Bild des byzantinischen Reiches im 6. Jahrhundert. Und dennoch, die Ikonologie ist dann eine ganz andere als die

59 Man nehme als Beispiel historische Darstellungen in Themenparks, die weltweit viele Millionen Menschen pro Jahr erreichen, Carlà/Freitag: Geschichtstransformationen, S. 133 f.; Filippo Carlà: The Uses of History in Themed Spaces, in: Scott A. Lukas (Hg.): A Reader in Themed and Immersive Spaces, Pittsburgh 2016, S. 19–29, hier S. 20.

60 Filippo Carlà-Uhink: Theodora A.P. (After Procopius) / Theodora A.S. (After Sardou): Metamorphoses of an Empress, in: ders./Anja Wieber (Hg.): Orientalism and the Reception of Powerful Women from the Ancient World, London/New York 2020, S. 167–183, hier S. 174 f.

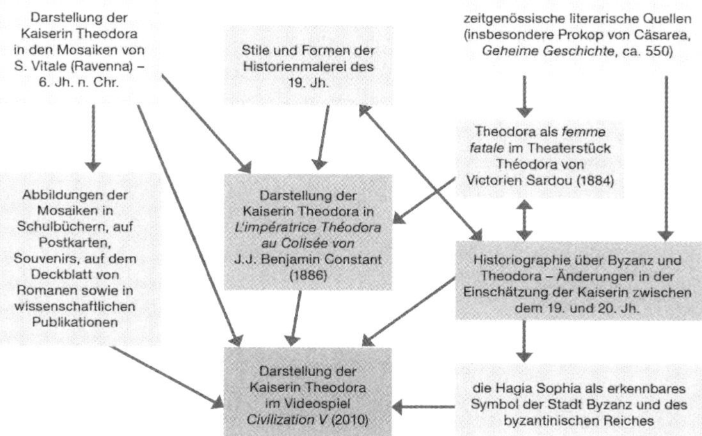

Grafik 3 Rezeptionspolyeder am Beispiel der Darstellung von Kaiserin Theodora von Byzanz im Videospiel *Civilization V* (2010)

des Mosaiks oder des Gemäldes, und Theodora ist hier, im 21. Jahrhundert, die mächtige Politikerin, die durch ihre Willenskraft und Sicherheit positiv dargestellt wird.[61] Benjamin-Constant war seinerseits von vielen unterschiedlichen Erwartungshorizonten beeinflusst: von der zeitgenössischen orientalistischen und historischen Malerei, von der er ein wichtiger Vertreter war; vom zeitgenössischen ‚byzantinischen Revival', sichtbar auch in der Dekadenzdichtung; von der neuen Popularität Theodoras in den Schaffensjahren des Malers, die sich insbesondere Victorien Sardous äußerst erfolgreichem Schauspiel *Théodora* (1884) verdankte.[62] Die hier gezeigte Grafik veranschaulicht nur unter Bezugnahme auf die erwähnten Quellen und Rezeptionsprodukte auf vereinfachende Weise die Komplexität dieser Beziehungen und Verweise.

Lokale, globale und glokale Formen der Rezeption

Diese Rezeptionspolyeder müssen stets im jeweiligen Kontext verstanden und analysiert werden, denn die Erwartungshorizonte der Rezipient_innen der betrachteten Darstellung sind immer gruppenspezifisch und ändern sich je nach geteilten populären Geschichtsrepräsentationen. Dies ist auf mindestens zwei Ebenen relevant: Auf

61 Filippo Carlà: Prostitute, Saint, Pin-Up, Revolutionary: The Reception of Theodora in Twentieth-Century Italy, in: Marta García Morcillo/Silke Knippschild (Hg.): Seduction and Power. Antiquity in the Visual and Performing Arts, London/New York 2013, S. 243–262, hier S. 249–256.

62 Filippo Carlà-Uhink: Theodora A.P., S. 174–176.

der einen Seite kann dieselbe historische Erscheinung mit ganz unterschiedlichen Erwartungsstrukturen korrespondieren, also unterschiedlichen Elementen, die *pastness* konstruieren, und daher auch mit ganz unterschiedlichen Erkennungsprozessen. Die Formen, die eine vergangene Kultur wie beispielweise die der Mayas für Publika in Amerika, Europa oder Asien erkennbar werden lassen, können voneinander sehr abweichen.[63] Auch einige Witze aus den *Asterix*-Comics sind ohne eingehende Kenntnisse der französischen Geschichte und Popkultur kaum zu verstehen.

Auf der anderen Seite gibt es aber auch bestimmte Elemente (Narrative, Bilder usw.), die weithin bekannt sind, womöglich auch global, aber in unterschiedlichen Kontexten unterschiedliche Bedeutungen haben – und daher ‚glokal' zu verstehen sind. Auch diese stehen jedoch in engem Zusammenhang mit den Formen, wie spezifische Aspekte der historischen Vergangenheit im jeweiligen Kontext identitätsstiftend wirken. Der Parthenon bzw. der ‚griechische Tempel' ist weltweit erkennbar als Symbol für das klassische Griechenland und insbesondere für das antike Athen; das antike Athen hat aber eine andere Bedeutung für heute lebende Athener_innen oder Griech_innen als für US-Amerikaner_innen, für die es jedoch auch eine wichtige Rolle als ‚Wiege der Demokratie' spielen kann. Eine nochmals andere Bedeutung schreiben dem klassischen Griechenland womöglich Chines_innen zu, denen es neben dem kaiserzeitlichen China als andere frühe Hochkultur oder ‚Wiege des Westens' gilt, der aus ihrer Perspektive eine gewisse Exotik zukommt.[64]

Mit dem Aufkommen der Massenmedien, und im 20. Jahrhundert verstärkt mit der Globalisierung, hat die Ausbreitung solcher Bilder und daher ihr Wiedererkennungswert auch in sehr unterschiedlichen kulturellen und politischen Kontexten wesentlich zugenommen.[65] Ein gutes Beispiel dafür sind erfolgreiche Historienfilme, die ein weltweites Publikum erreichen. Die Erwartungshorizonte in Bezug auf den Amerikanischen Bürgerkrieg sind z. B. maßgeblich von der Verfilmung des Romans *Vom Winde verweht* (USA 1939, R.: Victor Fleming) geprägt worden, und zwar eben nicht nur in den USA selbst, sondern auch in China, wo der Film äußerst populär ist. Der globale Erfolg des Films *Gladiator* (GB/USA 2000, R.: Ridley Scott) hat weltweit ein Bild römischer Gladiatorenkämpfe durchgesetzt, das wohl

63 Carlà: Uses of History, S. 19.

64 Carlà-Uhink: Representations, S. 189–192.

65 Vgl. Michael Rothberg: Multidirectional Memory. Remembering the Holocaust in the Age of Decolonization, Stanford 2009; Astrid Erll: Travelling Memory, in: Parallax 17/4 (2011): Sonderheft: Transcultural Memory, S. 4–18.

von früheren Visualisierungen insbesondere in Historienmalereien und früheren Filmen stammt, sie aber alle im Wirkungsradius übertrumpft.[66] Vor diesem Hintergrund eröffnen sich auch neue Analyse- und Arbeitsmöglichkeiten für die Public History: Das hohe Maß an Wiedererkennbarkeit, das bestimmten historischen Bildern zukommt, erlaubt es, mediale Produkte für einen immer größeren Markt zu entwickeln. Selbstverständlich muss man aber sehr aufmerksam sein in der Betrachtung dessen, was diese erkennbaren Elemente und Symbole für die unterschiedlichen Publika bedeuten bzw. welche Assoziationen sie bei ihnen auslösen können.

Geschichtsrezeption vor dem 20. Jahrhundert

Dass der Ansatz zu Untersuchungen der (Geschichts-)Rezeption ein Produkt der zweiten Hälfte des 20. Jahrhunderts ist,[67] bedeutet nicht, dass nur historische Darstellungen dieser Zeit mit ihm untersucht werden können. Formen der Popularisierung und der Visualisierung der Vergangenheit, die Vorkenntnisse und Erwartungsstrukturen konstruieren, haben immer existiert.[68] Man denke etwa an die mittelalterlichen Kirchenmalereien, die – begleitet von den Erklärungen des Klerus – die biblischen Geschichten und die Viten der Heiligen einem breiten Publikum nahebringen sollten. Diese Bilder prägten mithin unabhängig von ihrer historischen Korrektheit, wie sich über Generationen die Mitglieder der jeweiligen Gemeinde z. B. das Aussehen eines römischen Statthalters oder Kaisers vorstellten, und beeinflussten spätere Repräsentationen. Diese Formen der Kommunikation haben sehr viel weniger Menschen erreicht als ein heutiger Hollywood-Blockbuster. Theater- oder Opernaufführungen, Historienmalerei usw. sind Formen von Rezeptionsprodukten, die in ihren Beziehungen zu älteren Darstellungen und in ihrer Beeinflussung nachfolgender Rezeptionsprodukte untersucht werden können. Eine erfolgreiche Rezeption kann aber auch Multiplikatoren hervorbringen, die die betreffenden Bilder weithin bekannt und erkennbar machen. Ein gutes Beispiel hierfür sind bildliche Darstellungen von

66 Der Erfolg des Films war tatsächlich so groß, dass er eine Neubelebung der Produktion von Antikfilmen auslöste – ein Genre, das seit den 1960er Jahren kaum noch Resonanz erfuhr, vgl. Martin M. Winkler: *Gladiator* and the Traditions of Historical Cinema, in: ders. (Hg.): Gladiator. Film and History, Malden/Oxford 2004, S. 16–30; Andrew B. R. Elliott: Introduction: The Return of the Epic, in: ders. (Hg.): The Return of the Epic Film. Genre, Aesthetics and History in the 21st Century, Edinburgh 2014, S. 1–16; vgl. auch Monica S. Cyrino: Big Screen Rome, Malden/Oxford 2005, S. 207–256.

67 Genauso, wie Warburgs Begriffsbildung im Zusammenhang mit den technischen Medien seiner Zeit steht: Thomas Hensel: Wie aus der Kunstgeschichte eine Bildwissenschaft wurde, Berlin 2011, S. 15 f.

68 Hardwick: Reception Studies, S. 4.

Christoph Kolumbus: Von dem italienischen Seefahrer wurde zu Lebzeiten kein Porträt angefertigt und es gilt als wahrscheinlich, dass das Porträt, das von Sebastiano del Piombo stammt, eigentlich eine andere Person darstellt. Ungeachtet dessen wurde dem Gemälde nachträglich eine Bildunterschrift hinzugefügt, die den Dargestellten als Kolumbus identifiziert, und Ende des 16. Jahrhunderts diente es wiederum dem Kupferstecher Theodor de Bry als Modell für sein Porträt des Seefahrers.[69] Dieses Bild des Kolumbus wurde so in den darauffolgenden Jahrhunderten zur bekanntesten und populärsten Darstellung, weit über die Grenzen Italiens und Europas hinaus.

11.5 Operationalisierungen

Wie wir gesehen haben, können Rezeptionsanalysen untersuchen und demonstrieren, worin die Erkennbarkeit bestimmter Motive, Figuren und Darstellungen besteht. Rezeptionsanalysen müssen daher genealogisch arbeiten, die Komplexität der Einflüsse berücksichtigen und möglichst viele Dimensionen des Rezeptionspolyeders mitdenken, auch wenn eine vollständige Rekonstruktion aller Facetten des betrachteten Gegenstands unmöglich ist. Zugleich müssen Public Historians verstehen, dass sie selbst Teil des multidimensionalen Rezeptionspolyeders sind. Sie rezipieren Einflüsse und Erwartungshorizonte und prägen zugleich die Fortsetzung und Transformation der Geschichtsdarstellungen. Diese praxeologische Ebene ist aber ohne die erste unmöglich: Um effizienter ein anvisiertes Publikum anzusprechen und die vorhandenen Stereotypen zu hinterfragen und zu dekonstruieren, müssen die Erwartungshorizonte des Zielpublikums bekannt sein, denn nur so kann es gelingen, ihnen entgegenzukommen oder sie gezielt in Frage zu stellen und die angestrebten Lerneffekte zu erreichen. Als Beispiel soll hier Colonial Williamsburg dienen, ein Living-History-Museum in Virginia. Es rekonstruiert das Leben im 18. Jahrhundert in Williamsburg, das von 1699 bis 1780 Hauptstadt der Kolonie bzw. ab 1776 des Bundesstaates Virginia war. Um ein realistisches, nicht idealisiertes Bild der Vergangenheit zu vermitteln, wurde entschieden, auch anfallenden Müll, Schmutz und die Exkremente der in der Stadt lebenden Tiere mit ‚abzubilden': Dies entsprach den Erwartungshorizonten des Publikums in Bezug auf eine Stadt des vorindustriellen Zeitalters. Dabei wurde die Stadt

69 Paul Martin Lester: Looks are Deceiving: The Portraits of Cristopher Columbus, in: Visual Anthropology 5 (1993), S. 211–227, hier S. 218–221.

womöglich schmutziger, als sie im 18. Jahrhundert war, genau weil Müll und Dreck zu Zeichen der *pastness* gemacht wurden, entsprechend der verbreiteten Idee, dass die Vergangenheit eine primitivere Vorstufe der Gegenwart sei.[70]

Gezielte Irritationen der Erwartungshorizonte

Für die Praktiker_innen der Public History bedeutet dies nicht notwendigerweise, dass man immer mit solchen ‚Klischees' konform gehen muss – die Kenntnis der entsprechenden Mechanismen erlaubt es aber, das Vorwissen des Publikums bewusst zu irritieren, um bestimmte (Lern-)Effekte zu erzielen. Public History kann und soll Erwartungshorizonte auch durchbrechen; dies gelingt vor allem dann, wenn Public Historians jene Mechanismen verstehen und die Erwartungshorizonte des Publikums kennen.

Public Historians, die dem Publikum zeigen wollen, dass die antiken griechischen Tempel polychrom waren, müssen berücksichtigen, dass die meisten Menschen sie völlig weiß imaginieren, um diesen Erwartungshorizont gezielt in Frage stellen zu können; das können sie aber nur dann tun, wenn sie diesen Ausgangspunkt erkennen und mitbetrachten. Die bloße Darstellung eines bunten Peripteraltempels würde bei den meisten Betrachter_innen einfach keine Assoziation hervorrufen und daher keinen automatischen Anerkennungseffekt produzieren. Eine gezielte Irritation der Erwartungshorizonte des Publikums kann aber Neugier fördern, die zur Infragestellung solcher Stereotype führt. Eine Darstellung der antiken Stadt als nicht weiß und ruhig, sondern farbig, laut und schmutzig hat auch während der Erstausstrahlung der TV-Serie *Rome* (USA/GB/I 2005–2007) für viele Diskussionen gesorgt, die dazu beigetragen haben, einem breiteren Publikum eine realistischere Darstellung der antiken Stadt – inklusive des Lebens der niedrigeren sozialen Schichten – nahezubringen.[71]

Eine bewusste Durchbrechung der Erwartungshorizonte kann auch ein anderes Ziel haben, und zwar die Mechanismen der *pastness* und der entsprechenden Stereotypisierung zu entlarven und das historische Bild als solches – als moderne Rekonstruktion, modernes Narrativ – zu zeigen, um so positivistische Objektivitätsansprüche in Frage zu stellen. Ein bekanntes Beispiel dieser Art ist der Film *Marie Antoinette* (USA 2006, R.: Sofia Coppola), in dem sehr viele Anachronismen zu sehen sind, wie etwa die modernen Schuhe, welche

70 Eric Gable/Richard Handler: Deep Dirt: Messing Up the Past at Colonial Williamsburg, in: Yorke Rowan/Uzi Baran (Hg.): Marketing Heritage: Archaeology and the Consumption of the Past, Walnut Creek 2004, S. 167–181.

71 Zu den Geschichtsdarstellungen und den Formen der Rezeption in der Serie vgl. Monica S. Cyrino (Hg.): Rome. Season One: History Makes Television, Malden/Oxford 2008.

die Titelfigur trägt. Diese sind jedoch keine ‚Fehler', sondern eine bewusste Entscheidung, die die *pastness*-Erwartungen der Zuschauer_innen reizt, um eine stärkere Identifikation mit der Königin und dem sie umgebenden Hofstaat zu ermöglichen:

> In the case of Coppola's *Marie Antoinette*, the style is Cool, not so much because it markets Ladurée or Blahnik as brands, but because it updates the eighteenth century through a compression of styles, intermixed and confused, causing audiences to remember themselves and their society, rather than to think about an historical figure or the past.[72]

Rezeptionsstudien erlauben es somit auf ganz einzigartige Weise, die gesellschaftlichen Aushandlungsprozesse populärer und wissenschaftlicher Darstellungen in den Blick zu nehmen und diese nicht länger als Antagonisten, sondern einander befruchtende Teile von Geschichtskulturen wahrzunehmen.

Einführende Literatur

Georgi, Sonja u. a. (Hg.): Geschichtstransformationen. Medien, Verfahren und Funktionalisierung historischer Rezeption, Bielefeld 2015.

Hardwick, Lorna: Reception Studies, Oxford 2003.

Holub, Robert C.: Reception Theory. A Critical Introduction, London/New York 1984.

Warning, Rainer (Hg.): Rezeptionsästhetik. Theorie und Praxis, München 1975.

72 Jennifer Milam: Imagining Marie Antoinette: Cultural Memory, Coolness and the Deconstruction of History in Cinema, in: French History & Civilization 4 (2011), S. 45–53, hier S. 47.

12 Literatur

Abu-Lughod, Lila: Writing Against Culture, in: Richard G. Fox (Hg.): Recapturing Anthropology. Working in the Present, Santa Fe 1991, S. 137–162.

Adell, Nicolas u. a. (Hg): Between Imagined Communities and Communities of Practice: Participation, Territory and the Making of Heritage, Göttingen 2015.

Adorno, Theodor W.: Ästhetische Theorie, Frankfurt a.M. 1995 (1970).

Adorno, Theodor W.: Wörter aus der Fremde (1959), in: ders.: Noten zur Literatur, Frankfurt a.M. 2010, S. 216–232.

Agnew, Vanessa u. a. (Hg.): The Routledge Handbook of Reenactment Studies. Key Terms in the Field, London/New York 2020.

Ahmed, Sara: Collective feelings: Or, the impression left by Others, in: Theory, Culture & society 21/2 (2004), S. 25–42.

Anderson, Benedict: Imagined Communities. Reflections on the Origin and Spread of Nationalism, London/New York 1983.

Ankersmit, Frank: Narrative Logic. A Semantic Analysis of the Historian's Language, Den Haag 1983.

Ankersmit, Frank: Can We experience the Past?, in: Rolf Torstendahl/Irmeline Veit-Brause (Hg.): History-Making. The Intellectual and Social Formation of a Discipline, Stockholm 1996, S. 47–76.

Ankersmit, Frank: Sublime Historical Experience, Stanford 2005.

Ankersmit, Frank: Die historische Erfahrung, Berlin 2012 (niederl. Orig. 1993).

Ankersmit, Frank: Historical Experience Beyond the Lingustic Turn, in: Nancy Partner/Sarah Foot (Hg.): The SAGE Handbook of Historical Theory, Los Angeles u. a. 2013, S. 434–438.

Arantes, Lydia Maria: Kulturanthropologie und Wahrnehmung. Zur Sinnlichkeit in Feld und Forschung, in: dies./Elisa Rieger (Hg.): Ethnographien der Sinne. Wahrnehmung und Methode in empirisch-kulturwissenschaftlichen Forschungen, Bielefeld 2014, S. 23–38.

Ash, Mitchell G.: Literaturbericht: Wissenschaftspopularisierung und bürgerliche Kultur im 19. Jahrhundert, in: Geschichte und Gesellschaft 28 (2002), S. 322–334.

Assmann, Aleida: Das Gedächtnis der Orte, in: Deutsche Vierteljahrsschrift für Literaturwissenschaft und Geistesgeschichte 68/1 (1994), S. 17–35.

Assmann, Aleida: Erinnerungsräume. Formen und Wandlungen des kulturellen Gedächtnisses, München 2003.

Assmann, Aleida: Der lange Schatten der Vergangenheit. Erinnerungskultur und Geschichtspolitik, Bonn 2007.

Assmann, Aleida/Frevert, Ute: Geschichtsvergessenheit – Geschichtsversessenheit. Vom Umgang mit deutschen Vergangenheiten nach 1945, Stuttgart 1999.

Assmann, Jan: Kollektives Gedächtnis und kulturelle Identität, in: ders./Tonio Hölscher (Hg.): Kultur und Gedächtnis, Frankfurt a.M. 1988, S. 9–19.

Assmann, Jan: Das kulturelle Gedächtnis. Schrift, Erinnerung und politische Identität in frühen Hochkulturen, München 2000.

Auffermann, Bärbel/Orschiedt, Jörg: Die Neandertaler. Eine Spurensuche, Stuttgart 2002.

Austin, John L.: Zur Theorie der Sprechakte (How to do things with Words), Stuttgart 2010.

Bachmann-Medick, Doris: Cultural Turns. Neuorientierungen in den Kulturwissenschaften, 6. Aufl., Reinbek bei Hamburg 2018.

Banet-Weiser, Sarah: Authentic TM, New York 2012.

Bareither, Christoph/Tomkowiak, Ingrid: Mediated Pasts – Popular Pleasures. Zur Einführung, in: dies. (Hg.): Mediated Pasts. Medien und Praktiken populärkulturellen Erinnerns, Würzburg 2020, S. 7–16.

Bar-On, Dan: Die Last des Schweigens. Gespräche mit Kindern von Nazi-Tätern, Reinbek bei Hamburg 1996.

Bar-On, Dan u. a.: Multigenerational Perspectives on Coping with the Holocaust Experience: An Attachment Perspective for Understanding the Developmental Sequelae of Trauma Across Generations, in: International Journal of Behavioral Development 22/2 (1998), S. 315–338.

Barricelli, Michele: Schüler erzählen Geschichte. Narrative Kompetenz im Geschichtsunterricht, Schwalbach i. Ts. 2005.

Barricelli, Michele: Problemorientierung, in: Ulrich Mayer u. a. (Hg.): Handbuch Methoden im Geschichtsunterricht, 5. Aufl., Schwalbach i. Ts. 2016, S. 78–90.

Barricelli, Michele u. a.: Historische Kompetenzen und Kompetenzmodelle, in: Michele Barricelli/Martin Lücke (Hg.): Handbuch Praxis des Geschichtsunterrichts, Schwalbach i. Ts. 2009, S. 207–235.

Barricelli, Michele/Lücke, Martin (Hg.): Handbuch Praxis des Geschichtsunterrichts, Schwalbach i. Ts. 2012.

Barsch, Achim: Rezeptionsforschung, empirische, in: Ansgar Nünning (Hg.): Metzler Lexikon Literatur- und Kulturtheorie. Ansätze – Personen – Grundbegriffe, 5. Aufl., Stuttgart 2013, S. 652–654.

Barthes, Roland: Der Tod des Autors, in: Uwe Wirth (Hg.): Performanz. Zwischen Sprachphilosophie und Kulturwissenschaften, Frankfurt a.M. 2002, S. 129–139.

Baßler, Moritz: New Historicism – Literaturgeschichte als Poetik der Kultur, in: ders. (Hg.): New Historicism. Literaturgeschichte als Poetik der Kultur, 2. Aufl., Tübingen/Basel 2001, S. 7–28.

Bauerle, Dorothee: Gespenstergeschichten für ganz Erwachsene. Ein Kommentar zu Aby Warburgs Bilderatlas Mnemosyne, Münster 1988.

Baumgärtner, Ulrich: Wegweiser Geschichtsdidaktik. Historisches Lernen in der Schule, Paderborn 2015.

Bazin, André: Ontologie des photographischen Bildes (frz. Orig. 1945), in: ders.: Was ist Film?, Berlin 2004, S. 33–42.

Becker, Tobias: Rückkehr der Geschichte? Die „Nostalgie-Welle“ in den 1970er und 1980er Jahren, in: Fernando Esposito (Hg.): Zeitenwandel. Transformationen geschichtlicher Zeitlichkeit nach dem Boom, Göttingen 2017, S. 93–117.

Bendix, Regina: In Search of Authenticity. The Formation of Folklore Studies, Madison (WI) 1997.

Bendix, Regina: Kulturelles Erbe zwischen Wirtschaft und Politik. Ein Ausblick, in: Dorothee Hemme u. a. (Hg.): Prädikat „Heritage“. Wertschöpfungen aus kulturellen Ressourcen, Berlin/Münster 2007, S. 337–356.

Bendix, Regina/Hafstein, Valdimar Tr.: Culture and Property. An Introduction, in: Ethnologia Europaea 39/2 (2009), S. 5–10.

Bendix, Regina u. a. (Hg.): Die Konstituierung von Cultural Property: Forschungsperspektiven, Göttingen 2010.

Benjamin, Walter: Das Kunstwerk im Zeitalter seiner technischen Reproduzierbarkeit, Frankfurt a.M. 2010 (1935).

Bergemann, Lutz u. a.: Transformation. Ein Konzept zur Erforschung kulturellen Wandels, in: Hartmut Böhme u. a. (Hg.): Transformation. Ein Konzept zur Erforschung kulturellen Wandels, München 2011, S. 39–56.

Berger, Peter L./Luckmann, Thomas: Die gesellschaftliche Konstruktion der Wirklichkeit. Eine Theorie der Wissenssoziologie, 26. Aufl., Frankfurt a.M. 2016.

Bergmann, Klaus: „So viel Geschichte wie heute war nie“ – Historische Bildung angesichts der Allgegenwart von Geschichte, in: Angela Schwarz (Hg.): Politische Sozialisation und Geschichte. Festschrift für Rolf Schörken zum 65. Geburtstag, Hagen 1993, S. 209–228 // in: ders.: Geschichtsdidaktik. Beiträge zu einer Theorie historischen Lernens, 3. Aufl., Schwalbach i. Ts. 2008, S. 13–31.

Bergmann, Klaus: Gegenwarts- und Zukunftsbezug, in: Ulrich Mayer u. a. (Hg.): Handbuch Methoden im Geschichtsunterricht, 5. Aufl., Schwalbach i. Ts. 2016, S. 91–112.

Bergmann, Klaus: Multiperspektivität, in: Ulrich Mayer u. a. (Hg.): Handbuch Methoden im Geschichtsunterricht, 5. Aufl., Schwalbach i. Ts. 2016, S. 65–77.

Bernhardt, Christoph u. a.: Gebaute Geschichte. Historische Authentizität im Stadtraum, Göttingen 2017.

Beyerle, Monika: Authentisierungsstrategien im Dokumentarfilm. Das amerikanische Direct Cinema der 60er Jahre, Trier 1997.

Bieger, Laura: Ästhetik der Immersion. Raum-Erleben zwischen Welt und Bild. Las Vegas, Washington und die White City, Bielefeld 2007.

Biess, Frank: Republik der Angst. Eine andere Geschichte der Bundesrepublik, Hamburg 2019.

Bijl, Paul: Emerging Memory. Photographs of Colonial Atrocity in Dutch Cultural Remembrance, Amsterdam 2016.

Blättel-Mink, Birgit/Hellmann, Kai-Uwe (Hg.): Prosumer Revisited. Zur Aktualität einer Debatte, Wiesbaden 2010.

Bleicher, Joan K.: Fernsehen als Mythos. Poetik eines narrativen Erkenntnissystems, Opladen/Wiesbaden 1999.

Blume, Judith u. a.: Aneignung | Appropriation 1960–1990 – Materialien, Programme, Verfahren, in: Johler/Reinhard u. a. (Hg.): Kultur_Kultur: Denken. Forschen. Darstellen, Münster u. a. 2013, S. 152–159.

Boddice, Rob: History of Emotion, Manchester 2018.

Borries, Bodo von: Von gesinnungsbildenden Erlebnissen zur Kultivierung der Affekte? Über Ziele und Wirkungen von Geschichtslernen in Deutschland, in: Bernd Mütter u. a. (Hg.): Emotionen und historisches Lernen. Forschung, Vermittlung, Rezeption, Frankfurt a.M. 1994, S. 67–92.

Borries, Bodo von: Geschichtsbewusstsein, in: Stefan Jordan (Hg.): Lexikon Geschichtswissenschaft. 100 Grundbegriffe, Stuttgart 2002, S. 104–108.

Borries, Bodo von: Alters- und Schulstufendifferenzierung, in: Ulrich Mayer u. a. (Hg.): Handbuch Methoden im Geschichtsunterricht, 5. Aufl., Schwalbach i. Ts. 2016, S. 113–134.

Borries, Bodo von: Wissenschaftsorientierung, in: Ulrich Mayer u. a. (Hg.): Handbuch Methoden im Geschichtsunterricht, 5. Aufl., Schwalbach i. Ts. 2016, S. 30–48.

Bösch, Frank/Schmidt, Patrick (Hg.): Medialisierte Ereignisse. Performanz, Inszenierung und Medien seit dem 18. Jahrhundert, Frankfurt a.M. 2010.

Bouwsma, William J.: The Usable Past. Essays in European Cultural History, Berkeley u. a. 1990.

Bracke, Sebastian u. a.: Theorie des Geschichtsunterrichts, Frankfurt a.M. 2018.

Brædder, Anne: Public History in Scandinavia: Uses of the Past, in: Paul Ashton/Alex Trapeznik (Hg.): What is Public History Globally? Working with the Past in the Present, London 2019, S. 121–130.

Brauer, Juliane: Heidi's Homesickness, in: Ute Frevert u. a. (Hg.): Learning How to Feel: Children's Literature and Emotional Socialization, 1870–1970, Oxford 2014, S. 209–227.

Brauer, Juliane: ‚Heiße Geschichte'? Emotionen und historisches Lernen in Museen und Gedenkstätten, in: Sarah Willner u. a. (Hg.): Doing History. Performative Praktiken in der Geschichtskultur, Münster 2016, S. 29–44.

Brauer, Juliane/Lücke, Martin (Hg.): Emotionen, Geschichte und historisches Lernen. Geschichtsdidaktische und geschichtskulturelle Perspektiven, Göttingen 2013.

Brauer, Juliane/Lücke, Martin: Emotionen, Geschichte und historisches Lernen. Einführende Überlegungen, in: dies. (Hg.): Emotionen, Geschichte und historisches Lernen. Geschichtsdidaktische und geschichtskulturelle Perspektiven, Göttingen 2013, S. 11–26.

Brauer, Juliane/Zündorf, Irmgard: DDR-Geschichte vermitteln. Lehren und Lernen an Orten der DDR-Geschichte, in: Geschichte in Wissenschaft und Unterricht 70/7–8 (2019), S. 373–389.

Bräunlein, Peter J.: Zur Aktualität von Victor W. Turner. Einleitung in sein Werk, Wiesbaden 2012.

Brave Heart, Maria Yellow Horse: *Oyate Ptayela*: Rebuilding the Lakota Nation Through Addressing Historical Trauma Among Lakota Parents, in: Journal of Human Behavior in the Social Environment 2/1–2 (1999), S. 109–126.

Breidenstein, Georg u. a.: Zur Herstellung des Feldes, in: dies. (Hg.): Ethnografie. Die Praxis der Feldforschung, München/Konstanz 2015, S. 45–70.

Brink, Cornelia: Ikonen der Vernichtung. Öffentlicher Gebrauch von Fotografien aus nationalsozialistischen Konzentrationslagern nach 1945, Berlin 1998.

Brumlik, Micha u. a. (Hg.): Umkämpftes Vergessen. Walser-Debatte, Holocaust-Mahnmal und neuere deutsche Geschichtspolitik, Berlin 2000.

Budelmann, Felix/Haubold, Johannes: Reception and Tradition, in: Lorna Hardwick/Christopher Stray (Hg.): A Companion to Classical Receptions, Malden u. a. 2008, S. 13–25.

Bunke, Simon: Heimweh. Studien zur Kultur- und Literaturgeschichte einer tödlichen Krankheit, Freiburg 2009.

Bunnenberg, Christian/Steffen, Nils (Hg.): Geschichte auf YouTube. Neue Herausforderungen für Geschichtsvermittlung und historische Bildung, Berlin 2019.

Burke, Peter: Geschichte als soziales Gedächtnis, in: Aleida Assmann/Dietrich Harth (Hg.): Mnemosyne. Formen und Funktionen der kulturellen Erinnerung, Frankfurt a.M. 1995, S. 289–304.

Burke, Peter: Varieties of Cultural History, Ithaca (NY) 1997.

Burkhardt, Hannes: Anne Frank auf Facebook. Erinnerungskulturen im Social Web zwischen Trivialisierung und innovativer Erinnerungsarbeit, in: Peter Seibert u. a. (Hg.): Anne Frank. Mediengeschichten, Berlin 2014, S. 136–163.

Burmeister, Stefan: Der schöne Schein. Aura und Authentizität im Museum, in: Martin Fitzenreiter (Hg.): Authentizität. Artefakt und Versprechen in der Archäologie, Workshop vom 10. bis 12. Mai 2013, Ägyptisches Museum der Universität Bonn, London 2014, S. 99–108.

Buschmann, Heike: Geschichten im Raum. Erzähltheorie als Museumsanalyse, in: Joachim Baur (Hg.): Museumsanalyse. Methoden und Konturen eines neuen Forschungsfeldes, Bielefeld 2010, S. 149–169.

Butler, Judith: Das Unbehagen der Geschlechter, Frankfurt a.M. 1991.

Butler, Judith: Körper von Gewicht, Berlin 1995.

Butler, Judith: Hass spricht, Berlin 1998.

Butler, Judith: Performative Akte und Geschlechterkonstitution. Phänomenologie und feministische Theorie, in: Uwe Wirth (Hg.): Performanz. Zwischen Sprachphilosophie und Kulturwissenschaften, Frankfurt a.M. 2002, S. 301–320.

Carlà[-Uhink], Filippo: Prostitute, Saint, Pin-Up, Revolutionary: The Reception of Theodora in Twentieth-Century Italy, in: Marta García Morcillo/Silke Knippschild (Hg.): Seduction and Power. Antiquity in the Visual and Performing Arts, London/New York 2013, S. 243–262.

Carlà[-Uhink], Filippo: Historische Quellen, literarische Erzählungen, phantasievolle Konstruktionen. Die vielen Leben der Theodora von Byzanz, in: Jutta Ernst/Florian Freitag (Hg.): Transkulturelle Dynamiken. Aktanten – Prozesse – Theorien, Bielefeld 2015, S. 31–62.

Carlà-Uhink, Filippo/Fiore, Danielle: Performing Empresses and Matronae: Ancient Roman Women in Reenactment, in: Archäologische Informationen 39 (2016), S. 195–204.

Carlà[-Uhink], Filippo: The Uses of History in Themed Spaces, in: Scott A. Lukas (Hg.): A Reader in Themed and Immersive Spaces, Pittsburgh 2016, S. 19–29.

Carlà-Uhink, Filippo: Representations of Classical Greece in Theme Parks, London/New York 2020.

Carlà-Uhink, Filippo: Theodora A.P. (After Procopius) / Theodora A.S. (After Sardou): Metamorphoses of an Empress, in: ders./Anja Wieber (Hg.): Orientalism and the Reception of Powerful Women from the Ancient World, London/New York 2020, S. 167–183.

Carlà[-Uhink], Filippo/Freitag, Florian: Strategien der Geschichtstransformationen in Themenparks, in: Sonja Georgi u. a. (Hg.): Geschichtstransformationen. Medien, Verfahren und Funktionalisierung historischer Rezeption, Bielefeld 2015, S. 131–149.

Carr, David: Experience and History. Phenomenological Perspectives on the Historical World, Oxford/New York 2014.

Carretero, Mario u. a. (Hg.): Palgrave Handbook of Research in Historical Culture and Education, Basingstoke 2016.

Castro Varela, María do Mar: Von der Notwendigkeit eines epistemischen Wandels. Postkoloniale Betrachtungen auf Bildungsprozesse, in: Thomas Geier/Katrin U. Zaborowski (Hg): Migration: Auflösungen und Grenzziehungen, Wiesbaden 2015, S. 43–49.

Cauvin, Thomas: Public History. A Textbook of practice, New York 2016.

Césaire, Aimé: Discourse on Colonialism, New York 2000 (frz. Orig. 1955).

Clark, Christopher: Die Schlafwandler. Wie Europa in den Ersten Weltkrieg zog, München 2015.

Clement, Ute/Martens, Bernd: Effizienter Lernen durch Multimedia? Probleme der empirischen Feststellung von Ursachen des Lernerfolgs, in: Zeitschrift für Pädagogik 46/1 (2000), S. 97–112.

Cohn, Miriam: Teilnehmende Beobachtung, in: Christine Bischoff u. a.: Methoden der Kultur-anthropologie, Bern 2014.

Cole, Charles C., Jr.: Public History's Influence on Historical Scholarship. Public History: What Difference Has it Made?, in: The Public Historian 16/4 (1994), S. 9–35.

Collingwood, Robin G.: The Idea of History, Oxford 1946.

Collingwood, Robin G.: Philosophie der Geschichte, Stuttgart 1955.

Commandeur, Beatrix u. a. (Hg.): Handbuch Museumspädagogik. Kulturelle Bildung in Museen, München 2016.

Comment, Bernhard: Das Panorama. Die Geschichte einer vergessenen Kunstform, Berlin 2000.

Cornelißen, Christoph: Was heißt Erinnerungskultur? Begriff – Methoden – Perspektiven, in: Geschichte in Wissenschaft und Unterricht 54/10 (2003), S. 548–563.

Cornelißen, Christoph: Erinnerungskulturen (Version: 2.0), in: Docupedia-Zeitgeschichte, 22.10.2012, https://docupedia.de/zg/Erinnerungskulturen_Version_2.0_Christoph_Corneli%C3%9Fen, letzter Zugriff: 11.1.2021.

Cramer, Konrad: Art. Erleben, Erlebnis, in: Joachim Ritter (Hg.): Historisches Wörterbuch der Philosophie, Bd. 2, Basel/Stuttgart 1972, Sp. 702–711.

Csáky, Moritz/Sommer, Monika (Hg.): Kulturerbe als soziokulturelle Praxis, Innsbruck u. a. 2005.

Culler, Jonathan: Semiotics of Tourism, in: American Journal of Semiotics 1/1–2 (1981), S. 127–140.

Cyrino, Monica S.: Big Screen Rome, Malden/Oxford 2005, S. 207–256.

Cyrino, Monica S. (Hg.): Rome. Season One: History Makes Television, Malden/Oxford 2008.

Daniel, Ute: Kompendium Kulturgeschichte. Theorien, Praxis, Schlüsselwörter, Frankfurt a.M. 2001.

Danker, Uwe: Das Flensburger Modell des Lehramtsstudiums im Fach Geschichte: Schulischer Geschichtsunterricht als Sonderfall historischen Lernens, in: ders. (Hg.): Geschichtsunterricht – Geschichtsschulbücher – Geschichtskultur. Aktuelle geschichtsdidaktische Forschungen des wissenschaftlichen Nachwuchses, Göttingen 2017, S. 15–27.

Danker, Uwe/Schwabe, Astrid: Normative fachdidaktische Anforderungen an virtuelle Geschichtspräsentationen. Möglichkeiten und Grenzen der Umsetzung am Projektbeispiel eines ‚Virtuellen Museums', in: dies. (Hg.): Historisches Lernen im Internet. Geschichtsdidaktik und ‚Neue Medien', Schwalbach i. Ts. 2008, S. 60–89.

Danker, Uwe/Schwabe, Astrid: Geschichte im Internet, Stuttgart 2017.

Daugbjerg, Mads: ‚As Real as it Gets': Vicarious Experience and the Power of Things in Historical Reenactment, in: Sarah Willner u. a. (Hg.): Doing History. Performative Praktiken in der Geschichtskultur, Münster/New York 2016, S. 151–171.

Davis, Natalie Zemon: Die wahrhaftige Geschichte der Wiederkehr des Martin Guerre, München 1989.

Davis, Natalie Zemon: Imagination, in: Mario Wimmer/Anne Kwaschik (Hg.): Von der Arbeit des Historikers. Ein Wörterbuch zu Theorie und Praxis der Geschichtswissenschaft, Bielefeld 2010, S. 107–110.

Davis, Theodore R.: How a Great Battle Panorama is Made, in: St. Nicholas: An Illustrated Magazine for Young Folks 14/2 (1886), S. 99–112.

Daynès, Elisabeth/Feltman, Rachel: How I reconstruct the faces of early ancestors, in: Popular Science 290/3 (2018), S. 128.

De Cesari, Chiara: Thinking Through Heritage Regimes, in: Regina F. Bendix u. a. (Hg.): Heritage Regimes and the State, Göttingen 2013, S. 399–413.

Dean, David (Hg.): A Companion to Public History, Hoboken (NJ) 2018.

DeGruy, Joy: Post Traumatic Slave Syndrome. America's Legacy of Enduring Injury and Healing, Milwaukie 2005.

Deile, Lars: Historische Imagination, in: Sebastian Barsch u. a. (Hg.): Handbuch Diversität im Geschichtsunterricht, Schwalbach i. Ts. 2020, S. 223–235.

Demantowsky, Marko: Geschichtskultur und Erinnerungskultur. Zwei Konzeptionen des einen Gegenstands, in: Geschichte, Politik und ihre Didaktik 33/1–2 (2005), S. 11–20.

Demantowsky, Marko: Geschichtsbild, in: Ulrich Mayer u. a. (Hg.): Wörterbuch Geschichtsdidaktik, Schwalbach i. Ts. 2006, S. 70–71.

Demantowsky, Marko (Hg.): Public History and School. International Perspectives, Berlin/Boston 2018.

Demantowsky, Marko: Public History auf Abwegen. Heimatgeschichte als Einladung, in: Merkur. Deutsche Zeitschrift für europäisches Denken 834 (2018), S. 30–40.

Demantowsky, Marko: What is Public History, in: ders. (Hg.): Public History and School. International Perspectives, Berlin/Boston 2018, S. 3–37.

Demke, Elena: Emotionale Harmonisierung oder intellektuelle Provokation? Zur Darstellung von Emotionalität in Besuchervideos von Gedenkstättenbesuchen, in: LaG-Magazin 11 (2012): Sonderheft: Emotionalität und Kontroversität, S. 11–14.

Den Boer, Pim u. a. (Hg.): Europäische Erinnerungsorte, 3 Bde., München 2012.

Dilthey, Wilhelm: Die Einbildungskraft des Dichters. Bausteine für eine Poetik, in: Philosophische Aufsätze. Eduard Zeller zu seinem fünfzigjährigen Doctor-Jubiläum gewidmet, Leipzig 1887, S. 303–482.

Dilthey, Wilhelm: Die geistige Welt. Einleitung in die Philosophie des Lebens. Erste Hälfte: Abhandlungen zur Grundlegung der Geisteswissenschaften (Gesammelte Schriften, Bd. V), 2. Aufl., Stuttgart 1957.

Dilthey, Wilhelm: Die Entstehung der Hermeneutik, in: ders.: Die geistige Welt. Einleitung in die Philosophie des Lebens. Erste Hälfte: Abhandlung zur Grundlegung der Geisteswissenschaften (Gesammelte Schriften, Bd. 5), Göttingen 1961 (1900), S. 317–338.

Dilthey, Wilhelm: Einleitung in die Geisteswissenschaften. Versuch einer Grundlegung für das Studium der Gesellschaft und der Geschichte (Gesammelte Schriften, Bd. 1), 5. Aufl., Stuttgart 1962 (1883).

Dilthey, Wilhelm: Der Aufbau der geschichtlichen Welt in den Geisteswissenschaften, Frankfurt a.M. 1981 (1910).

Dray, William H.: History as Re-Enactment. R. G. Collingwood's Idea of History, Oxford 1995.

Drecoll, Axel u. a. (Hg.): Authentizität als Kapital historischer Orte? Gedenkstätten, Dokumentationszen-tren und die Sehnsucht nach dem unmittelbaren Erleben von Geschichte, Göttingen 2019.

Droysen, Johan Gustav: Grundriss der Historik, Leipzig 1868.

Dubiel, Helmut: Niemand ist frei von der Geschichte. Die nationalsozialistische Herrschaft in den Debatten des Deutschen Bundestags, München 1999.

Dudek, Peter: „Vergangenheitsbewältigung". Zur Problematik eines umstrittenen Begriffs, in: Aus Politik und Zeitgeschichte 1–2 (1992), S. 44–53; Ulrike Jureit/Christian Schneider: Gefühlte Opfer. Illusion der Vergangenheitsbewältigung, Stuttgart 2010.

Dyson, Frances: Sounding New Media. Immersion and Embodiment in the Arts and Culture, Berkeley u. a. 2009.

Ebbrecht, Tobias: Geschichtsbilder im medialen Gedächtnis. Filmische Narrationen des Holocaust, Bielefeld 2011.

Eckel, Jan/Moisel, Claudia (Hg.): Universalisierung des Holocaust? Erinnerungskultur und Geschichtspolitik in internationaler Perspektive, Göttingen 2008.

Ehrenspeck, Yvonne: Bildung, in: Heinz-Hermann Krüger/Cathleen Grunert (Hg.): Wörterbuch Erziehungswissenschaft, Opladen 2006, S. 64–70.

Eisenhuth, Stefanie/Sabrow, Martin (Hg.): Schattenorte. Stadtimages und Vergangenheitslasten, Göttingen 2017.

Elitz, Ernst: Touristenhölle mitten in Berlin, in: Cicero, 9.8.2018, https://www.cicero.de/kultur/Checkpoint-Charlie-Berlin-Tourismus-BlackBox-Kalter-Krieg, letzter Zugriff: 15.1.2021.

Elliott, Andrew B. R.: Introduction: The Return of the Epic, in: ders. (Hg.): The Return of the Epic Film. Genre, Aesthetics and History in the 21st Century, Edinburgh 2014, S. 1–16.

Eriksen, Thomas Hylland: Traditionalism and Neoliberalism. The Norwegian Folk Dress in the 21st Century, in: Erich Kasten (Hg.): Properties of Culture – Culture as Property. Pathway to Reform in Post-Soviet Siberia, Berlin 2004, S. 267–286.

Erll, Astrid: Medium des kollektiven Gedächtnisses: Ein (erinnerungs-)kulturwissenschaftlicher Kompaktbegriff, in: dies./Ansgar Nünning (Hg.): Medien des kollektiven Gedächtnisses. Konstruktivität, Historizität, Kulturspezifität, Berlin 2004, S. 3–22.

Erll, Astrid: Memory in Culture, New York 2011.

Erll, Astrid: Remembering across Time, Space, and Cultures: Premediation, Remediation and the „Indian Mutiny", in: dies./Anne Rigney (Hg.): Mediation, Remediation and the Dynamics of Cultural Memory, New York 2009, S. 109–138.

Erll, Astrid: Travelling Memory, in: Parallax 17/4 (2011): Sonderheft: Transcultural Memory, S. 4–18.

Falk, John H./Dierking, Lynn D.: The Museum Experience Revisited, Walnut Creek 2013.

Febvre, Lucien: Sensibilität und Geschichte. Zugänge zum Gefühlsleben früherer Epochen, in: ders.: Das Gewissen des Historikers, Frankfurt a.M. 1990, S. 91–108.

Fenn, Monika: Conceptual Change von Vorstellungen über epistemologische Basiskonzepte bei Grundschülerinnen und -schülern fördern? Ergebnisse einer explorativen Interventionsstudie, in: dies. (Hg.): Frühes Historisches Lernen. Projekte und Perspektiven empirischer Forschung, Frankfurt a. M. 2018, S. 146–199.

Fenske, Michaela: Geschichte, wie sie Euch gefällt – Historische Doku-Soaps als spätmoderne Handlungs-, Diskussions- und Erlebnisräume, in: Andreas Hartmann u. a. (Hg.): Historizität. Vom Umgang mit Geschichte. Münster 2007, S. 85-105.

Fischer, Thomas: Geschichte der Geschichtskultur. Über den öffentlichen Gebrauch von Vergangenheit von den antiken Hochkulturen bis zur Gegenwart, Köln 2000.

Fischer-Lichte, Erika: Performance, Inszenierung, Ritual. Zur Klärung kulturwissenschaftlicher Schlüsselbegriffe, in: Jürgen Martschukat/Steffen Patzold (Hg.): Geschichtswissenschaft und „performative turn". Ritual, Inszenierung und Performanz vom Mittelalter bis zur Neuzeit, Köln u. a. 2003, S. 33–54.

Fischer-Lichte, Erika: Ästhetik des Performativen, Frankfurt a.M. 2004.

Fischer-Lichte, Erika: Einleitung: Theatralität als kulturelles Modell, in: dies. u. a. (Hg.): Theatralität als Modell in den Kulturwissenschaften, Tübingen/Basel 2004, S. 7–26.

Fischer-Lichte, Erika: Theatralität und Inszenierung, in: dies. u. a. (Hg.): Inszenierung von Authentizität, Tübingen/Basel 2007, S. 9–28.

Fischer-Lichte, Erika: Einleitung: Zur Aktualität von Turners Studien zum Übergang vom Ritual zum Theater, in: Victor Turner: Vom Ritual zum Theater. Der Ernst des menschlichen Spiels (engl. 1982), Frankfurt a.M./New York 2009, S. i–xxiii.

Fischer-Lichte, Erika: Die Wiederholung als Ereignis: Reenactment als Aneignung von Geschichte, in: Jens Roselt/Ulf Otto (Hg.): Theater als Zeitmaschine. Zur performativen Praxis des Reenactments, Bielefeld 2012, S. 13–52.

Fischer-Lichte, Erika: Performativität. Eine Einführung, Bielefeld 2012.

Flower, Harriet I.: The Art of Forgetting. Disgrace and Oblivion in Roman Political Culture, Chapel Hill 2006.

Förster, Larissa/Stoecker, Holger: Haut, Haar und Knochen. Koloniale Spuren in naturkundlichen Sammlungen der Universität Jena, Weimar 2016.

Foucault, Michel: Was ist ein Autor? (1969), in: ders.: Schriften in vier Bänden. Dits et Ecrits, Bd. 1: 1954–1969, hg. v. Daniel Defert/François Ewald, Frankfurt a.M. 2001, S. 1003–1041.

François, Etienne/Schulze, Hagen (Hg.): Deutsche Erinnerungsorte, 3 Bde., München 2001.

Frank, Sybille: Grenzwerte. Zur Formation der „Heritage Industry" am Berliner Checkpoint Charly, in: Dorothee Hemme u. a. (Hg.): Prädikat „Heritage Industry". Wertschöpfungen aus kulturellen Ressourcen, Berlin 2007, S. 297–322.

Frank, Sybille: Der Mauer um die Wette gedenken: Die Formation einer Heritage-Industrie am Berliner Checkpoint Charlie, New York/Frankfurt a.M. 2009.

Frei, Norbert: Vergangenheitspolitik. Die Anfänge der Bundesrepublik und die NS-Vergangenheit, München 1996.

Frevert, Ute: Was haben Gefühle in der Geschichte zu suchen?, in: Geschichte und Gesellschaft 35/2 (2009), S. 183–209.

Frevert, Ute: Die Politik der Demütigung. Schauplätze von Macht und Ohnmacht, Frankfurt a.M. 2017.

Frevert, Ute/Haupt, Heinz-Gerhard (Hg.): Neue Politikgeschichte. Perspektiven einer historischen Politikforschung, Frankfurt a.M. 2005.

Frevert, Ute/Schmidt, Anne: Geschichte, Emotionen und die Macht der Bilder, in: Geschichte und Gesellschaft 37/1 (2011), S. 5–25.

Friedlaender, Saul (Hg.): Probing the Limits of Representation. Nazism and the „Final Solution“, Cambridge (MA)/London 1992.

Frost, Ursula: Bildung als pädagogischer Grundbegriff, in: Gerhard Mertens (Hg.): Handbuch der Erziehungswissenschaft 1. Allgemeine Erziehungswissenschaft I, Studienausgabe, Paderborn 2011, S. 303–317.

Früchtl, Josef/Zimmermann, Jörg: Ästhetik der Inszenierung: Dimensionen eines gesellschaftlichen, individuellen und kulturellen Phänomens, in: dies. (Hg.): Ästhetik der Inszenierung. Dimensionen eines künstlerischen und gesellschaftlichen Phänomens, Frankfurt a.M. 2001, S. 9–47, hier S. 21.

Gable, Eric/Handler, Richard: Deep Dirt: Messing Up the Past at Colonial Williamsburg, in: Yorke Rowan/Uzi Baran (Hg.): Marketing Heritage: Archaeology and the Consumption of the Past, Walnut Creek 2004, S. 167–181.

Gadamer, Hans-Georg: Wahrheit und Methode. Grundzüge einer philosophischen Hermeneutik (Gesammelte Werke, Bd. 1), Tübingen 1990 (1960).

Gander, Hans-Helmuth: Erhebung der Geschichtlichkeit des Verstehens zum hermeneutischen Prinzip (GW 1, 270–311), in: Günter Figal (Hg.): Hans-Georg Gadamer. Wahrheit und Methode, Berlin 2007, S. 105–125.

Gardiner, Patrick: The Nature of Historical Explanation, London 1952.

Gautschi, Peter: Guter Geschichtsunterricht. Grundlagen, Erkenntnisse, Hinweise, Schwalbach i. Ts. 2009.

Gautschi, Peter: Integrationsmodelle – zur Einführung in das Schwerpunktthema, in: Zeitschrift für Didakik der Gesellschaftswissenschaft 10/1 (2019), S. 9–19.

Gautschi, Peter: Was Public History am meisten beeinflusst, in: Public History Weekly 7/19 (2019), DOI: dx.doi.org/10.1515/phw-2019-13911.

Gazin-Schwartz, Amy: Mementos of the Past: Material Culture of Tourism at Stonehenge and Avebury, in: Yorke Rowan/Uzi Baram (Hg.): Marketing Heritage. Archaeology and the Consumption of the Past, Walnut Creek 2004, S. 93–102.

Georgi, Sonja u. a. (Hg.): Geschichtstransformationen. Medien, Verfahren und Funktionalisierung historischer Rezeption, Bielefeld 2015.

Georgi, Sonja u. a.: Geschichtstransformationen. Medien – Verfahren – Funktionalisierungen, in: dies. (Hg.): Geschichtstransformationen. Medien, Verfahren und Funktionalisierung historischer Rezeption, Bielefeld 2015, S. 17–28.

Gerhards, Jürgen/Neidhardt, Friedhelm: Strukturen und Funktionen moderner Öffentlichkeit. Fragestellungen und Ansätze, in: Stefan Müller-Doohm/Klaus Neumann-Braun (Hg.): Öffentlichkeit, Kultur, Massenkommunikation. Beiträge zur Medien- und Kommunikationssoziologie, Oldenburg 1991, S. 31–89.

Gesellschaft für Didaktik des Sachunterrichts (Hg.): Perspektivrahmen Sachunterricht, 2. Aufl., Bad Heilbrunn 2013.

Gilmore, James H./Pine, B. Joseph: Authenticity. What Consumers Really Want, Boston 2007.

Ginzburg, Carlo: Der Käse und die Würmer. Die Welt eines Müllers um 1600, Berlin 2011 (ital. Orig. 1976).

Grahn, Wera/Wilson, Ross J. (Hg.): Gender and Heritage. Performance, Place and Politics, London/New York 2018.

Greßhake, Florian: *Damnatio memoriae*. Ein Theorieentwurf zum Denkmalsturz, München 2010.

Grever, Maria/Adriaansen, Robbert-Jan: Historical Culture: A Concept Revisited, in: Mario Carretero u. a. (Hg.): Palgrave handbook of research in historical culture and education, Basingstoke 2016, S. 73–89.

Griffiths, Alison: Shivers Down Your Spine. Cinema, Museums, and the Immersive View, New York 2008.

Grimm, Jacob/Grimm, Wilhelm: Deutsches Wörterbuch, Bd. 3, München 1984.

Groebner, Valentin: Retroland. Geschichtstourismus und die Sehnsucht nach dem Authentischen, Frankfurt a.M. 2018.

Groth, Stefan u. a.: Kultur als Eigentum. Instrumente, Querschnitte und Fallstudien, Göttingen 2015.

Grütter, Heinrich T.: Warum fasziniert die Vergangenheit. Perspektiven einer neuen Geschichtskultur, in: Jörn Rüsen u. a. (Hg.): Historische Faszination. Geschichtskultur heute, Köln 1994, S. 45–57.

Gumbrecht, Hans Ulrich: Diesseits der Hermeneutik. Die Produktion von Präsenz, Frankfurt a.M. 2004.

Gumbrecht, Hans Ulrich: Unsere breite Gegenwart, Frankfurt a.M. 2010.

Gumbrecht, Hans Ulrich: Präsenz, Frankfurt a.M. 2012.

Gundermann, Christine: Jenseits von Asterix. Comics im Geschichtsunterricht, Schwalbach i. Ts. 2007.

Gundermann, Christine: Die versöhnten Bürger. Der Zweite Weltkrieg in deutsch-niederländischen Begegnungen 1945–2000, Münster 2014.

Gundermann, Christine: Inszenierte Vergangenheit oder wie Geschichte im Comic gemacht wird, in: Hans-Joachim Backe u. a. (Hg.): Ästhetik des Gemachten. Interdisziplinäre Beiträge zur Animations- und Comicforschung, Berlin 2018, S. 257–283.

Gundermann, Christine: „Die Quellen sprechen für sich!“ Die Gedenkstätte Museum in der „Runden Ecke“ in Leipzig als Lernort, in: Geschichte in Wissenschaft und Unterricht 70/7–8 (2019), S. 418–435.

Gundermann, Christine: Public History. Vier Umkreisungen eines widerspenstigen Gegenstandes, in: dies. u. a. (Hg.): Geschichte in der Öffentlichkeit. Konzepte – Analysen – Dialoge, Berlin 2019, S. 87–114.

Günther-Arndt, Hilke: Historisches Lernen und Wissenserwerb, in: dies./Meik Zülsdorf-Kersting (Hg.): Geschichtsdidaktik. Praxishandbuch für die Sekundarstufe I und II, Berlin 2014, S. 24–49.

Günther-Arndt, Hilke/Kemnitz, Janine: Schreiben um zu lehren? – Geschichtsdidaktische Kategorien in der historischen Jugendliteratur, in: Staatsbibliothek zu Berlin – Preußischer Kulturbesitz (Hg.): Geschichtsbilder. Historische Jugendbücher aus vier Jahrhunderten, Ausst.-Kat., Berlin 2000, S. 240–254.

Hafener, Benno: Bildung und Lernen in der Gesellschaft des 21. Jahrhunderts, in: Michele Barricelli/Martin Lücke (Hg.): Handbuch Praxis des Geschichtsunterrichts, Bd. 1, Schwalbach i. Ts. 2012, S. 25–41.

Hahn, Hans Peter: Dinge als Herausforderung – Einführung, in: ders./Friedemann Neumann (Hg.): Dinge als Herausforderung. Kontexte, Umgangsweisen und Umwertungen von Objekten, Bielefeld 2018, S. 9–32.

Hahn, Hans-Henning u. a.: Deutsch-polnische Erinnerungsorte – Polsko-Niemieckie Miejsca Pamięci. Re-Interpretationen und ein neues Forschungskonzept, Zentrum für historische Forschung Berlin der Polnischen Akademie der Wissenschaften, 5. Ausgabe, Oktober 2009.

Hahn, Hans-Henning u. a. (Hg.): Deutsch-Polnische Erinnerungsorte, 5 Bde., Paderborn 2012–2015.

Halbwachs, Maurice: Das Gedächtnis und seine sozialen Bedingungen, Berlin 1966 (frz. Orig. 1925).

Halbwachs, Maurice: Das kollektive Gedächtnis, Frankfurt a.M. 1985 (frz. Orig. 1950).

Hall, Stuart: Whose Heritage? Un-settling ‚The Heritage', Re-Imagining the Post-Nation, in: Third Text 13/49 (1999/2000), S. 3–13.

Hampe, Michael/Holzhey, Helmut: Erfahrung, in: Petra Kolmer/Armin G. Wildfeuer (Hg.): Neues Handbuch philosophischer Grundbegriffe, Bd. 1, Freiburg/München 2011, S. 652–668.

Handler, Richard/Saxton, William: Dyssimulation. Reflexivity, Narrative, and the Quest for Authenticity in „Living History", in: Cultural Anthropology 3 (1988), S. 242–260.

Handro, Saskia: Musealisierte Zeitzeugen. Ein Dilemma, in: Public History Weekly 2/14 (2014), https://public-history-weekly.degruyter.com/2-2014-14/musealisierte-zeitzeugen-ein-dilemma, letzter Zugriff: 28.11.2020.

Hanke, Barbara: Dimensionen des Geschichtsbewusstseins 2.0 – ein Vorschlag, in: Zeitschrift für Didaktik der Gesellschaftswissenschaften 10/1 (2019), S. 126–136.

Hardtwig, Wolfgang/Schug, Alexander (Hg.): History Sells! Angewandte Geschichte als Wissenschaft und Markt, Stuttgart 2009.

Hardwick, Lorna: Reception Studies, Oxford 2003.

Hardwick, Lorna/Stray, Christopher: Introduction: Making Connections, in: dies. (Hg.): A Companion to Classical Receptions, Malden u. a. 2008, S. 1–9.

Harrison, Rodney: Heritage. Critical Approaches, London/New York 2013.

Hartman, Geoffrey: Der längste Schatten. Erinnern und Vergessen nach dem Holocaust, Berlin 1999.

Harvey, David C.: The History of Heritage, in: Brian Graham/Peter Howard (Hg.): The Ashgate Research Companion to Heritage and Identity, Farnham u. a. 2008, S. 19–36,

Hasberg, Wolfgang: Erinnerungs- oder Geschichtskultur? Überlegungen zu zwei (un)vereinbaren Konzeptionen zum Umgang mit Gedächtnis und Geschichte, in: Olaf Hartung (Hg.): Museum und Geschichtskultur. Ästhetik – Politik – Wissenschaft, Bielefeld 2006, S. 32–59.

Hasberg, Wolfgang/Körber, Andreas: Geschichtsbewusstsein dynamisch, in: Andreas Körber (Hg.): Geschichte – Leben – Lernen, Schwalbach i. Ts. 2003, S. 177–200.

Haude, Bertram: Krieg als Hobby? Das Leipziger Völkerschlacht-Reenactment und der Versuch einer Entgegnung, in: Forum Kritische Archäologie 4 (2015), S. 1–12, DOI: doi.org/10.6105/journal.fka.2015.4.1.

Heer, Hannes: Vom Verschwinden der Täter. Der Vernichtungskrieg fand statt, aber keiner war dabei, Berlin 2004.

Heil, Werner: Kompetenzorientierter Geschichtsunterricht, 2., vollst. neu überarb. u. erw. Aufl., Stuttgart 2012.

Hemme, Dorothee: „Weltmarke Grimm". Anmerkungen zum Umgang mit der Ernennung der Grimmschen Kinder- und Hausmärchen zum „Memory of the World", in: dies. u. a. (Hg.): Prädikat „Heritage". Wertschöpfungen aus kulturellen Ressourcen, Berlin/Münster 2007, S. 225–251.

Hemme, Dorothee: Märchenstraße – Lebenswelten. Zur kulturellen Konstruktion einer touristischen Themenstraße, Münster 2009.~

Henke-Bockschatz, Gerhard u. a.: Historische Bildung als Dimension eines Kerncurriculums moderner Allgemeinbildung, in: Geschichte in Wissenschaft und Unterricht 56/12 (2005), S. 703–710.

Hensel, Thomas: Wie aus der Kunstgeschichte eine Bildwissenschaft wurde, Berlin 2011.

Hettling, Manfred: Die Historisierung der Erinnerung – Westdeutsche Rezeption der nationalsozialistischen Vergangenheit, in: Tel Aviver Jahrbuch für deutsche Geschichte, 29 (2000), S. 357–378.

Heyl, Matthias: Mit Überwältigendem überwältigen. Emotionen in KZ-Gedenkstätten, in: Juliane Brauer/Martin Lücke (Hg.): Emotionen, Geschichte und historisches Lernen. Geschichtsdidaktische und geschichtskulturelle Perspektiven, Göttingen 2013, S. 239–260.

Hickethier, Knut: Film- und Fernsehanalyse, 5., erw. u. aktual. Aufl., Stuttgart/Weimar 2012.

Hicks, Dan/Beaudry, Mary C. (Hg.): The Oxford Handbook of Material Culture Studies, Oxford 2010.

Hilgert, Nora: Unterhaltung, aber sicher! Populäre Repräsentationen von Recht und Ordnung in den Fernsehkrimis „Stahlnetz“ und „Blaulicht“, 1958/59–1968, Bielefeld 2013.

Hinka, Oksana: Im Fokus: Gedenkstättenfotos in Sozialen Netzwerken, in: Thomas Thiemeyer u. a. (Hg.): Erinnerungspraxis zwischen gestern und morgen. Wie wir uns heute an NS-Zeit und Shoah erinnern. Ein deutsch-israelisches Studienprojekt, Tübingen 2018, S. 143–144.

Hirsch, Marianne: Family Frames. Photography, Narrative and Postmemory, Cambridge (MA) 1997.

Hirsch, Marianne: The Generation of Postmemory. Writing and Visual Culture After the Holocaust, New York 2012.

Hitzer, Bettina: Krebs fühlen. Eine Emotionsgeschichte des 20. Jahrhunderts, Stuttgart 2020.

Hobsbawm, Eric: Inventing Tradtions, in: ders./Terence Ranger (Hg.): The Invention of Tradition, Cambridge 1983, S. 1–14.

Hobsbawm, Eric/Ranger, Terence (Hg.): The Invention of Tradition, Cambridge 2010 (engl. Orig. 1983).

Hochbruck, Wolfgang: Geschichtstheater. Formen der „Living History“. Eine Typologie, Bielefeld 2013.

Hochbruck, Wolfgang: Reenacting Across Six Generations, 1863–1963, in: Sarah Willner u. a. (Hg.): Doing History. Performative Praktiken in der Geschichtskultur, Münster 2016, S. 97–116.

Hochschild, Arlie Russell: Emotion work, feeling rules, and social structure, in: The American journal of sociology 85/3 (1979), S. 551–575.

Hödl, Klaus: Wiener Juden – jüdische Wiener. Identität, Gedächtnis und Performanz im 19. Jahrhundert, Innsbruck 2005.

Hoffmann-Riem, Christa: Die Sozialforschung einer interpretativen Soziologie. Der Datengewinn, in: Kölner Zeitschrift für Soziologie und Sozialpsychologie 32/2 (1980), S. 339–372.

Holdaska, Magdalena: Selfies at horror sites: Dark tourism, ghoulish souvenirs and digital narcissism, in: Zeszty Prasoznawcze 60/2 (2017), S. 405–423.

Holtorf, Cornelius: On the Possibility of Time Travel, in: Lund Archaeological Review 15 (2009), S. 31–41.

Holtorf, Cornelius: The Presence of Pastness: Themed Environments and Beyond, in: Judith Schlehe u. a. (Hg.): Staging the Past. Themed Environments in Transcultural Perspective, Bielefeld 2010, S. 23–40.

Holtorf, Cornelius: On Pastness: A Reconsideration of Materiality in Archaeological Object Authenticity, in: Anthropological Quarterly 86/2 (2013), S. 427–443.

Holub, Robert C.: Reception Theory. A Critical Introduction, London/New York 1984.

Hooper, Glenn/Lennon, John J. (Hg.): Dark Tourism. Practice and Interpretation, London/New York 2017.

Horkheimer, Max/Adorno, Theodor W.: Dialektik der Aufklärung. Philosophische Fragmente, Frankfurt a.M. 1988.

Hörning, Karl H.: Was fremde Dinge tun: Sozialtheoretische Herausforderung, in: Hans Peter Hahn (Hg.): Vom Eigensinn der Dinge. Für eine neue Perspektive auf die Welt des Materiellen, Berlin 2015, S. 163–176.

Hürlimann, Annemarie: Zum Umgang mit Dingwelten in der aktuellen Ausstellungspraxis. Ein Plädoyer für die Schaulust, den geduldigen Blick und die Phantasie, in: Olaf Hartung (Hg.): Museum und Geschichtskultur. Ästhetik – Politik – Wissenschaft, Bielefeld 2006, S. 60–71.

Ibrahim, Yasmin: Self representation and the disaster event: Self-imaging, morality and immortality, in: Journal of Media Practice 16/3 (2015), S. 211–227.

Iser, Wolfgang: Das Modell der Sprechakte (1976), in: Uwe Wirth (Hg.): Performanz. Zwischen Sprachphilosophie und Kulturwissenschaften, Frankfurt a.M. 2002, S. 104–110.

Jacobs, Olaf/Lorenz, Theresa: Wissenschaft fürs Fernsehen. Dramaturgie – Gestaltung – Darstellungsformen, Wiesbaden 2014.

Jaeggi, Rahel: Aneignung braucht Fremdheit, in: Texte zur Kunst 12/46 (2002), S. 61–69.

Jauß, Hans Robert: Literaturgeschichte als Provokation der Literaturwissenschaft (1967), in: Rainer Warning (Hg.): Rezeptionsästhetik. Theorie und Praxis, München 1975, S. 126–162.

Jauß, Hans Robert: Rezeption, Rezeptionsästhetik (1992), in: Joachim Ritter/Karlfried Gründer (Hg.): Historisches Wörterbuch der Philosophie, Bd. 8: R–Sc, Darmstadt 2019, S. 996–1004.

Jay, Martin: Songs of Experience. Modern American and European Variations on a Universal Theme, Berkeley u. a. 2005.

Jeismann, Karl-Ernst: Geschichtsbewußtsein, in: Hans Süssmuth (Hg.): Geschichtsdidaktische Positionen, Paderborn 1980, S. 179–222.

Jeismann, Karl-Ernst: Geschichtsbewußtsein – Theorie, in: Klaus Bergmann u. a. (Hg.): Handbuch der Geschichtsdidaktik, Seelze-Velber 1997, S. 42–44.

Jeismann, Karl-Ernst: „Geschichtsbewußtsein“ als zentrale Kategorie der Didaktik des Geschichtsunterrichts, in: ders. (Hg.): Geschichte und Bildung. Beiträge zur Geschichtsdidaktik und zur historischen Bildungsforschung, Paderborn u. a. 2000, S. 46–72.

Johnson, Christopher D.: Memory, Metaphor, and Aby Warburg's Atlas of Images, Ithaca 2012.

Jung, Matthias: Dilthey zur Einführung, Hamburg 1996.

Jureit, Ulrike: Erinnerungsmuster. Zur Methodik lebensgeschichtlicher Interviews mit Überlebenden der Konzentrations- und Vernichtungslager, Hamburg 1999.

Jureit, Ulrike: Magie des Authentischen. Das Nachleben von Krieg und Gewalt im Reenactment, Göttingen 2020.

Kaiser, Brigitte: Inszenierung und Erlebnis in kulturhistorischen Ausstellungen. Museale Kommunikation in kunstpädagogischer Perspektive, Bielefeld 2006.

Kalela, Jorma: Making History. The Historian and the Uses of the Past, New York 2012.

Kalshoven, Petra Tjitske: Things in the Making, in: Etnofoor 22/1 (2010), S. 59–74.

Kant, Immanuel: Kritik der reinen Vernunft, 5. Aufl., Berlin 1900.

Karlsson, Klas-Göran: Making Sense of Lessons of the Past. Theoretical Perspectives on Historical Learning, in: Holger Thünemann u. a. (Hg.): Begriffene Geschichte – Geschichte begreifen, Frankfurt a.M. 2016, S. 101–126.

Keilbach, Judith: Geschichtsbilder und Zeitzeugen. Zur Darstellung des Nationalsozialismus im bundesdeutschen Fernsehen, Münster 2008.

Keilbach, Judith: Mikrofon, Videotape, Datenbank. Überlegungen zu einer Mediengeschichte der Zeitzeugen, in: Martin Sabrow/Norbert Frei (Hg.): Die Geburt des Zeitzeugen nach 1945, Göttingen 2012, S. 281–299.

Keilbach, Judith: Collecting, Indexing and Digitizing Survivors. Holocaust Testimonies in the Digital Age, in: Axel Bangert u. a. (Hg.): Holocaust Intersections. Genocide and Visual Culture at the New Millennium, Oxford 2013, S. 46–63.

Keilbach, Judith: Das Gedächtnis der Nation. Eine Online-Plattform, die Fernsehen ist, in: Knud Andresen u. a. (Hg.): Es gilt das gesprochene Wort. Oral History und Zeitgeschichte heute, Göttingen 2015, S. 181–194.

Keilbach, Judith: Authentizität als filmische Konstruktion, in: Christoph Classen u. a. (Hg.): Echt inszeniert. Historische Authentizität und Medien in der Moderne (im Erscheinen).

Kelley, Robert: Public History: Its Origins, Nature, and Prospects, in: The Public Historian 1/1 (1978), S. 16–28.

Kerz, Christina: Atmosphäre und Authentizität. Gestaltung und Wahrnehmung in Colonial Williamsburg, Stuttgart 2017.

Kessel, Martina: Gewalt und Gelächter. ‚Deutschsein' 1914–1945, Stuttgart 2019.

Kinnebrock, Susanne: Why Napoleon is exciting time after time: media logics and history, in: Susanne Popp u. a. (Hg.): Commercialised History. Popular History Magazines in Europe, Frankfurt a.M. 2015, S. 147–163.

Kirshenblatt-Gimblett, Barbara: Theorizing Heritage, in: Ethnomusicology 39/3 (1995), S. 367–380.

Kirshenblatt-Gimblett, Barbara: Intangible Heritage as Metacultural Production, in: Museum International 56/1–2 (2004), S. 52–65.

Kirshenblatt-Gimblett, Barbara: World Heritage and Cultural Economics, in: Ivan Karp u. a. (Hg.): Museum Frictions. Public Cultures/Global Transformations, Durham/London 2006, S. 161–202.

Klamer, Arjo/Zuidhof, Peter-Wim: The Values of Cultural Heritage: Merging Economic and Cultural Appraisals, in: Marta de la Torre/Randall Mason (Hg.): Economics and Heritage Conservation. A Meeting Organized by the Getty Conservation Institute, Los Angeles 1999, S. 23–61.

Kmec, Sonja u. a.: Lieux de mémoire au Luxembourg. Usages du passé et construction nationale/Erinnerungsorte in Luxemburg. Umgang mit der Vergangenheit und Konstruktion der Nation, Luxembourg 2007.

Knaller, Susanne: Original, Kopie, Fälschung. Authentizität als Paradoxie der Moderne, in: Martin Sabrow/Achim Saupe (Hg.): Historische Authentizität, Göttingen 2016, S. 44–61.

Knaller, Susanne/Müller, Harro: Authentisch/Authentizität, in: Karlheinz Barck u. a. (Hg.): Ästhetische Grundbegriffe, Bd. 7: Register und Supplemente, Stuttgart/Weimar 2010, S. 40–65.

Knoch, Habbo: Wem gehört die Geschichte? Aufgaben der „Public History" als wissenschaftlicher Disziplin, in: Wolfgang Hasberg/Holger Thünemann (Hg.): Geschichtsdidaktik in der Diskussion. Grundlagen und Perspektiven, Frankfurt a.M. 2016, S. 303–346.

Knoch, Habbo: Gedenkstätten (Version: 1.0), in: Docupedia-Zeitgeschichte, 11.9.2018, DOI: https://dx.doi.org/10.14765/zzf.dok.2.1221.v1.

Kobialka, Dawid: The Mask(s) and Transformers of Historical Re-Enactment: Material Culture and Contemporary Vikings, in: Current Swedish Archaeology 21 (2013), S. 141–161.

Koch, Georg: Funde und Fiktionen. Urgeschichte im deutschen und britischen Fernsehen seit den 1950er Jahren, Göttingen 2019.

Kocka, Jürgen: Geschichtswissenschaft heute – wozu noch Geschichte?, in: Karl Filser (Hg.): Theorie und Praxis des Geschichtsunterrichts, Bad Heilbrunn 1974, S. 24–35.

König, Christoph/Lämmert, Eberhard (Hg.): Konkurrenten in der Fakultät. Kultur, Wissen und Universität um 1900, Frankfurt a.M. 1999.

Körber, Andreas: ‚Uses' and ‚Ab-Uses' of History. Possible Consequences for History Teaching at Schools, Frankfurt a.M. 2012, https://www.pedocs.de/frontdoor.php?source_opus=6626, letzter Zugriff: 16.10.2020.

Korff, Gottfried: Kulturelle Überlieferung und mémoire collective. Bemerkungen zum Rüsenschen Konzept der „Geschichtskultur", in: Klaus Fröhlich u. a. (Hg.): Geschichtskultur, Pfaffenweiller 1992, S. 51–61.

Korff, Gottfried: Denkmalisierung. Zum „Europäischen Denkmalschutzjahr" 1975 und seinen Folgen, in: Die Denkmalpflege 83/2 (2005), S. 133–144.

Koselleck, Reinhart: Vergangene Zukunft. Zur Semantik geschichtlicher Zeiten, Frankfurt a.M. 1979 // 1989 // 2. Aufl., 1992.

Köster, Manuel: Vom Holocaust lesen. Textverstehen im Spannungsfeld von Darstellungstext und Identitätsbedürfnissen, in: Zeitschrift für Geschichtsdidaktik 11 (2012), S. 116–130.

Köstlin, Konrad: Tradition, Erbe und gesellschaftliches Wissen: Thema mit Variationen, in: Karl C. Berger u. a. (Hg.): Erb.gut? Kulturelles Erbe in Wissenschaft und Gesellschaft, Wien 2009, S. 49–60.

Kretschmann, Carsten: Einleitung: Wissenspopularisierung – ein altes, neues Forschungsfeld?, in: ders. (Hg.): Wissenspopularisierung. Konzepte der Wissensverbreitung im Wandel, Berlin 2003, S. 7–22.

Kretschmann, Carsten: Wissenschaftspopularisierung – Ansätze und Konzepte, in: Bernd Hüppauf/Peter Weingart (Hg.): Frosch und Frankenstein. Bilder als Medium der Popularisierung von Wissenschaft, Bielefeld 2009, S. 79–89.

Kuchler, Christian: Historische Orte im Geschichtsunterricht, Schwalbach i. Ts. 2012.

Labrador, Angela M./Silberman, Neil Asher: Introduction: Public Heritage as Social Practice, in: dies. (Hg.): The Oxford Handbook of Public Heritage Theory and Practice, Oxford 2018.

LaG-Magazin 11 (2012): Sonderheft: Emotionalität und Kontroversität.

Lambertz, Bettina: Personas im Museum. Historische Ausstellungskonzeptionen und Bedürfnisorientierung am Beispiel des MiQua. LVR-Jüdisches Museum im Archäologischen Quartier Köln, Masterarbeit, Universität zu Köln, 2018.

Landsberg, Alison: Prosthetic Memory. The Transformation of American Remembrance in the Age of Mass Culture, New York 2004.

Landwehr, Achim: Diskurs, Macht, Wissen. Perspektiven einer Kulturgeschichte des Politischen, in: Archiv für Kulturgeschichte 35 (2003), S. 71–117.

Landwehr, Achim: Die anwesende Abwesenheit der Vergangenheit. Essay zur Geschichtstheorie, Frankfurt a.M. 2016.

Langer, Lawrence L.: Holocaust Testimonies. The Ruins of Memory, New Haven 1991.

Latour, Bruno: On Actor-Network Theory: A Few Clarifications, in: Soziale Welt 47/4 (1996), S. 369–381.

Latour, Bruno: Reassembling the Social: An Introduction to Actor-Network Theory, Oxford 2007.

Laub, Dori: An Event Without a Witness. Truth, Testimony and Survival, in: Shoshana Felmann/Dori Laub: Testimony. Crises of Witnessing in Literature, Psychoanalysis, and History, New York 1992, S. 75–92.

Laub, Dori: Zeugnis ablegen oder Die Schwierigkeit des Zuhörens, in: Ulrich Baer (Hg.): ‚Niemand zeugt für den Zeugen'. Erinnerungskultur nach der Shoah, Frankfurt a.M. 2000, S. 68–83.

Leonhard, Jörn: Erfahrung im 20. Jahrhundert. Methodische Perspektiven einer „Neuen Politikgeschichte", in: Norbert Frei (Hg.): Was heißt und zu welchem Ende studiert man Geschichte des 20. Jahrhunderts, Göttingen 2006, S. 156–163.

Lester, Paul Martin: Looks are Deceiving: The Portraits of Cristopher Columbus, in: Visual Anthropology 5 (1993), S. 211–227.

Lethen, Helmut: Versionen des Authentischen. Sechs Gemeinplätze, in: Hartmut Böhme/ Klaus R. Scherpe (Hg.): Literatur und Kulturwissenschaften. Positionen, Theorien, Modelle, Reinbek bei Hamburg 1996, S. 205–231.

Levy, Daniel/Sznaider, Natan: Erinnerung im globalen Zeitalter. Der Holocaust, Frankfurt a.M. 2001.

Lindner, Rolf: Vom Wesen der Kulturanalyse, in: Zeitschrift für Volkskunde 99/2 (2003), S. 177–188.

Lindner, Rolf: „Zwei oder drei Dinge, die ich über Kultur weiß …". Eine Reprise, in: Reinhard Johler u. a. (Hg.): Kultur_Kultur. Denken. Forschen. Darstellen, Münster u. a. 2013, S. 16–27.

Lipphardt, Veronika/Ludwig, David: Wissens- und Wissenschaftstransfer, in: EGO – Europäische Geschichte Online, 28.9.2011, https://ieg-ego.eu/lipphardtv-ludwigd-2011-de, letzter Zugriff: 19.10.2020.

Logan, William/Reeves, Keir (Hg.): Places of Pain and Shame. Dealing with „Difficult Heritage", London/New York 2009.

Logge, Thorsten: Updating the Past. The Absence of Atrocities in the „Battle of Gettysburg" Cyclorama, in: International Panorama Council 3 (2019), S. 61–68.

Logge, Thorsten u. a. (Hg.): Geschichte im Rampenlicht. Inszenierungen historischer Quellen auf der Bühne, Berlin 2020.

Loshitzky, Yosefa: Holocaust Others. Spielberg's *Schindler's List* versus Lanzmann's *Shoah*, in: Yosefa Loshitzky (Hg.): Spielberg's Holocaust. Critical Perspectives on *Schindler's List*, Bloomington 1997, S. 104–118.

Lowenthal, David: The Past is a Foreign Country – Revisited, Cambridge 2015.

Lücke, Martin: Diversität und Intersektionalität als Konzepte der Geschichtsdidaktik, in: Michele Barricelli/Martin Lücke (Hg.): Handbuch Praxis des Geschichtsunterrichts, Bd. 1, Schwalbach i. Ts. 2012, S. 136–146.

Lücke, Martin: Multiperspektivität, Kontroversität, Pluralität, in: Michele Barricelli/Martin Lücke (Hg.): Handbuch Praxis des Geschichtsunterrichts, Bd. 1, Schwalbach i. Ts. 2012, S. 281–288.

Lücke, Martin/Zündorf, Irmgard: Einführung in die Public History, Göttingen 2018.

Lyon, Cherstin u. a.: Introduction to Public History. Interpreting the Past, Engaging Audiences, Lanham (MD) 2017.

Maase, Kaspar: Populärkulturforschung. Eine Einführung, Bielefeld 2019.

MacCannell, Dean: Staged Authenticity: Arrangements of Social Space in Tourist Setting, in: American Journal of Sociology 79/3 (1973), S. 589–603.

Macdonald, Sharon: Difficult Heritage. Negotiating the Nazi Past in Nuremberg and Beyond, London/New York 2009.

Macmillan, Margaret: The Uses and Abuses of History, London 2009.

Mager, Tino: Schillernde Unschärfe. Der Begriff der Authentizität im architektonischen Erbe, Berlin 2016.

Martindale, Charles: Redeeming the Text. Latin Poetry and the Hermeneutics of Reception, Cambridge 1993.

Martindale, Charles: Introduction: Thinking Through Reception, in: ders./Richard F. Thomas (Hg.): Classics and the Use of Reception, Malden/Oxford 2006, S. 1–13.

Martschukat, Jürgen: Geschichtswissenschaft und „performative turn“: Eine Einführung in Fragestellungen, Konzepte und Literatur, in: ders./Steffen Patzold (Hg.): Geschichtswissenschaft und „performative turn“. Ritual, Inszenierung und Performanz vom Mittelalter bis zur Neuzeit, Köln 2003, S. 1–32.

Martschukat, Jürgen: „His chief sin is being a negro. Next he whipped a white man. Next he married a white woman“. Sport, Rassismus und die (In)Stabilität von Grenzziehungen in den USA um 1900, in: Historische Anthropologie 15 (2007), S. 259–280.

Martschukat, Jürgen/Patzold, Steffen: Geschichtswissenschaft und „performative turn“. Eine Einführung in Fragestellungen, Konzepte und Literatur, in: dies. (Hg.): Geschichtswissenschaft und „performative turn“. Ritual, Inszenierung und Performanz vom Mittelalter bis zur Neuzeit, Köln u. a. 2003, S. 1–32.

Martschukat, Jürgen/Patzold, Steffen (Hg.): Geschichtswissenschaft und „performative turn“. Ritual, Inszenierung und Performanz vom Mittelalter bis zur Neuzeit, Köln 2003.

Matijević, Krešimir/Schwabe, Astrid: Bikinis in der römischen Therme? Erkundungen im geschichtskulturellen Feld der historischen Kindersachbücher, in: Zeitschrift für Geschichtsdidaktik 16 (2017), S. 107–121.

Mayer, Ulrich: Qualitätsmerkmale historischer Bildung. Geschichtsdidaktische Kategorien als Kriterien zur Bestimmung und Sicherung der fachdidaktischen Qualität des historischen Lernens, in: Wilfried Hansmann/Timo Hoyer (Hg.): Zeitgeschichte und historische Bildung. Festschrift für Dietfrid Krause-Vilmar, Kassel 2005, S. 223–243.

Mayer, Ulrich u. a. (Hg.): Handbuch Methoden im Geschichtsunterricht, 5. Aufl., Schwalbach i. Ts. 2016.

Memminger, Josef (Hg.): Überall Geschichte! Der Lernort Welterbe – Facetten der Regensburger Geschichtskultur, Regensburg 2014.

Mergel, Thomas: Überlegungen zu einer Kulturgeschichte der Politik, in: Geschichte und Gesellschaft 28/4 (2003), S. 574–606.

Meyer-Hamme, Johannes: Subjektorientierte historische Bildung. Geschichtslernen in der Auseinandersetzung mit widersprüchlichen Deutungsangeboten zur DDR-Geschichte, in: Deutschland Archiv 6 (2012), https://www.bpb.de/geschichte/zeitgeschichte/deutschlandarchiv/139259/subjektorientierte-historische-bildung, letzter Zugriff: 2.6.2019.

Mikos, Lothar: Qualitative Verfahren, in: Wolfgang Schweiger/Andreas Fahr (Hg.): Handbuch Medienwirkunsgsforschung, Wiesbaden 2013, S. 627–640.

Milam, Jennifer: Imagining Marie Antoinette: Cultural Memory, Coolness and the Deconstruction of History in Cinema, in: French History & Civilization 4 (2011), S. 45–53.

Mißling, Sven: Die UNESCO-Konvention zum Schutz des immateriellen (Kultur-)Erbes der Menschheit von 2003. Öffnung des Welterbekonzepts oder Stärkung der kulturellen Hoheit des Staates?, in: Regina F. Bendix u. a. (Hg.): Die Konstituierung von Cultural Property: Forschungsperspektiven, Göttingen 2010, S. 91–113.

Mohatt, Nathaniel Vincent u. a.: Historical Trauma as Public Narrative: A Conceptual Review of How History Impacts Present-day Health, in: Social Science & Medicine 106 (2014), S. 128–136.

Moller, Sabine/Bauer, Matthias (Hg.): Thema: Kulturelle Aneignung von Vergangenheit, in: Literatur in Wissenschaft und Unterricht 46/2–3 (2013), S. 89–103.

Morat, Daniel: Verstehen als Gefühlsmethode. Zu Wilhelm Diltheys hermeneutischer Grundlegung der Geisteswissenschaften, in: Uffa Jensen/Daniel Morat (Hg.): Rationalisierungen des Gefühls. Zum Verhältnis von Wissenschaft und Emotionen 1880–1930, München 2008, S. 101–117.

Morat, Daniel: Der Sound der Heimatfront. Klanghandeln im Berlin des Ersten Weltkriegs, in: Historische Anthropologie 22/3 (2014), S. 350–363.

Morat, Daniel: Katalysator wider Willen. Das Humboldt Forum in Berlin und die deutsche Kolonialvergangenheit, in: Zeithistorische Forschungen/Studies in Contemporary History 16/1 (2019), S. 140–153.

Muhlack, Ulrich: Verstehen, in: Hans-Jürgen Goertz (Hg.): Geschichte. Ein Grundkurs, 3. Aufl., Reinbek bei Hamburg 2007, S. 104–136.

Mütter, Bernd u. a. (Hg.): Emotionen und historisches Lernen. Forschung, Vermittlung, Rezeption, Frankfurt a.M. 1994.

Nettke, Tobias: Was ist Museumspädagogik? Bildung und Vermittlung in Museen, in: Beatrix Commandeur u. a. (Hg.): Handbuch Museumspädagogik. Kulturelle Bildung in Museen, München 2016, S. 31–42.

Nietzsche, Friedrich: Unzeitgemäße Betrachtungen. Zweites Stück: Vom Nutzen und Nachtheil der Historie für das Leben, in: ders.: Sämtliche Werke. Kritische Studienausgabe, Bd. 1: Die Geburt der Tragödie. Unzeitgemäße Betrachtungen I–IV. Nachgelassene Schriften 1870–1873, hg. v. Giorgi Colli/Mazzino Montinari, 2. Aufl., München 1988, S. 243–334.

Nora, Pierre (Hg.): Les lieux de mémoire, 7 Bde., Paris 1984–1992: I. La République (1984); II. La Nation, 3 Bde. (1986); III. Les France, 3 Bde. (1992).

Nora, Pierre: Zwischen Geschichte und Gedächtnis, Berlin 1990.

Nora, Pierre: From Lieux de mémoire to Realms of Memory. Preface to the English-Language Edition, in: ders./Lawrence D. Kritzmann (Hg.): Realms of Memory. Rethinking the French Past, New York 1996, S. xv–xxiv.

Noyes, Dorothy: The Judgment of Solomon: Global Protections for Tradition and the Problem of Community Ownership, in: Cultural Analysis 5 (2006), S. 27–56.

Otto, Ulf: Die Macht der Toten als das Leben der Bilder. Praktiken des Reenactments in Kunst und Kultur, in: Jens Roselt/Christel Weiler (Hg.): Schauspielen heute. Die Bildung des Menschen in den performativen Künsten, Bielefeld 2011, S. 185–201.

Paget, Derek: No Other Way to Tell It. Dramadoc/Docudrama on Television, Manchester 1998, S. 69.

Pandel, Hans-Jürgen: Dimensionen des Geschichtsbewusstseins. Ein Versuch, seine Struktur für Empirie und Pragmatik diskutierbar zu machen, in: Geschichtsdidaktik. Probleme, Projekte, Perspektiven 12/2 (1987), S. 130–142.

Pandel, Hans-Jürgen: Geschichtlichkeit und Gesellschaftlichkeit im Geschichtsbewusstsein. Zusammenfassendes Resümee empirischer Untersuchungen, in: Bodo von Borries u. a. (Hg.): Geschichtsbewusstsein empirisch, Pfaffenweiler 1991, S. 1–23.

Pandel, Hans-Jürgen: Die Wahrheit der Fiktion. Der Holocaust im Comic und Jugendbuch, in: Bernd Jaspert (Hg.): Wahrheit und Geschichte. Vom Umgang mit deutscher Vergangenheit, Hofgeismar 1993, S. 72–109.

Pandel, Hans-Jürgen: Geschichtsunterricht nach PISA. Kompetenzen, Bildungsstandards, Kerncurricula, Schwalbach i. Ts. 2005.

Pandel, Hans-Jürgen: Authentizität, in: Ulrich Mayer u. a. (Hg.): Wörterbuch Geschichtsdidaktik, Schwalbach i. Ts. 2006, S. 25–26.

Pandel, Hans-Jürgen: Geschichtskultur als Aufgabe der Geschichtsdidaktik. Viel zu wissen ist zu wenig, in: Vadim Oswalt u. a. (Hg.): Geschichtskultur. Die Anwesenheit von Vergangenheit in der Gegenwart, in: Schwalbach i. Ts. 2009, S. 19–33.

Pandel, Hans-Jürgen: Historisches Erzählen. Narrativität im Geschichtsunterricht, Schwalbach i. Ts. 2010.

Pandel, Hans-Jürgen: Geschichtsdidaktik. Eine Theorie für die Praxis, Schwalbach i. Ts. 2013.

Pandel, Hans-Jürgen: Geschichtsbewusstsein, in: Ulrich Mayer u. a. (Hg.): Wörterbuch Geschichtsdidaktik, Schwalbach i. Ts. 2014, S. 80–81.

Panofsky, Erwin: Ikonographie und Ikonologie. Bildinterpretation nach dem Dreistufenmodell, Köln 2006.

Panofsky, Erwin: Zum Problem der Beschreibung und Inhaltsdeutung von Werken der bildenden Kunst (1932), in: ders.: Ikonographie und Ikonologie. Bildinterpretation nach dem Dreistufenmodell, Köln 2006, S. 5–32.

Parschalk, Norbert: Geschichte und Identität. Konstruktiver Geschichtsunterricht in Zeiten globaler Veränderungen, Brixen 2012.

Paul, Herman: Hayden White. The Historical Imagination, Cambridge 2011.

Pendas, Devin O.: Der 1. Frankfurter Auschwitz-Prozess 1963–1965. Eine historische Einführung, in: Raphael Gross/Werner Renz (Hg.): Der Frankfurter Auschwitz-Prozess. Kommentierte Quellenedition, Bd. 1, Frankfurt a.M. 2013, S. 55–85.

Peselmann, Arnika: Konstituierung einer Kulturlandschaft. Praktiken des Kulturerbens im deutsch-tschechischen Erzgebirge, Göttingen 2018.

Pirker, Eva Ulrike/Rüdiger, Mark: Authentizitätsfiktionen in populären Geschichtskulturen: Annäherungen, in: Eva Ulrike Pirker u. a. (Hg.): Echte Geschichte. Authentizitätsfiktionen in populären Geschichtskulturen, Bielefeld 2010, S. 11–30.

Pirker, Eva Ulrike u. a. (Hg.): Echte Geschichte. Authentizitätsfiktionen in populären Geschichtskulturen, Bielefeld 2010.

Plamper, Jan: Geschichte und Gefühl. Grundlagen der Emotionsgeschichte, München 2012.

Pleitner, Berit: Erlebnis- und erfahrungsorientierte Zugänge zur Geschichte: Living History und Reenactment, in: Sabine Horn/Michael Sauer (Hg.): Geschichte und Öffentlichkeit, Göttingen 2009, S. 40–47.

Pleitner, Berit: Kundschafter in einer anderen Welt? Überlegungen zur Funktion der Emotionen in Living-History-Darstellungen, in: Juliane Brauer/Martin Lücke (Hg.): Emotionen, Geschichte und historisches Lernen. Geschichtsdidaktische und geschichtskulturelle Perspektiven, Göttingen 2013, S. 223–238.

Prager, Brad: The Real Abraham Bomba. Through Lanzmann's Looking Glass, in: Erin McGlothlin u. a. (Hg.): The Construction of Testimony. Claude Lanzmann's *Shoah* and Its Outtakes, Detroit 2020, S. 275–301.

Prantl, Heribert (Hg.): Wehrmachtsverbrechen. Eine deutsche Kontroverse, Hamburg 1997.

Pulz, Magdalena: Die Geschichte eines im Holocaust getöteten Mädchens als Instagram-Story. „Nach einer wahren Geschichte" fühlt sich hier wirklich wahr an, in: jetzt, 3.5.2019, https://www.jetzt.de/digital/holocaust-instagramstories-spielen-wahre-geschichte-nach, letzter Zugriff: 24.11.2020.

Rahemipour, Patricia: Faszinierend Fremd. Einige Aspekte zum Bild des Fremden im Archäologiefilm, in: Kurt Denzer (Hg.): Funde, Filme, falsche Freunde. Der Archäologiefilm im Dienst von Profit und Propaganda, Kiel 2003, S. 191–200.

Rajamani, Imke: Angry Young Men. Masculinity, Citizenship and Virtuous Emotions in Popular Indian Cinema, Berlin 2016.

Rauthe, Simone: Public History in den USA und der Bundesrepublik Deutschland, Essen 2001.

Rauthe, Simone: Geschichtsdidaktik – ein Auslaufmodell? Neue Impulse der amerikanischen Public History, in: Zeithistorische Forschungen/Studies in Contemporary History 2 (2005), S. 287–291, https://zeithistorische-forschungen.de/2-2005/4647, letzter Zugriff: 11.1.2021.

Reckwitz, Andreas: Affektive Räume: Eine praxeologische Perspektive, in: Elisabeth Mixa/Patrick Vogl (Hg.): E-Motions. Transformationsprozesse in der Gegenwartskultur, Wien/Berlin 2012, S. 23–44.

Reeken, Dietmar von: Das historische Jugendbuch, in: Hans-Jürgen Pandel/Gerhard Schneider (Hg.): Handbuch Medien im Geschichtsunterricht, 5. Aufl., Schwalbach i. Ts. 2010, S. 69–83.

Reitstätter, Luise: Die Ausstellung verhandeln. Von Interaktionen im musealen Raum, Bielefeld 2015.

Rensmann, Lars: Baustein der Erinnerungspolitik. Die politische Textur der Bundestagsdebatte über ein zentrales ‚Holocaust-Mahnmal', in: Micha Brumlik u. a. (Hg.): Umkämpftes Vergessen. Walser-Debatte, Holocaust-Mahnmal und neuere deutsche Geschichtspolitik, Berlin 2000, S. 135–167.

Requate, Jörg: Öffentlichkeit und Medien als Gegenstände historischer Analyse, in: Geschichte und Gesellschaft 25/1 (1999), S. 5–32.

Ricœur, Paul: Die erzählte Zeit, Bd. 3: Übergänge, München 1991.

Riederer, Günter: Den Bilderschatz heben – Vom schwierigen Verhältnis zwischen Geschichtswissenschaft und Film, in: Moshe Zuckermann (Hg.): Medien – Politik – Geschichte, Göttingen 2003, S. 15–39.

Rodi, Frithjof: Das strukturierte Ganze. Studien zum Werk von Wilhelm Dilthey, Weilerswist 2003.

Rohlfes, Joachim: Geschichtsbewußtsein: Leerformel oder Fundamentalkategorie?, in: Ursula Becher/Klaus Bergmann (Hg.): Geschichte – Nutzen oder Nachteil für das Leben?, Düsseldorf 1986, S. 92–95.

Rohlfes, Joachim: Geschichte und ihre Didaktik, Göttingen 2005.

Rokem, Freddie: Geschichte aufführen. Darstellungen der Vergangenheit im Gegenwartstheater, Berlin 2012.

Roselt, Jens/Otto, Ulf (Hg.): Theater als Zeitmaschine. Zur performativen Praxis des Reenactments. Theater- und kulturwissenschaftliche Perspektiven, Bielefeld 2012.

Rosen, Alan: The Wonder of Their Voices. The 1946 Holocaust Interviews of David Boder, Oxford 2010.

Roth, Jonathan: 2000 Jahre Varusschlacht – Jubiläum eines Mythos? Eine kulturanthropologische Fallstudie zur Erinnerungskultur, Münster 2012.

Rothberg, Michael: Multidirectional Memory. Remembering the Holocaust in the Age of Decolonization, Stanford 2009.

Rürup, Reinhard: Die deutsche Wehrmacht und die NS-Verbrechen: Zur Diskussion um die ‚Wehrmachtsausstellung', in: ders. (Hg.): Der lange Schatten des Nationalsozialismus. Geschichte, Geschichtspolitik und Erinnerungskultur, Göttingen 2014, S. 184–204.

Rüsen, Jörn: Historische Vernunft. Grundzüge einer Historik I: Die Grundlagen der Geschichtswissenschaft, Göttingen 1993.

Rüsen, Jörn: Was ist Geschichtskultur? Überlegungen zu einer neuen Art, über Geschichte nachzudenken, in: Klaus Füßmann u. a. (Hg.): Historische Faszination. Geschichtskultur heute, Köln u. a. 1994, S. 3–26.

Rüsen, Jörn: Historisches Lernen, in: Klaus Bergmann u. a. (Hg.): Handbuch der Geschichtsdidaktik, Seelze-Velber 1997, S. 261–265.

Rüsen, Jörn: Auf dem Weg zu einer Pragmatik der Geschichtskultur, in: Ulrich Baumgärtner/Waltraud Schreiber (Hg.): Geschichts-Erzählung und Geschichts-Kultur. Zwei geschichtsdidaktische Leitbegriffe in der Diskussion, München 2001, S. 81–97.

Rüsen, Jörn: Historisches Lernen. Grundlagen und Paradigmen, 2. Aufl., Schwalbach i. Ts. 2008.

Rüsen, Jörn: Historik. Theorie der Geschichtswissenschaft, Köln u. a. 2013.

Rüsen, Jörn: Die fünf Dimensionen der Geschichtskultur, in: Jacqueline Nießer/Juliane Tomann: Angewandte Geschichte. Neue Perspektiven auf Geschichte und Öffentlichkeit, Paderborn u. a. 2014, S. 46–57.

Ryan, Marie-Laure: Narrative as Virtual Reality. Immersion and Interactivity in Literature and Electronic Media, Baltimore/London 2001.

Sabrow, Martin: Die Zeit der Zeitgeschichte, Göttingen 2012.

Sabrow, Martin/Saupe, Achim (Hg.): Historische Authentizität, Göttingen 2016.

Sabrow, Martin/Saupe, Achim: Historische Authentizität. Zur Kartierung eines Forschungsfeldes, in: dies. (Hg.): Historische Authentizität, Göttingen 2016, S. 7–28.

Saint-Laurent, Constance de/Sandra Obradović: Uses of the Past: History as a Resource for the Present, in: Integrative Psychology and Behavioral Science 53/1 (2019), S. 1–13.

Samida, Stefanie: Aneignung von Vergangenheit durch körperliches Erleben?, in: Literatur in Wissenschaft und Unterricht 46/2–3 (2013), Themenheft: Kulturelle Aneignung von Vergangenheit, S. 105–122.

Samida, Stefanie: Archäologie und Öffentlichkeit. Zum Stand der Reflexion, in: Manfred K. H. Eggert/Ulrich Veit (Hg.): Theorie in der Archäologie. Zur jüngeren Diskussion in Deutschland, Münster 2013, S. 337–374.

Samida, Stefanie: Denkmal, in: dies. u. a. (Hg.): Handbuch Materielle Kultur: Bedeutungen, Konzepte, Disziplinen, Stuttgart/Weimar 2014, S. 189–192.

Samida, Stefanie: Krieg(s)spiele(n), in: Forum Kritische Archäologie 4 (2015), S. 13–15.

Samida, Stefanie: Per Pedes in die *Germania magna* oder Zurück in die Vergangenheit? Kulturwissenschaftliche Annäherungen an eine performative Praktik, in: Sarah Willner u. a. (Hg.): Doing History. Performative Praktiken in der Geschichtskultur, Münster/New York 2016, S. 45–62.

Samida, Stefanie: Schlachtfelder als touristische Destinationen: Zum Konzept des Thanatourismus aus kulturwissenschaftlicher Sicht, in: Zeitschrift für Tourismuswissenschaft 10/2 (2018), S. 267–290.

Samida, Stefanie: Leute machen Kleider oder Über das Selbermachen in der Populärkultur. Kieler Blätter zur Volkskunde 52, 2020, 35–53.

Samida, Stefanie: Zwischen An- und Abwesenheit: Denkmäler in geschichtskulturellen Kontexten, in: von Henner Hesberg u. a. (Hg.): Die Bildmacht des Denkmals: Ikonisierung und Erleben archäologischer Denkmäler im Stadtbild, Regensburg 2021, S. 195–202.

Samida, Stefanie/Arendes, Cord: Public History und Kulturelles Erbe, in: Katrin Minner (Hg.): Public History in der Regional- und Landesgeschichte, Münster 2019, S. 29–51.

Samida, Stefanie u. a. (Hg.): Handbuch Materielle Kultur. Bedeutungen, Konzepte, Disziplinen, Stuttgart/Weimar 2014.

Samuel, Raphael: Theatres of Memory, Past and Present in Contemporary Culture, 2. Aufl., London/New York 2012.

Sarasin, Philipp: Was ist Wissensgeschichte?, in: Internationales Archiv für Sozialgeschichte der deutschen Literatur 36/1 (2011), S. 159–172.

Sauer, Michael: Geschichte unterrichten. Eine Einführung in Methodik und Didaktik, 10. Aufl., Seelze 2012.

Sauerländer, Willibald: Iconic turn? Eine Bitte um Ikonoklasmus, in: Christa Maar/Hubert Burda (Hg.): Iconic turn. Die neue Macht der Bilder, Köln 2004, S. 407–426.

Saupe, Achim: Authentizität (Version 3.0), in: Docupedia-Zeitgeschichte, 25.8.2015, https://docupedia.de/zg/Saupe_authentizitaet_v3_de_2015, letzter Zugriff: 28.11.2020.

Savoy, Bénédicte/Sarr, Felwine: Zurückgeben. Über die Restitution afrikanischer Kulturgüter, Berlin 2019.

Sayer, Faye: Public History. A Practical Guide, London 2015.

Schäfer, Hermann: Besucherforschung und Psychologie, in: Martin Schuster/Hildegard Ameln-Haffke (Hg.): Museumspsychologie. Erleben im Kunstmuseum, Göttingen 2006, S. 49–60.

Scheer, Monique: Emotionspraktiken. Wie man über das Tun an die Gefühle herankommt, in: Matthias Beitl/Ingo Schneider (Hg.): Emotional Turn?! Europäisch ethnologische Zugänge zu Gefühlen & Gefühlswelten, Wien 2016, S. 15–36.

Schemmer, Janine: Hafenarbeit erzählen. Erfahrungsräume im Hamburger Hafen seit 1950, München 2018.

Scheper-Hughes, Nancy/Lock, Margret M.: The Mindful Body: A Prolegomenon to Future Work in Medical Anthropology, in: Medical Anthropology Quarterly, New Series 1/1 (1987), S. 6–41.

Schilling, Britta: Postcolonial Germany. Memories of Empires in a Decolonized Nation, Oxford 2014.

Schindler, Sabine: Authentizität und Inszenierung. Die Vermittlung von Geschichte an amerikanischen *historic sites*, Heidelberg 2003.

Schmidt, Peter: Aby M. Warburg und die Ikonologie, Wiesbaden 1993.

Schnädelbach, Herbert: Philosophie in Deutschland 1831–1933, 6. Aufl., Frankfurt a.M. 1999.

Schneider, Ingo: Wiederkehr der Traditionen? Zu einigen Aspekten der gegenwärtigen Konjunktur des kulturellen Erbes, in: Österreichische Zeitschrift für Volkskunde 59/1 (2005), S. 1–20.

Schneider, Rebecca: Performing Remains. Art and War in Times of Theatrical Reenactment, London/New York 2011.

Schnepel, Burkhard u. a. (Hg.): Kultur all inclusive. Identität, Tradition und Kulturerbe im Zeitalter des Massentourismus, Bielefeld 2013.

Schönemann, Bernd: Geschichtsdidaktik und Geschichtskultur, in: Bernd Mütter u. a. (Hg.): Geschichtskultur. Theorie – Empirie – Pragmatik, Weinheim 2000, S. 26–58.

Schönemann, Bernd: Geschichtskultur als Forschungskonzept der Geschichtsdidaktik, in: Zeitschrift für Geschichtsdidaktik 1 (2002), S. 78–86.

Schönemann, Bernd: Geschichtsdidaktik, Geschichtskultur, Geschichtswissenschaft, in: Hilke Günther-Arndt (Hg.): Geschichts-Didaktik. Praxishandbuch für die Sekundarstufe I und II, Berlin 2003, S. 11–22 // 5. Aufl., 2011, S. 11–22.

Schönemann, Bernd: Erinnerungskultur oder Geschichtskultur?, in: Eugen Kotte (Hg.): Kulturwissenschaften und Geschichtsdidaktik, München 2011, S. 53–72.

Schönemann, Bernd: Geschichtsbewusstsein – Theorie, in: Michele Barricelli/Martin Lücke (Hg.): Handbuch Praxis des Geschichtsunterrichts, Bd. 1, Schwalbach i. Ts. 2012, S. 98–111.

Schörken, Rolf: Geschichtsdidaktik und Geschichtsbewusstsein, in: Hans Süssmuth (Hg.): Geschichtsunterricht ohne Zukunft? Zum Diskussionsstand der Geschichtsdidaktik in der Bundesrepublik Deutschland, Bd. 1, Stuttgart 1972, S. 87–101.

Schörken, Rolf: Geschichte in der Alltagswelt. Wie uns Geschichte begegnet und was wir mit ihr machen, Stuttgart 1981.

Schörken, Rolf: Historische Imagination und Geschichtsdidaktik, Paderborn u. a. 1994.

Schörken, Rolf: Begegnungen mit Geschichte. Vom außerwissenschaftlichen Umgang mit der Historie in Literatur und Medien, Stuttgart 1995.

Schörken, Rolf: Historische Imagination – Wort, in: Klaus Bergmann u. a.: Handbuch der Geschichtsdidaktik, Seelze-Velber 1997, S. 64–66.

Schörken, Rolf: Imagination und geschichtliches Verstehen, in: Neue Sammlung. Vierteljahres-Zeitschrift für Erziehung und Gesellschaft 38/2 (1998), S. 203–212.

Schreiber, Waltraud: Reflektiertes und (selbst-)reflexives Geschichtsbewusstsein durch Geschichtsunterricht fördern – ein vielschichtiges Forschungsfeld der Geschichtsdidaktik, in: Zeitschrift für Geschichtsdidaktik 1 (2002), S. 18–43.

Schreiber, Waltraud u. a.: Historisches Denken. Ein Kompetenz-Strukturmodell, 2. Aufl., Neuried 2006.

Schrey, Dominik: Analoge Nostalgie in der digitalen Medienkultur, Berlin 2017.

Schulte-Sasse, Jochen: Einbildungskraft/Imagination, in: Karlheinz Barck (Hg.): Ästhetische Grundbegriffe, Bd. 2: Dekadent–Grotesk, Stuttgart u. a. 2010, S. 88–120.

Schulze, Gerhard: Die Erlebnisgesellschaft. Kultursoziologie der Gegenwart, Frankfurt a.M./ New York 1992 // 2. Aufl., 2005.

Schuster, Martin: Lernen im Museum, in: ders./Hildegard Ameln-Haffke (Hg.): Museumspsychologie. Erleben im Kunstmuseum, Göttingen 2006, S. 84–102.

Schwabe, Astrid: Historisches Lernen im World Wide Web: Suchen, flanieren oder forschen? Fachdidaktisch-mediale Konzeption, praktische Umsetzung und empirische Evaluation der regionalhistorischen Website Vimu.info, Göttingen 2012.

Schwabe, Astrid: Geschichtskulturelle Prozesse – Beobachtungen zum Verhältnis von historischer Fachwissenschaft und „Public History", in: Uwe Danker/Astrid Schwabe (Hg.): Die NS-Volksgemeinschaft. Zeitgenössische Verheißung, analytisches Konzept und ein Schlüssel zum historischen Lernen?, Göttingen 2017, S. 49–67.

Schwarz, Anja: Experience, in: Vanessa Agnew u. a. (Hg.): The Routledge Handbook of Reenactment Studies. Key Terms in the Field, London 2019, S. 63–66.

Schweizer, Stefan: Aby M. Warburgs Renaissance: archäologische Bemerkungen, in: Rebekka Habermas/Rebekka von Mallinckrodt (Hg.): Interkultureller Transfer und nationaler Eigensinn. Europäische und angloamerikanische Positionen der Kulturwissenschaften, Göttingen 2004, S. 157–174.

Scott, Joan W.: The Evidence of Experience, in: Critical Inquiry, 17/4 (1991), S. 773–797.

Sebald, Gerd/Döbler, Marie-Kristin (Hg.): (Digitale) Medien und soziale Gedächtnisse, Wiesbaden 2018.

Sénécheau, Miriam: Neues vom Neandertaler? Ur- und Frühgeschichte in Unterrichtsfilmen, in: Geschichte in Wissenschaft und Unterricht 63/3–4 (2012), S. 187–213.

Sénécheau, Miriam/Samida, Stefanie: Living History als Gegenstand Historischen Lernens, Stuttgart 2016.

Shandler, Jeffrey: Holocaust Memory in the Digital Age. Survivors' Stories and New Media Practices, Stanford 2017.

Shanower, Eric: Twenty-First Century Troy, in: George Kovacs/C. W. Marshall (Hg.): Classics and Comics, Oxford 2011, S. 195–206.

Shanower, Eric: Trojan Lovers and Warriors: The Power of Seduction in Age of Bronze, in: Marta García Morcillo/Silke Knippschild (Hg.): Seduction and Power. Antiquity in the Visual and Performing Arts, London/New York 2013, S. 57–70.

Siebeck, Cornelia: Erinnerungsorte, Lieux de Mémoire (Version: 1.0), in: Docupedia-Zeitgeschichte, 2.3.2017, https://docupedia.de/zg/Siebeck_erinnerungsorte_v1_de_2017?oldid=126408, letzter Zugriff: 23.11.2020.

Sittig, Claudius: „Was ernst an ihm ist, kann sie schon". Die deutsche Literaturwissenschaft und der New Historicism aus der Neuen Welt, in: Rebekka Habermas/Rebekka von Mallinckrodt (Hg.): Interkultureller Transfer und nationaler Eigensinn. Europäische und angloamerikanische Positionen der Kulturwissenschaften, Göttingen 2004, S. 87–106.

Smith, Laurajane: Uses of Heritage, London/New York 2006.

Smith, Laurajane: Heritage, Gender and Identity, in: Brian Graham/Peter Howard (Hg.): The Ashgate Research Companion to Heritage and Identity, Farnham u. a. 2008, S. 159–178.

Smith, Laurajane: All Heritage is Intangible: Critical Heritage Studies and Museums, Amsterdam 2011.

Smith, Mark M.: The Smell of Battle, the Taste of Siege. A Sensory History of the Civil War, Oxford/New York 2015.

Solms, Charlayn: A Homeric Catalogue of Shapes. The Iliad and Odyssey Seen Differently, London/New York 2019.

Spiritova, Marketa: Performing Memories. Erinnerungspraktiken zwischen Geschichtspolitik und Populärkultur am Beispiel Tschechiens, in: Zeitschrift für Volkskunde 110/1 (2014), S. 91–111.

Steffen, Nils: „Ich wusste nicht, dass es so war!" Authentizität im Zeitzeugnistheater, in: Thorsten Logge u. a. (Hg.): Geschichte im Rampenlicht. Inszenierungen historischer Quellen im Theater, Berlin 2020, S. 145–163.

Stoler, Ann Laura: Colonial Aphasia. Race and Disabled Histories in France, in: Public Culture 23/1 (2011), S. 121–156.

Stoler, Ann Laura: Duress. Imperial Durabilities in our Times, Durham 2016.

Stollberg-Rilinger, Barbara: Was heißt Kulturgeschichte des Politischen?, Berlin 2005.

Stollberg-Rilinger, Barbara: Rituale, Frankfurt a.M./New York 2013.

Strupp, Christoph: Johan Huizinga. Geschichtswissenschaft als Kulturgeschichte, Göttingen 2000.

Sturma, Dieter: Jean-Jacques Rousseau, München 2001.

Suter, Andreas/Hettling, Manfred: Struktur und Ereignis – Wege zu einer Sozialgeschichte des Ereignisses, in: dies. (Hg.): Struktur und Ereignis, Göttingen 2001, S. 7–32.

Swenson, Astrid: „Heritage", „Patrimoine" und „Kulturerbe": Eine vergleichende historische Semantik, in: Dorothee Hemme u. a. (Hg.): Prädikat „Heritage". Wertschöpfungen aus kulturellen Ressourcen, Berlin/Münster 2007, S. 53–74.

Symons, Thomas Henry Bull (Hg.): Les Lieux de la mémoire. La commémoration du passé au Canada, Ottawa 1997.

Tasdelen, Alper: Das völkerrechtliche Regime der Kulturgüterrückführung, in: Stefan Groth u. a. (Hg.): Kultur als Eigentum. Instrumente, Querschnitte und Fallstudien, Göttingen 2015, S. 225–268.

Tauschek, Markus: Wertschöpfung aus Tradition. Der Karneval von Binche und die Konstituierung kulturellen Erbes. Berlin 2010.

Tauschek, Markus: Reflections on the Metacultural Nature of Intangible Cultural Heritage, in: Journal of Ethnology and Folkloristics 5/2 (2011), S. 49–64.

Tauschek, Markus: Kulturerbe. Eine Einführung, Berlin 2013.

Tenorth, Heinz-Elmar: Bildung, in: ders./Rudolf Tippelt (Hg.): Beltz Lexikon Pädagogik, Weinheim/Basel 2012, S. 92–95.

Thiele, Hans-Günther (Hg.): Die Wehrmachtsausstellung. Dokumentation einer Kontroverse, Bonn 1997.

Thiemeyer, Thomas: Kulturerbe als „Shared Heritage"? (I). Kolonialzeitliche Sammlungen und die Zukunft einer europäischen Idee, in: Merkur 72/829 (2018), S. 30–44.

Thompson, Edward P.: The Making of the English Working Class, London 1963.

Thünemann, Holger: Geschichtskultur revisited. Versuch einer Bilanz nach drei Jahrzehnten, in: Thomas Sandkühler/Horst Walter Blanke (Hg.): Historisierung der Historik. Jörn Rüsen zum 80. Geburtstag, Köln/Weimar 2018, S. 127–150.

Thyroff, Julia: Facetten des Denkens im Museum – methodischer Zugang, empirische Befunde, in: Didacta Historica 3 (2017), S. 1–11, https://codhis-sdgd.ch/wp-content/uploads/2020/03/Didactica-3_2017_Thyroff.suppl%C3%A9mentaire.pdf, letzter Zugriff: 11.12.2020.

Tilley, Christopher u. a. (Hg.): Handbook of Material Culture, London 2006.

Tollmien, Cordula: Zeitzeugenbefragung am Beispiel der NS-Zwangsarbeiter, in: Archiv-Nachrichten Niedersachsen 6 (2002), S. 9–21.

Tomann, Juliane/Nießer, Jacqueline: Public and Applied History in Germany – Just another Brick in the Wall of the Academic Ivory Tower?, in: The Public Historian, 41/4 (2018), S. 11–27.

Treml, Alfred K.: Lernen, in: Heinz-Hermann Krüger/Cathleen Grunert (Hg.): Wörterbuch Erziehungswissenschaft, 2. Auf., Opladen 2006, S. 288–292.

Treml, Martin u. a.: Vorbemerkung der Herausgeber (zu Teil I: Genese der ‚Pathosformel'), in: Aby Warburg: Werke in einem Band, hg. v. Martin Treml u. a., Frankfurt a.M. 2010, S. 31–38.

Treml, Martin/Weigel, Sigrid: Einleitung, in: Any Warburg: Werke in einem Band, hg. v. Martin Treml u. a., Frankfurt a.M. 2010, S. 9–29.

Troebst, Stefan: Geschichtspolitik (Version: 1.0), in: Docupedia-Zeitgeschichte, 4.8.2014, https://docupedia.de/zg/Geschichtspolitik?oldid=125442, letzter Zugriff: 27.8.2020.

Tschofen, Bernhard: Antreten, ablehnen, verwalten? Was der Heritage-Boom den Kulturwissenschaften aufträgt, in: Dorothee Hemme u. a. (Hg.): Prädikat „Heritage". Wertschöpfungen aus kulturellen Ressourcen, Berlin/Münster 2007, S. 19–32.

Tschofen, Bernhard: Vom Geschmack der Regionen. Kulinarische Praxis, europäische Politik und räumliche Kultur – eine Forschungsskizze, in: Zeitschrift für Volkskunde 103 (2007), S. 169–196.

Tschofen, Bernhard: „Eingeatmete Geschichtsträchtigkeit": Konzepte des Erlebens in der Geschichtskultur, in: Sarah Willner u. a. (Hg.): Doing History. Performative Praktiken in der Geschichtskultur, Münster 2016, S. 137–148.

Turan, Kenneth: Soldiers of Misfortune, in: Los Angeles Times, 24.7.1998, https://www.latimes.com/archives/la-xpm-1998-jul-24-ca-6540-story.html, letzter Zugriff: 23.12.2020.

Turner, Edith: Communitas. The Anthropology of Collective Joy, New York 2012.

Turner, Victor: The Ritual Process. Structure and Anti-Structure, Ithaca (NY) 1969.

Turner, Victor: Betwixt and Between: The Liminal Period in *Rites de Passage* (1964), in: William A. Lessa (Hg.): Reader in Comparative Religion. An Anthropological Approach, New York u. a.: 1979, S. 234–243.

Turner, Victor: Vom Ritual zum Theater. Der Ernst des menschlichen Spiels (engl. 1982), Frankfurt a.M./New York 2009.

Ulrich, Anne/Knape, Joachim: Medienrhetorik des Fernsehens. Begriff und Konzepte, Bielefeld 2014.

UNESCO: Gender Equality. Heritage and Creativity, 2014, https://unesdoc.unesco.org/ark:/48223/pf0000229418, letzter Zugriff: 13.12.2020.

Urry, John/Larsen, Jonas: The Tourist Gaze 3.0, London 2011.

Van den Doel, Wim (Hg.): Plaatsen van Herinnering. Nederland in de twingigste eeuw, Amsterdam 2005.

Van Gennep, Arnold: Übergangsriten, Frankfurt a.M./New York 2005 (frz. Orig. 1909).

Van Norden, Jörg: Geschichte ist Bewusstsein. Historie einer geschichtsdidaktischen Fundamentalkategorie, Frankfurt a.M. 2018.

Van Zanten, David T.: The Parthenon Imagined Painted, in: Panayotis Tournikiotis (Hg.): The Parthenon and Its Impact in Modern Times, Athen 1994, S. 259–277.

Varner, Eric: Mutilation and Transformation. *Damnatio memoriae* and Roman Imperial Portraiture, Leiden/Boston 2004.

Verhey, Jeffrey: Der „Geist von 1914“ und die Erfindung der Volksgemeinschaft, Hamburg 2000.

Vinken, Gerhard: Sharing Heritage. Das Motto des Europäischen Kulturerbejahres kritisch befragt, in: uni.vers: Forschung. Das Magazin der Otto-Friedrich-Universität Bamberg, Mai 2018, S. 16–19.

Volbers, Jörg: Performative Kultur. Eine Einführung, Wiesbaden 2014.

Völkel, Bärbel: Handlungsorientierung, in: Ulrich Mayer u. a. (Hg.): Handbuch Methoden im Geschichtsunterricht, 5. Aufl., Schwalbach i. Ts. 2016, S. 49–64.

Völkel, Bärbel: Inklusive Geschichtsdidaktik, Schwalbach i. Ts. 2017.

Warburg, Aby: Werke in einem Band, hg. v. Martin Treml u. a., Frankfurt a.M. 2010.

Warning, Rainer (Hg.): Rezeptionsästhetik. Theorie und Praxis, München 1975.

Waterton, Emma/Smith, Laurajane: The Recognition and Misrecognition of Community Heritage, in: International Journal of Heritage Studies 16/1–2 (2010), S. 4–15.

Waterton, Emma/Watson, Steve (Hg.): The Palgrave Handbook of Contemporary Heritage Research, New York 2015.

Wehling, Hans-Georg: Konsens à la Beutelsbach?, in: Siegfried Schiele/Herbert Schneider (Hg.): Das Konsensproblem in der politischen Bildung, Stuttgart 1977, S. 179–180.

Wehnes, Franz-Josef: Theorie der Bildung – Bildung als historisches und aktuelles Problem, in: Leo Roth (Hg.): Pädagogik. Handbuch für Studium und Praxis, München 2012, S. 277–292.

Weindl, Roman: Die „Aura“ des Originals im Museum. Über den Zusammenhang von Authentizität und Besucherinteresse, Bielefeld 2019.

Weiss, Peter: Meine Ortschaft, in: ders.: Rapporte, Frankfurt a.M. 1981, S. 113–124.

Welsch, Wolfgang: Was ist eigentlich Transkulturalität?, in: Lucyna Darowska/Claudia Machold (Hg.): Hochschule als transkultureller Raum? Kultur, Bildung und Differenz in der Universität, Bielefeld 2010, S. 39–66.

Welskopp, Thomas: Erklären, begründen, theoretisch begreifen, in: Hans-Jürgen Goertz (Hg.): Geschichte. Ein Grundkurs, 3. Aufl., Reinbek bei Hamburg 2007, S. 137–177.

Welzer, Harald u. a.: „Opa war kein Nazi“. Nationalsozialismus und Holocaust im Familiengedächtnis, 3. Aufl., Frankfurt a.M. 2002.

Wernsing, Susanne u. a.: Vermessung, Abformung und Ausstellung, in: Susanne Wernsing u. a. (Hg.): Rassismus. Die Erfindung von Menschenrassen, Ausst.-Kat., Göttingen 2018, S. 48–55.

White, Hayden: Metahistory. The Historical Imagination in Nineteenth-century Europe, Baltimore/London 1973.

White, Hayden: Tropics of Discourses. Essays in Cultural Criticism, Baltimore 1978.

Wiater, Werner: Bildung und Erziehung, in: Uwe Sandfuchs (Hg.): Handbuch Erziehung, Bad Heilbrunn 2012, S. 18–21.

Wider, Matthias: „Man muss es gesehen haben, um es zu verstehen“. Zur Wirkung von historischen Orten auf Schülerinnen und Schüler, Hamburg 2018.

Widmann, S. P.: Heimweh, in: Otto Willmann/Ernst M. Roloff (Hg.): Lexikon der Pädagogik, Bd. 2, Freiburg 1913, S. 703–705.

Willer, Stefan: Kulturelles Erbe. Tradieren und Konservieren in der Moderne, in: ders. u. a. (Hg.): Erbe. Übertragungskonzepte zwischen Natur und Kultur, Berlin 2013, S. 160–201.

Willer, Stefan u. a.: Erbe, Erbschaft, Vererbung. Eine aktuelle Problemlage und ihr historischer Index, in: dies. (Hg.): Erbe. Übertragungskonzepte zwischen Natur und Kultur, Berlin 2013, S. 7–36.

Willner, Sarah u. a. (Hg.): Doing History. Performative Praktiken in der Geschichtskultur, Münster/New York 2016.

Winckelmann, Johann Joachim: Gedanken über die Nachahmung der griechischen Werke in der Malerey und Bildhauerkunst, 2. Aufl., Dresden/Leipzig 1756, https://digi.ub.uni-heidelberg.de/diglit/winckelmann1756/0001, letzter Zugriff: 1.12.2020.

Winkler, Martin M.: The Roman Salute. Cinema, History, Ideology, Columbus 2009.

Winkler, Martin M.: *Gladiator* and the Traditions of Historical Cinema, in: ders. (Hg.): Gladiator. Film and History, Malden/Oxford 2004, S. 16–30.

Wirth, Uwe (Hg.): Performanz. Zwischen Sprachphilosophie und Kulturwissenschaften, Frankfurt a.M. 2002.

Wiwjorra, Ingo: Der Germanenmythos. Konstruktion einer Weltanschauung in der Altertumsforschung des 19. Jahrhunderts, Darmstadt 2006.

Wolters, Heike: Forschend-entdeckendes Lernen im Geschichtsunterricht, Frankfurt a.M. 2018.

Young, James E.: Beschreiben des Holocaust, Frankfurt a.M. 1997.

Zalewska, Maria: Selfies from Ausschwitz: Rethinking the Relationship Between Spaces of Memory and Places of Commemoration in the Digital Age, in: Studies in Russian, Eurasian and Central European New Media 18 (2017), S. 95–116.

Zelizer, Barbie: Every Once in a While. Schindler's List and the Shaping of History, in: Yosefa Loshitzky (Hg.): Spielberg's Holocaust. Critical Perspectives on Schindler's List, Bloomington 1997, S. 18–35.

Zelizer, Barbie: Remembering to Forget. Holocaust Memory through the Camera's Eye, Chicago 1998.

Zimmermann, Felix. Historical Digital Games as Experiences – How Atmospheres of the Past Satisfy Needs of Authenticity, in: Marc Bonner (Hg.): Game | World | Architectonics – Transdisciplinary Approaches on Structures and Mechanics, Levels and Spaces, Aesthetics and Perception, Heidelberg 2021 (im Erscheinen).

Zülsdorf-Kersting, Meik: Zwei Seiten einer Medaille – oder: Wie konstruieren Individuen Geschichte?, in: Zeitschrift für Geschichtsdidaktik 8 (2009), S. 184–197.

Zündorf, Irmgard: Zeitgeschichte und Public History (Version: 2.0), in: Docupedia-Zeitgeschichte, 6.9.2016, DOI: https://doi.org/10.14765/zzf.dok.2.699.v2.

13 Autor_innen

JULIANE BRAUER ist Professorin für Geschichte und ihre Didaktik an der Bergischen Universität Wuppertal. Ihre Forschungsschwerpunkte liegen im Bereich Emotionen, Geschichtskultur und historisches Lernen. Im Buch zeichnet sie besonders für die Schlüsselbegriffe ‚Emotionen' und ‚Historische Imagination' verantwortlich.

FILIPPO CARLÀ-UHINK ist Professor für Geschichte des Altertums an der Universität Potsdam. Seine Forschungsschwerpunkte liegen im Bereich der Kulturgeschichte sowie der Sozial- und Wirtschaftsgeschichte der klassischen Antike und in der Antikenrezeption. Im Buch zeichnet er besonders für den Schlüsselbegriff ‚Rezeption' verantwortlich.

CHRISTINE GUNDERMANN ist Juniorprofessorin für Public History an der Universität zu Köln. Ihre Forschungsschwerpunkte liegen im Bereich der Neuesten Geschichte, Wissenschaftskommunikation und im Feld der populären Geschichtsformen, insbesondere im Feld der historischen Comicforschung. Im Buch zeichnet sie besonders für die Schlüsselbegriffe ‚Authentizität', ‚Erinnerung und Gedächtnis' und ‚Historisches Denken' verantwortlich.

JUDITH KEILBACH ist *associate professor* am Department of Media and Culture Studies der Universität Utrecht. Ihre Forschungsschwerpunkte liegen an der Schnittstelle von Film, Fernsehen und Geschichte sowie im Bereich der Medienproduktionsforschung. Im Buch zeichnet sie besonders für die Schlüsselbegriffe ‚Authentizität', ‚Erinnerung und Gedächtnis' und ‚Erlebnis und Erfahrung' verantwortlich.

GEORG KOCH ist Lehrer im Vorbereitungsdienst für Geschichte und Informatik am Felix-Klein-Gymnasium in Göttingen. Zuvor war er nach Stationen in Berlin und Potsdam wissenschaftlicher Mitarbeiter an der Georg-August-Universität Göttingen. Seine Forschungsschwerpunkte liegen Bereich der populären Geschichtskultur und Wissenschaftspopularisierung. Im Buch zeichnet er besonders für den Schlüsselbegriff ‚Geschichtskultur' verantwortlich.

Thorsten Logge ist Juniorprofessor für Public History an der Universität Hamburg. Zu seinen Forschungsschwerpunkten gehören die Performativität und Medialität von Geschichte im öffentlichen Raum, Nation und Nationalismus sowie kollektive Identitäten. Im Buch zeichnet er besonders für den Schlüsselbegriff ‚Performativität' verantwortlich.

Daniel Morat ist Privatdozent am Friedrich-Meinecke-Institut der Freien Universität Berlin. Seine Forschungsschwerpunkte liegen im Bereich der Neueren und Neuesten Geschichte, der Geschichtstheorie und der Geschichte im Museum. Im Buch zeichnet er besonders für die Schlüsselbegriffe ‚Erlebnis und Erfahrung' und ‚Historische Imagination' verantwortlich.

Arnika Peselmann ist wissenschaftliche Mitarbeiterin am Lehrstuhl für Europäische Ethnologie der Universität Würzburg. Ihre Forschungsschwerpunkte liegen im Bereich Kulturerbe, Mensch-Umwelt-Beziehungen und Grenzregionen. Im Buch zeichnet sie besonders für die Schlüsselbegriffe ‚Heritage und Kulturerbe' und ‚Geschichtskultur' verantwortlich.

Stefanie Samida ist Privatdozentin am Institut für Sozialanthropologie und Empirische Kulturwissenschaft der Universität Zürich und wissenschaftliche Mitarbeiterin am Historischen Seminar der Universität Heidelberg. Ihre Forschungsschwerpunkte liegen im Bereich Populäre Kulturen, Kulturerbe und Materielle Kultur. Im Buch zeichnet sie besonders für die Schlüsselbegriffe ‚Heritage und Kulturerbe' und ‚Performativität' verantwortlich.

Astrid Schwabe ist Juniorprofessorin für Public History sowie historisches Lernen im Sachunterricht an der Europa-Universität Flensburg. Ihre Forschungsschwerpunkte liegen außer im Bereich der Neuesten Regionalgeschichte in der außerschulischen Geschichtskultur, insbesondere dem historischen Lernen in, mit und durch digitale Medien. Im Buch zeichnet sie besonders für den Schlüsselbegriff ‚Historisches Denken' verantwortlich.

Miriam Sénécheau ist Akademische Rätin an der Pädagogischen Hochschule Freiburg im Fachbereich Geschichte. Ihre Forschungsschwerpunkte liegen in Überschneidungsfeldern zwischen Ur- und Frühgeschichtlicher Archäologie und Geschichts- bzw. Erinnerungskultur. Im Buch zeichnet sie besonders für den Schlüsselbegriff ‚Historisches Denken' verantwortlich.

Personenregister

Sachregister